交通科技丛书

公路涵洞工程

谢永利 刘保健 杨晓华 著

人民交通出版社

内 容 提 要

本书针对山区高填方路堤涵洞结构特征，基于大量的实体工程调查分析和大规模的原位实测，通过大型有限元仿真计算与室内离心试验模拟分析，对山区高填路堤涵洞应用中的病害特征、受力性状、变形特性、减荷性状、结构选型等进行了深入系统的阐述。本书对公路涵洞工程设计、工程施工、工程评价及工程优化方面具有重要参考价值。

本书可供从事公路路基及涵洞设计、施工及研究人员阅读使用，也可供相关院校师生参考使用。

图书在版编目(CIP)数据

公路涵洞工程/谢永利等著 .—北京：人民交通出版社，2009.12

ISBN 978-7-114-08029-6

Ⅰ.公… Ⅱ.谢… Ⅲ.公路桥-涵洞工程 Ⅳ.U449

中国版本图书馆 CIP 数据核字(2009)第 188902 号

书　　名：公路涵洞工程
著 作 者：谢永利　刘保健　杨晓华
责任编辑：郑蕉林
出版发行：人民交通出版社
地　　址：(100011)北京市朝阳区安定门外外馆斜街 3 号
网　　址：http://www.ccpress.com.cn
销售电话：(010)59757969,59757973
总 经 销：北京中交盛世书刊有限公司
经　　销：各地新华书店
印　　刷：北京牛山世兴印刷厂
开　　本：787×960　1/16
印　　张：16.25
字　　数：300 千
版　　次：2009 年 12 月　第 1 版
印　　次：2009 年 12 月　第 1 次印刷
书　　号：ISBN 978-7-114-08029-6
印　　数：0001～2000 册
定　　价：42.00 元

前　言

涵洞是穿越道路的工程构筑物,相对于其他建筑物来说,涵洞属于设计等级较低的一类。但是在我国的高速公路上,涵洞却又是数量最多的工程构筑物,经验认为,在我国高速公路上,平均每公里约有三到四座过水或交通涵洞。我国道路中涵洞多与国情有关。我国人口众多,经济不发达,加之高速公路全封闭,人、小型车辆、动物和水穿越公路采用涵洞比桥梁更加经济、方便。

但是,运营发现,涵洞又是公路工程中病害发生最多的工程构造物。统计认为,在我国公路工程中约70%的涵洞都存在病害。笔者对182个公路涵洞进行了实际调研发现:受各种因素的影响,同一段线路上涵洞的结构形式一般都基本相同;涵洞的破坏主要是由设计土压力小于实际土压力引起的纵向结构破坏、由涵基沉降不均匀引起的横向结构破坏,或由这两个原因共同引起的结构斜向破坏;缺少涵洞勘察资料与涵洞设计验算资料是产生涵洞病害的原因之一,甚至可以说现有的涵洞设计标准图也对涵洞的设计产生一定程度的负面影响;有些涵洞病害是由施工不当原因引起的;有些涵洞病害是由人为的主观因素引起的。

分析认为,产生涵洞工程病害的原因比较复杂,但主要原因是涵洞的设计与计算理论至今仍不完善,涵洞施工过程中施工工艺不当。主要表现在如下方面:

1.在土建类学校中缺乏涵洞设计的专门课程。

2.涵洞结构设计忽视了涵洞与土共同工作的特点。例如,作用在涵洞周边的土压力按半无限成层土弹性体、柱状土压力、主动土压力、被动土压力、隧道围岩土压力、散粒体的卸载拱压力进行而不成确定体系。

3.涵洞地基和基础的设计,套用工业与民用建筑的地基与基础理论或桥台地基与基础的理论,存在前提和概念的错误。

4.施工方法的差异对涵洞的受力影响较大,现有设计理论或规范没有考虑到这一点。

5.因涵洞设计理论不成体系,存在设计验算中各项目互不相容的矛盾现象,应用较混乱。

考虑到以上问题,交通部在早期的西部交通建设科技项目中列入了涵洞课题,由长安大学牵头,行业内四个单位共同对其进行了多年的研究,本书就是研究结果的基本总结与集中体现。虽然对这些成果还有待于做更加深入的研究,但我们认为对涵洞地基与基础概念设计的见解、对涵洞土压力及影响因素的分析、对涵洞周边土压力的人工主动调配方法研究、对涵洞与周围介质共同工作的仿真分析等成果还是很值得向读者介绍的，特别是书中有许多原始、原位观测与试验资料尤为珍贵，可供读者参考。本书疏漏或不当之处，请读者给予批评指正。

作　者

2009 年 10 月 1 日

目　录

第一章 绪 论

1.1 目前涵洞设计与施工中存在的问题

近年来，在高速公路设计中，高填方路堤下设置的涵洞工程越来越多，然而涵洞的设计与计算理论至今仍不完善，导致设计计算结果和实际结果相差很大，致使涵洞病害不断发生，严重影响了高速公路的正常运营和人们对高等级公路的综合评价。据调查，在涵洞设计中因误判导致设计土压力偏小的情况，在设计时被安全系数所遮蔽，长时间后均发生破坏；而由于设计保守，所取土压力集中系数偏大，导致涵洞设计浪费材料，造成的经济损失也十分巨大。同时，涵洞施工过程中，由于施工工艺不当，导致涵洞结构体尚未运营而人为破坏的实体工程亦很多。

顾安全教授20世纪60年代就对涵洞的病害进行了调研分析，在调研的303座涵洞中，管道开裂破坏者占63.5%，其中70%属纵向开裂(设计土压力小于实际土压力)。魏红卫在文献[86]中指出：2000～2001年在湖南两条公路圆管涵裂缝的调研中，填土高于6m的圆管涵裂缝较普遍、个别涵洞发生坍塌。赵立岩在文献[7]中指出：在平原地区，混凝土圆管涵占涵洞的80%以上，有的几乎达到100%，多数混凝土圆管涵洞在使用3个月～2年后即出现程度不同的各种病害，其中约有8%的涵洞需要进行大、中修或改建。李亚东在文献[103]中指出：109线二期工程的K181～K182段，涵洞处于砂性土路基中，工程竣工通车不久，即发现该路段涵洞出现明显裂缝，甚至破坏。通过调查发现，4处孔径1.5m、填土高度16～20m的圆管涵，全部出现严重裂缝甚至断裂。娄奕红、王秉勇在文献[92]中指出：在广东、湖南、湖北等地的某些高速公路项目建设过程中，相继发现已完工的圆管涵工程在道路未通车之前就出现开裂、受挤压变形等现象。病害的主要特征是管径严重压缩变形，严重的部位沿竖向管径缩小10cm；开裂部位大都在管顶，严重的甚至出现环向钢筋外露，被拉直。

笔者对西部地区5省17条高速公路上的182个涵洞进行了实际调研，通过调研发现：①受地质、地貌、气候条件、建筑材料、涵洞用途、施工条件，甚至是设计人员个人习惯等因素的影响，同一段线路上涵洞的结构形式一般基本相同；②涵洞的破坏主要是由设计土压力小于实际土压力引起的纵向结构破坏和由涵基沉降不均匀引起的横向结构破坏，或由这两个原因共同引起的结构斜向破坏；③缺少涵洞勘察资料与涵洞设计验算资料是产生涵洞病害的原因之一，甚至可以说现有的涵洞设计标准图也对涵洞的设计产生一定程度的负面影响；④有些涵洞病害是由施工不当引起的；⑤有些涵洞病害是由人为的主观因素引起的，如某条线路上，为减少由台背沉降差引起的跳车问题，在桥台、涵背填土体上普遍进行了强夯处理，这样的处理虽压实了土体，但也对涵洞结构造成了破坏；⑥对涵洞病害问题较重视的单位所属的线路上涵洞病害问题相对较少，例如达渝高速公路公司对涵洞病害问题较重视，在建设阶段就对其进行了注浆处理，结果调研发现其涵洞病害相对少得多。

从参考文献[1～3]、[69～70]、[98～102]可以得出目前涵洞的设计与施工无成套理论体系的结论，主要表现在如下方面：

(1)在土建类高校中缺乏涵洞设计专门课程。

(2)公路行业将涵洞结构设计的安全等级定为三级(正确)，按用途或习惯将其归在与小桥同类按规范进行设计。这样做的后果是忽视了涵洞工作的特点，即忽视了涵洞与土共同工作的特点。

(3)涵洞设计理论不成体系，例如涵洞的过水断面按水力学原理或按交通用途确定，而作用在涵洞周边的土压力按半无限成层土弹性体、柱状土压力、主动土压力、被动土压力、隧道围岩土压力、散粒体的卸载拱压力进行确定，应用较混乱，需要理顺、需要指导、需要创新。

(4)涵洞地基和基础的设计，基本套用工业与民用建筑的地基与基础理论或桥台地基与基础的理论，忽视了涵洞与土体共同土作的特点，存在前提和概念的错误。

(5)现有的设计理论与方法中，没有考虑涵洞与土体共同工作机理，造成既不成体系，也存在设计验算中各项目互不相容的矛盾现象。

(6)施工方法的差异对涵洞的受力影响较大，现有设计理论或规范没有考虑这一点。

1.2 国内外涵洞工程的设计与理论发展概况

1.2.1 设计规范与标准的应用水平

规范与标准一般应用的是成熟的技术与理论，但可能不是最先进的，更不是前沿的技术与理论。但为说明问题起见，这里还是提一下目前规范与标准应用水平。

公路规范对涵洞类型的选择，要求设计者注意不同类型涵洞有不同的适用条件，不同类型的涵洞在不同的施工方式下将承受不同类型的土压力，但对不同类型的土压力没有提出相应不同的确定方法。因此《公路桥涵设计通用规范》(JTG D60—2004)规定，作用在涵顶上的竖向土压力值为 $p=\gamma H$，即等于上覆土柱的重力。

公路规范对涵洞基础和地基承载力的确定类同于桥基，实际上这是一个错误的借用、套用方法，也是笔者认为涵洞设计理论不成体系的依据。

图 1-1 表示一个典型的地基及基础工作模式图，图 1-2 表示一个地基沉降 s 与受荷大小 p 的典型关系曲线。从图 1-1、图 1-2 和一般地基及基础教材和文献可以知道，地基承载力的确定方法有临塑荷载法、临界荷载法、极限荷载法。从承载力公式 $p=cN_{\mathrm{c}}+qN_{\mathrm{q}}+\frac{1}{2}\gamma bN_{\gamma}$ 可知，地基承载力的大小与基础宽度、基础埋深或均布超载 $q=\gamma_0 d$、土的抗剪强度指标 c、φ 成正比。极限的地基破坏形式是基础下的部分土体被挤出地面(图 1-1)。但这种情况对涵洞地基及基础来说不可能发生，因为涵洞是空心结构。涵身两边填土高度与洞顶填土处于同一高程，则涵洞的基底压力可能(不一定)还小于基础两边的超载 $q=\gamma_0 d$。因此，按极限状态确定的地基承载力的方法，就不能用来确定涵洞的地基承载力。若不考虑极限情况，则不论是临塑荷载法还是临界荷载法(图 1-2)，地基承载力大小的确定都与地基的沉降量有关。实际上，目前就是按地基的沉降量来确定地基承载力的。那么适用于桥基或工业与民用建筑地基的承载力确定方法就不适合用来确定涵洞地基的承载力。因为工程性质不同，则对地基沉降量的要求也不同，从而确定的承载力值也就不同，虽然它们可能是同一种地基。

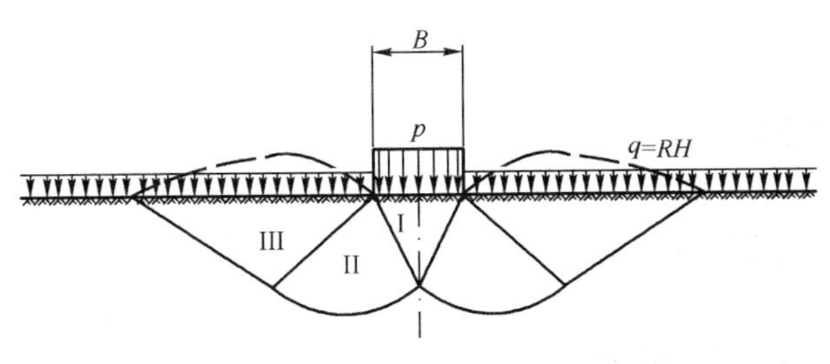

图 1-1 地基及基础工作模式图

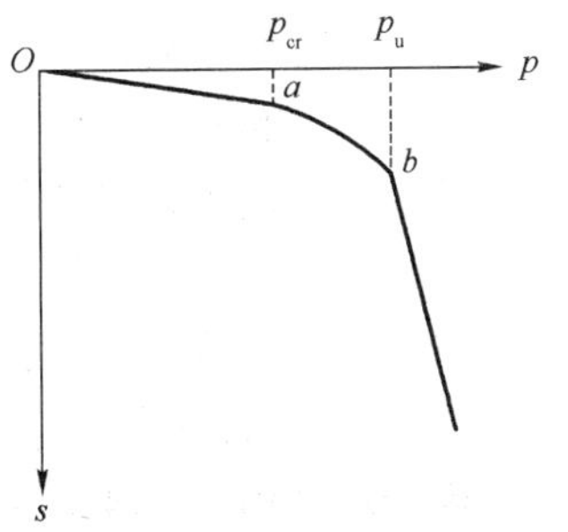

图 1-2 地基沉降与受荷曲线图

套用桥基地基承载力的方法除了在引用上不适合外，还可能对设计产生负面影响，很多情况下为了满足地基承载力的要求，设计上就加大基础的刚度和宽度。研究结果表明，基础的刚度越大、越宽(基底压力越小，地基沉降越小，或相当于地基刚度越大)，根据本书后面的论述，则作用在涵顶的土压力就会越大。这样的设计概念错误，笔者已见过许多工程实例。

规范和标准也涉及采用不同的施工方法，涵洞将处于不同的工作状态，将受到不同的荷载形式，但因为问题的复杂性，规范和标准并未提出一套相应的受力分析方法。

1.2.2 涵洞设计手册目前的应用水平

从文献[2]、[3]、[96]可以看出，手册对涵洞涉及的问题要较规范多一些，一般来说，都考虑了涵洞受力特点。例如文献[2]按涵洞的结构将涵洞分为刚性管和柔性管，并给出了判定关系式，对于土压力也进行了以下工况区分。

1)柔性涵管

情况1 涵洞基底变形，未压实的路堤沉降。

情况2 涵洞基底不变形，而路堤有沉降。

情况3 涵洞基底变形，但路堤压实很好不发生压缩变形(不可能)。

情况4 涵洞基底不变形，路堤压实很好。

2)刚性涵管

情况1 涵洞基底变形，未压实的路堤沉降。

情况2 涵洞基底不变形，而路堤有沉降。

情况3 涵洞基底变形，但路堤压实很好不发生压缩变形(不可能)。

情况4 涵洞基底不变形，路堤压实很好。

除了区分工况，还将各工况下涵顶土压力可能值与上覆土压力进行了定性的比较，最后提出了3个土压力公式：

第一公式 $$q_v = c\gamma B^2$$

式中：c——荷载系数；

B——管顶沟宽；

γ——土的重度。

该公式适用于开槽法修建的涵洞。

第二公式 $$q_v = \gamma H$$

式中：H——由计算截面到路面顶的高度；

γ——土的重度。

该公式适用于上埋式柔性涵管，系公路规范公式。

第三公式 $$q_v = \gamma D c_H$$

式中：D——涵洞外径；

c_H——系数。

该公式适用于上埋式刚性涵管，类同于铁路规范。

从以上论述可以看出，涵洞手册对涵洞的认识(表现)水平高于规范水平。

1.2.3 研究工作的水平

学界关于涵洞的研究工作，主要集中在埋涵土压力大小及分布、涵管与土体共同工作的机理、涵管土压力减荷措施、涵管破坏的病因分析等几个主要问题上。

1)涵洞土压力计算理论的发展水平

美国衣阿华州立大学的 Anson Marston 教授,1913 年发表了论文《沟埋管道荷载理论及水泥管、陶土管和污水管的试验》,开创了埋管土荷载计算方法的先河。该论文介绍的公式就是现在公认的 Marston 公式。Marston 首先利用散体极限平衡条件提出一个沟内埋管上垂直土压力的计算模型,并推导出计算公式,然后将其进一步推导至上埋式管道垂直土压力的计算。Marston 公式的提出有以下三个假设:(1)剪切面假定。沿管道水平直径两端点,向地面引垂线,交于 a、b。垂线 aa' 与 bb' 把管周土体分割为三部分:管顶上方为内土柱,其两侧为外土柱。在土体沉陷变形过程中,内外土柱通过其界面 aa'、bb'(即剪切面)作相对运动,并产生剪切力。(2)极限平衡状态假定。内、外土柱间的相对运动,用极限状态表示。(3)管顶垂直土压力分布按抛物线假定。另外,Marston 运用了等沉面的概念,即管顶内填土与管顶外填土存在沉降差异,这种沉降差异随着填土高度的增加而逐渐减小,当填土高度达到某一临界值 H_e 后,这种差异可忽略不计,H_e 以上填土认为是均匀沉降,相应于 H_e 的平面,称为等沉面。图 1-3 是 Marston 计算假设图,图 1-4 是上埋式管道计算模型图。

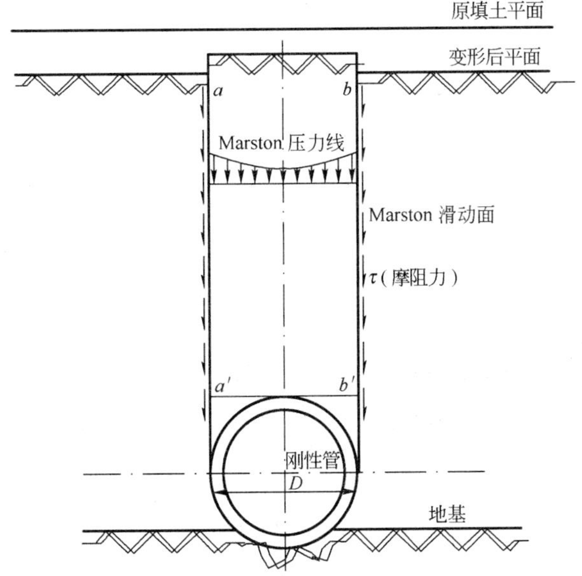

图 1-3 Marston 计算假设图

在管顶内土柱内,取 dz 高度的微土体作为隔离体,作用其上的力系,在 z 轴方向的合力为零($\sum Fz=0$),列平衡方程:

$$D \cdot \sigma_z + \gamma \cdot D \cdot dz + 2\sigma_z \cdot K \cdot f \cdot dz = D(\sigma_z + d\sigma_z) \tag{1-1}$$

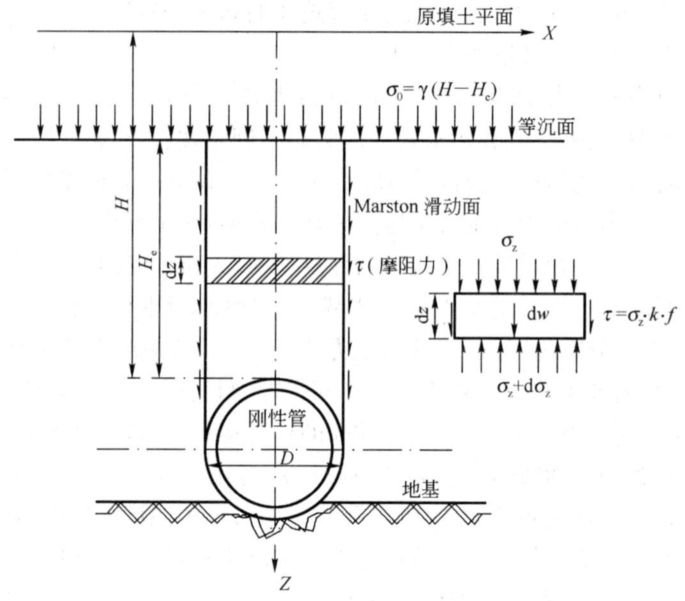

图 1-4　Marston 上埋式管道计算模型

或
$$\frac{d\sigma_z}{dz}-\frac{2fK}{D}\cdot\sigma_z=\gamma$$

求解微分方程得出：

$$\sigma_z=-\frac{\gamma\cdot D}{2fK}+C_2\cdot e^{2fK\cdot\frac{z}{D}}$$

由边界条件 $Z=0,\sigma_z=0$ 得到：

$$C_2=\frac{\gamma\cdot D}{2fK}$$

则有：$\sigma_z=\frac{\gamma\cdot D}{2fK}(e^{2fK\cdot\frac{z}{D}}-1)$

其中，当 $z=H$ 时，作用在管顶的垂直土压力合力 G_s 为：

$$G_s=\frac{\gamma\cdot D^2}{2fK}(e^{2fK\frac{H}{D}}-1)\tag{1-2}$$

式(1-2)可改写为：

$$G_s=K_s\cdot\gamma\cdot H\cdot D\tag{1-3}$$

其中：
$$K_s=\frac{1}{2fK}\frac{D}{H}(e^{2fK\cdot\frac{H}{D}}-1)$$

式中：K_s——上埋式管道垂直土压力集中系数。

式(1-2)、式(1-3)的适用条件为填土高度 $H<H_e$，即假定沿整个回填土高度 H 均出现滑动面。

若埋置深度 $H>H_e$，即滑动面达不到填土全部高度 H，而只发生在 H_e 范围内，Marston 提出在 $H-H_e$ 部分的土体为均匀沉降，并按均布土压力施加于等沉面上，此时改变边界条件，将 $z=H-H_e$ 时 $\sigma_z=\gamma(H-H_e)$ 代入式(1-1)中便得到：

$$\sigma_{(H-H_e)}=-\frac{\gamma\cdot H}{2fK}+C_2'\cdot e^{2fK\frac{H-H_e}{D}}=\gamma\cdot(H-H_e)$$

求解后得：

$$C_2'=\left[\frac{\gamma\cdot D}{2fK}+\gamma(H-H_e)\right]\cdot e^{-2fK\frac{H-H_e}{D}}$$

代入式(1-1)，并令 $z=H$ 便有：

$$\sigma_z=\frac{\gamma\cdot D}{2fK}(e^{2fK\frac{H_e}{D}}-1)+\gamma(H-H_e)\cdot e^{2fK\frac{H_e}{D}} \tag{1-4}$$

这样，管顶垂直土压力的合力为：

$$G_s=\frac{\gamma\cdot D^2}{2fK}(e^{2fK\frac{H_e}{D}}-1)+\gamma\cdot D\cdot(H-H_e)\cdot e^{2fK\frac{H_e}{D}} \tag{1-5}$$

可改写为 K_s 表示形式，即：

$$G_s=K_s\cdot\gamma\cdot H\cdot D \tag{1-6}$$

其中：
$$K_s=\frac{1}{2fK}\cdot\frac{D}{H}(e^{2fK\frac{H_e}{D}}-1)+\frac{H-H_e}{H}\cdot e^{2fK\frac{H_e}{D}}$$

上述公式中，需要确定的计算参数有 f、K 和 H_e。f 代表剪切面上的摩擦系数，一般取用 $\tan\varphi$，φ 为填土的内摩擦角；K 表示侧向土压力系数，其值介于主动土压力系数 K_a 和静止土压力系数 K_0 之间，Marston 采用主动土压力系数 K_a；Marston 根据等沉面必需满足管顶外土柱的总沉降量，等于管道基础的沉降量加上管子本身的变形量以及管顶内土柱的压缩量之和的条件，较为粗略地提出：$H_e=2.25D$。通过绘制 $K_s\sim H/D$ 曲线，可以简捷地得到管顶的垂直土压力。对于埋管侧向的土压力 σ_h，Marston 建议在求得埋管的垂直土压力 σ_z 之后，可直接代入 $\sigma_h=K\sigma_z$ 中，对于刚性管道，K 取用土压力系数 K_a。

Marston 第一次在管涵垂直土压力计算理论中指出：管涵埋设的填土方式（沟埋式、上埋式）、管、土的相对沉降量，都将直接影响到管顶的垂直土压力。另外 Marston 公式的应用，使人们摒弃了涵管土压力以卸荷拱理论为基础的隧洞土压力计算法，避免了管涵由于土压力计算偏小而可能造成的工程事故。另一方面，马氏"等沉面"概念的提出，也为进一步研究管涵土压力提供了理论基础。

Marston 等沉面高度是根据假定推导出来的，Marston 的学生 M. G. Spangler 也提出了不同的假定来确定 H_e 值。他认为：无论直接作用在管子上的土柱沉降，还是其侧面填土沉降都会使直接位于管上的填土体产生压力，而且管子侧面的土压力均布作用于包括管径部分的全宽度上，因此所得 H_e 的计算公式不同于

Marston公式。同时，发展了柔性管道的计算方法和理论，推导出衣阿华公式。前苏联的克列恩博士(г. К. клейн)对弹性理论公式计算结果与松散体极限平衡理论计算结果进行比较，提出了上埋涵管管顶土压力集中系数。捷克的普鲁什卡(M. L. Pruska)于1961年发表论文，提出了坝下上埋式管道的计算方法。他假定坝身是均匀和各向同性的，或者由水平成层的均质土组成，运用虎克定律提出了由于不均匀变形而引起管顶除土柱自重以外的次生力 P 的观点，然后用弹性理论应力公式求得次生力 P，从而得到管顶的土压力。

1960年，曾国熙教授对 Marston 公式作了修正。Marston 公式中滑动面上的摩阻力 τ，是根据朗肯土压力理论，将管顶内土柱 $\mathrm{d}z$ 高度的微土体上作用的土压力乘以主动侧向土压力系数得到其水平侧向力，然后再乘以土的摩擦系数而得到的，其中略去了土的黏聚力。曾国熙认为，滑动面上的摩阻力 τ 是外土柱对内土柱的作用力，应将它表示为外土柱对内土柱的主动侧向土压力进行计算，同时不应将土的黏聚力略去不计。据此，曾国熙对 Marston 公式进行修正，推导了管顶垂直土压力的计算公式。刘祖典教授于1963年也对 Marston 公式进行了修正，使计算结果更接近于管道的实际受力情况。

1963年，顾安全教授将影响涵洞洞顶垂直土压力的各种因素归结到涵顶平面内外土柱沉降差 δ 这一变量上。涵顶平面外的土柱沉降量大于内土柱的沉降量，则沉降差为 $+\delta$，反之为 $-\delta$。$+\delta$ 引起涵顶的土压力集中，使涵顶的垂直土压力大于其上的土柱重力；而 $-\delta$ 则引起涵顶的土压力分散，即涵顶的垂直土压力将小于其上的土柱重力。顾安全假定涵顶填土中的应力分布与半无限均质线性变形体内的应力分布相当，以刚性涵洞基础与地基为推导公式的基本前提，从变形条件出发，以弹性理论为基础得到涵顶垂直土压力计算公式：

$$\sigma_z = \gamma H + \frac{\gamma\left(H + \dfrac{h}{2}\right)hE}{\omega_c D(1-\mu^2)E_h}\eta \tag{1-7}$$

可改写为：

$$G_s = Ks \cdot \gamma \cdot H \cdot D$$

其中：

$$K_s = 1 + \frac{\left(1 + \dfrac{h}{2H}\right)hE}{\omega_c D(1-\mu^2)E_h}\eta$$

式中：h——涵洞凸出地面高度；

E——涵顶以上填土的变形模量；

E_h——涵洞两侧同高度 h 填土的变形模量；

μ——涵顶填土的泊松比；

ω_c——与刚性涵洞的长宽比(L/D)有关的系数，可查表得到；

η——涵洞截面(包括基础)的外形影响系数,$\eta=D_1/D$,D_1 为截面换算宽度,按地面以上的截面面积 A 与涵洞凸出地面高度 h 之比确定,即 $D_1=A/h$。

式(1-7)又称顾安全公式,其观点新颖,与实测结果较吻合,已引入到我国冶金部门制定的相关规范中,并获得了全国科学大会奖。

涵洞埋设的地形因素对其受力也有较大影响,1986 年,西安公路学院(现长安大学)的折学森利用室内模型试验研究了地形条件(沟谷地形中)对涵洞受力的影响规律,同样以刚性涵洞基础与地基为推导公式的基本前提,提出了沟谷地形中涵洞土压力计算公式[26]、[15]、[89],验证了沟谷地形条件对涵洞受力的减荷影响。同年,西安公路学院(现长安大学)的王晓谋利用室内模型试验研究了涵洞垂直土压力的减荷措施,通过在涵顶铺设一定厚度的柔性材料(EPS),研究柔性填料的厚度、变形模量以及涵洞凸出地面高度等因素对涵顶垂直土压力的影响规律,从涵洞周围填土的变形入手,以弹性理论为基础,应用叠加原理推出减荷条件下涵洞垂直土压力计算公式[17]、[30]。

1994 年,田文铎利用散粒体极限平衡理论和假设的计算模型推导了刚性管道和柔性管道的土压力计算公式[24]。1996 年,肖勤学采取土中"压力拱"的概念推导涵洞土压力计算公式[28]、[105]。该公式仅在某些具体情况下适用。2001 年,刘全林假定了管道变形后引起的土滑动体破坏形状,提出土压力计算模型,推导出计算公式[6]。2002 年,王秉勇假设涵洞与其上填土形成一倒三角形楔形稳定体,以此推导涵顶土压力的计算公式[25]。韩拴奎、刘成志、冯忠居等人也对涵洞的受力进行了大量的理论和实践研究工作[5]、[21~23]。

湖南大学的魏红卫博士根据刚性圆管、柔性圆管与土体共同工作的机理,用位移协调法导出了上埋式圆管涵结构计算方法及公式[18]、[86],可以认为在解决和分析涵管土压力问题上开了一个先河。刘静博士根据有限元仿真分析结果、土工离心机模型试验结果、实体工程的现场实测结果、理论分析结果,于 2004 年也建立了一套埋管土压力计算公式[98]:

$$\sigma_z=\frac{\gamma\tan\alpha}{A}(D+\cot\alpha\cdot H)^{A}\cdot D^{1-A}-\frac{\gamma\tan\alpha}{A}\cdot D \tag{1-8}$$

$$\sigma_z=\frac{\gamma(H-H_e)A+\gamma B\tan\alpha}{AB^{1-A}}\cdot D^{1-A}-\frac{\gamma\tan\alpha}{A}\cdot D \tag{1-9}$$

上式作适当简化后为:

$$\sigma_z=\frac{\gamma\tan\alpha\cdot(B_H{}^2-D^2)}{2D} \tag{1-10}$$

$$\sigma_z=\frac{G_H+\gamma\cdot\tan\alpha\cdot(B^2-D^2)}{2D} \tag{1-11}$$

从目前发展水平来看,学术界提出的涵管土压力计算公式约有20多个。若以涵顶柱状填土重 γH 为分母,实际的涵顶竖向土压力 σ_z 为分子,定义土压力集中系数为 $K_s = \sigma_Z / rH$,则所有的土压力计算公式按 K_s 值可分为3类:第一类是 K_s 随填土高度 H 的增加而增加;第二类是 K_s 不随 H 的变化而变化;第三类是 K_s 随 H 的增加而减小。再具体一点说明,马斯顿公式的土压力集中系数 K_s 是随填土高度 H 的增大几乎呈线性增加,根据等沉面理论分析,显然实际上不会产生这样的结果。

用有限单元法分析涵洞与土体共同工作是一个很好的方法。通过理论分析、实体工程的测试分析、计算分析发现,用有限单元法计算得到的压力集中系数 K_s 与实体工程的测试结果基本吻合。总的来说,目前行业内外所提出的土压力计算公式,尚没有一个可全面适用涵洞所有工作状况,故对埋管土压力问题的研究远未结束,任重而道远。

2)埋管的减荷措施技术发展水平

自从认识了涵管土压力的作用机理,学术界和工程界就尝试进行埋管土压力减荷措施及理论的研究工作。有代表性的工作成果是,研究者白冰采用在涵顶上铺聚苯乙烯材料的减荷技术[106]、[46]、[12],但在这方面进行工作最多的还是长安大学的研究人员。从文献[15]、[17]、[21~23]、[26]、[30]、[45]、[47]、[49]、[67]、[74]、[89]、[97]可以看出,长安大学对这方面问题已进行了几十年的连续研究,并取得了高水平的研究成果。研究的手段有现场实测法、室内模型试验法、土工离心模型试验法、有限单元分析法、理论分析法;减荷所用的柔性材料有虚土、加草压实土、聚氨酯泡沫材料、聚苯乙烯泡沫材料(EPS)。一般的研究成果大多集中在采用在涵顶上铺某一种柔性材料的措施以定性地减小涵顶竖向土压力,但长安大学的成果是不仅可以减小土压力,而且还可人工定量地控制减小土压力。该方法和理论已获取了发明专利。

在对公路涵洞进行全面研究过程中认识到,虽然埋管上铺柔性材料的土压力的减荷措施与相关理论目前已发展到一个相当高的水平,但根据行业的特点,根据工程设计的"技术上安全"、"费用上经济"、"施工上可行"三原则,我们认为对于一般的填方涵洞目前还没有必要进行上铺柔性材料进行减荷处理的必要,但对坐落在刚性地基上的高填方路堤涵洞要尽量进行上铺柔性材料的减荷处理。

在对埋管土压力进行分析的基础上,笔者建议在不进行上铺柔性材料减荷的条件下,为适应上述的设计三原则,可对涵洞的受力条件进行人工马斯顿条件创造的处理,进行这样的处理后,规范、设计公式、施工方法都较简单、统一和成熟,并且也能达到一定程度的减荷效果。人工马斯顿条件创造的方法与理论详见本书的相关部分内容。这一成果已被本书的土工离心机模型试验成果所验证。

3)涵洞与填土体共同工作机理研究的发展水平

涵洞与填土体共同工作的机理问题一直是涵洞工程问题研究的重点，参阅相关文献就可以明白这一点，在这中间较有名的是文献[106]的论述。在这本基础工程手册中，H. F 温特科恩和方晓阳考虑了刚性圆管与柔性圆管在压缩土体中的工作性状，图 1-5 是其分析模型示意图。作者假设有同样尺寸的一刚一柔两个圆管涵埋入性质相同的可压缩土体中。图 1-5a)是假设的起始状态，表示土刚填到环顶时，刚柔两个管子还都是圆的，图 1-5b)表示填土到高度 H 后，涵管在竖向土压力 P_v 的作用下产生竖向变形 ΔV，假设没有圆管存在，那么这部分土的竖向应变为 $\varepsilon = \Delta V/D$。再假设在土体中挖出一个如图 1-5b)所示的一个水平直径 D 不变，竖向直径为 $D-\Delta V$ 的椭圆，而且可以将圆钢环压缩后塞进洞中，让圆环扩展恢复到起始状态，如图 1-5c)所示。这时扩展的环在土中形成"硬核"。由于扩展破坏了土的粒间应力，使土的抗剪强度减小，因而刚性环附近土的竖向剪切阻抗力大为减弱。若再假设土为无竖向剪切阻抗的弹性材料，且土与刚性环间无摩擦阻抗，则刚性环受到的应力集中约为 $2P_v$。对于柔性环，它在竖向和水平向都可以变形。根据推理，柔性环不能恢复到起始状态，若水平变形与竖向变形相同，则压力集中为 $1.5P_v$。对于低压缩性的土、高度柔性的环，其土压力集中还可以小于 $1.0P_v$，但正常情况下一般都在$(1.0\sim2.0)P_v$间。

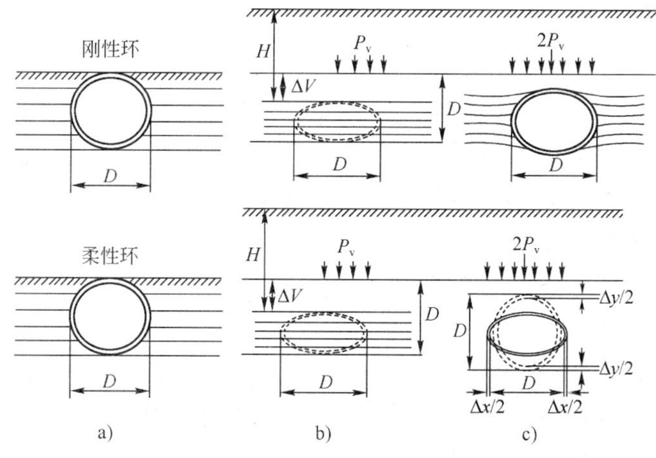

图 1-5 压缩性土中环的工作过程示意图

以上是一个非常著名的土和涵管共同工作机理模型，也被多处文献引用，甚至将它看作是涵管与土体共同工作机理的基本模型。但本书作者认为该模型仅是用来解释刚性涵与柔性涵在土体内工作机理不同的一个分析模型，远不能用来分析或解释涵管与土体共同工作的所有问题。

为了说明涵洞与土体共同工作的机理，本书作者分别建立了两个分析模型，见

图 1-6 和图 1-7。其中,模型 1－1 为涵洞与土共同工作的纵向分析模型,模型 1－2 为涵洞与土共同工作的横向分析模型。实际上模型 1－1 与模型 1－2 可合并为一个空间模型,仅是为了说明问题方便起见才将其分别表示。用这两个模型几乎可以说明涵洞与土共同工作的各种工况下的力学问题。

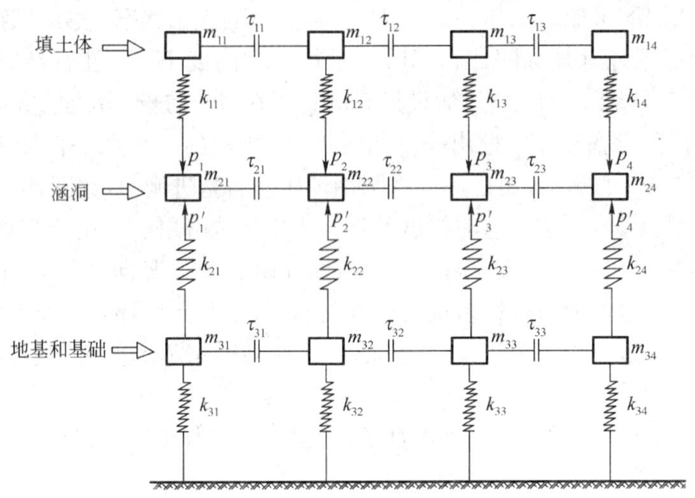

图 1-6 涵洞与土体共同作用纵向受力模型(1-1)

说明:$k=\frac{p}{s}$,s 为变形,p 为作用力。

反映涵体的受力和沉降特性 $k_{21}\neq k_{22}\neq k_{23}\neq k_{24}$ 涵体刚度

反映涵洞地基与基础的受力和沉降特性 $k_{31}\neq k_{32}\neq k_{33}\neq k_{34}$ 地基和基础刚度

反映涵洞填土的受力和沉降特性 $k_{11}\neq k_{12}\neq k_{13}\neq k_{14}$ 土体刚度

反映填土体的质量和厚度 $m_{11}\neq m_{12}\neq m_{13}\neq m_{14}$ 土体重度

反映涵洞地基与基础的质量和厚度 $m_{31}\neq m_{32}\neq m_{33}\neq m_{34}$ 地基和基础重度

反映涵体的质量和体积 $m_{21}\neq m_{22}\neq m_{23}\neq m_{24}$ 涵体重度

反映土体的剪切特性 $\tau_{11}\neq\tau_{12}\neq\tau_{13}$ 土体抗剪切力

反映地基与基础的抗剪特性 $\tau_{31}\neq\tau_{32}\neq\tau_{33}$ 地基和基础抗剪切力

反映涵体的抗剪特性 $\tau_{21}\neq\tau_{22}\neq\tau_{23}$ 涵体抗剪切力

说明:m_{1i} ——反映填土体密度和厚度;

k_{1i} ——填土体受力和沉降特性;

τ_i ——填土体剪切特性;

m_2,k_2 ——涵洞的质量和刚度;

m_3,k_3 ——地基和基础的质量和刚度。

$m_{11} \neq m_{12} \neq m_{13} \neq m_{14} \neq m_{15} \neq m_{16} \neq m_{17}$

$k_{11} \neq k_{12} \neq k_{13}$

$\tau_1 \neq \tau_2$

用这两个模型，可分别根据工程特性假设 k 和 m 参数来定性分析 p 和 p' 的大小，为选取合适的竖向上压力计算公式提供依据。关键是求解 p、p'。

以上分析模型，建立在涵洞问题的调研分析、实体工程测试分析、有限单元法仿真分析、土工离心模型分析、参考资料分析，以及工程问题理论分析的基础之上。用该模型，可以说明涵洞与土体共同工作的各种问题，是分析涵洞工程问题、指导涵洞设计、指导涵洞施工、指导涵洞设计与施工成套理论体系建立的有力工具。

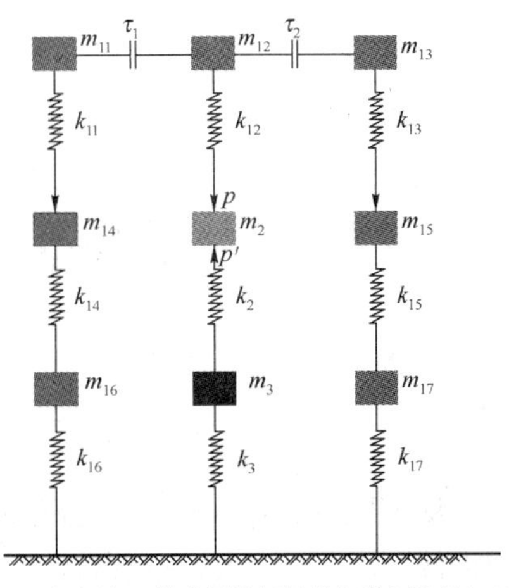

图 1-7　涵洞与土体共同作用的横向受力模型(1-2)

从参考文献中可以看出，引用和创建比较多的还是为专门计算涵顶土压力而建立的涵洞与填土体共同工作的分析模型。这里比较有代表性的是美国学者马斯顿的散粒体极限平衡土压力计算模型、长安大学顾安全教授基于土体沉降差的土压力计算模型、肖勤学的散粒体填料卸拱土压力计算模型[104]、娄奕红的填土楔形体极限平衡土压力计算模型[92]。虽然这些模型的假设与实际情况并不完全相符，但它们代表了分析模型的一个方面。

还有许多土压力分析模型，但一般都是类同于以上模型的改进型分析模型。

通过以上分析可知，现有的涵洞与土体共同工作机理模型，都侧重于从某一个方面对涵顶土压力进行分析，还不能全面地对涵体劲度、地基和基础类型、埋管方式、填土性质进行分析。本书所建立的模型(图 1-6 和图 1-7)是目前最能全面反映土与涵洞共同工作的分析模型。虽然用它目前还不能导出共同工作的解析解，但对分析问题、指导设计是十分有用的。

利用有限单元法探讨涵洞与填土体共同工作的性状是目前分析涵一土问题最有力的工具。已有许多学者作了这方面的研究工作，虽然该分析方法的物理概念不易简单地让人理解，但作为一种仿真分析方法，可以快捷、经济地解决问题。

还应当指出，利用土工离心模型试验技术，进行涵洞与土共同工作机理的研究是一个十分有效的手段。

第二章　公路涵洞病害特征的调查研究

2.1　概　　述

从大量的资料中可以看出，涵洞病害在我国公路工程中普遍存在，而且对公路的正常运营影响较大。一般条件下涵洞工程数量约占桥涵总数的70%～80%，在平原地区每公里1～3座，在山岭重丘地区每公里平均有4～6座[7]。作者对我国高速公路的涵洞破坏情况进行了实地调研，归纳出其破坏模式，以便为设计、施工和病害处治技术提供依据。

调研共收集资料600多份，实地考察涵洞182个，涉及四川、陕西、甘肃、云南、宁夏等省的17条高等级公路。主要线路有：①四川省以达州为基点的重庆、成都方向的高速公路及210国道；②陕西省以西安市为基点的西宝、西黄、西临高速公路；③甘肃省的天巉、巉柳、柳忠、尹中、古永、白兰高速公路；④云南省的昆玉、昆石、玉元、元磨、大宝等高速公路；⑤宁夏的国道211线。

调研中选择有代表性的线路，沿线踏勘，观察线路地形条件，收集调查涵洞的地质资料、结构物设计资料、不良地基和破坏的处治方法、施工情况、病害的维修方法以及目前的运营情况等。

调研的主要项目有：

(1)线路名称、涵洞的里程；

(2)涵洞类型；

(3)填土类型及填筑方式；

(4)基础的建筑方式(地基处治与否、压实度)；

(5)病害类型及破坏程度；

(6)所采取的防治措施及相应的处治方法。

2.2　公路涵洞病害调查资料简述

通过调研发现，涵洞病害在各省都普遍存在，而且由于各省的地质、地形条件各不相同，所产生的病害特征和处治方法也不尽相同。下面就调研的资料作相应

的简介。

2.2.1 四川省部分涵洞病害的调查资料

四川省地处我国西南地区，调查的高速公路多位于山岭重丘区，其地质、地形条件复杂，地下、地表水丰富，沟谷切割剧烈。根据部分钻孔调查发现，已建成的涵洞台背在处治前填土普遍存在以下问题：路段内台背填土的主要材料为块状泥岩夹土混合填料、碎石夹素填土；块状泥岩强度较高，但不易于压实，且未经很好处理的块状片石夹土混合填料具有大空隙和局部架空结构，一旦浸水或在车辆振动荷载的长期作用下可能失稳，造成填方土体的不均匀沉降。

在四川省调查涵洞 23 个，主要选择的线路包括达（州）～渝（重庆）高速、广（安）～邻（水）高速、南（充）～广（安）高速、成（都）～广（安）高速以及达州附近的几条二级公路。

根据调研资料可知，该路段涵洞的病害主要表现为涵洞纵向不均匀沉降导致的裂缝存在，特别是拱涵和圆管涵这一病害就更为明显，下面分别列举一些典型实例进行说明。

(1)某高速公路 K13＋434 处一长 100m 的双管涵运行期间涵洞中间靠路中线部分至涵洞进出口沉降由大变小，以至路面沉降开裂(图 2-1)，处治方法为钻孔注浆。观察其回填料以紫色泥岩、砂质泥岩和粉砂岩为主。这类填土中块、粒状混合，压实度难以达到要求。在 K19＋548 段一钢筋混凝土圆管涵，运行期间涵洞中间靠路中线部分至涵洞进出口沉降由大变小(图 2-2)。涵洞中部沉降大的可引起涵洞中部常年积水，过水状态变化。

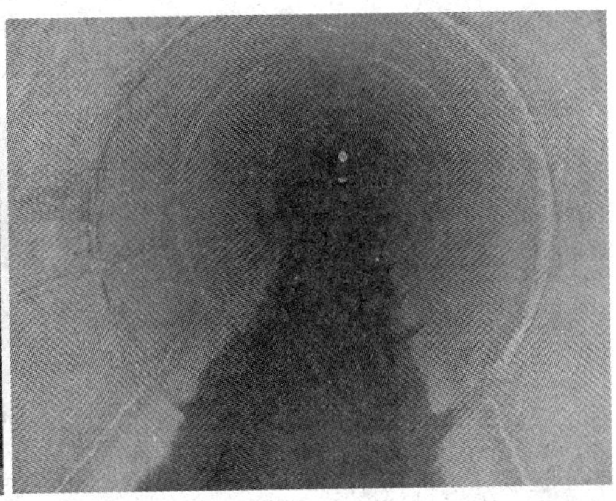

图 2-1 K13＋434 双管涵

(2)在某高速公路 K72＋500 处的圆管涵，其病害为中间管节有裂纹，靠路中线部分有些沉降，如图 2-3 所示；在某高速公路 K22＋865 处石拱涵，侧墙和拱圈出现部分开裂，如图 2-4 所示；在某高速公路 K44＋400 处有一盖板涵，其翼墙部分开裂，如图 2-5 所示。

图 2-2　K19＋548 圆管涵

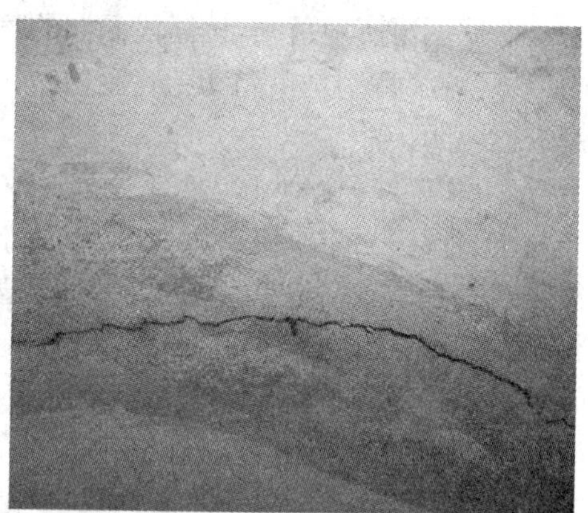

图 2-3　某高速公路 K72＋500 圆管涵

图 2-4　某高速公路 K22＋865 石拱涵

图 2-5　某高速公路 K44＋400 盖板涵

2.2.2　陕西省部分涵洞病害的调查资料

陕西省地处黄土高原的腹地，多为第四纪新黄土，且路基也多以这类黄土填筑而成。在具有湿陷性特点的黄土地基上筑涵洞及填土采用黄土材料时，难免会出现病害。西宝、西临、西黄高速公路大多数路段处在渭河左岸一级阶地上，其上堆积着第四纪新黄土，且路基也多以这类黄土填筑而成。截至 2005 年 3 月，许多路段相继出现路基沉陷、路面变形开裂、边坡坍塌等病害，严重地影响了车辆的正常行驶。本书结合西宝一级公路、西临高速公路以及西黄一级公路工后使用情况，对黄土地区高等级公路建设中涵洞病害进行了一些调研。

从调研资料可以看出，由于黄土的湿陷性沉陷、地下水较丰富、软基多，或部分路段路基施工质量较差，虽然采取了许多工程措施，如加固、加宽管底基座、在管节处浇筑混凝土、在路面进行挤密桩处理等，但涵洞病害依然严重。涵洞的病害主要表现如下：

(1)由于涵洞基础的不均匀沉降，如某高速公路 K24＋180 处一盖板涵(图 2-6)和 K125＋750 处一盖板涵(图 2-7)，导致路面产生裂缝。又如在 K19＋600 处的盖板涵洞，破坏形式是涵洞与路基搭接处有裂纹，如图 2-8 所示。

图 2-6　某高速 K24＋180 盖板涵

(2)由于涵洞下与路面下地基的不均匀沉降导致的翼墙与涵身沉降缝错位，在该地区也是比较明显的病害。如某高速路 K35＋450 处的盖板涵，其翼墙与涵身沉降缝错位达 6cm 左右，如图 2-9 所示；再如 K40＋350 处的盖板涵，更为明显，路基已用挤密桩处理过，但涵洞的病害仍然很严重，如图2-10所示；在K79＋730处

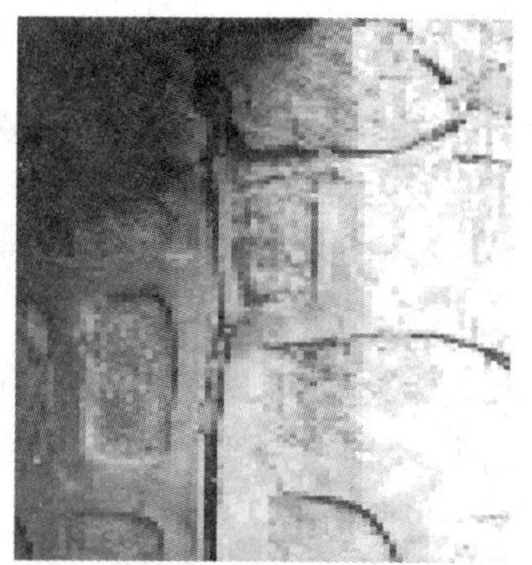

图 2-7　某高速 K125＋750 盖板涵

图 2-8　某高速 K19＋600 盖板涵

图 2-9　某高速 K35＋450 盖板涵

图 2-10　某高速 K40＋350 盖板涵

盖板涵，其涵洞翼墙错位达到 3cm 左右，如图 2-11 所示。在这条高速公路上，翼墙的破坏也很明显，如在 K18＋000 处的一盖板涵，其侧墙有裂纹，路面对应位置均有破坏，如图 2-12 所示；在 K154＋000 处的盖板涵，其沉降缝开裂，路面对应位置路面破坏很明显，如图 2-13 所示。在另条高速公路上，涵洞翼墙的破坏就更为明显，在 K34＋230 处的盖板涵，破坏很严重，如图 2-14 所示；在 K53＋200 处的一盖板涵，涵洞处于沉降路段，两侧墙发生位移，互相靠近，翼墙破坏，中间加钢管支撑以防止变形进一步发展，如图 2-15 所示。

图 2-11　某高速 K79＋730 盖板涵

图 2-12　某高速 K18＋000 盖板涵

图 2-13　某高速 K154+000 盖板涵

图 2-14　某高速 K34+230 盖板涵

图 2-15　某高速 K53+200 盖板涵

2.2.3　甘肃省部分涵洞病害的调查资料

甘肃省的涵洞多位于陇西黄土高原，以黄土梁峁地形为主，土质多为新黄土，呈浅黄色，粉粒含量较高，结构疏松，土质均一，不显层理，垂直节理与大孔隙十分发育，具有强烈湿陷性地貌。侵蚀切割严重，梁峁之间冲沟较发育，多呈 V 形沟、树枝状，在黄土丘陵前缘斜坡地带黄土陷穴发育。主要不良地质现象有湿陷性黄土、黄土陷穴、软土、滑坡和岩堆。

在甘肃省共调查了六条高速公路的54座涵洞。从调查资料可以看出，除涵洞管节通常易产生的病害外，主要病害表现为涵身与翼墙沉降缝处的变形，即由地基不均匀沉降引起的涵管横向开裂，汇总如下：

(1)靠路中线部分下沉大于涵洞进出口部分的下沉量，如某二级专用公路K33+400处一圆管涵，靠路中线部分下沉20cm，涵洞顶跳车严重，如图2-16所示。

图2-16　某二级专用公路K33+400涵洞

(2)调研发现，该地区涵洞翼墙破坏相当严重。如K24+050处的盖板涵，翼墙与涵身沉降缝变形明显，如图2-17所示；K52+010处的盖板涵，翼墙开裂，翼墙与涵身沉降缝变形明显，如图2-18所示；在某高速K20+950处一盖板涵，涵洞靠出口沉降缝移位明显，如图2-19所示；在某高速K1652+750处一65m长的盖板涵，其出口处侧墙与盖板连接处有裂纹，翼墙与涵身连接处开裂，如图2-20所示；在K187+990处的盖板涵，涵洞洞身与翼墙沉降缝处变形，裂缝明显，如图2-21所示。

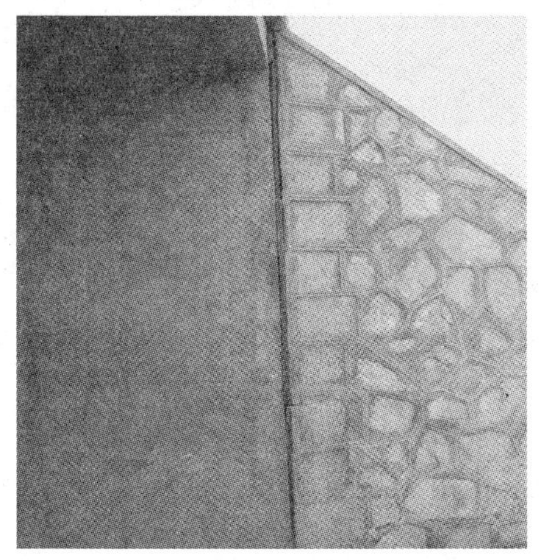

图2-17　某高速K24+050涵洞

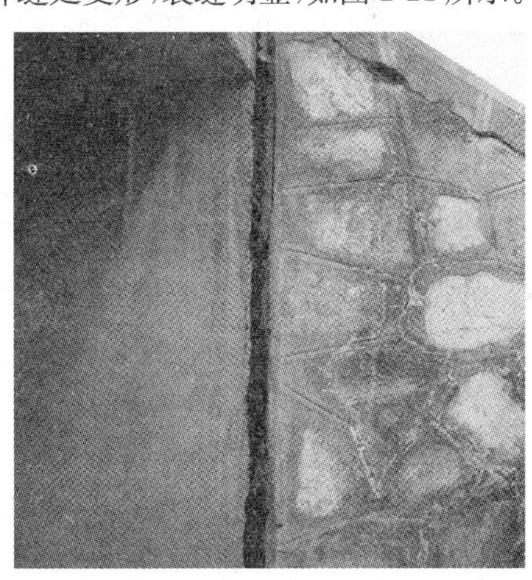

图2-18　某高速K52+010涵洞

图 2-19　某高速 K20＋950

图 2-20　某高速 K1652＋750 盖板涵

图 2-21　某路 K187＋990 涵洞

(3)翼墙开裂偏移，并伴随锥坡破坏。如某高速公路 K2＋350 处一盖板涵，靠路中线沉降缝错位 1cm，路肩有裂纹，两锥坡各有 2m 长，3cm 宽裂纹，如图 2-22 所示；在某路 K139＋300 处一盖板涵，在其上部有 10m 高的黄土填土，盖板与上面覆盖层错位 10cm，如图 2-23 所示。

(4)为获取更为详细的资料，着重对该地区一混凝土拱涵进行了细致地调查，如图 2-24 所示。调查发现涵洞裂缝变化明显，实测其沉降缝最大变形达到 18.8cm，涵洞底板最大裂缝宽度为 7.1 cm，最小裂缝宽度 3.0cm，具体见图 2-25、图 2-26 所示。

图 2-22 某高速 K2+350 涵洞

图 2-23 某高速 K139+300 涵洞

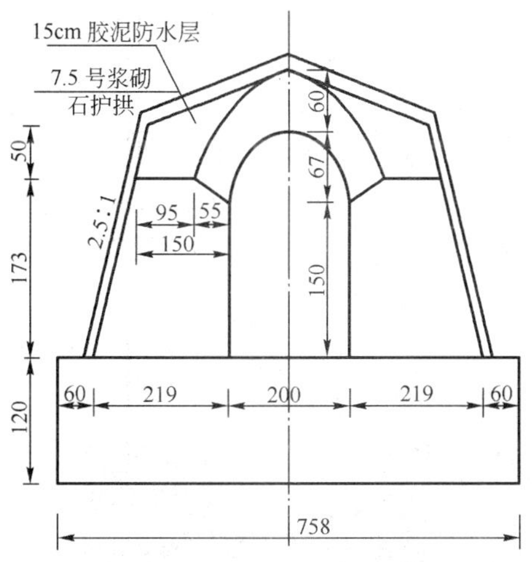

图 2-24 涵洞示意图(尺寸单位:cm)

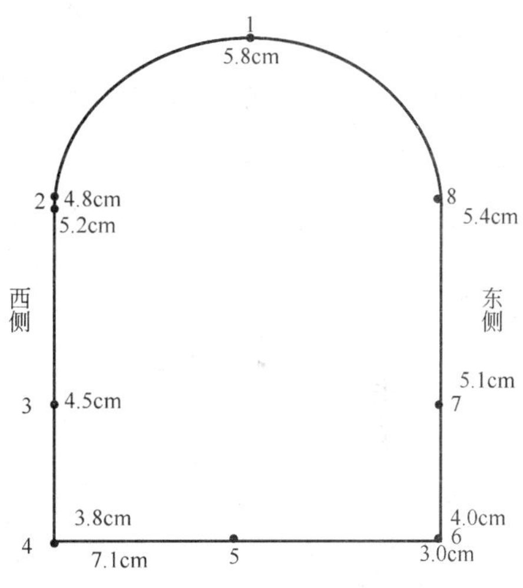

图 2-25 裂缝示意图

分析病害出现的可能原因:该路基底为淤泥,抛石挤淤施工后,淤泥在 45m 高填土的作用下有一个向两侧边坡坡角位移及在土体自重作用下固结沉降的过程;加之中桩位置恰好在原状土上,导致中桩处沉降小而中桩两边沉降大,形成了不均匀沉降。

这些不利因素导致了涵洞结构体涵节间的沉降破坏及涵洞局部应力集中,使涵洞出现扭转破坏。因此,在进行涵洞设计时要注意现场地形的影响,做好填挖交接面处的沉降处理。在距离原始山脊较近时,应采取绕开或采用变台阶的基底形式进行处理;在地基地质情况错综复杂的情况下,应考虑采用短涵节设计,并在考虑坡度的前提下，预留沉降变形富余度。

图 2-26 第 18 涵节与 19 涵节裂缝情况

2.2.4 云南省部分涵洞病害的调查资料

调研的云南省高速公路也同样多位于山岭重丘区，沟谷切割强烈，地表红黏土层较薄，基岩多为石灰岩或泥岩，地下水较丰富，地质地形条件复杂。调研的主要线路有昆玉、昆石、玉元、元磨及大宝高速公路，共涉及 46 座涵洞。下面对调研资料进行汇总分析。

(1)沉降缝处不均匀变形，如某高速 K295＋890 一盖板涵，该涵长 25m，沉降缝处不均匀变形，贯通到地面，大约在填挖结合处，靠中线附近，如图 2-27 所示；在

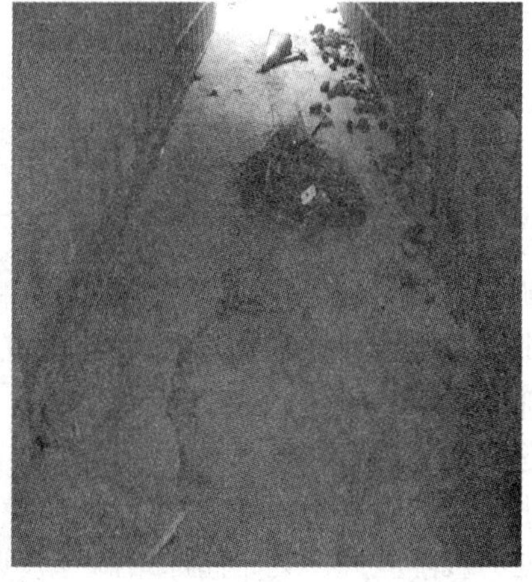

图 2-27 某高速 K295＋890 涵洞

K298＋360 处盖板涵，翼墙与涵身沉降缝有明显移位，如图 2-28 所示；在 K264＋990 处，一盖板涵长 26m，靠路中线沉降缝渗水，如图 2-29 所示；在 K284＋200 处的箱涵，涵洞上地面出现一条裂纹，长 3m，裂缝最宽处 1cm，如图 2-30 所示；在某高速上也有沉降缝病害的出现，如在 K51＋960 处的盖板涵，距路中线 5m 处沉降缝处变形错位 3cm，路面跳车感明显，如图 2-31 所示；在 K41＋250 处，盖板涵在靠填挖结合处有不均匀沉降，裂缝明显，如图 2-32 所示。

图 2-28　某高速 K298＋360 涵洞

图 2-29　某高速 K264＋990 涵洞

图 2-30　某高速 K284＋200 涵洞

图 2-31　某高速公路 K51＋960 涵洞

(2)八字墙和翼墙开裂也是调研发现的主要问题,如某高速 K113+950 处盖板涵,八字墙开裂明显如图 2-33 所示;在 K171+350 处一拱涵,出口处拱圈开裂明显,如图 2-34 所示。

图 2-32 某高速 K41+250 涵洞

图 2-33 某高速 K113+950 涵洞

图 2-34 某高速 K171+350 涵洞

2.2.5 宁夏部分涵洞病害的调研资料

调查的宁夏涵洞是吴忠市惠安堡某涵洞,因收集的设计资料与实体工程不相符,所以仅以实体工程进行说明。从图 2-35 到图 2-40 可以看出,对干旱、半干旱地区，水毁是造成涵洞病害的原因之一。涵洞的破坏形式与受力状态相关，例如图 2-36 所示的涵洞横向断裂是因地基不均匀沉降而致，图 2-37 所示的涵洞纵向裂缝系竖向土压力过大所致。图 2-38 所示的裂缝发生在洞身径向剪应力最大处。另外，两进一出的 Y 形涵洞也是调查中发现的唯一有构造特点的涵洞(图 2-39)。

图 2-35 涵拱脚受力裂缝

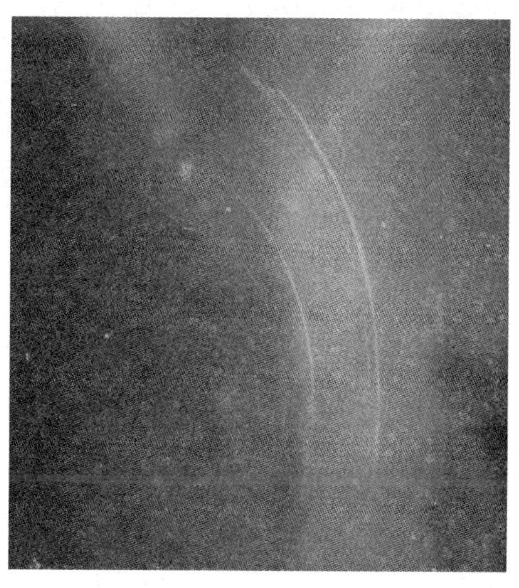

图 2-36 涵体产生的横向断裂缝

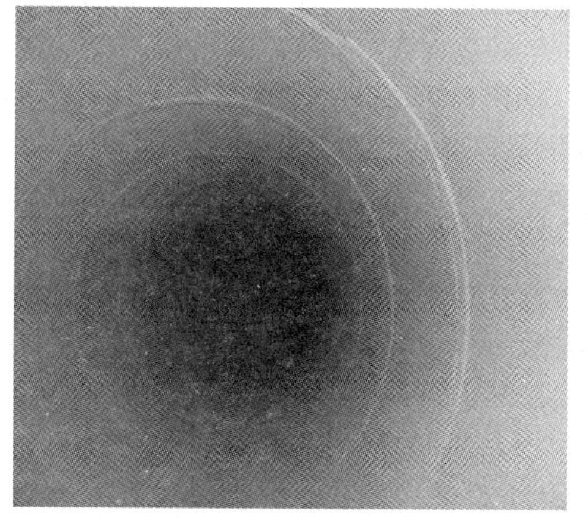

图 2-37 圆管涵顶的纵向与涵身的横向裂缝

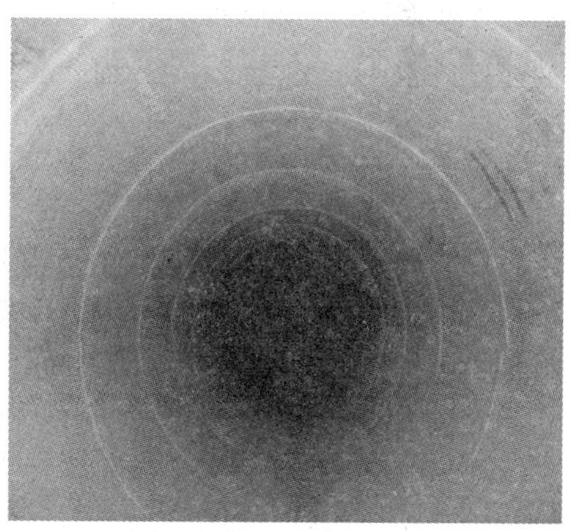

图 2-38 圆管涵顶的径向剪切缝

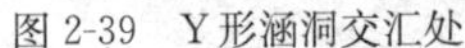

图 2-39　Y形涵洞交汇处

图 2-40　被水冲毁的涵洞泄水渠

2.3　涵洞病害特征分析

通过上节的汇总与分析，可以看出涵洞病害比较普遍而且多样化，大致可归纳为：

(1)洞身部分混凝土管节贯通纵向和横向裂纹或断裂，管节一端或整个沉陷、错口、分裂，涵上路基沉陷，出孔洞，涵顶跳车。

(2)涵洞洞口部分端墙、翼墙向外倾斜，墙体断裂、破碎，洞口铺砌层碎裂、下沉、水毁。

通过对上述涵洞病害的总结，结合现场的地质、地貌、气候、环境以及涵洞的设计、施工、维护等各种因素，可认为病害的产生大致有以下几点原因：

(1)受地质、地貌、气候条件、建筑材料、涵洞用途、施工条件，甚至是设计人员个人爱好等因素的影响，同一条线路上涵洞的结构形式一般都基本相同；

(2)涵洞的破坏主要是由土压应力集中引起的纵向结构破坏和由沉降不均匀引起的横向结构破坏，或由这两个原因共同引起的结构斜向破坏；

(3)缺少涵洞勘察资料与涵洞设计验算资料是产生涵洞病害的原因之一，甚至可以说现有的涵洞设计标准图也对涵洞的设计产生一定程度的负面影响；

(4)有些涵洞病害是由施工不当原因引起的；

(5)有些涵洞病害是由人为的主观愿望引起的，如某条线路上，为减少由台背沉降差引起的跳车问题，在桥台、涵背填土体上普遍进行了强夯处理，这样的处理虽压实了土体，但也对涵洞结构造成了破损。

根据调研资料可以看出，对涵洞病害问题较重视单位所属的线路上涵洞病害问题相对较少。

第三章　可用于涵、土工作性状研究的数值仿真技术

3.1　概　　述

有限元法诞生于20世纪中叶，主要是为了分析复杂的结构系统而发展起来的。随着计算机技术和计算方法的发展，这一技术通过数学关系延伸发展到其他领域，例如流体力学、热力学、动力学等，已经成为计算力学和计算工程科学领域里最有效地计算方法。有限元法的突出优点是适于处理非线性、非均质和复杂边界条件等问题，而土体的应力和变形分析即具有典型的非线性、复杂边界等特点。因此，自从1966年美国的Clough和Woodward首先利用有限元法分析土坝的受力变形问题以来，有限元法在岩土工程中的应用迅速发展，作者利用大型有限元软件MARC对涵洞问题进行了仿真分析。

MARC是基于位移法的有限元程序，在非线性问题处理方面具有强大的功能。程序按模块化编程，工作空间可根据计算机内存大小自动调整。MARC对于非线性问题采用增量解法，在各增量步内对非线性代数方程组进行迭代，以满足收敛判定条件。MARC程序的单元库提供了近160种单元，例如平面应力单元、平面应变单元、三维实体单元、三维杆单元、不可压缩单元等，分析中单元数和单元类型可自由选择，不同类型单元可组合使用。MARC程序的功能库包含了对分析目标进行准确模拟、快速生成输入数据、准确高效进行分析，以及多种结果输出的众多功能。MARC程序的分析库包含多种分析类型，例如线性分析、弹塑性分析、大变形分析等等，用户可根据具体情况和需要进行选择运用。MARC材料库包含30多种材料本构模型，例如弹性、塑性、蠕变、黏弹性等，可以考虑材料的线性和多种非线性材料特性的温度相关性、各向异性等。另外，MARC程序拥有许多对用户开放的子程序，用户可根据需要用Fortran语言编制用户子程序，实现对输入数据的修改、材料本构关系定义、载荷条件、边界条件、约束条件的变更，甚至扩展MARC程序的功能。

3.2 数值计算技术

3.2.1 弹塑性矩阵

对于弹性材料，根据虎克定律，材料的应力—应变关系可表达为：

$$\{\sigma\} = [D]\{\varepsilon\}$$

其增量形式为： $\{\Delta\sigma\} = [D]\{\Delta\varepsilon\}$

或者写成： $\{\Delta\varepsilon\} = [C]\{\Delta\sigma\}$

其中，$[D]$为刚度矩阵，$[C]$为柔度矩阵。

由虚功原理可建立单元体的节点力与单元体的节点位移之间的关系，从而写出总体平衡方程：

$$[K]\{\delta\} = \{R\}$$

其中，$[K]$、$\{\delta\}$和$\{R\}$分别是劲度矩阵、节点位移矩阵和节点荷载矩阵。

将荷载作用于节点，通过上式得到位移，从而求出应力与应变。由于材料的非线性，反映到刚度矩阵$[D]$就不是常量，而是随应力或应变而改变，则由此推出的劲度矩阵$[K]$也随应力或应变而改变。

弹塑性的应力—应变的关系式就是用弹塑性的刚度矩阵$[D_{ep}]$和弹塑性的柔度矩阵$[C_{ep}]$来代替上式中的$[D]$和$[C]$。则弹塑性材料的应力—应变关系式可表达为：

$$\{d\sigma\} = [D_{ep}]\{d\varepsilon\} \tag{3-1}$$

其中，
$$\{d\varepsilon\} = \{d\varepsilon^{e}\} + \{d\varepsilon^{p}\} \tag{3-2}$$

则可得到：
$$\{d\sigma\} = [D]\{d\varepsilon\} - [D]\{d\varepsilon^{p}\} \tag{3-3}$$

由弹性应力—应变关系已知：$\{d\sigma\} = [D]\{d\varepsilon^{e}\}$，而塑性应力—应变关系则从屈服准则和硬化规律中导出。对屈服准则 $f(\sigma_{ij}) = F(H)$ 两边微分得到：

$$\left\{\frac{\partial f(\sigma)}{\partial\sigma}\right\}^{T}\{d\sigma\} = F'\left\{\frac{\partial H}{\partial\varepsilon^{p}}\right\}^{T}\{d\varepsilon^{p}\} \tag{3-4}$$

式中：
$$F' = \frac{dF}{dH}$$

上式给出了$\{d\sigma\}$和$\{d\varepsilon^{p}\}$之间的函数关系，利用流动准则给出各塑性应变增量之间的比例关系，从而确定塑性应变增量各分量。将式(3-3)代入式(3-4)，整理后得到：

$$\left\{\frac{\partial f(\sigma)}{\partial\sigma}\right\}^{T}[D]\{d\varepsilon\} = \left(F'\left\{\frac{\partial H}{\partial\varepsilon^{p}}\right\}^{T} + \left\{\frac{\partial f(\sigma)}{\partial\sigma}\right\}^{T}[D]\right)\{d\varepsilon^{p}\}$$

将流动准则 $\{d\varepsilon^p\}=d\lambda\left\{\frac{\partial g}{\partial\sigma}\right\}$ 代入式(3-2)得

$$\left\{\frac{\partial f(\sigma)}{\partial\sigma}\right\}^{\mathrm{T}}[D]\{d\varepsilon\}=d\lambda\left(F'\left\{\frac{\partial H}{\partial\varepsilon^p}\right\}^{\mathrm{T}}+\left\{\frac{\partial f(\sigma)}{\partial\sigma}\right\}^{\mathrm{T}}[D]\right)\left\{\frac{\partial g(\sigma)}{\partial\sigma}\right\}\tag{3-5}$$

则

$$d\lambda=\frac{\left\{\frac{\partial f(\sigma)}{\partial\sigma}\right\}^{\mathrm{T}}[D]\{d\varepsilon\}}{\left(F'\left\{\frac{\partial H}{\partial\varepsilon^p}\right\}^{T}+\left\{\frac{\partial f(\sigma)}{\partial\sigma}\right\}^{T}[D]\right)\left\{\frac{\partial g(\sigma)}{\partial\sigma}\right\}}$$

将之代入流动准则公式则

$$\{d\varepsilon^{p}\}=d\lambda\left\{\frac{\partial g}{\partial\sigma}\right\}=\frac{\left\{\frac{\partial g(\sigma)}{\partial\sigma}\right\}\left\{\frac{\partial f(\sigma)}{\partial\sigma}\right\}^{T}[D]}{\left(F'\left\{\frac{\partial H}{\partial\varepsilon^{p}}\right\}^{\mathrm{T}}+\left\{\frac{\partial f(\sigma)}{\partial\sigma}\right\}[D]\right)\left\{\frac{\partial g(\sigma)}{\partial\sigma}\right\}}\{d\varepsilon\}$$

上式给出了塑性应变增量各分量与总的应变增量各分量之间的对应关系，将之代入式(3-3)，就得到式(3-1)。其中：

$$[D_{ep}]=[D]-\frac{[D]\left\{\frac{\partial g(\sigma)}{\partial\sigma}\right\}\left\{\frac{\partial f(\sigma)}{\partial\sigma}\right\}^{\mathrm{T}}[D]}{A+\left\{\frac{\partial f(\sigma)}{\partial\sigma}\right\}^{\mathrm{T}}[D]\left\{\frac{\partial g(\sigma)}{\partial\sigma}\right\}}$$

另外，如果将流动准则 $\{d\varepsilon^{p}\}=d\lambda\left\{\frac{\partial g}{\partial\sigma}\right\}$ 代入式(3-4)，可得到 $d\lambda$ 的另一个表达形式：

$$d\lambda=\frac{\left\{\frac{\partial f(\sigma)}{\partial\sigma}\right\}^{T}\{d\sigma\}}{F'\left\{\frac{\partial H}{\partial\varepsilon^p}\right\}^{T}\left\{\frac{\partial g(\sigma)}{\partial\sigma}\right\}}=\frac{\left\{\frac{\partial f(\sigma)}{\partial\sigma}\right\}^{T}\{d\sigma\}}{A}$$

将其代入流动准则公式 $\{d\varepsilon^p\}=d\lambda\left\{\frac{\partial g}{\partial\sigma}\right\}$ 得

$$\{d\varepsilon^p\}=d\lambda\left\{\frac{\partial g}{\partial\sigma}\right\}=\frac{\left\{\frac{\partial g(\sigma)}{\partial\sigma}\right\}\left\{\frac{\partial f(\sigma)}{\partial\sigma}\right\}^{T}}{A}\{d\sigma\}\tag{3-6}$$

令：

$$[C_{p}]=\frac{\left\{\frac{\partial g(\sigma)}{\partial\sigma}\right\}\left\{\frac{\partial f(\sigma)}{\partial\sigma}\right\}^{\mathrm{T}}}{A}$$

式中：$[C_p]$——塑性变形柔度矩阵。

将式(3-6)代入式(3-2)，可得到弹塑性的柔度矩阵：

$$[C_{ep}]=[C_{e}]+[C_{p}]=[D]^{-1}+\frac{\left\{\frac{\partial g(\sigma)}{\partial\sigma}\right\}\left\{\frac{\partial f(\sigma)}{\partial\sigma}\right\}^{T}}{A}\tag{3-7}$$

相比[D_{ep}]，由于[C_{ep}]形式及推导过程都较简单，在有限元计算中往往以[C_{ep}]求逆的方法来形成[D_{ep}]。

式中，$A = F'\left\{\frac{\partial H}{\partial \varepsilon^p}\right\}^T\left\{\frac{\partial g(\sigma)}{\partial \sigma}\right\}$，$A$ 是反映硬化特性的一个变量，与硬化参数 H 的选择有关。硬化参数可以有多种表示形式，通常采用单元所经历的塑性功 W^p 或塑性剪应变 γ^p 的函数来表示。

3.2.2 初始状态

在弹塑性计算中，矩阵[D]决定于应力状态，因此计算时首先要确定加荷前计算模型的初始应力状态。它主要影响初次的加荷计算，由于以后各级荷载的应力是在初始应力的基础上累加起来的，因此它也对以后各级荷载有影响。对于本文中的土体计算模型，其初始状态近似地取用土体的自重应力，即 $\sigma_z = \gamma z$，$\sigma_x = K_0 \gamma z$ 。

3.2.3 非线性方程组求解

无论几何非线性、材料非线性还是由边界条件或荷载引起的非线性，所描述的非线性有限元方程，都要通过迭代增量非线性有限元方程组才能完成方程的求解。对于增量非线性有限元方程组，通常采用 Newton-Raphon 方法或修正的 Newton-Raphon 方法迭代求解。

Newton-Raphon 方法，每次迭代需根据新的迭代位移更新方程组系数矩阵，并重新分解。其迭代方法如图 3-1 所示。

$$K^t(u)\Delta u = \Delta P \tag{3-8}$$

解得

$$\Delta u = \Delta u_1$$

$K^t(u)$ 为增量步开始时的切线刚度矩阵。下一次迭代有

$$K^t(u+\Delta u_1)\Delta u = P - I \tag{3-9}$$

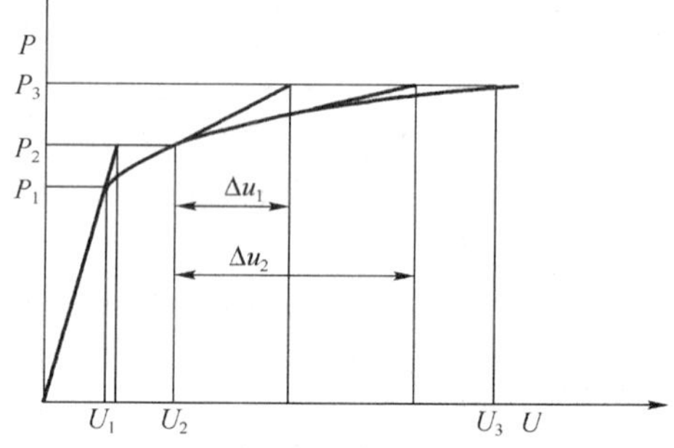

图 3-1 Newton-Raphon 迭代方法

P、I 分别是外部节点荷载矢量、内部节点荷载矢量。解得

$$\Delta u = \Delta u_2$$

方程反复迭代得到

$$\Delta u = \Delta u_1 + \Delta u_2 + \cdots$$

Newton-Raphon 迭代方法每次迭代需要重新形成切线刚度矩阵并求解，需要的计算时间较多，但其收敛较快，适用于高度非线性问题，对几乎所有的非线性问

题都可提供良好的分析结果。因此,涵、土工程的特点,在计算中取用 Newton-Raphon 迭代方法。

3.2.4 收敛判据

收敛判据用于控制非线性迭代近似解的可接近程度。MARC 程序提供了三种不同的收敛判据,分别是残余力判据、位移判据和应变能判据,本书计算中选用位移判据。即当两次迭代位移或转动之差比起增量步内实际的位移变化足够小时,表明迭代收敛到一个可以接受的结果。位移和转角的残差有相对值和绝对值的定义。

$$\frac{\|\delta u\|_\infty}{\|\Delta u\|_\infty} < TOL_1 \qquad \frac{\|\delta u\|_\infty}{\|\Delta u\|_\infty} < TOL_1 \quad \text{和} \quad \frac{\|\delta\phi\|_\infty}{\|\Delta\phi\|_\infty} < TOL_2$$

$$\|\delta u\|_\infty < TOL_1 \qquad \|\delta u\|_\infty < TOL_1 \quad \text{和} \quad \|\delta\phi\|_\infty < TOL_2$$

其中,δu、$\delta\phi$ 分别为节点迭代位移和转角的增量;Δu、$\Delta\phi$ 为节点位移和转角的增量值。TOL_1 和 TOL_2 是用户给定的残差允许值,在 MARC 程序中隐含值为 0.1。

3.2.5 单元的使用及数值积分

MARC 程序采用右手坐标系,常用直角坐标系(x,y,z)、圆柱坐标系(z,r,θ),各种单元采用的坐标分量及顺序也不相同;单元节点编号对于二维连续体单元按逆时针进行,对于三维连续体,从单元内部看基准面,节点编号也为逆时针顺序;每个单元的自由度由具体的单元类型决定;除不可压缩单元及接触摩擦单元外,MARC 程序的单元采用位移法;另外,在 MARC 程序中,等参四边形单元可以退化成三角形单元,三维实体单元可以退化为五面体、四面体单元。

除三维剪切板单元外,单元的等效节点力、刚度矩阵、质量矩阵和弹性地基支撑等均用数值积分生成。对于数值积分法,连续体单元及壳、板、梁单元面内均采用高斯(Gauss)积分,而壳、板、梁单元的厚度方向采用辛普生(Simpson)积分。刚度矩阵用数值积分生成公式,即:

$$\int_V B^T D B \,\mathrm{d}v = \sum_i B_i D_i B_i J_i W_i \tag{3-10}$$

式中:i——数值积分编号;

B_i、D_i——分别为第 i 点的应变—节点位移函数、应力—应变函数;

W_i——每个积分点位置的权;

J_i——i 点实空间与积分空间的变换。

高斯积分点的位置取决于单元类型及积分点的数量。壳、板、梁等屈服单元的应力—应变函数 D_i 沿厚度方向采用辛普生积分，其积分点的间隔是一定的，沿厚度分成奇数层积分点，MARC 程序隐含为五层。

3.3 材料本构模型

计算模型中共涉及土、混凝土和柔性填料(特指 EPS)三种材料。对于混凝土材料，选用理想弹性本构模型；对于 EPS 材料，根据其变形特性，选用弹塑性本构模型；土体的变形具有典型的非线性的特点，因此，对于土体，本书亦选用弹塑性模型。

在弹塑性模型的分析中把总应变分成弹性应变和塑性应变两部分，弹性应变用虎克定律计算，塑性应变由塑性理论求解。对于塑性应变作三个方面的假设：破坏准则和屈服准则、硬化规律、流动法则。本书选用适用于土性材料的 Mohr-Coulomb 屈服准则。Mohr-Coulomb 屈服准则分为两类，分别是线性的 Mohr-Coulomb 屈服准则和抛物线型的 Mohr-Coulomb 屈服准则。

线性的 Mohr-Coulomb 与线性 Drucker-Prager 的偏应力屈服函数为线性 Drucker-Prager 屈服函数。其平面应变条件下的屈服面如图 3-2 所示。

假设屈服应力是静水压力的线性函数，其屈服函数表达式是：

$$F = \alpha I_1 + \sqrt{J_2} - \frac{\bar{\sigma}}{\sqrt{3}} = 0 \tag{3-11}$$

式中：I_1——应力张量第一不变量，$I_1 = \sigma_{ii}$；

J_2——应力偏量第二不变量，$J_2 = \frac{1}{2}\sigma_{ij}\sigma_{ij}$；$\alpha$、$\bar{\sigma}$ 值由土性材料参数来确定，可据以下关系式求出：

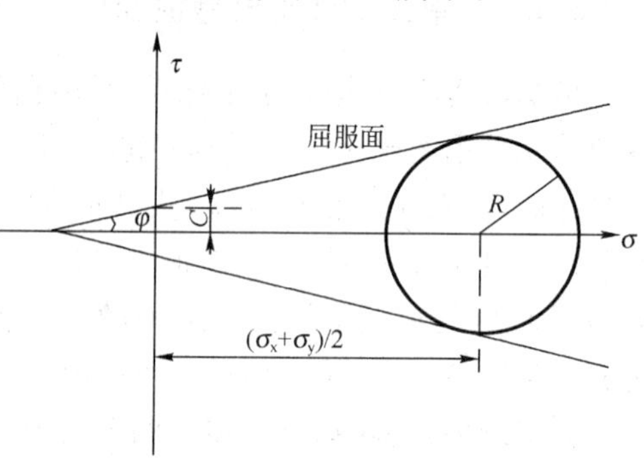

图 3-2 线性 Mohr-Coulomb 材料在平面应变条件下的屈服面

$$c = \frac{\bar{\sigma}}{3(1-12\alpha^2)^{1/2}} \qquad \sin\varphi = \frac{3\alpha}{(1-3\alpha^2)^{1/2}}$$

在 MARC 有限元计算中采用：

$$\alpha = \frac{\sin\varphi}{\sqrt{9+3\sin^2\varphi}} \qquad \bar{\sigma} = \frac{9C\cos\varphi}{\sqrt{9+3\sin^2\varphi}}$$

式中：c——土的黏聚力；

φ——土的内摩擦角。

线性 Drucker-Prager 屈服函数与线性 Mohr-Coulomb 屈服函数类似，对主应力 $\sigma_1 > \sigma_2 > \sigma_3$，后一个函数可写成

$$F = \frac{1}{2}(\sigma_3 - \sigma_1) + \frac{1}{2}(\sigma_3 + \sigma_1)\sin\varphi - \cos\varphi = 0 \qquad (3\text{-}12)$$

Mohr-Coulomb 表面与 π 平面 $\sigma_1 + \sigma_2 + \sigma_3 = 0$ 相交线为六边形。

抛物线 Mohr-Coulomb 屈服函数与静水相关，可广义化为一个特定的屈服包络面，在平面应变状态下是一条抛物线。具体如图 3-3 所示。

其屈服函数表达式为：

$$F = (3J_2 + \sqrt{3}\beta\bar{\sigma}J_1)^{\frac{1}{2}} - \bar{\sigma} = 0 \qquad (3\text{-}13)$$

$$\beta\bar{\sigma} = \frac{\alpha}{\sqrt{3}}$$

本书选用线性的 Mohr-Coulomb 屈服准则对土性材料进行计算。

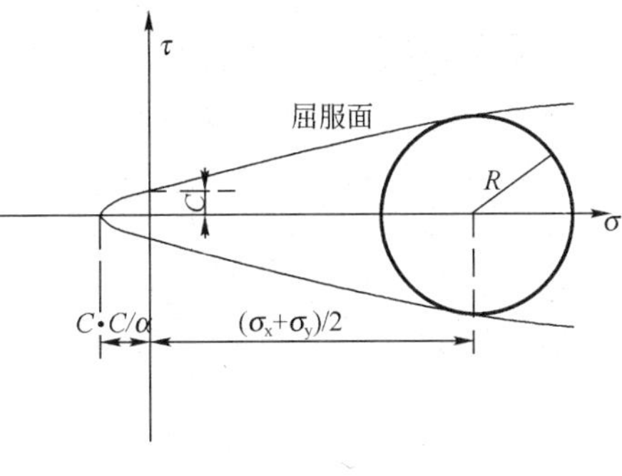

图 3-3　抛物线 Mohr-Coulomb 材料在平面应变条件下的屈服面

3.4　计算模型确定

3.4.1　几何模型

本书分析的典型涵洞断面有盖板涵、圆管涵和拱涵，分别对三种涵洞建模计算。由于几何实体具有对称性，选取几何实体的一半进行建模，并在计算中采用平面应变问题求解。计算几何模型、单元划分及边界条件如图 3-4 所示。

MARC 程序中提供了多种计算单元类型，本书分别选用四边形四节点单元和四边形八节点单元进行了对比计算，结果相差甚小。由于八节点单元具有更高的稳定性和精确性，最后选四边形八节点单元。

计算中选取的几何范围过小，会造成计算结果不精确，不能真实反映实际结构体的应力应变情况；若几何模型的范围选取过大，则会给网格划分造成一定困难，并浪费计算资源。计算时通过对一模型几何范围的讨论，确定了较佳的计算几何范围。

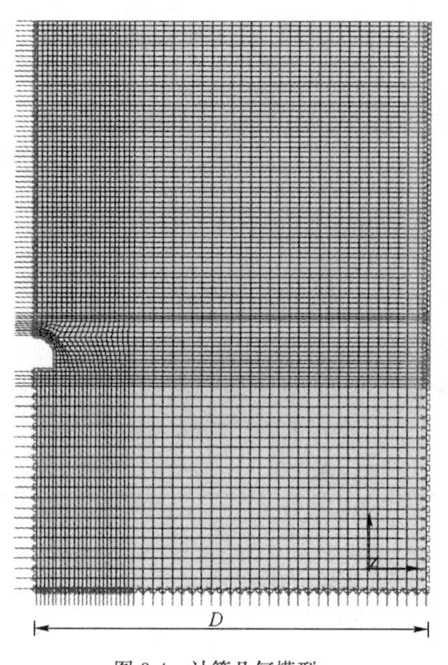

图 3-4 计算几何模型

计算模型中需要确定的几何尺寸主要是地基厚度和计算宽度 D。地基在上部外荷载作用下，可近似认为只在压缩层中产生变形，于是地基的厚度即取为压缩层厚度，地基底面边界按固定条件考虑。在性状分析中，地基厚度选取 20m，而对于实际工程的计算，则应根据具体情况确定地基厚度。计算宽度 D 的确定是通过对比计算确定的，计算中选取 a 和 b 两个指标（a 为涵顶终点处垂直土压力；b 为涵顶中点处沉降值），具体结果见表 3-1。

由计算结果可以看出：当计算宽度 $D \geqslant 24$m 时，计算指标 a 和计算指标 b 均趋于稳定，在计算中选取计算宽度大于 32m，可保证计算结果的准确性。

另外，单元划分的大小、疏密对于计算结果的准确性和精度也有一定影响，单元划分对计算结果的影响分析示于表 3-2 中。

计算宽度 D 的确定 表 3-1

D(m)	3	7	11	18	24	28	32
计算指标 a(kPa)	1 516	1 550	1 563	1 569	1 571	1 571	1 571
计算指标 b(m)	1.338	1.371	1.376	1.378	1.379	1.379	1.379

单元疏密影响计算结果 表 3-2

单元个数	344	761	1 210	1 710	2 458
计算指标 a(kPa)	1 550	1 563	1 570	1 571	1 571
计算指标 b(m)	1.373	1.375	1.379	1.379	1.379

当单元划分的数目大于 1 710 之后，计算指标 a 和计算指标 b 均趋于稳定，最好的单元网格划分数目为 2 458。

3.4.2 材料计算参数的确定

取现场测试试验段路堤填土与地基土的室内固结和三轴试验成果作为土的计算参数，涵洞选取钢筋混凝土材料参数、底板下垫层选取素混凝土材料参数，计算中材料参数的取值如表 3-3 所示。EPS 材料特性通过室内试验予以确定。

材料计算参数　　表 3-3

计算参数	变形模量 E_0(kPa)	弹性模量 E_d(kPa)	重度 γ(kN/m³)	黏聚力 c(kPa)	内摩擦角 φ	泊松比 μ
填土	1.9×10^4	2×10^4	18	30	21°	0.25
地基土	2.6×10^4	3.8×10^4	19	45	25°	0.22
涵洞		3×10^7	25	3 430	54°	0.15
垫层		2×10^7	23	2 430	45°	0.17

3.5　仿真计算的内容

通过 MARC 有限元软件对高填路堤下涵洞的作用性状进行仿真分析，计算内容主要包括以下几个方面。

(1)涵土结构受力与变形性状。计算讨论涵顶与涵测填土中土压力分布特性、土层沉降变形特性；填土中塑性区的分布；地基土中附加垂直土压力分布特性、土层中沉降变形特性；不同断面形式涵洞对涵土结构受力与变形的影响。

(2)高填土路堤下涵洞受力性状。计算讨论各种因素对涵洞受力的影响，包括涵洞断面几何特性影响、涵洞填土特性影响、地基土特性影响以及涵洞埋设地形影响。

(3)涵洞减荷性状。计算讨论采取减荷措施下涵顶与涵测填土中土压力分布特性、土层沉降变形特性；填土中塑性区的分布；地基土中附加垂直土压力分布特性、土层中沉降变形特性；计算分析减荷材料的选用，减荷材料的铺设厚度、铺设范围等因素对减荷效果的影响情况。

第四章　涵洞与土体相互作用性状的仿真分析

4.1　填土的变形与受力特性

涵洞埋设在土中，它与其周围填土、地基共同作用，构成一个变形、受力相互协调，彼此间相互关联、相互影响的统一结构体系，称其为“涵土结构”。在这个体系中，由于刚性的涵体与弹塑特性的土体共同工作而导致涵洞受力与变形较为复杂。填土首先是涵洞埋置其中的介质，其次对于涵洞和地基而言它又是一种外荷载；同时，它又是支撑和传递荷载的介质，它将路面荷载及其重力荷载传递到涵洞结构物和地基中。由于涵洞与填土和地基共同工作，因此涵洞的受力与变形特性与其周围填土、地基的受力与变形特性息息相关。

4.1.1　计算模型选定

选取某一涵洞实例，建立计算模型，分析涵洞、填土与地基共同工作特性。设涵洞为某一高速路段的混凝土现浇拱涵，全长 184.5m，涵顶填土高度为 36.6m。涵洞净宽 4.0m，净高 3.6m，底板厚 1.5m，涵洞设置在 2.0m 厚的水泥稳定砂砾垫层上，涵洞洞身横断面图如图 4-1 所示。

根据示例，建立其有限元模型，单元划分如图 4-2 所示。材料计算参数的选用如第三章中的表 3-3 所示。计算宽度取 40m，地基厚度取 20m，涵顶填土高度取 40m，不考虑分级加载对计算的影响。分别讨论填土、地基和涵洞的受力与变形特性。

4.1.2　填土变形

分别选取距涵顶高度为 0.6m、2.0m、6.0m、12.0m、20.0m、30.0m 和 38.0m 的填土土层，通过有限元的仿真计算，得到上述各个高度填土土层的沉降变形曲线，如图 4-3 所示。

从图中可以看到，距涵顶高度为 0.6m 至 12.0m 的土层沉降变形具有明显的曲线性质，土层在涵顶范围内的沉降值明显小于涵顶范围外的沉降值，变形曲线呈现上凸性。这种土层的不均匀沉降在以距涵顶中点 0～8m 范围内较明显，约为涵洞宽度的 2 倍左右；而在其范围外的土层则近似为均匀沉降。在距涵顶 20m、30m 和 38m 处的土层沉降变形曲线基本为直线，即土层近似为均匀沉降，此即为 Marston 理论中的等沉面以上的均匀变形的土体。

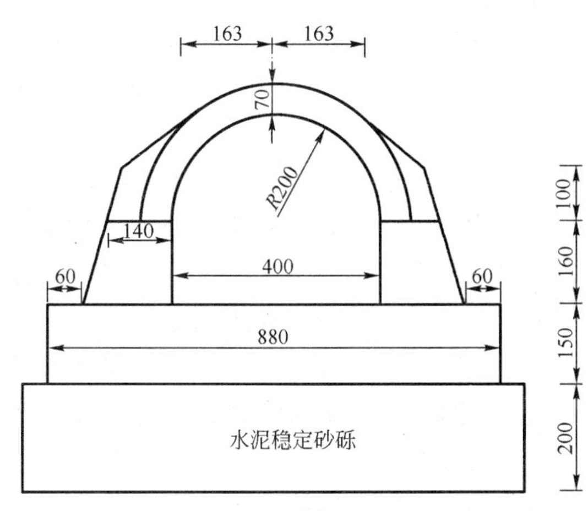

图 4-1 涵洞洞身横断面图（尺寸单位：cm）

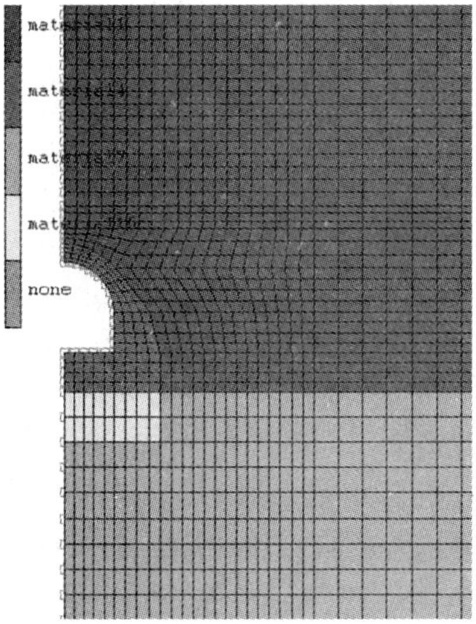

图 4-2 计算简图

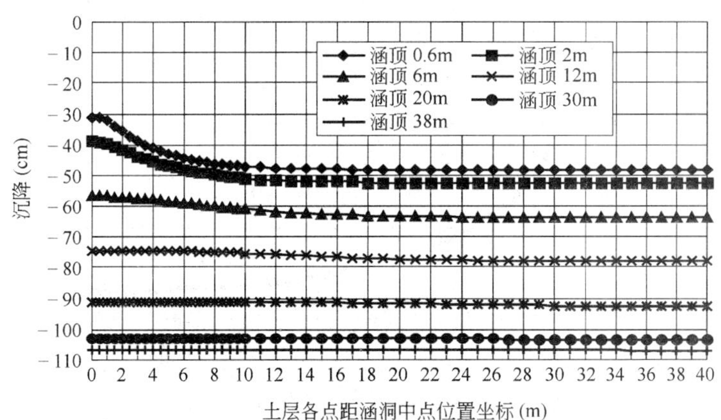

图 4-3 涵顶各个土层沉降变形曲线

涵洞两侧填土土层的沉降变形规律与涵顶上填土土层的沉降变形规律一致，在紧邻涵洞侧土层的沉降值小于远离涵洞位置处的沉降值。具体填土的沉降变形规律见有限元计算结果图（图 4-4）。

对于涵顶上填土，设涵顶某一土层在涵洞范围外距涵洞最远处的沉降变形值为 S_w（最大沉降量），土层在涵顶中心处的沉降变形值为 S_n（最小沉降量），则涵顶

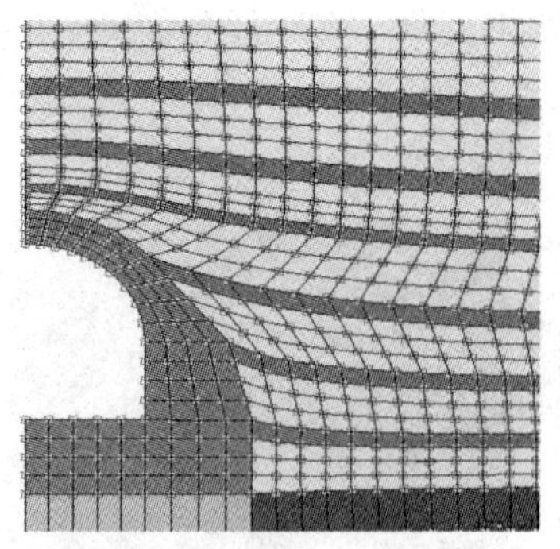

图 4-4　填土变形图

土层内外沉降差 $\delta = S_w - S_n$，本例中土层内外沉降差 δ 为正值。土层距离涵顶高度越大，其土层内外沉降差 δ 的绝对值就越小。当某一土层的土层内外沉降差 δ 绝对值小于某一特定值时，认为该土层均匀沉降，即为等沉面。图 4-5 为计算得到的沿涵顶不同高度土层的土层内外沉降差 δ 的绝对值。

从图中看到，曲线明显分为两段。距涵顶高度低于 12m 的土层，其土层内外沉降差 δ 的绝对值随其土层距涵顶高度减小的变化趋势迅速，距涵顶 0.6m 处土层的土层内外沉降差 δ 的绝对值为 17.2cm，而距涵顶 12m 处土层的土层内外沉降差 δ 绝对值已减小至 3.4cm，相差了 13.8cm。当土层距涵顶高度大于 12m 以上时，其土层内外沉降差 δ 绝对值随其土层距涵顶高度减小的变化趋势趋于稳定。从计算结果来看，距涵顶 14m 处土层的土层内外沉降差 δ 绝对值为 2.8cm，距涵顶 38m 处土层的土层内外沉降差 δ 绝对值为 0.4cm，相差仅为 2.4cm。

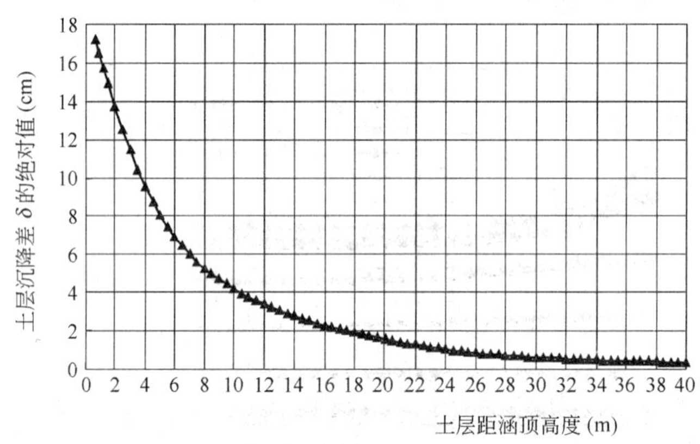

图 4-5　沿涵顶不同高度土层的土层沉降差 δ

Marston 等沉面理论认为：管顶范围内填土与管顶范围外填土存在的沉降差异随填土高度的增加而逐渐减小，当填土高度达到某一临界值 H_e 后，这种差异可忽略不计，H_e 以上填土认为是均匀沉降，相应于 H_e 的平面，称为等沉面。当土层内外沉降差 δ 绝对值小于某一特定值 S 时，认为土层的内外沉降差可以忽略不计，该土层为均匀沉降，即为等沉面。若取 $S=3\text{cm}$，在此例中，距涵顶 13m 处的土层内外沉降差 δ 绝对值为 3.05cm，即 $H_e=13\text{m}$，恰好对应图 4-5 所示曲线的近似弯折点；另根据 Marston 等沉面的计算简式：$H_e=2.25D$ 计算，本例的 $H_e=2.25\times$

5.8=13.1(m),与本文定义计算得到的等沉面高度 H_e为 13m 一致。

综上所述,由于涵洞的变形刚度远远大于其两侧填土的刚度,填土土层在涵顶范围内沉降变形量小于涵顶范围外变形量。土层变形后呈现上凸性,若用土层内外沉降差($\delta = S_n - S_w$)作为衡量其变形特性的标准。土层内外沉降差 δ 随其距涵顶高度的增加而减小,当距涵顶高度为 H_e土层的内外沉降差 δ 的绝对值小于某一特定值 S 时(本书定义 S=3cm),认为土层内外沉降差可忽略不计,该土层均匀沉降,即为等沉面,等沉面以上土层为均匀沉降。

4.1.3 填土体中土压力的分布状况

由于涵顶填土土层的上述变形特性,必然影响涵顶填土中土压力的分布情况。分别选取距涵顶高度为 0.6m、2.0m、6.0m、12.0m、20.0m、30.0m 和 38.0m 的填土土层,通过有限元的计算,得到上述各个高度填土土层的垂直土压力分布曲线,如图 4-6 所示。

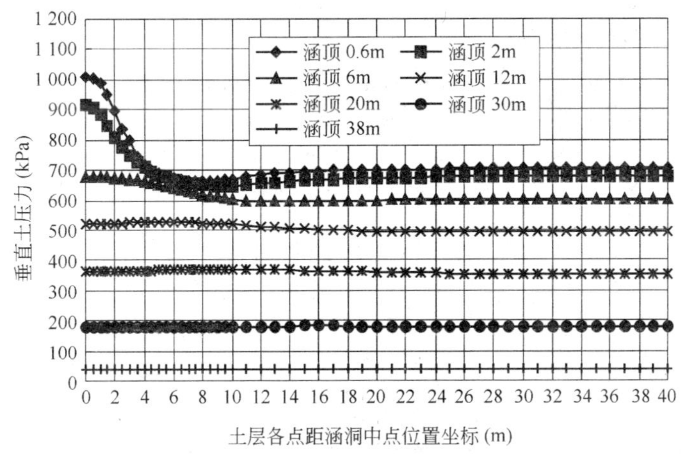

图 4-6 涵顶各个土层垂直土压力分布

从图中可以看出,涵顶填土各土层的垂直土压力分布曲线形式与图 4-3 所示其土层的沉降变形曲线形式一致。距涵顶高度为 0.6m、2.0m、6.0m 和 12.0m 处填土土层的垂直土压力在涵顶处的垂直土压力值大于涵顶范围外的垂直土压力值,涵顶范围内出现一定程度的应力集中;而距涵顶高度为 20m、30m 和 38m 处的填土土层中垂直土压力近似均匀分布。

对于涵侧填土土层的垂直土压力分布,选取距原地面高度分别为 0.35m、1.5m和 2.7m 处涵侧填土土层进行分析,各个土层的垂直土压力分布曲线如图 4-7 所示。

从图中看到，在紧邻涵洞处土层中垂直土压力较小，随着土层距涵洞距离的增大，土层中垂直土压力逐渐增大，直至达到其上填土自重，然后趋于稳定值。本例中，当距涵洞中点大于 12m 左右后（约 1.5 倍涵洞宽度），土层中的垂直土压力趋于稳定。

整理上述计算结果，得到涵洞周围填土土层中垂直土压力分布，如图 4-8 所示。

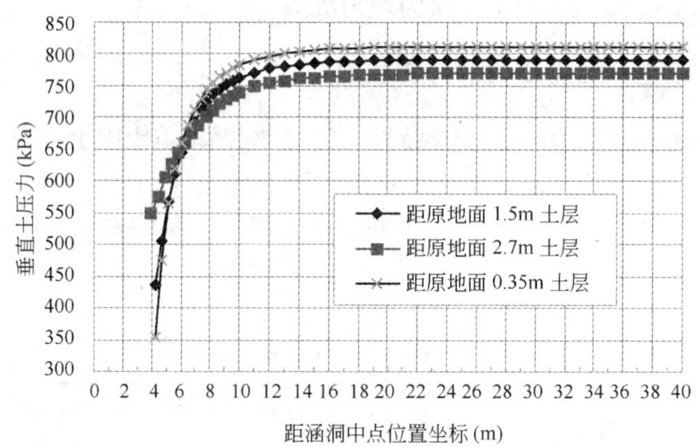

图 4-7 涵侧各个土层垂直土压力分布

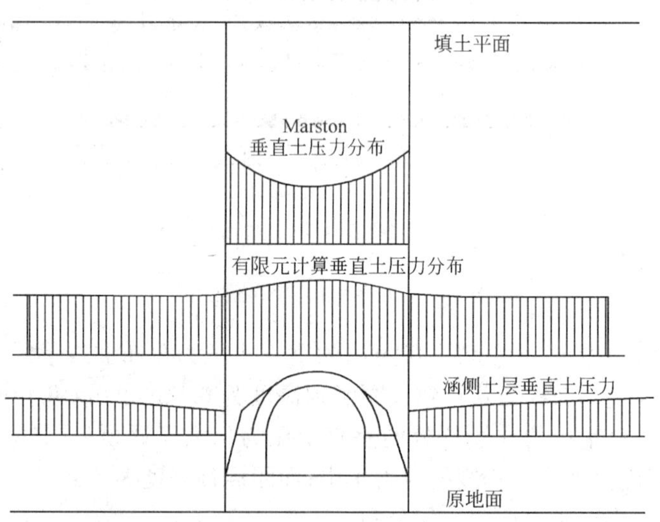

图 4-8 涵洞填土土层垂直土压力分布

将距涵顶 0.6m 处土层的垂直土压力经过处理后，近似作为作用在涵顶处的垂直土压力。有限元计算涵顶处的最大垂直土压力 σ_z =1 019.6kPa，远远大于其

上的土柱重力（γH =720kPa），涵顶范围内垂直土压力均大于土柱重力；而涵顶外侧的垂直土压力随着距涵洞距离的增大而逐渐减小，当达到某一最小值后，则又随着距涵洞距离的增大而逐渐增大，并逐渐趋于涵顶土柱自重。在本例中，距涵顶中点距离为 8m 处（1 倍的涵宽）的垂直土压力最小，为 672kPa，比涵顶土柱自重减少了 6.7%。正是由于涵顶承担了较多的上部土体传递来的自重荷载，必然减少其两侧土体承担的上部土体荷载。另外，有限元计算垂直土压力分布与 Marston 垂直土压力分布曲线规律有一定差异。

4.2　地基土的变形与受力特性

4.2.1　地基土的沉降变形

分别选取距原地面高度为 0m（即地基顶面）、2.0m、4.0m、8.0m、12.0m 和 18.0m 的填土土层，通过有限元计算，得到相应高度地基土土层的沉降变形曲线，如图 4-9 所示。

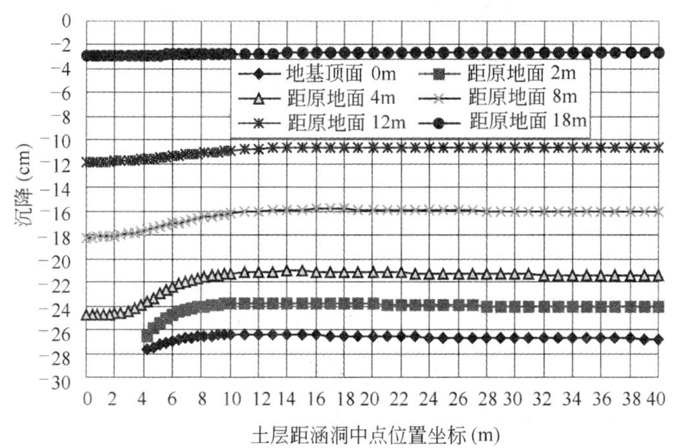

图 4-9　地基土各个土层沉降变形曲线

从图中可以看到，从地基顶面土层到距原地面高度为 12m 的土层沉降变形也具有明显的曲线性质，土层在涵洞位置及其附近的沉降值明显大于涵洞范围外的沉降值，随着距涵洞距离的增大，沉降值逐渐减少并趋于稳定。

由于涵洞结构本身自重较大，且承担了较多的填土荷载，则传递至涵洞地基土中的附加应力必将大于涵洞范围外地基中的附加应力；因此，涵洞范围内地基土中的沉降变形大于涵洞范围外地基土中的沉降变形。这种土层的不均匀沉降在距涵

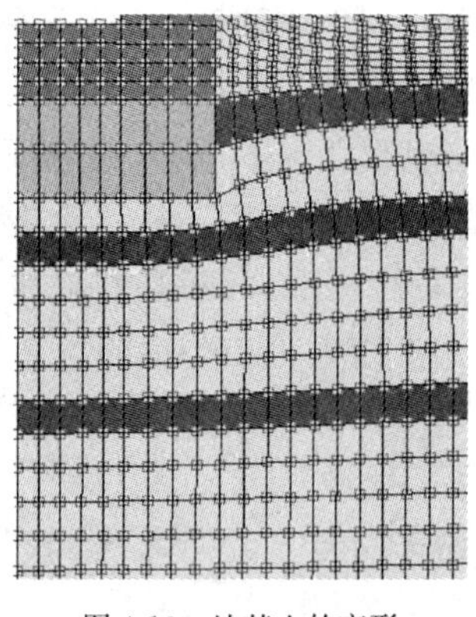

图 4-10　地基土的变形

顶中点 0～8m 范围内较明显(约为涵洞宽度的 2 倍),在其外范围的土层则近似为均匀沉降。在距原地面高度大于 12m 的地基土层沉降变形曲线基本为直线,即土层均匀沉降。地基土中的沉降变形特性可具体参见有限元计算结果图 4-10。

4.2.2　地基土的受力性状

分别选取距原地面高度为 0m(即地基顶面)、2.0m、4.0m、8.0m、12.0m 和 18.0m 的地基土土层,通过仿真计算,得到相应高度地基土土层的附加垂直土压力分布,如图 4-11 所示。

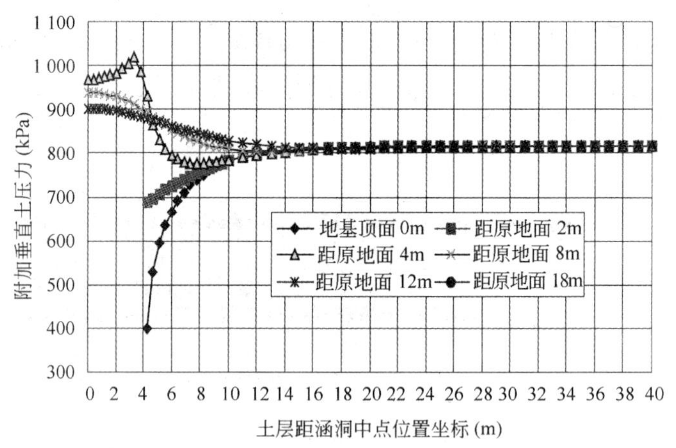

图 4-11　地基土各土层附加垂直土压力分布

由于涵洞下垫层承担了较多的上部荷载,使得地基顶面土层至距原地面高度 2.0m 处土层在涵洞位置附近的附加应力较小,随着距涵洞距离的增大,附加应力逐渐增大,并趋于稳定值。紧邻垫层的地基土层(距原地面 3～4m 处土层)在垫层下受到较大的附加垂直应力,并在垫层角点处出现一定程度的应力集中现象;随着距涵洞位置的增加,附加垂直应力逐渐减少,当达到某一最小值时(距涵洞中点 7.8m处,附加垂直应力为 776.5kPa),垂直附加应力又随距涵洞距离的增大而逐渐增大,并趋于稳定值。距垫层较远的地基土层中(距原地面高度大于 8m),附加垂直应力在涵洞位置下较大,随着距涵洞距离的增大,垂直附加应力逐渐减小,并趋于稳定。地基各个土层中垂直附加应力的变化范围大约在距涵洞中点 0～12m 范围内(约为 3 倍的涵洞宽度),而此范围外地基土层中的垂直附加应力基本呈均

匀分布。

通过计算得到各个距涵洞中点不同距离处，地基土中沿地基深度方向附加垂直土压力的分布规律曲线，如图 4-12 所示。

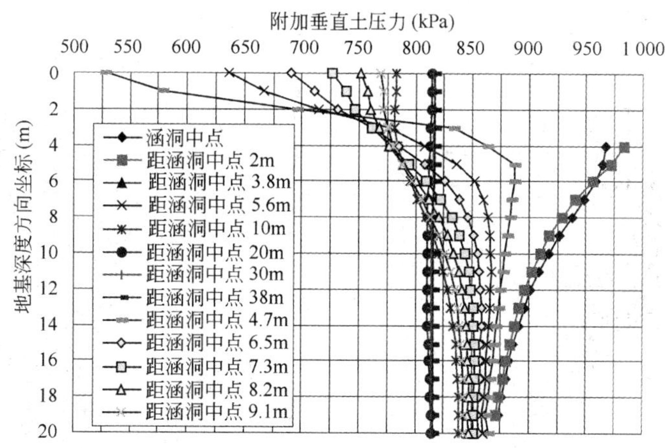

图 4-12 地基土中沿深度方向附加垂直土压力分布曲线

从图中看到，沿地基深度方向附加垂直土压力的分布规律曲线分为三类。一类是涵洞垫层下的附加垂直土压力沿地基深度的分布曲线，即图中的“涵洞中点、距涵洞中点 2m、距涵洞中点 3. 8m”三条曲线，由于垫层传递的上部荷载作用，使得其下地基土承担较大的附加应力，随着地基深度的增加，附加应力逐渐减小。另一类是距涵洞中点在 20m、30m 和 38m 处的附加垂直应力沿深度的分布曲线，由于距涵洞的影响范围较远，可忽略其对地基土的受力影响，地基土中的附加垂直应力沿深度方向均匀分布。第三类是在涵洞外侧一定范围内的附加垂直土压力沿深度分布曲线，即距涵洞中点从大于 3. 8m 处至 10m 处。由于涵洞及其垫层承担了较多的填土荷载，减小了作用在其外侧的地基土中的填土荷载，因此，涵洞外一定范围内的地基土中附加垂直土压力在地基表面附近较小，随地基深度增加而增大；距涵洞越近，受到涵洞的影响越大，地基表面附近的附加垂直土压力越小。图 4-13 同样反映出了涵洞结构物对填土和地基土中的受力影响。

4.3 填土中塑性区的分布

由于涵顶处的土压力集中现象，在涵顶一定范围内的填土首先出现塑性区，水平方向和垂直方向塑性区分布如图 4-13 所示。

水平方向和垂直方向的塑性区范围一致，主要分布在涵洞宽度范围，距涵顶高度 5m 范围内，在涵洞的拱腰处也有塑性区的存在，塑性区以此为中心向外逐渐扩散。从数值上看，水平向和垂直向塑性应变最大值接近，水平方向的最大塑性应变值略大于垂直方向。

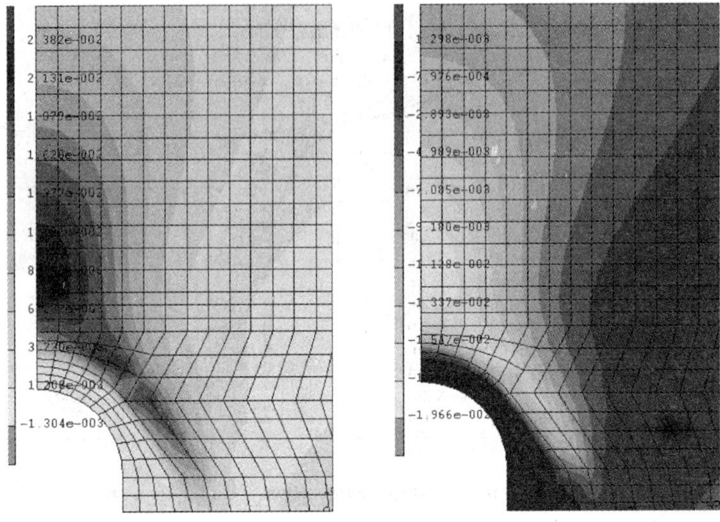

水平方向塑性区　　　　垂直方向塑性区

图 4-13　水平向和垂直向塑性区分布

另根据八面体上的剪应变定义，其公式为：

$$\gamma_8 = 2\sqrt{\frac{1}{3}(\varepsilon_1^2+\varepsilon_2^2+\varepsilon_3^2)-\frac{1}{9}(\varepsilon_1+\varepsilon_2+\varepsilon_3)^2}$$

$$= \frac{2}{3}\sqrt{(\varepsilon_1-\varepsilon_2)^2+(\varepsilon_2-\varepsilon_3)^2+(\varepsilon_3-\varepsilon_1)^2}$$

$$= \frac{2\sqrt{2}}{\sqrt{3}}\sqrt{J_2'}$$

式中，J'_2 为应变偏量第二不变量，$J'_2 = \frac{1}{2}e_{ij}e_{ij}$ 。

广义剪应变又称应变强度，在简单拉伸时，其又称为等效应变。它的定义公式为：

$$\bar{\gamma} = \frac{2}{\sqrt{3}}\sqrt{J'_2} = \sqrt{\frac{2}{9}[(\varepsilon_1-\varepsilon_2)^2+(\varepsilon_2-\varepsilon_3)^2+(\varepsilon_3-\varepsilon_1)^2]}$$

在简单拉伸时：

$$\varepsilon_1 = \varepsilon_0, \varepsilon_2 = \varepsilon_3 = -\frac{1}{2}\varepsilon_0, \mu_c = -1, \theta_c = -30^\circ$$

得到：

$$\bar{\gamma} = \varepsilon_0$$

式中：θ_c、μ_c ——分别为应变洛德角和洛德参数。

有限元计算得到的塑性剪应变(shear plastic strain)和等效塑性应变(equivalent plastic strain)塑性区分布如图 4-14 所示。

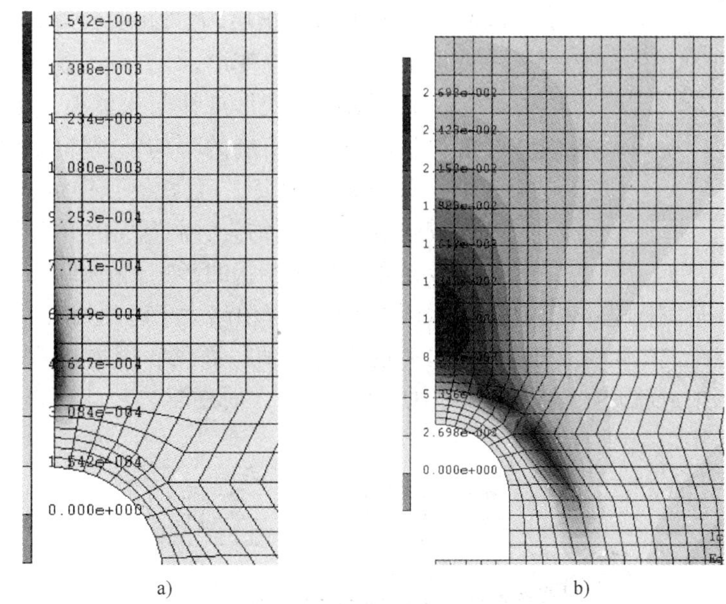

图 4-14 塑性剪应变和等效塑性应变塑性区分布
a)塑性剪应变；b)等效塑性应变

从图中看到，塑性剪应变仅在涵顶很小范围内发生。而等效塑性应变区的分布与水平向和垂直向塑性区的分布范围一致，数值上接近，塑性剪应变最大值在数值上远远小于等效塑性应变的最大值。

在以后的分析讨论中，以等效塑性应变来作为衡量土中塑性应变的标准。

4.4 涵洞断面形式的影响分析

不同的断面结构形式对其周围的填土和地基土中的受力与变形会产生不同的作用，分别对盖板涵和圆涵进行建模计算，并与拱涵的计算结果进行对比分析。盖板涵和圆涵的高、宽值与拱涵的一致，填土与地基土的土性参数选用表 3-3 中的数值。

4.4.1 盖板涵的分析结果

建立其有限元模型，计算宽度取 40m，地基厚度取 20m，涵顶填土高度取 40m，不考虑分级加载对计算的影响。有限元计算得到变形云图，如图 4-15 所示。

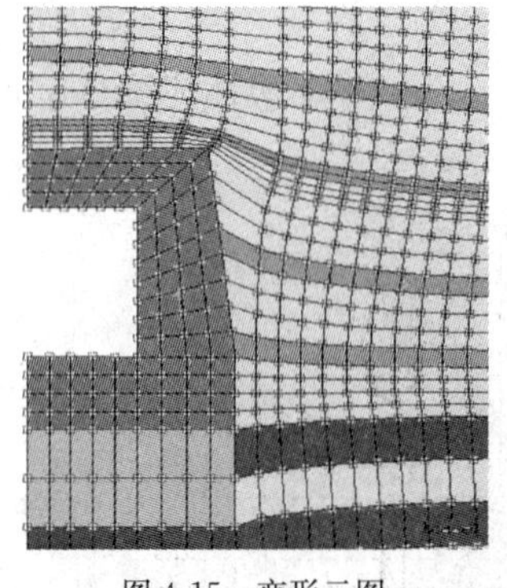
图 4-15 变形云图

盖板涵计算的填土与地基土的变形云图与拱涵的计算变形云图规律基本一致。分别选取距涵顶高度为 0. 6m、2. 0m、6. 0m、12. 0m、20. 0m、30. 0m 和 38. 0m 的填土土层，通过仿真计算，得到相应高度填土土层的沉降变形，如图 4-16 所示。

其土层沉降变形规律与拱涵填土土层的变形规律基本一致。土层的不均匀沉降在距涵顶高度小于 12m 的范围突出，且距涵顶中点 0～8m 范围内较明显，其范围约为涵洞宽度的 2 倍左右。由于盖板涵涵顶几何性状的影响，涵顶 0. 6m 处土层的沉降在涵顶范围内基本均匀沉降，涵顶中点处沉降值略大于边角处沉降值，而后随距涵洞中点距离的增大而逐渐增大，并趋于稳定值。而拱涵涵顶 0. 6m 处土层的沉降从涵洞中点就开始随着距涵洞中点距离的增大而逐渐增大，趋于稳定值。

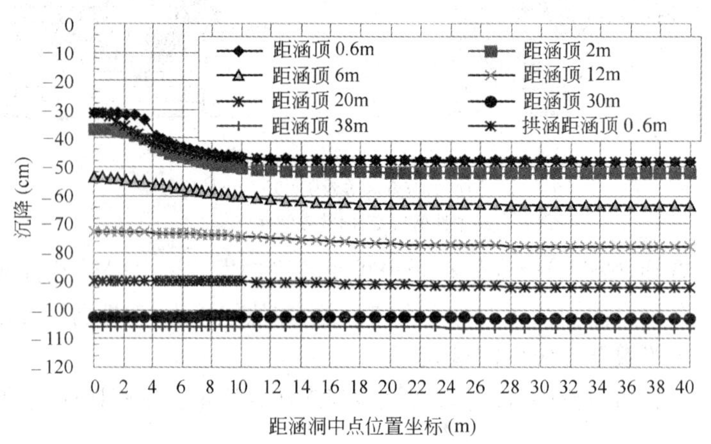

图 4-16 盖板涵填土土层的沉降变形

分别选取距涵顶高度为 0. 6m、2. 0m、6. 0m、12. 0m、20. 0m、30. 0m 和 38. 0m 的填土土层，通过仿真计算，得到相应高度填土土层的垂直土压力分布曲线，如图 4-17 所示。

盖板涵涵顶各个土层土压力分布大体上与拱涵的一致，距涵顶高度为 0. 6m、2. 0m、6. 0m 和 12. 0m 处的填土土层中的垂直土压力在涵顶处大于涵顶范围外，而涵顶高度为 20m、30m 和 38m 处的填土土层的垂直土压力则均匀分布。距涵顶 0. 6m 处土层在涵顶范围内的土压力分布则与拱涵的截然不同，由于盖板涵涵顶的几何性质，使得土压力在涵顶边角处出现较大的应力集中现象，涵顶中点的垂直

土压力为涵顶范围内的最小值，涵顶土压力分布呈现抛物线形，这与 Marston 的涵顶土压力分布曲线一致。而拱涵的涵顶中点处的土压力是涵顶范围内的最大的土压力值。

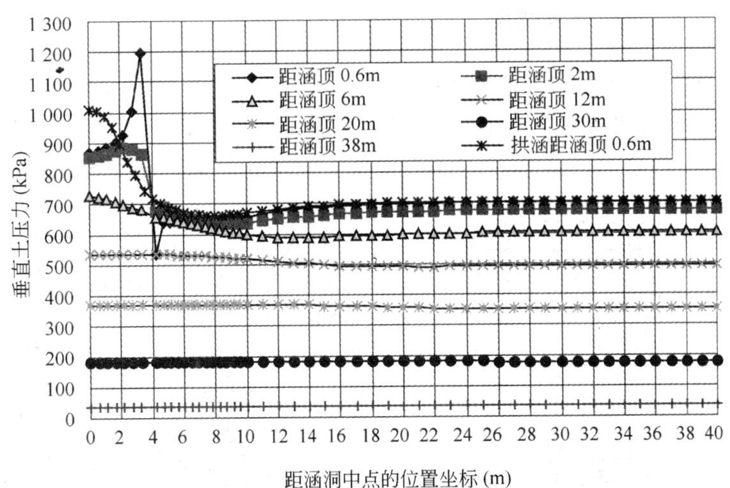

图 4-17 盖板涵填土土层的垂直土压力分布

分别选取距原地面高度为 0m（即地基顶面）、2.0m、4.0m、8.0m、12.0m 和 18.0m 的地基土土层，通过仿真计算，得到上述各个高度地基土土层中的附加垂直土压力分布曲线，如图 4-18 所示。其计算结果与拱涵一致。

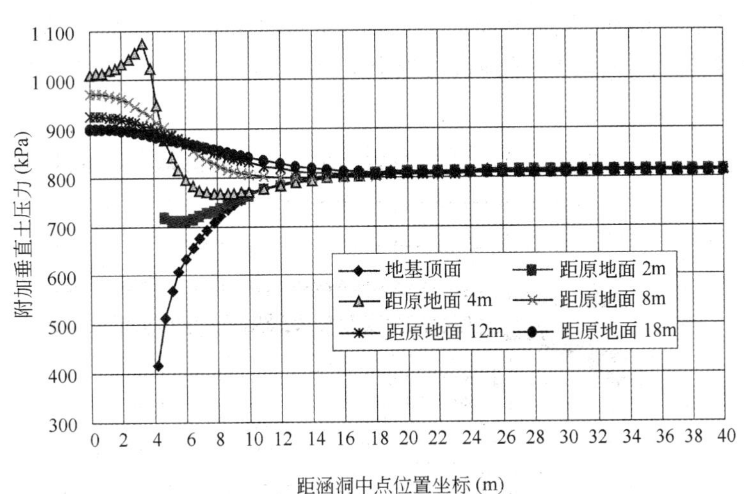

图 4-18 盖板涵地基土层中附加垂直土压力分布图

通过计算，得到盖板涵涵顶填土中的塑性区分布图，如图 4-19 所示。其塑性区与拱涵填土的塑性区大体一致，集中于涵顶和涵顶边角处，最大塑性应变值与拱涵接近。但其涵顶处的塑性应变值则小于拱涵涵顶处的塑性应变值。

4.4.2 圆涵的分析结果

建立圆涵有限元计算模型，计算宽度取 40m，地基厚度取 20m，涵顶填土高度取 40m，不考虑分级加载对计算的影响。有限元计算得到的变形云图如图 4-20 所示。圆涵计算的填土与地基土的变形云图与拱涵的计算变形规律基本一致。

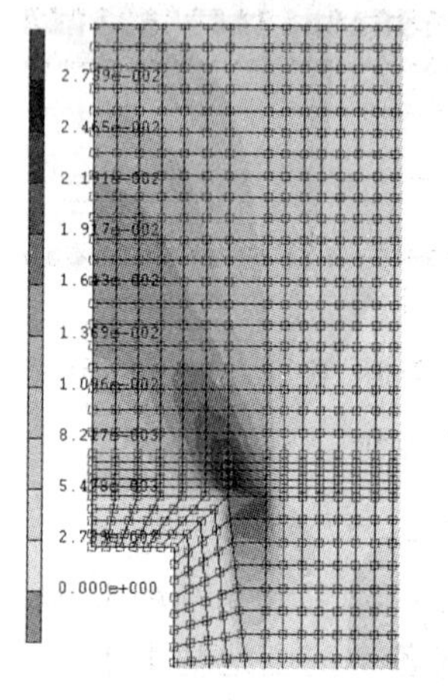

图 4-19 盖板涵塑性区

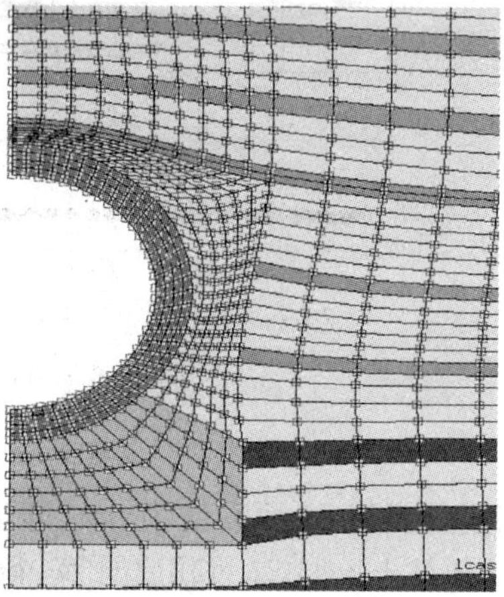

图 4-20 圆涵变形云图

分别选取距涵顶高度为 0.6m、2.0m、6.0m、12.0m、20.0m、30.0m 和 38.0m 的填土土层，通过仿真计算，得到相应高度填土土层的沉降变形曲线，如图 4-21 所示。

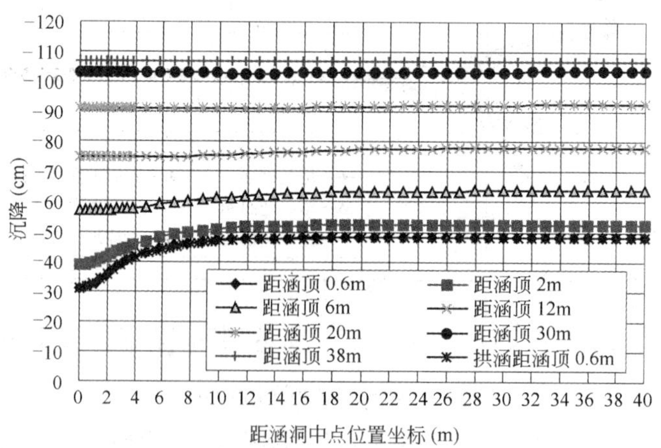

图 4-21 圆涵填土土层的沉降变形

由于拱涵与圆涵涵顶几何性状相近，其填土土层沉降变形规律也基本一致。土层的不均匀沉降以距涵顶高度小于 12m 的范围突出，且在以距涵顶中点 0～8m 范围内较明显，约为涵洞宽度的 2 倍。

分别选取距涵顶高度为 0.6m、2.0m、6.0m、12.0m、20.0m、30.0m 和 38.0m 的填土土层，通过仿真计算，得到上述各个高度填土土层的垂直土压力分布曲线，如图 4-22 所示。

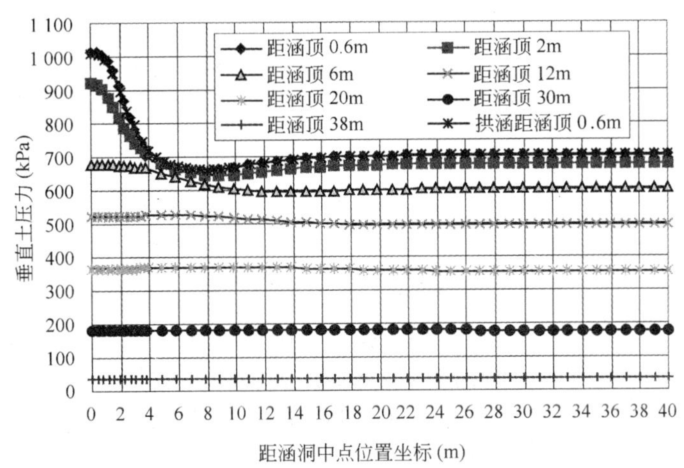

图 4-22 圆涵填土土层的垂直土压力分布

圆涵涵顶填土土层中土压力分布与拱涵完全一致。距涵顶高度为 0.6m、2.0m、6.0m 和 12.0m 处的填土土层中的垂直土压力在涵顶处出现一定程度的应力集中，其值大于涵顶范围外的垂直土压力，而涵顶高度为 20m、30m 和 38m 处的填土土层的垂直土压力则均匀分布。

分别选取距原地面高度为 0m(即地基顶面)、2.0m、4.0m、8.0m、12.0m 和 18.0m 的地基土土层，通过仿真计算，得到上述相应高度地基土土层中的附加垂直土压力分布曲线，如图 4-23 所示，其结果与拱涵一致。

通过计算，得到圆涵涵顶填土中的塑性区分布图，如图 4-24 所示。其塑性区与拱涵填土的塑性区大体一致，集中在圆涵涵顶和两侧边角处，其最大塑性应变值发生在边角处，且大于拱涵的最大塑性应变值，而其涵顶处的塑性应变值与拱涵涵顶处的塑性应变值基本一致。

4.4.3 小结

综上所述，涵洞结构断面不同对于涵顶填土中的垂直土压力分布与沉降变形有一定的影响。

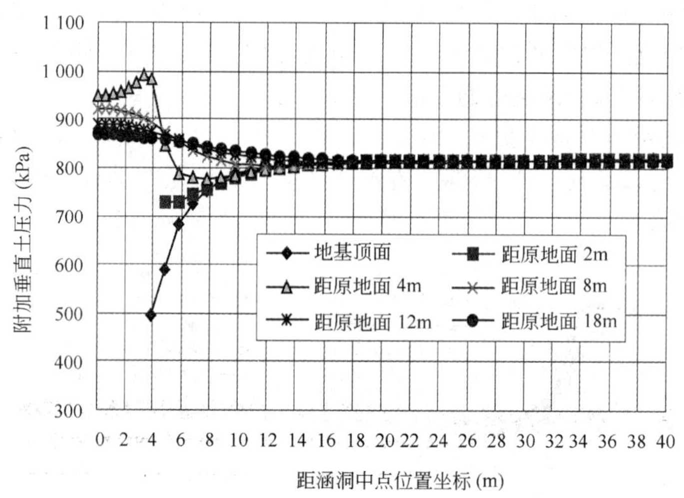

图 4-23　圆涵地基土层中附加垂直土压力分布

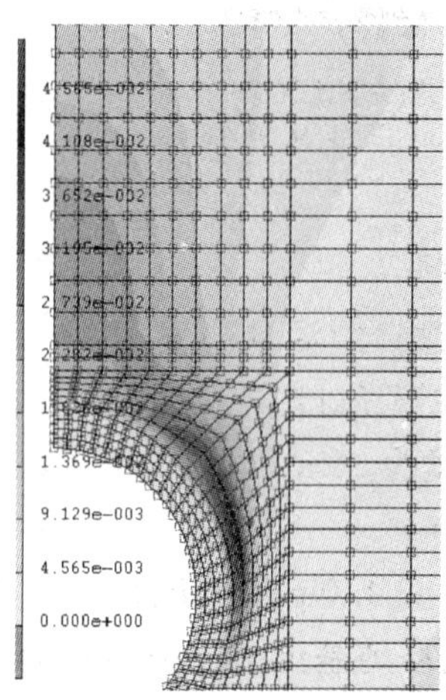

图 4-24　圆涵填土塑性区

由于拱涵与圆涵涵顶几何性质相近，其涵顶填土土层的沉降变形规律基本一致，在涵顶中点处沉降变形值最小；同时其垂直土压力分布规律与大小也基本相同，在涵顶中点出现最大的垂直土压力。而盖板涵涵顶填土土层中的沉降值在涵顶中点处略大于其边角处，其涵顶中点处的土压力是涵顶范围内土压力值的最小值，而在边角处则存在较大的应力集中现象。

涵洞结构断面不同对于涵洞下地基土中的受力与变形基本无影响。涵底基础下地基土承受较大的附加应力，在涵洞两侧，地基土中的附加应力则相应减小。

涵洞结构断面不同对于填土中的塑性区分布影响较小。填土塑性区主要集中在涵顶一定范围和涵侧一定范围内。

4.5　涵土共同工作特性分析

由于涵洞及其基础（垫层）的刚度远大于涵洞周围填土刚度，致使填土土层在涵顶范围内沉降变形量小于涵顶范围外的变形量，使得土层存在土层内外沉降差 δ，土层变形呈上凸性，引起涵顶处土压力集中现象，即涵顶受到的土压力大于其上的填土自重。

4.5.1　填土与地基土相互作用分析

以拱涵计算结果为例，得到其填土与地基土中的沉降变形规律，见图 4-25。

紧邻涵顶处填土土层内外沉降差 $\delta = S_w - S_n$ ，S_w 发生在涵洞范围外距涵洞最远处，可忽略涵洞的影响，则 S_w 仅为填土土性和地基土土性的参数；S_n 发生在涵顶范围内，如不考虑涵洞及其基础的变形，它是由于涵洞地基受到涵洞结构物传递的上部荷载作用而引起的沉降值。因此，涵顶处土层的内外沉降差 δ 的绝对值的大小是由填土土性、地基土土性和涵洞特性共同作用决定的。即涵顶处的土压力集中程度是由填土、地基和涵洞特性共同决定的。反之，由于涵顶土层的变形特性，又影响和决定着地基土中的变形和受力特性。

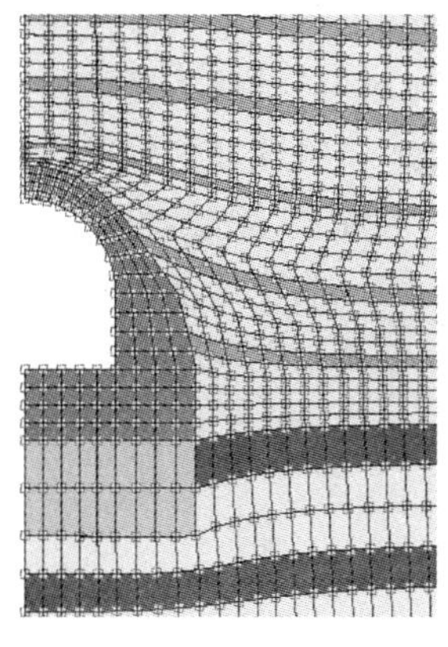

图 4-25　拱涵计算变形云图

通过有限元仿真计算，得到涵洞周围填土及地基的土压力分布图，如图 4-26 所示。从图中可清楚看到涵顶填土对地基土中的附加应力分布的影响。填土在涵顶处出现的应力集中现象，导致涵底基础下地基承受较大的附加应力，而在涵洞两侧，地基土中的附加应力则相应减小。

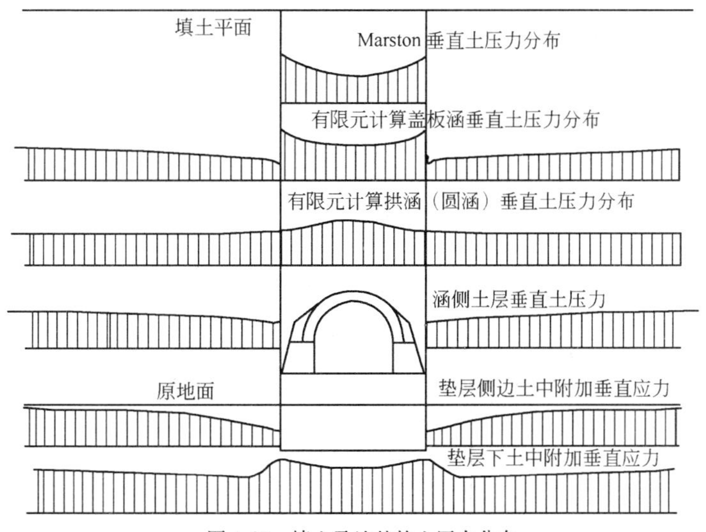

图 4-26　填土及地基的土压力分布

4.5.2　涵洞断面结构形式的影响分析

当不考虑涵洞自身的变形时，涵洞断面结构形式就成为影响其周围填土的变形与受力的重要因素。

引起涵顶土压力的集中程度可归结到涵顶处土层内外沉降差 δ 这个参数上。但填土高度一定时，涵洞高度越大，即涵洞突出地面的高度相应增大，则涵洞两侧填土的压缩土层就越厚，引起的涵顶处填土土层的内外沉降差 δ 的绝对值就越大，涵顶受到的垂直土压力也就越大。

涵洞结构的几何性质不同，对填土的受力与变形也产生不同影响。拱涵与圆涵由于涵顶几何性状相同，其涵顶处土压力分布规律一致。涵顶中点处产生最小的沉降量，因此涵顶中点处的垂直土压力最大。而盖板涵涵顶中点处产生存在一定的挠曲变形量，使得在涵顶范围内，中点处的垂直土压力值最小，涵顶垂直土压力分布呈抛物线形。

第五章　高填方涵洞土压力特性仿真分析

5.1　土压力的影响因素分析

若以涵顶处土层内外沉降差 δ 来表征作用在涵顶处的垂直土压力，则影响涵顶处土层内外沉降差 δ 的因素即是影响涵洞受力的主要因素。涵顶处土层内外沉降差 δ 的大小是由涵洞断面特性、填土特性及地基土特性共同决定的，因此，涵洞断面特性、填土特性和地基土特性即是影响涵洞受力的最主要因素。

就涵洞断面几何特性而言，首要因素是涵洞高度。在涵顶填土高度不变的情况下，涵洞越高，其突出地面高度也就越大，则涵洞两侧填土的压缩土层就越厚，引起涵顶处填土土层内外沉降差 δ 的绝对值就越大，涵顶受到的垂直土压力相应增大；其次是涵洞的几何形状特性，拱涵和圆涵由于涵顶几何特性相近，涵顶中点处产生最小的沉降量，因此涵顶中点处的垂直土压力最大。而盖板涵涵顶中点处会产生一定的挠曲变形量，使得在涵顶范围内，中点处的垂直土压力值最小。

填土特性包括填土高度和填土土性。填土高度越大，涵洞两侧土体的压缩层厚度就越大，引起的涵顶处填土土层的内外沉降差 δ 的绝对值就越大，涵顶受到的垂直土压力相应增大。填土的变形模量越小，当土体压缩层厚度一定时，引起涵顶处填土土层内外沉降差 δ 的绝对值就越大，涵顶受到的垂直土压力也会相应增大。

对于涵洞地基，地基的变形模量越大，涵顶处土层内沉降值 S_n 会相应减小，而涵顶处土层外沉降值 S_w 主要是由涵洞外侧一定厚度的填土由于自重固结沉降产生，因此地基的变形刚度对 S_w 影响很小。所以，地基刚度的增大，也会引起涵顶处填土土层内外沉降差 δ 的绝对值的增大，导致涵顶受力增大。

另外，涵洞的现场施工方式方法、填土速度、涵洞埋设地形、涵洞埋设段的地质情况等都会对涵洞的受力产生不同的影响，这也是使得涵洞受土压力问题比较复杂的一个原因。

5.2 涵洞断面几何特性的影响分析

现通过对拱涵与盖板涵的计算结果进行讨论，分析其不同断面几何特性对涵洞受力的影响。

设涵顶受到的垂直土压力为：

$$G_s = \sigma_z D = K_s \cdot \gamma \cdot H \cdot D \tag{5-1}$$

即：

$$\sigma_z = K_s \cdot \gamma \cdot H, K_s = \frac{\sigma_z}{\gamma H}$$

式中：K_s——土压力集中系数。

由于仿真计算中得到的涵顶垂直土压力并非均匀分布（分布规律见图 4-26），这里在分析时近似认为涵顶土压力均匀分布。对于拱涵，σ_z 取涵顶范围内土压力中的最大值，即为涵顶中点的垂直土压力值；对于盖板涵，由于涵顶角点存在较大的应力集中，因此 σ_z 取涵顶范围内除去角点外土压力中的最大值。

涵洞突出地面高度 h 越大，引起的涵顶处土层的内外沉降差就越大，即对涵顶的受力越不利。仍以填土高度 $H=40\text{m}$ 为例，分别计算拱涵和盖板涵涵顶处土层内外沉降差 δ 的绝对值随涵洞突出地面高度 h 的变化曲线，见图 5-1。涵顶土压力集中系数 K_s 随涵洞突出地面高度 h 的变化曲线，见图 5-2。

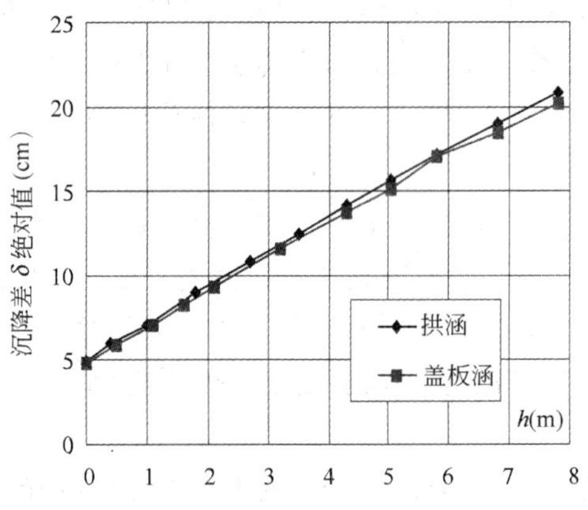

图 5-1 突出高度 h 对 δ 的影响曲线

从图 5-1 看到，涵顶处土层内外沉降差 δ 的绝对值，随着涵洞突出地面高度 h 的增大近似呈线性增长，且拱涵计算结果与盖板涵计算结果基本相同，即涵洞断面结构形式对于涵顶处土层内外沉降差基本没有影响。从图 5-2 看到，涵顶处的垂直土压力集中系数 K_s 随着涵洞突出地面高度增大而逐渐增大；从数值上来看，拱涵涵顶的土压力集中程度较盖板涵涵顶土压力集中程度严重。

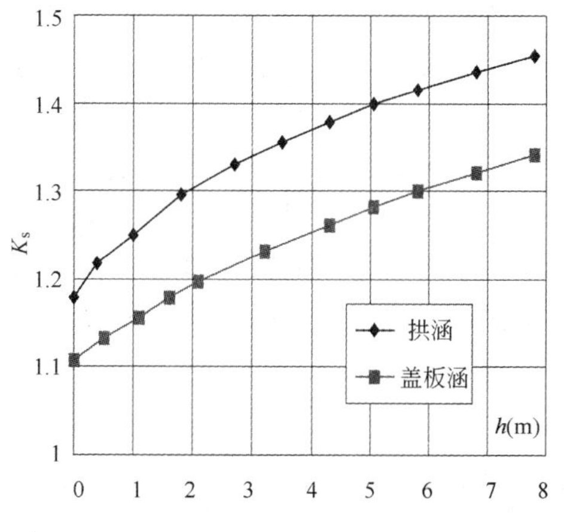

图 5-2 突出高度 h 对 K_s 的影响曲线

5.3 填土特性的影响分析

填土特性包括填土高度 H 和填土土性，利用第四章的拱涵和盖板涵计算模型，分别讨论填土高度 H 和填土土性对涵顶受力影响。

5.3.1 填土高度 *H* 的影响分析

计算得到拱涵和盖板涵涵顶处土层内外沉降差 δ 的绝对值随填土高度 H 的变化曲线和拱涵和盖板涵涵顶垂直土压力均布力 σ_z 随填土高度 H 的变化曲线，如图 5-3 和图 5-4 所示。

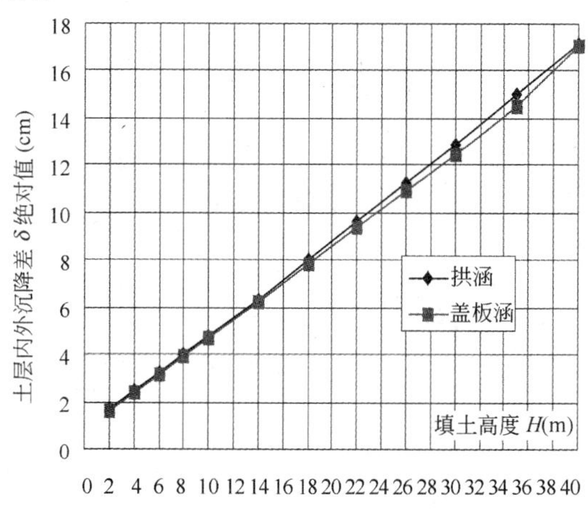

图 5-3 δ—H 曲线

图 5-3 表明，随着填土高度 H 增大，涵顶处土层内外沉降差 δ 绝对值近似呈线性增长趋势，且拱涵与盖板涵的计算结果基本相同，盖板涵涵顶土层内外沉降差 δ 绝对值略小于拱涵。图 5-4 表明，涵顶的垂直土压力随填土高度 H 的增大也近似为线性增长趋势，盖板涵计算结果小于拱涵的计算结果，且随着填土高度的增大，这种趋势逐渐突出；拱涵和盖板涵涵顶垂直土压力均大于其上填土自重 γH。

图 5-5 与图 5-6 分别是涵顶处土层内外沉降差 δ 绝对值与涵顶垂直土压力变化曲线和填土高度 H 与涵顶垂直土压力集中系数 K_s 变化曲线。

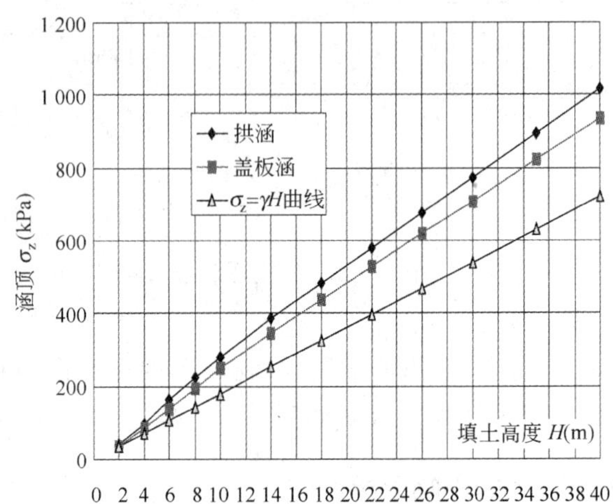

图 5-4 σ_z—H 曲线

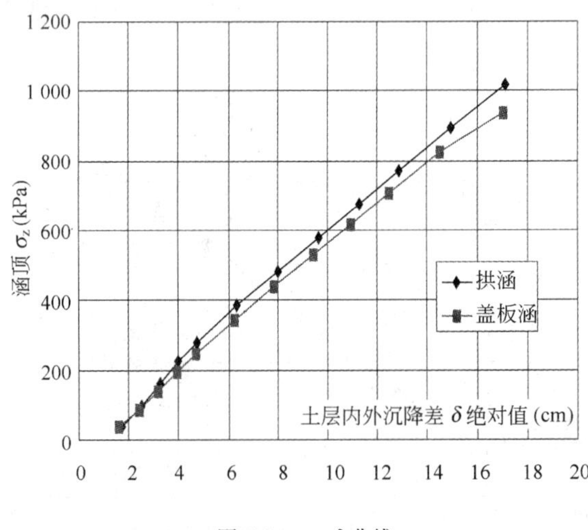

图 5-5 σ_z—δ 曲线

由于填土高度增大，涵顶处土层内外沉降差 δ 绝对值也随之增大。从图 5-5 看出，随着涵顶土层内外沉降差 δ 绝对值的增大，涵顶处垂直土压力基本呈线性增长趋势。从图 5-6 看出，当填土高度较低时，涵顶垂直土压力集中系数 K_s 随着填土高度的增长而增大，当填土高度达到 8～10m 左右时，K_s 达到最大值(拱涵的 K_s 从 1.0 增大到 1.57，盖板涵的 K_s 从 1.0 增大到 1.39)；之后，随着填土高度的继续增大，K_s 逐渐减小，计算得到的涵顶垂直土压力集中系数均大于 1。

计算得到填土高度 H 分别为 40m、22m 和 10m 时，拱涵和盖板涵涵顶处填土塑性区的分布，如图 5-7 所示。

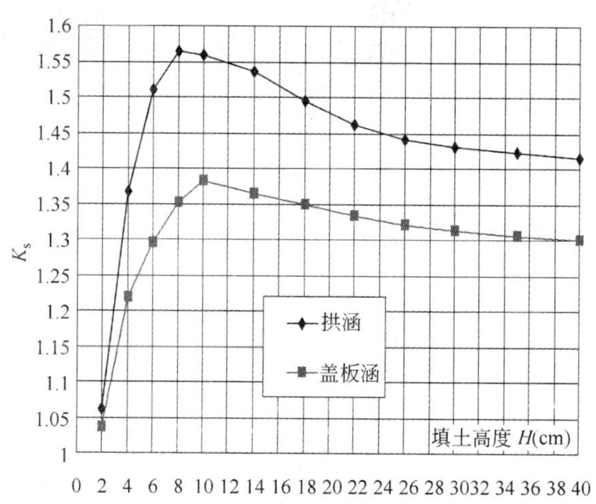

图 5-6 K_s—H 曲线

由图 5-7 看出，随着填土高度增大，涵顶处土体承担的荷载也随之增大，因此，涵顶处填土中出现的塑性区也随着填土高度 H 增大而不断扩大。从数值上来看，拱涵和盖板涵涵顶处填土中出现的最大塑性应变值随着填土高度的增大而增大，而且盖板涵涵顶填土的塑性区由涵顶边角处填土开始发生并向涵顶处填土发展。

5.3.2 填土模量 E_0 的影响分析

以填土高度为 40m 时的拱涵和盖板涵为计算模型，改变填土 E_0 值，讨论其对涵洞受力影响。

计算得到涵顶处土层内外沉降差 δ 的绝对值随填土 E_0 的变化曲线与涵顶垂直土压力集中系数 K_s 随填土 E_0 的变化曲线，见图 5-8 和图 5-9。

土层的内外沉降差 δ 绝对值主要由涵洞范围外填土的压缩变形提供，填土 E_0 值的增大必将引起其压缩沉降值减小，即土层内外沉降差 δ 绝对值相应减小。从图 5-8 看出，随着填土 E_0 值的增大，涵顶处土层的内外沉降差 δ 绝对值减小，当 E_0

值从 10MPa 增大到 60MPa 时，增大了 5 倍，δ 的绝对值从 35.4cm 减小到 5.3cm，减小了 85%，填土 E_0 值对涵顶处土层内外沉降差 δ 有很大的影响。

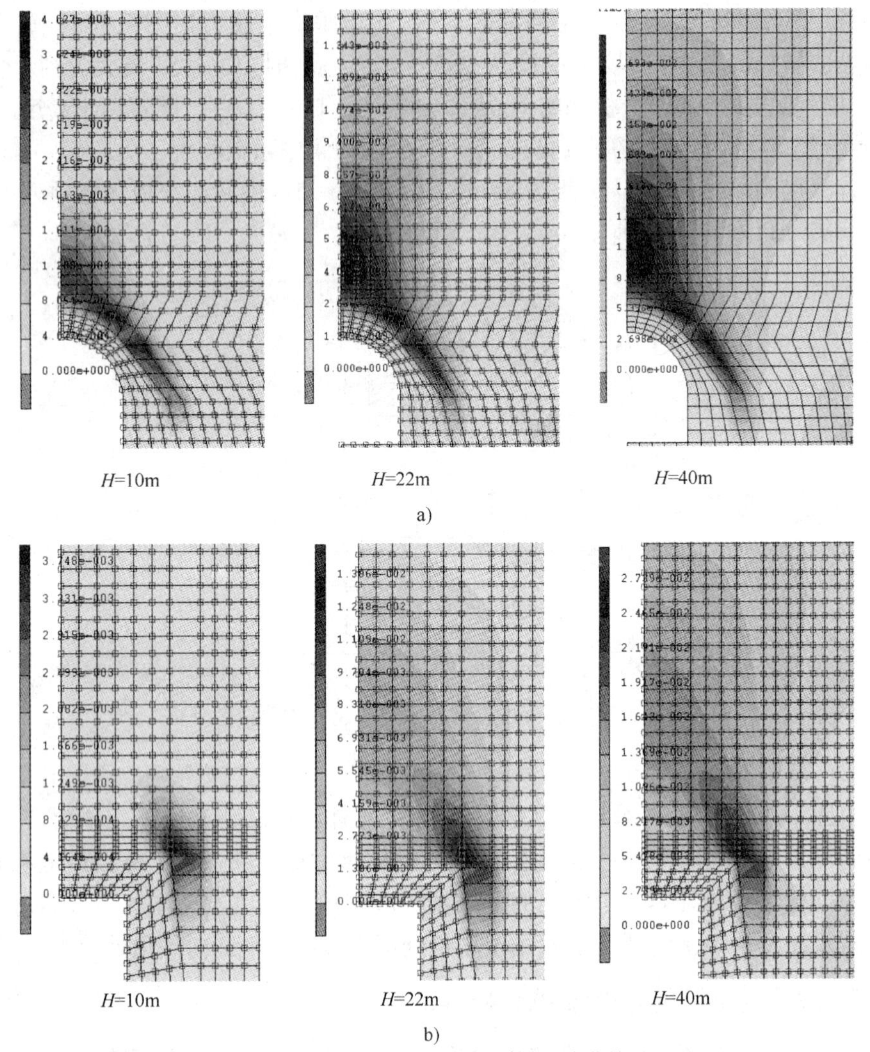

图 5-7 填土中塑性区随填土高度的变化情况

a)拱涵；b)盖板涵

从图 5-9 看出，随着填土 E_0 值增大，涵顶处垂直土压力集中系数 K_s 逐渐减小，但减小幅度很小。同样，当 E_0 值从 10MPa 增大到 60MPa 时，拱涵 K_s 值由 1.424 减小到 1.395，仅减小了 2%，盖板涵 K_s 值由 1.316 减小到 1.27，减少了 3%。因此，基本可以忽略填土 E_0 值对涵洞受力的影响，即近似认为填土 E_0 值对涵洞受力没有大的影响。

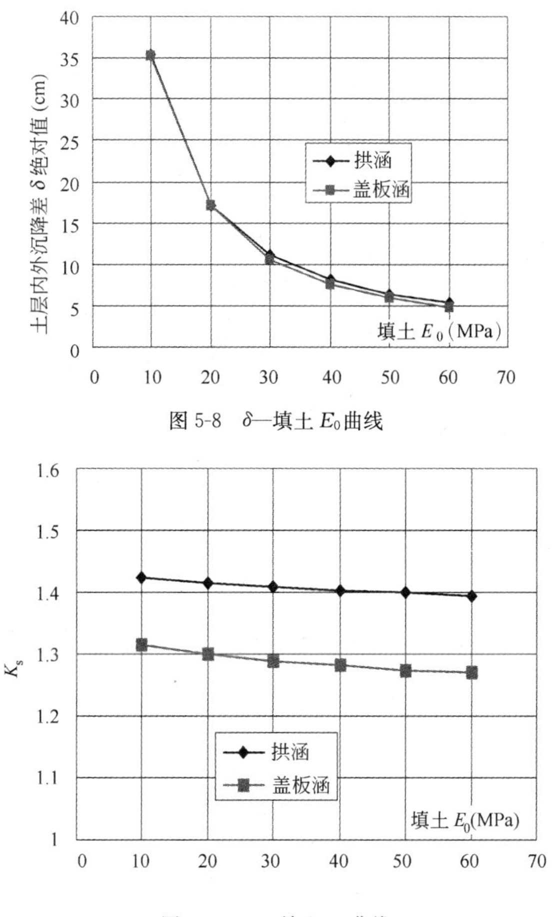

图 5-8 δ—填土 E_0 曲线

图 5-9 K_s—填土 E_0 曲线

5.3.3 填土泊松比 μ 的影响分析

以填土高度为 40m 时的拱涵和盖板涵为计算模型，改变填土泊松比 μ 值，讨论其对涵洞受力的影响。

图 5-10 与图 5-11 分别是涵顶处土层内外沉降差 δ 绝对值随填土泊松比 μ 的变化曲线和涵顶垂直土压力集中系数 K_s 随填土泊松比 μ 的变化曲线。

从图 5-10 看出，随着填土泊松比 μ 的增大，涵顶处土层的内外沉降差 δ 的绝对值近似呈线性减小趋势，拱涵与盖板涵结果基本相同。从图 5-11 看出，随着填土泊松比 μ 的增大，涵顶垂直土压力集中系数 K_s 逐渐减小。当填土泊松比 μ 在 0～0.4之间时，土压力集中系数 K_s 减小幅度较小，拱涵的 K_s 值从 1.468 减小到 1.4，减少了 5%，盖板涵的 K_s 值从 1.345 减小到 1.253，减少了 7%。

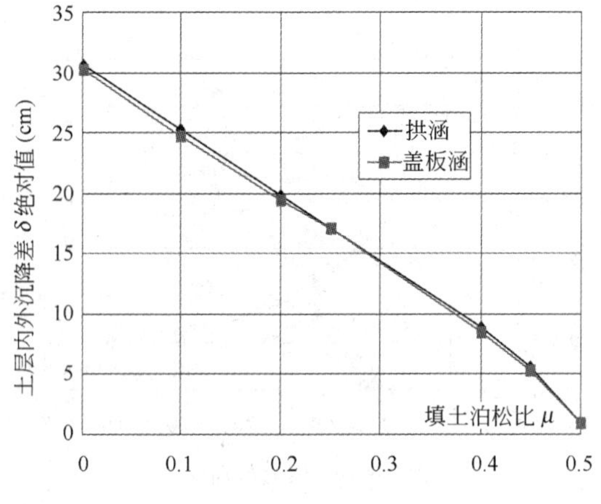

图 5-10　δ—填土 μ 曲线

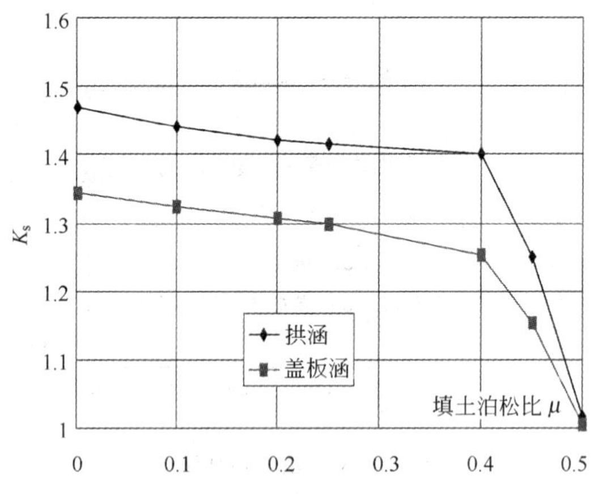

图 5-11　K_s—填土 μ 曲线

5.3.4　填土黏聚力 c 的影响分析

以填土高度为 40m 时的拱涵和盖板涵为计算模型，改变填土的黏聚力 c 值，讨论其对涵洞受力影响。

图 5-12 与图 5-13 分别是涵顶处土层内外沉降差 δ 绝对值随填土黏聚力 c 的变化曲线和涵顶垂直土压力集中系数 K_s 随填土黏聚力 c 的变化曲线。

从图 5-12 看出，紧邻涵顶处填土土层的内外沉降差 δ 的绝对值随着填土的黏聚力 c 的增大而减小，但减少趋势非常缓慢。当黏聚力 c 从 10kPa 增大至 70kPa 时，拱涵的内外沉降差 δ 的绝对值从 17.8cm 减少到 15.9cm，仅减少了 1.9cm；盖板涵减少了 2.0cm。从图 5-13 看出，随着填土黏聚力 c 的增大，涵顶处的垂直土压力集中系数 K_s 逐渐增大。当黏聚力 c 从 10kPa 增大至 70kPa 时，拱涵的垂直土压力集中系数 K_s 增大了约 5%，盖板涵的垂直土压力集中系数 K_s 增大了约 4%。即填土的黏聚力 c 值对于涵洞的受力有一定影响。

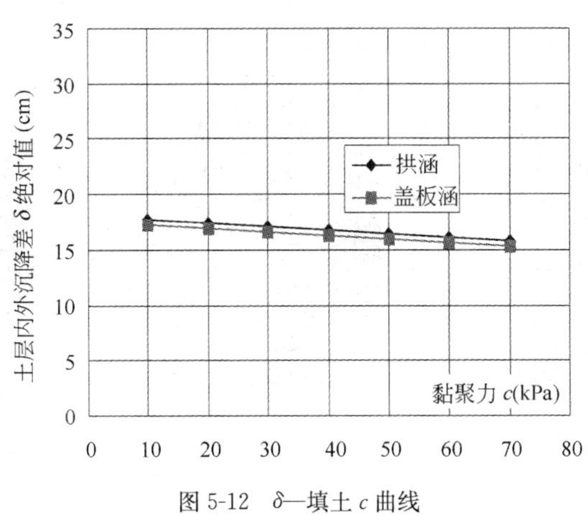

图 5-12　δ—填土 c 曲线

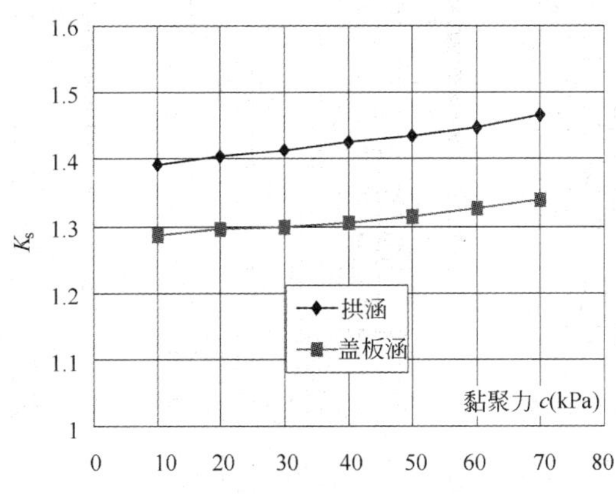

图 5-13　K_s—填土 c 曲线

计算得到填土黏聚力 c 分别为 10kPa、40kPa 和 70kPa 时，拱涵和盖板涵涵顶处填土塑性区的分布，如图 5-14 所示。

由图 5-14 看出，随着填土黏聚力 c 的增大，填土的抗剪强度也随之增大，因此，涵顶处填土中出现的塑性区也随着填土黏聚力 c 的增大而不断减小。从数值上来看，拱涵和盖板涵涵顶处填土中出现的最大塑性应变值随着填土黏聚力 c 的增大而减小，盖板涵涵顶填土中的最大塑性应变值略大于拱涵的最大塑性应变值。

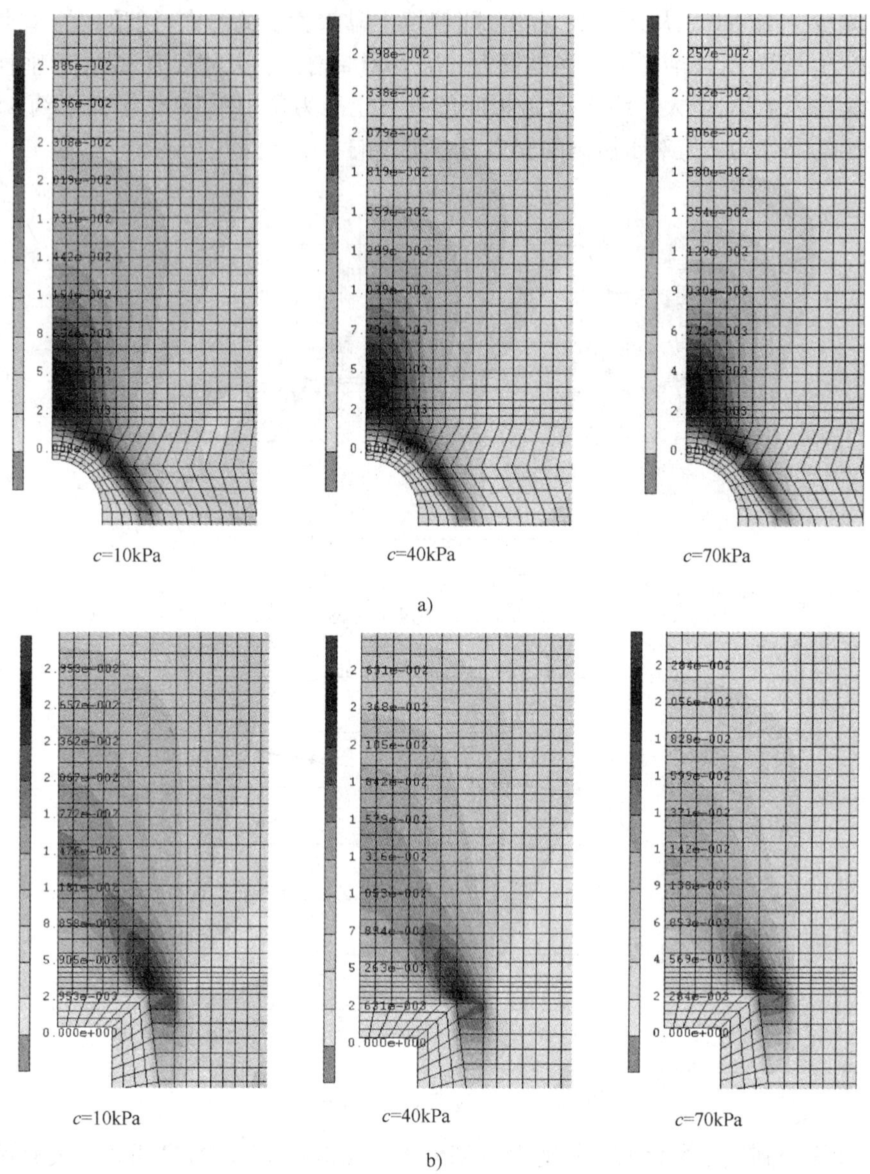

图 5-14　填土中塑性区随填土黏聚力的变化情况

a)拱涵;b)盖板涵

5.3.5　填土内摩擦角 φ 的影响分析

以填土高度为 40m 时的拱涵和盖板涵为计算模型,改变填土内摩擦角 φ 的值,讨论其对涵洞受力影响。

计算得到涵顶处土层内外沉降差 δ 绝对值随填土内摩擦角 φ 值的变化曲线和涵顶垂直土压力集中系数 K_s 随填土内摩擦角 φ 值的变化曲线，如图 5-15 和图 5-16 所示。

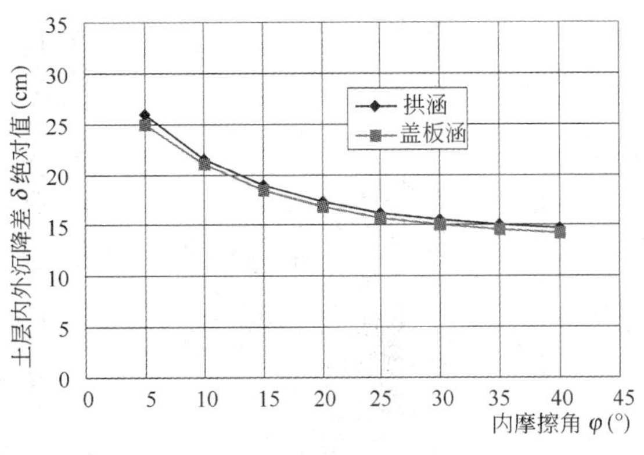

图 5-15 δ—填土 φ 曲线

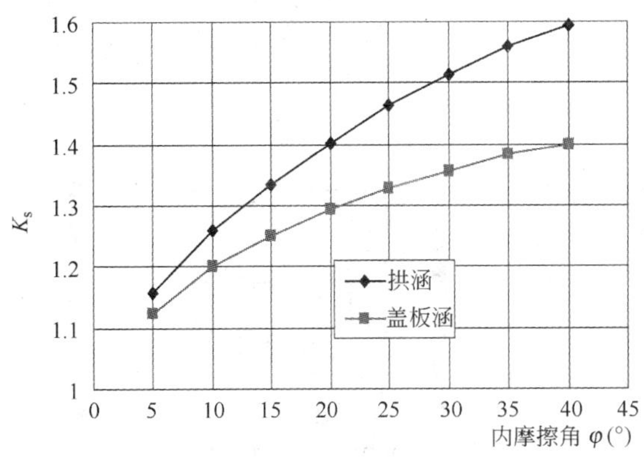

图 5-16 K_s—填土 φ 曲线

图 5-15 表明，涵顶处土层内外沉降差 δ 绝对值随着填土内摩擦角 φ 值的增大而减小。当内摩擦角 φ 从 5°增大到 25°时，内外沉降差 δ 绝对值减小幅度较大，拱涵的内外沉降差 δ 绝对值从 25.9cm 减小到 16.3cm，减小了 9.6cm，盖板涵减小了 9.3cm；而当内摩擦角 φ 大于 25°之后，δ 的绝对值减小幅度很小，拱涵内外沉降差 δ 绝对值从 16.3cm 减小到 14.8cm，仅减小了 1.5cm，盖板涵也仅减小了 2.0cm，即涵顶处土层内外沉降差 δ 绝对值基本趋于稳定。

从图 5-16 看出，随着填土的内摩擦角 φ 值的增大，涵顶处垂直土压力集中系数 K_s 逐渐增大。当填土的内摩擦角 φ 值从 5°增大到 40°时，拱涵垂直土压力集中系数 K_s 从 1.158 增大到 1.594，增大了约 37.7%，盖板涵垂直土压力集中系数 K_s 从 1.124 增大到 1.399，增大了约 24.5%。填土内摩擦角 φ 值对于涵洞的受力有较大影响。

计算得到填土的内摩擦角 φ 值分别为 5°、20°和 40°时，拱涵和盖板涵涵顶处填土塑性区的分布，如图 5-17 所示。

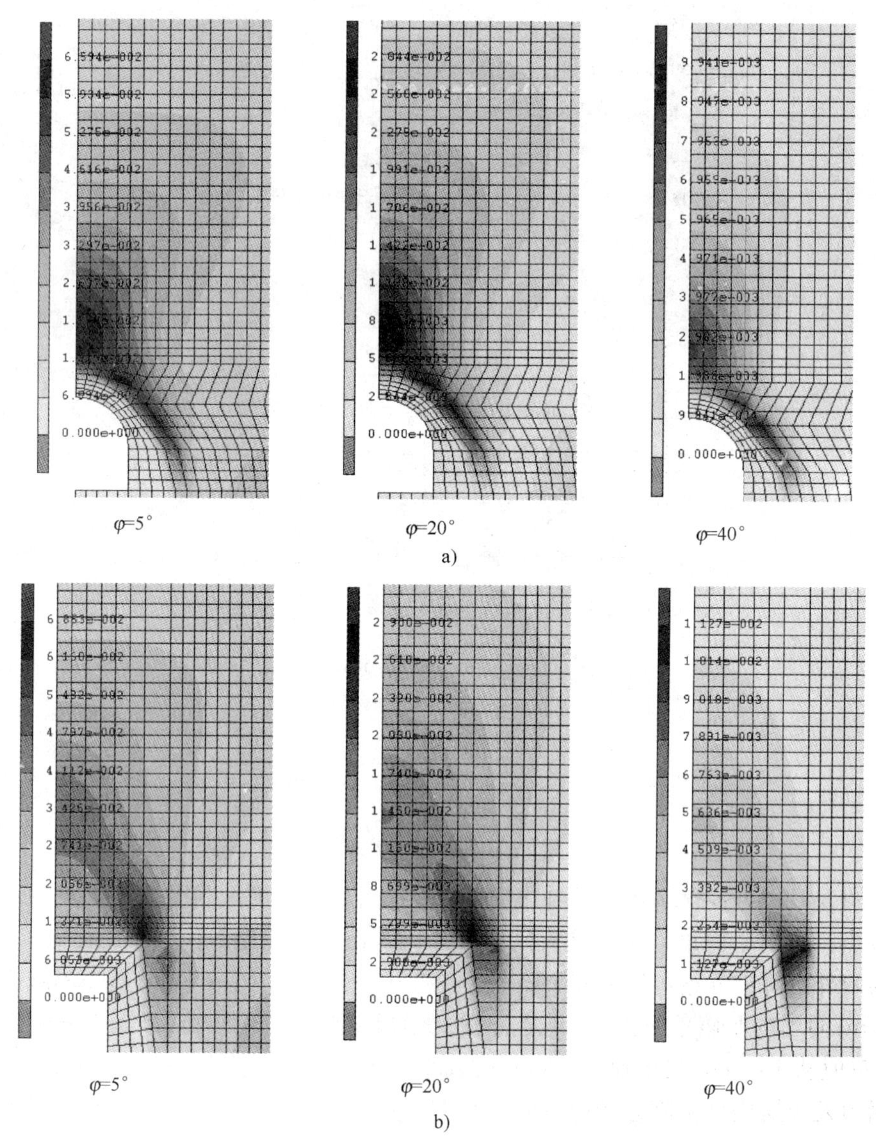

图 5-17　填土中塑性区随填土的内摩擦角 φ 的变化情况

a)拱涵；b)盖板涵

图 5-17 表明，随着填土内摩擦角 φ 值的增大，填土抗剪强度也随之增大，因此，涵顶处填土中出现的塑性区也随着填土内摩擦角 φ 值的增大而不断减小。从数值上来看，拱涵和盖板涵涵顶处填土中出现的最大塑性应变值随着填土内摩擦

角 φ 值的增大而减小，盖板涵涵顶填土中的最大塑性应变值略大于拱涵的最大塑性应变值。

5.4 地基土特性的影响分析

地基土特性包括地基土厚度 H_d 和地基土土性，利用第四章中拱涵和盖板涵计算模型，分别讨论地基土厚度 H_d 和地基土各土性参数对涵顶受力影响。

5.4.1 地基土厚度 H_d 的影响

图 5-18 图 5-19 分别是拱涵和盖板涵涵顶处土层内外沉降差 δ 绝对值随地基土厚度 H_d 的变化曲线以及拱涵和盖板涵涵顶垂直土压力均布力 σ_z 随地基土厚度 H_d 的变化曲线。

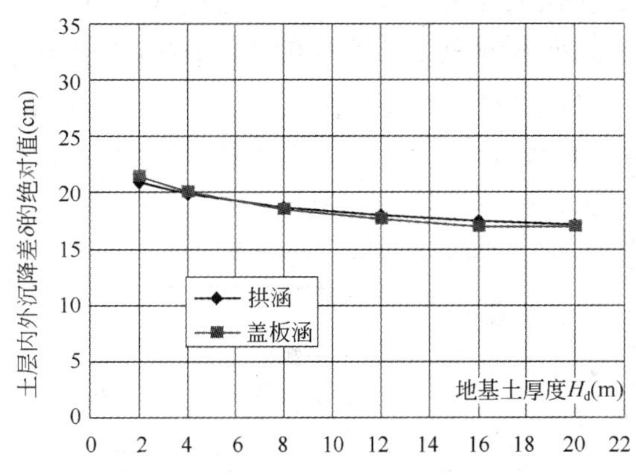

图 5-18 δ—H_d 曲线

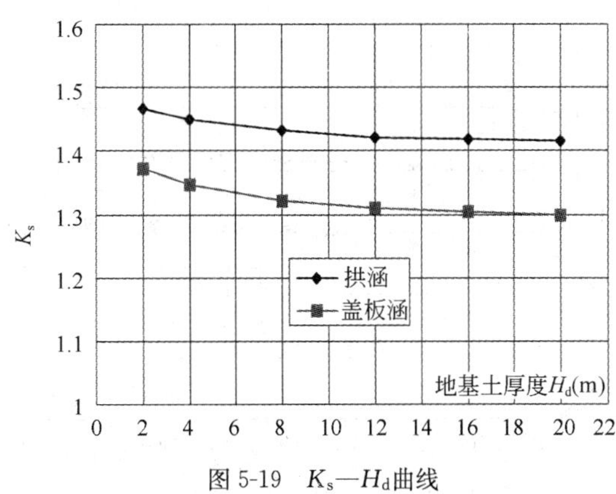

图 5-19 K_s—H_d 曲线

图 5-18 表明，随着地基土厚度增加，即地基压缩层厚度增大，涵顶处土层内外沉降差 δ 绝对值随之减小，但减小幅度较小。当地基压缩层厚度由 2m（即涵洞垫层处）增加到 20m 时，拱涵涵顶处土层内外沉降差绝对值由 20.9cm 减小至 17.1cm，仅减小了 3.8cm；盖板涵洞顶处土层内外沉降差 δ 绝对值减小了 4.4cm。图 5-19 表明，地基压缩层厚度的增大，涵顶处土层的内外沉降差 δ 绝对值随之减小，涵顶处垂直土压力集中系数 K_s 也随之减小，减小幅度也较小。当地基压缩层厚度由 2m 增加到 20m 时，拱涵洞顶处 K_s 值由 1.466 减小至 1.415，仅减小了 3.4%；盖板涵洞顶处 K_s 值由 1.373 减小至 1.3，也仅减小了约 5.3%。

5.4.2 地基土模量 E_0 的影响分析

以填土高度为 40m 时的拱涵和盖板涵为计算模型，改变地基土模量 E_0 值，讨论其对涵洞受力影响。

计算得到涵顶处土层内外沉降差 δ 绝对值随地基土模量 E_0 的变化曲线和涵顶垂直土压力集中系数 K_s 随地基土模量 E_0 的变化曲线，如图 5-20 和图 5-21 所示。

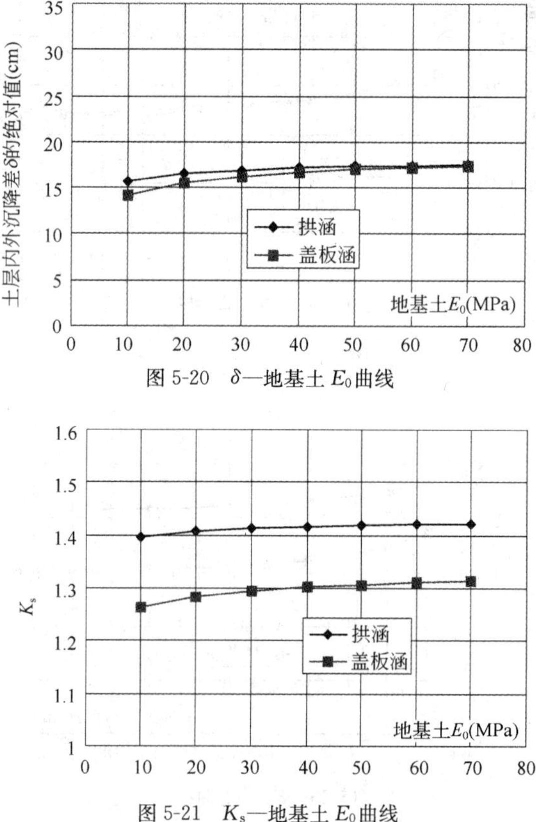

图 5-20 δ—地基土 E_0 曲线

图 5-21 K_s—地基土 E_0 曲线

图 5-20 表明，随着地基土模量 E_0 值增大，涵顶处土层内外沉降差 δ 绝对值随之增大，但增大幅度很小。当地基土模量 E_0 值从 10MPa 增大到 70MPa 时，拱涵 δ 绝对值从 15.8cm 增大到 17.6cm，仅增大了 1.8cm，盖板涵 δ 绝对值从 14.1cm 增大到 17.5cm，也仅增大了 3.4cm。

图 5-21 表明，随着地基土模量 E_0 值增大，涵顶处垂直土压力集中系数 K_s 逐渐增大，但增大幅度很小。当地基 E_0 值从 10MPa 增大到 70MPa 时，拱涵 K_s 值由 1.397增大到 1.422，仅增大了约 1.8%；盖板涵 K_s 值由 1.263 增大到 1.314，也仅增大了约 4%。

5.4.3 地基土泊松比 μ 的影响分析

以填土高度为 40m 时的拱涵和盖板涵为计算模型，改变地基土泊松比 μ 值，讨论其对涵洞受力影响。

图 5-22 和图 5-23 分别是涵顶处土层内外沉降差 δ 绝对值随地基土泊松比 μ 的变化曲线和涵顶垂直土压力集中系数 K_s 随地基土泊松比 μ 的变化曲线。

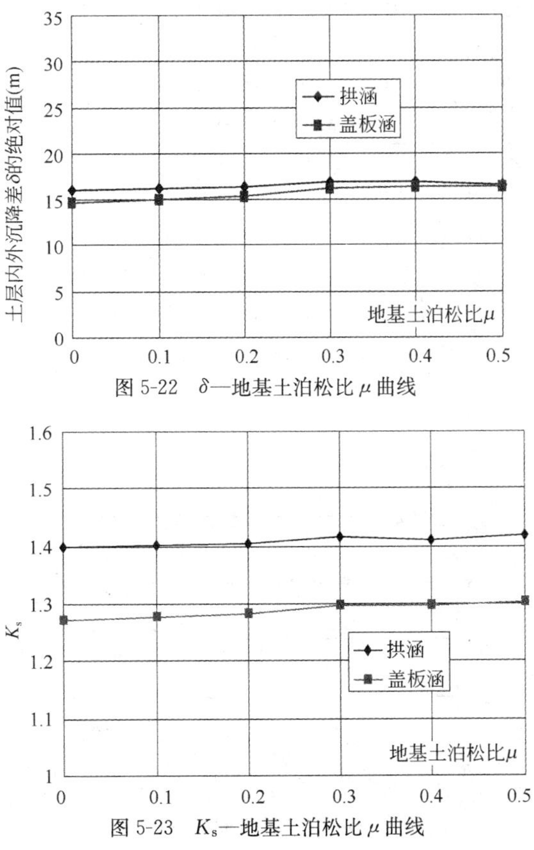

图 5-22 δ—地基土泊松比 μ 曲线

图 5-23 K_s—地基土泊松比 μ 曲线

图 5-22 表明，涵洞顶处土层内外沉降差 δ 绝对值随着地基土泊松比 μ 值的增大而增大，但增大幅度很小。从图 5-23 看出，涵洞洞顶处 K_s 值随着地基土泊松比 μ 值的增大而增大，增大幅度也很小，当地基土泊松比 μ 值从 0 增大至 0.5 时，拱涵的 K_s值从 1.4 增大至 1.418，仅增长了 1.3%；盖板涵的 K_s值从 1.272 增大至 1.303，仅增长了 2.4%。

5.4.4 地基土黏聚力 c 的影响分析

以填土高度为 40m 时的拱涵和盖板涵为计算模型，改变地基土黏聚力 c 值，讨论其对涵洞受力影响。

计算得到涵顶处土层内外沉降差 δ 绝对值随地基土黏聚力 c 的变化曲线和涵顶垂直土压力集中系数 K_s随地基土黏聚力 c 的变化曲线，如图 5-24 和图 5-25 所示。

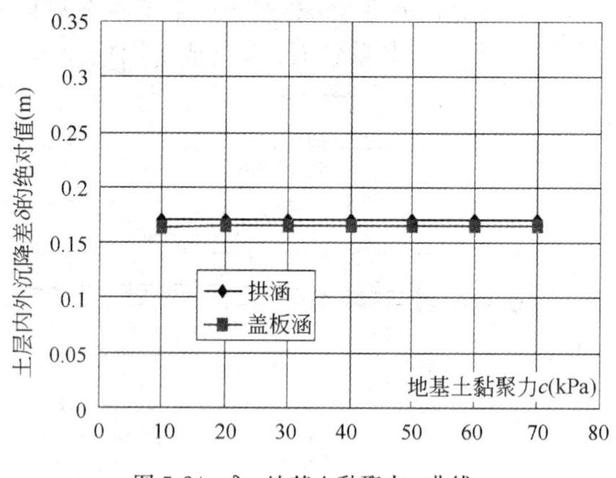

图 5-24 δ—地基土黏聚力 c 曲线

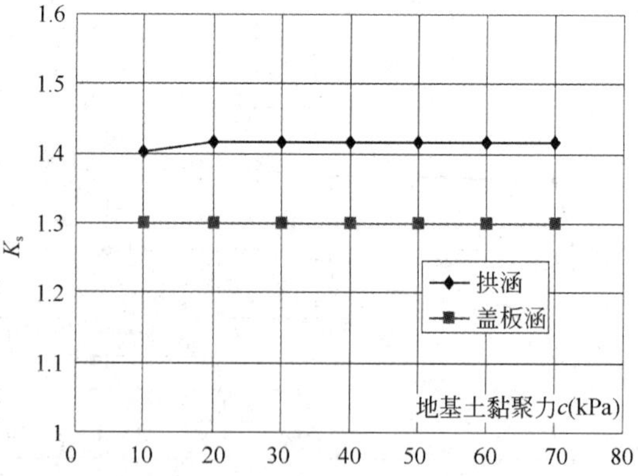

图 5-25 K_s—地基土黏聚力 c 曲线

图 5-24 和图 5-25 表明，随着地基土黏聚力 c 的变化，涵顶处土层内外沉降差 δ 绝对值和涵顶处垂直土压力集中系数 K_s 基本保持不变。

5.4.5 地基土内摩擦角 φ 的影响分析

以填土高度为 40m 时的拱涵和盖板涵为计算模型，改变地基土内摩擦角 φ 的值，讨论其对涵洞受力影响。

图 5-26 和图 5-27 分别是涵顶处土层内外沉降差 δ 绝对值随地基土内摩擦角 φ 值的变化曲线和涵顶垂直土压力集中系数 K_s 随地基土内摩擦角 φ 值的变化曲线。

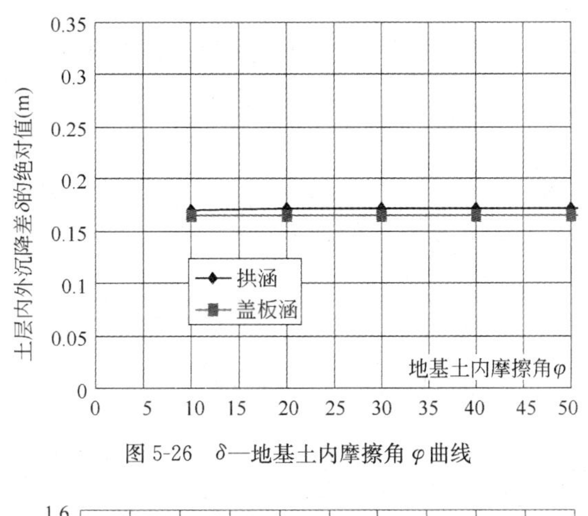

图 5-26 δ—地基土内摩擦角 φ 曲线

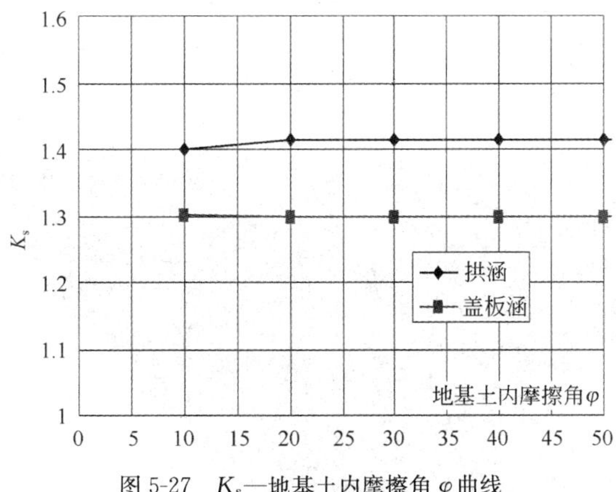

图 5-27 K_s—地基土内摩擦角 φ 曲线

计算结果表明，当地基土摩擦角在 10°到 20°之间时，涵洞涵顶处土层内外沉降差 δ 绝对值和 K_s 值稍有变化；当地基土的摩擦角大于 20°之后，涵洞涵顶处土层内外沉降差 δ 绝对值和 K_s 值基本保持不变。

5.5 埋设地形的影响分析

实际工程中,很多涵洞被布设在沟谷地形中。涵洞上填土,即沟谷内填土在自重作用下的沉降过程中,必然会受到两侧天然边坡的阻抗,即天然边坡将对填土产生向上的摩擦力,此时,涵洞的受力和变形与未考虑埋设地形时的情况不同。以拱涵为例,讨论地形因素对于涵洞受力与变形的影响。

5.5.1 计算模型的选定

设一沟谷地形,沟谷底部宽度 $B=20\text{m}$,两侧沟谷坡度 $\alpha=45°$,见图 5-28。

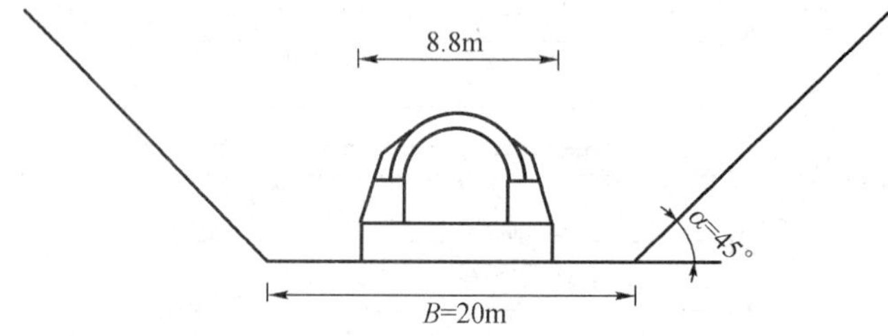

图 5-28 沟谷地形

涵洞为混凝土现浇拱涵,埋设在沟谷中间位置,涵洞实际几何尺寸与第四章的图 4-1 一致。由于几何性状的对称性,取其一半建立计算模型,如图 5-29 所示。计算填土高度为 40m,在计算中对于地基不予考虑,计算中材料参数依然选用表 3-3的数据。

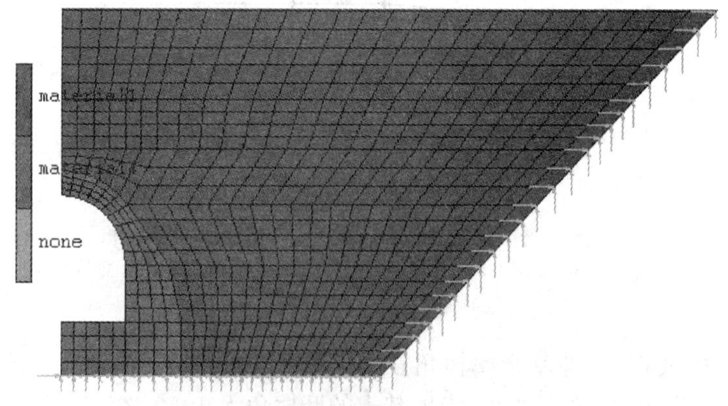

图 5-29 计算几何模型

5.5.2 填土的变形与受力分析

计算得到变形云图和填土土层沉降变形图，如图 5-30 和 5-31 所示。

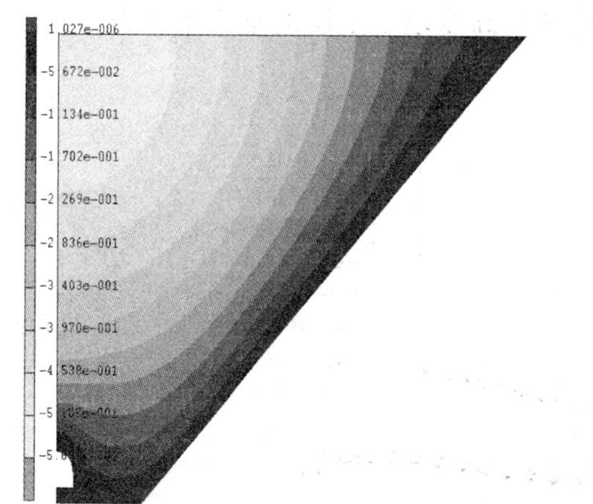

图 5-30 变形云图

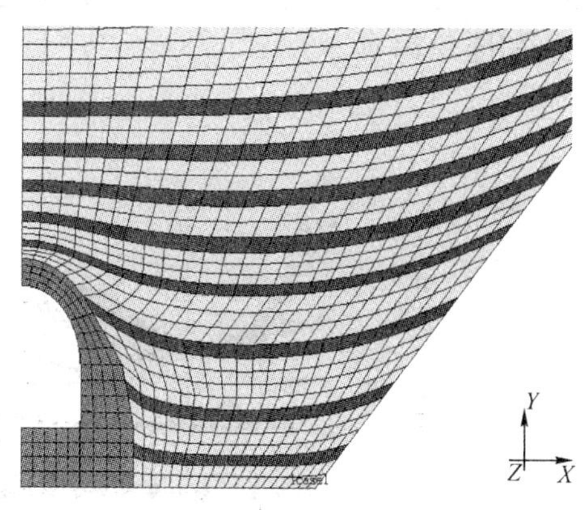

图 5-31 填土土层沉降变形

分别选取距涵顶高度为 0.6m、2.0m、6.0m、12.0m、20.0m、30.0m 和 38.0m 的填土土层，通过有限元仿真计算，得到相应高度填土土层沉降变形曲线，如图 5-32 所示。

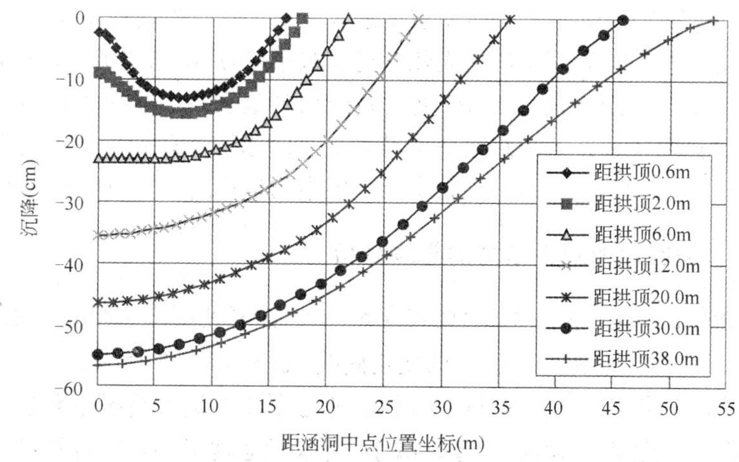

图 5-32 距涵顶各个高度填土土层沉降曲线

从计算结果来看，在涵顶附近填土土层(距涵顶 0.6m 和 2.0m 处)的最大沉降发生在涵顶和边坡之间的某一点，随着土层距涵顶距离的增大，土层中最大沉降值的发生逐渐移至涵顶处(土层距涵顶大于 6m 之后)，即出现涵顶填土土层的变形呈现下凹性，这与未考虑地形时的情况恰好相反。

由于填土土层的沉降变形特性，必然影响和决定土层中垂直土压力的分布。分别选取距涵顶高度为0.6m、2.0m、6.0m、12.0m、20.0m、30.0m和38.0m的填土土层，通过有限元仿真计算，得到上述各个高度填土土层的垂直土压力分布曲线，如图5-33所示。

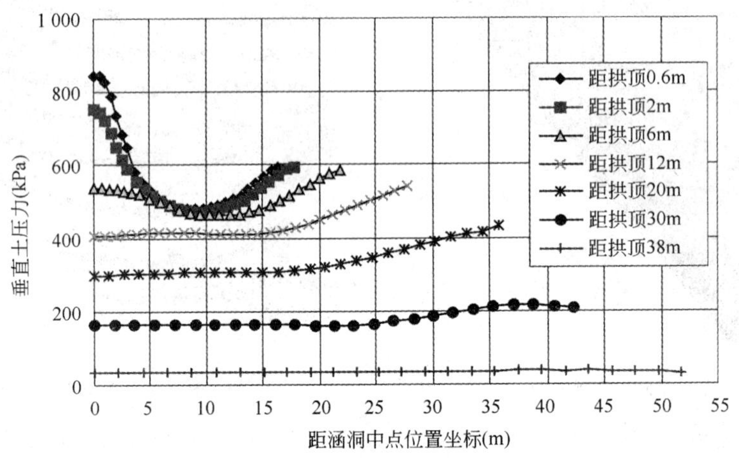

图5-33　距涵顶各个高度填土土层垂直土压力分布

图5-33表明，紧邻涵顶填土土层（距涵顶0.6m至2m处）中垂直土压力在涵顶范围内依然存在应力集中现象，土层中最大垂直土压力出现在涵顶中点处，随着距涵顶中点距离增大，垂直土压力先随之迅速减小，然后则随之增大。随着土层距涵顶距离增大（土层距涵顶大于6m之后），土层的最大垂直土压力的发生移至边坡处某一点；随着土层距涵顶距离的继续增大（土层距涵顶大于12m之后），土层中垂直土压力近似均匀分布，涵顶处出现土层中的较小的土压力值。

5.5.3　沟谷地形对土压力的影响分析

计算得到上述计算模型下（边坡坡度$\alpha=45°$，沟底宽度$B=20$m），涵顶的垂直土压力集中系数K_s随填土高度H的变化曲线，如图5-34所示。

计算结果表明，随着填土高度H增大，考虑了沟谷地形情况下涵顶垂直土压力集中系数K_s先迅速增大，而后逐渐减小，与未考虑地形因素的计算结果变化趋势一致。从数值大小来看，当填土高度较小时（填土高度$H<10$m），沟谷地形对涵顶受力影响不明显，此时涵顶土压力集中系数K_s与未考虑沟谷地形影响的计算结果相差很小；随着填土高度继续增大，沟谷地形对涵顶受力的有利影响开始凸显出来，此时，涵顶垂直土压力集中系数K_s明显小于未考虑沟谷地形的计算结果。从

具体计算结果来看，当填土高度 $H=6\text{m}$ 时，考虑沟谷地形计算得到 $K_s=1.585$，与未考虑沟谷地形的 $K_s=1.591$ 相比，仅相差了约 0.4%；而当填土高度 $H=40\text{m}$ 时，考虑沟谷地形计算得到的 $K_s=1.19$，而未考虑沟谷地形的 $K_s=1.435$，相差了约 17%。对于高填土路堤下涵洞的受力，沟谷地形对涵洞受力的有利影响是不能忽略的。

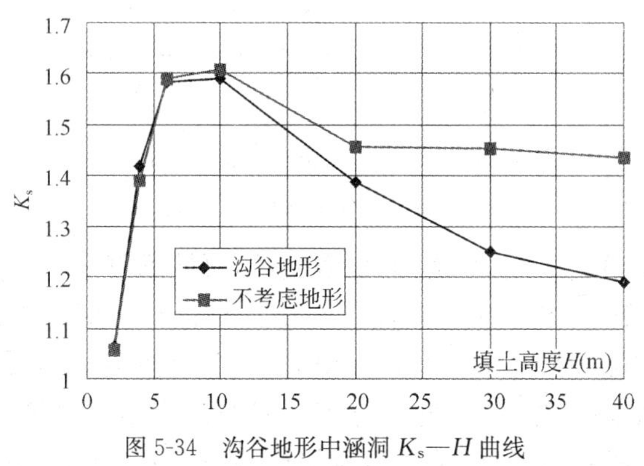

图 5-34　沟谷地形中涵洞 K_s—H 曲线

计算得到沟谷地形下，涵顶填土中塑性区范围随填土高度的发展，如图 5-35 所示。

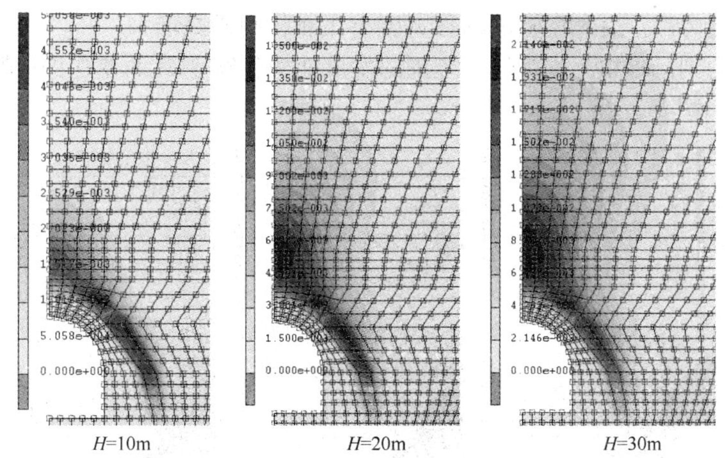

图 5-35　沟谷地形中填土中塑性区随填土高度的发展

随着填土高度 H 增大，涵顶处土体承担的荷载也随之增大，因此，涵顶处填土中出现的塑性区也随着填土高度 H 的增大而不断扩大。

5.5.4　沟谷宽度 *B* 对涵顶受力的影响分析

确定边坡坡度 $\alpha=45°$，改变沟谷宽度 B 值，讨论其对涵顶受力的影响，计算结果如图 5-36 所示。

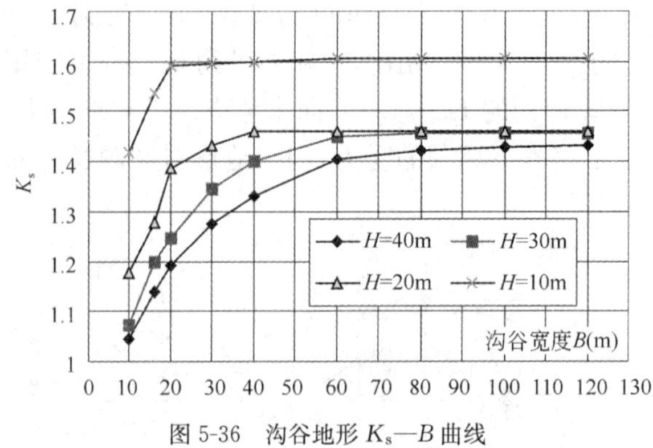

图 5-36 沟谷地形 K_s—B 曲线

从计算结果看出，随着沟谷宽度 B 增大，涵顶处垂直土压力集中系数 K_s 逐渐增大，并趋于稳定值，即趋于未考虑沟谷地形计算结果。即沟谷越窄，对涵顶受力越有利，而当沟谷宽度增大并达到某一值时，沟谷地形对涵顶受力有利影响则较小。从具体计算结果来看，对于坡度为 45°的沟谷，当填土高度 $H=10$m 时，沟谷宽度 $B<20$m，沟谷地形对涵洞受力有利影响较突出；当填土高度 $H=40$m 时，沟谷宽度 $B<60$m，沟谷地形对涵顶受力有利影响较突出。即随着填土高度的增大，对于涵顶受力产生有利影响的沟谷宽度 B 的范围也随之增大。

计算得到涵顶填土中塑性区范围的发展随沟谷宽度 B 的变化图（填土高度定为 30m），如图 5-37 所示。

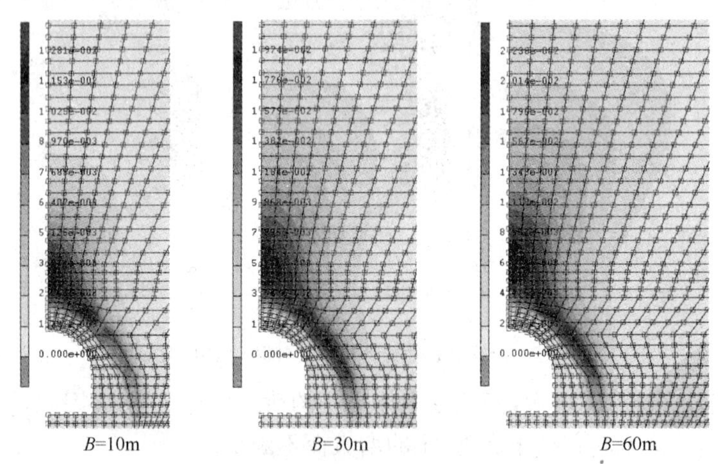

图 5-37 沟谷地形中填土中塑性区随沟谷宽度的发展

当涵顶填土高度一定时，随着沟谷宽度 B 增大，沟谷地形对涵洞受力有利影响逐渐减弱，使得涵顶受力随着沟谷宽度 B 的增大而逐渐增大。表现在填土塑性区域，即随着沟谷宽度 B 的增大，涵顶处填土中塑性区逐渐增大。

5.5.5 边坡坡度 α 对涵顶受力的影响分析

确定沟谷宽度 $B=20\text{m}$，改变边坡坡度 α 值，讨论其对涵顶受力影响，计算结果如图 5-38 所示。

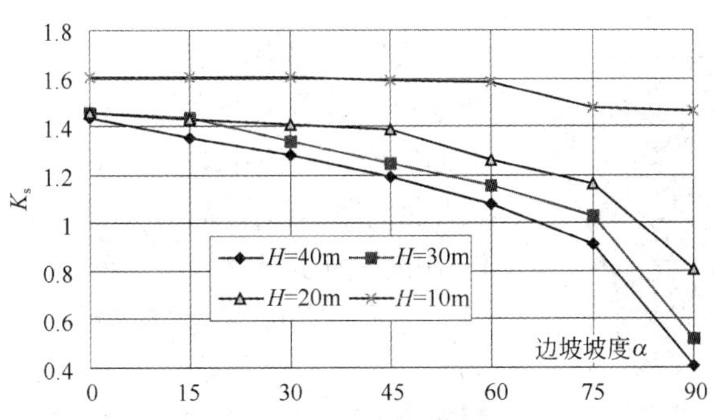

图 5-38 沟谷地形 K_s—边坡坡度 α 曲线

随着边坡坡度 α 增大，涵顶垂直土压力集中系数 K_s 逐渐减小，即沟谷越陡峭，对于涵洞受力越有利。从计算结果来看，当填土高度 $H=10\text{m}$ 时，边坡坡度 $\alpha>60°$，沟谷地形对涵顶受力才会产生一定影响，且影响效果有限，涵顶 K_s 值从1.607减小到 1.463，减少了约 9%；当 $H=40\text{m}$ 时，涵顶 K_s 值从边坡坡度为零(即无地形影响因素)时的 1.435 减小到边坡坡度 $\alpha=90°$ 时的 0.407，减小了约 72%。即当填土高度较小时，涵洞受力受沟谷地形因素的影响较小，当填土高度较大时，受沟谷地形的影响则较大。

计算得到涵顶填土中塑性区范围的发展随边坡坡度 α 的变化图(填土高度定为 30m)，如图 5-39 所示。

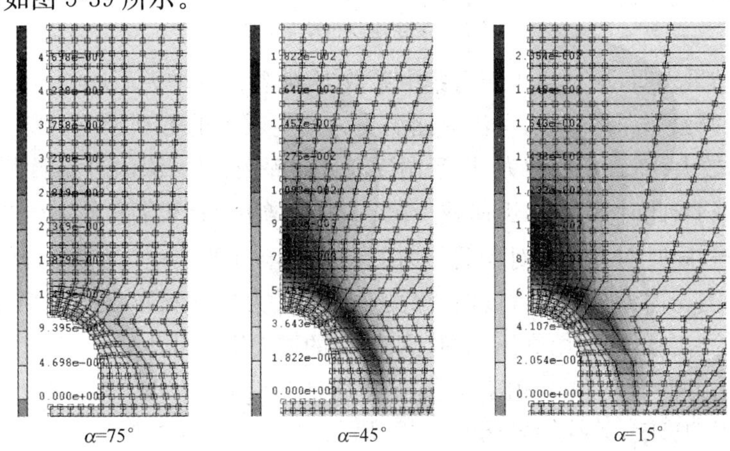

图 5-39 沟谷地形中填土中塑性区随边坡坡度 α 的发展

当涵顶填土高度一定时，随着边坡坡度 α 减小，即沟谷边坡坡度越平缓，沟谷地形对涵洞受力有利影响逐渐减弱，使得涵顶受力随着边坡坡度 α 的减小而逐渐增大。表现在填土塑性区域，即随着边坡坡度 α 减小，涵顶处填土中的塑性区逐渐增大。

5.5.6 复杂地形对涵顶受力的影响分析

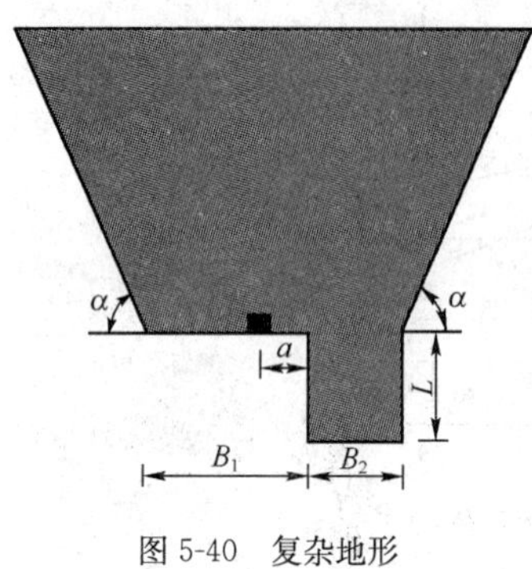

图 5-40 复杂地形

实际工程中，往往会遇到如图 5-40 所示的复杂地形。以盖板涵为例，进行建模计算（忽略地基土的影响），计算中取 $B_1=30\text{m}$，$B_2=20\text{m}$，$\alpha=60°$，a 为涵洞距深沟距离，L 为深沟深度。讨论地形条件中的各因素对涵洞受力的影响。

当 $L=20\text{m}$ 时，计算得到填土高度 $H=20\text{m}$、30m、40m 时，涵顶处土压力集中系数 K_s 随 a（即涵洞布设位置距深沟距离）的变化曲线，如图 5-41 所示。

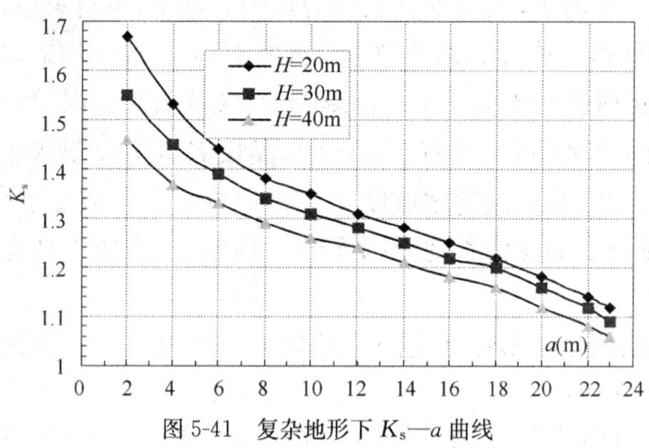

图 5-41 复杂地形下 K_s—a 曲线

计算结果表明，涵顶处土压力集中系数 K_s 随着 a 的增大而逐渐减小。当 a 较小时，即涵洞紧邻深沟布设，深沟对涵洞受力产生较大的不利影响，此时土压力集中系数 K_s 较大；随着 a 的增大，即涵洞逐渐远离深沟布设，深沟对涵洞受力的不利影响迅速减弱，此时 K_s 随 a 迅速减小；当 a 继续增大，深沟对涵洞受力的不利影响仍继续减弱，同时沟谷边坡对涵洞受力的有利影响开始产生，此时 K_s 随 a 的增大继续减小；当 a 增大至一定程度时，深沟对涵洞受力的不利影响已很小，而边坡对涵洞受力的有利影响开始突出，此时 K_s 随 a 的增大迅速减小。

以填土高度 $H=30\text{m}$ 为例，计算 a 分别是 2m、8m、16m、23m 时，深沟深度 L 对涵洞受力的影响，计算结果见图 5-42 所示。

计算结果表明，随着 L 的增大，即深沟深度的增大，涵顶处的 K_s 均呈增长趋

势。当 $a=2\text{m}$ 时，即涵洞紧邻深沟布设，深沟深度 L 对涵洞受力的不利影响显著，K_s值由 $L=0$（深沟不存在）时的 1.233 增至 $L=20\text{m}$ 时的 1.55，增大了 26%；$a=8\text{m}$ 时，K_s随着 L 值的增大相应增大了 10%。当 $a>8\text{m}$ 后，K_s随 L 的变化较小。即深沟对涵洞受力不利影响的范围有限。

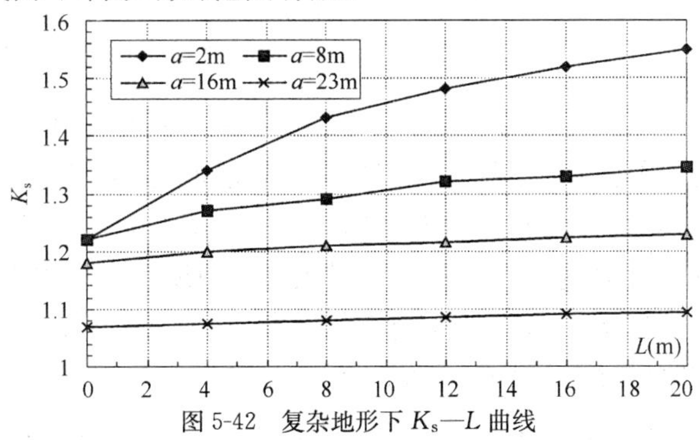

图 5-42　复杂地形下 K_s—L 曲线

5.6　小　　结

通过以上章节的计算讨论和分析，可以得到以下主要结论。

(1)以涵顶填土高度 H 与涵洞突出地面高度 h 的比值(H/h)作为衡量涵洞受力大小的一个基本参数。这种方法为很多土压力理论所采用，公式推导或半经验半理论用到，Marston 理论和前苏联的可列恩博士均采用此方法。通过有限元仿真计算，得到涵洞 $K_s \sim H/h$ 曲线，如图 5-43 所示。

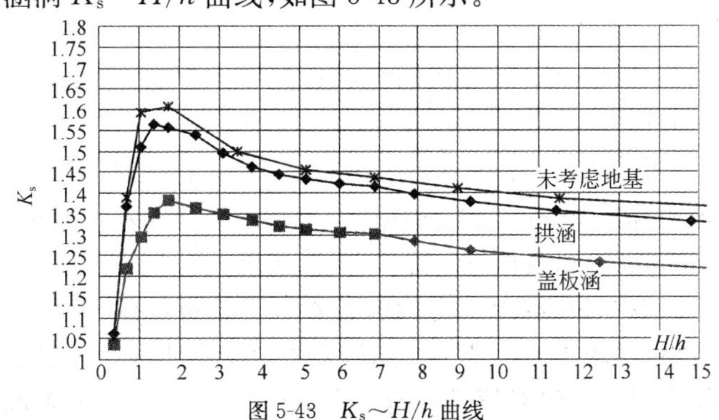

图 5-43　$K_s \sim H/h$ 曲线

计算结果表明，当 H/h 值较小时，涵洞 K_s值随着 H/h 值增大而迅速增大；当 K_s值达到最大值后（此时 H/h 约等于 2.5 左右），涵洞 K_s值则随着 H/h 值增大而逐渐减小。从数值上看，拱涵 K_s值大于盖板涵 K_s值，而未考虑地基情况下（即地基为完全刚性）K_s值大于拱涵 K_s值。

(2)填土的内摩擦角 φ 值是影响涵洞受力的一个主要因素。从图 5-16 看出，

当填土内摩擦角 φ 值从 5°增大到 40°时，拱涵垂直土压力集中系数 K_s从 1.158 增大到 1.594，增大了约 37.7%，盖板涵垂直土压力集中系数 K_s从 1.124 增大到 1.399，增大了约 24.5%。说明填土内摩擦角 φ 值对于涵洞的受力有着很大的影响。

根据 Marston 理论计算公式：

$$K_s = \frac{1}{2fK} \cdot \frac{D}{H}(e^{2fK\frac{H_e}{D}} - 1) + \frac{H - H_e}{H} \cdot e^{2fK\frac{H_e}{D}} \tag{5-2}$$

也可以看出，公式中的 f 代表剪切面上的摩擦系数，一般取用 $\tan\varphi$。即 Marston 理论计算公式也同样体现了土的内摩擦角 φ 值对涵洞受力的影响。

(3)沟谷地形对涵洞受力产生较大的有利影响，不容忽略。从图 5-34 看出，当填土高度较小时(填土高度 $H<10$m)，沟谷地形对涵顶的受力影响并不明显，随着填土高度的增大，沟谷地形对于涵顶受力的有利影响开始凸显出来。当填土高度 $H=40$m 时，考虑沟谷地形计算得到的 $K_s=1.19$，而未考虑沟谷地形的 $K_s=1.435$，相差了约 17%。因此，对于高填土路堤下涵洞的受力，沟谷地形对涵洞受力有利影响是不能忽略的。沟谷地形的两个参数：沟谷宽度 B 和沟坡坡度 α 都是决定涵洞受力的重要参数，沟谷宽度 B 越小，沟坡坡度 α 越大，即沟谷越狭窄，对减小涵洞受力的作用越突出。

(4)填土的变形模量 E_0、泊松比 μ 和黏聚力 c 以及地基土的厚度、地基土的各个土性参数均对涵洞的受力有一定的影响，但影响力度较小，一般在 5%左右。

(5)随着填土高度 H 增大，涵顶处填土中塑性区范围也不断增大；当填土高度一定时，填土内摩擦角 φ 和黏聚力 c 是决定填土中塑性区范围大小的重要因素。内摩擦角 φ 越小，黏聚力 c 越小，填土中塑性区范围越大。拱涵涵顶填土中塑性区主要集中在涵顶和拱角范围内，盖板涵涵顶填土中塑性区由涵顶边角处开始发生，并向涵顶处填土发展。

(6)涵顶处土层的内外沉降差 δ 与涵洞的受力之间具有相对的关联性，但不是绝对的。随着填土高度 H 的增加，涵顶处土层的内外沉降差 δ 绝对值和涵顶垂直土压力均布力 σ_z 都增大，根据图 5-5 的 σ_z—δ 曲线所示，σ_z 与 δ 基本上呈线性增长趋势，说明涵顶处土层内外沉降差 δ 与涵洞受力之间的确具有一定的关联性。从图 5-8 和图 5-10 看出，当填土高度 H 一定时，随着填土 E_0 值增大，泊松比 μ 增大，涵顶处土层内外沉降差 δ 的绝对值都迅速减小，而此时土压力集中系数 K_s 则变化较小；另根据图 5-12 和图 5-15 所示，随着填土黏聚力 c 和摩擦角 φ 增大，涵顶处土层内外沉降差 δ 的绝对值逐渐减小，而此时涵顶处垂直土压力集中系数 K_s 则逐渐增大。这说明涵顶处土层内外沉降差 δ 的变化与涵洞受力之间并不存在绝对的关联性，因此，能否以涵顶处土层的内外沉降差 δ 作为衡量涵洞受力大小的标准是一个需要探讨的问题。

第六章　公路涵洞减荷技术与作用性状的数值分析

6.1　概　　述

根据 Marston 土压力理论，在涵顶上方填土中，存在一个内土柱，其两侧为外土柱，在土体沉降变形过程中，内外土柱通过其界面（即剪切面）作相对运动，并产生剪切力。当涵洞刚度远大于填土刚度，且属于上埋式在自然状态下填筑时，涵洞范围内填土土层沉降量将会小于涵洞两侧填土土层沉降量，外土柱产生相对于内土柱向下滑动趋势，即外土柱将会施加给内土柱一个向下的摩擦力。此时，涵顶不仅受到其上填土土柱自重，还要受到一个附加力，即外土柱施加给内土柱的向下的摩阻力，则涵顶垂直土压力集中系数 K_s 大于 1。

涵洞受力减荷措施即指在人为作用下，一定程度上改变填土土体沉降变形特性，使得外土柱作用于内土柱上的摩擦力减小，降低作用在涵顶上附加力，从而改善涵顶受力状况，甚至完全改变填土土体沉降变形特性，使涵洞范围内填土土层沉降量大于涵洞两侧填土土层沉降量，外土柱产生相对于内土柱向上的滑动趋势，即外土柱施加给内土柱一个向上的摩擦力，此时，涵顶所受土压力将会小于其上填土自重，涵顶垂直土压力集中系数 K_s 小于 1。

许多学者都对涵洞减荷措施进行过深入研究。顾安全在 1959～1962 年通过大量的室内模型试验，研究了各种情况下涵洞受力特性，包括在涵洞洞顶铺筑谷壳作为柔性填料研究其减荷效果。试验表明，在涵顶铺筑柔性填料可以取得较好的减荷效果，并在工程中切实可行。在 1969～1992 年先后三次在国内某尾矿坝涵洞上，采用改变涵洞断面形式、在涵洞两侧回填不同粒径填料、采用平埋式和半沟埋式、在涵顶铺设稻草层等方式进行涵洞减荷措施的研究，研究结果表明，采用半沟埋式和在涵顶填筑柔性填料层具有显著的减压效果。

王晓谋于 1986 年以相似理论为基础，用海绵模拟柔性填料铺设在涵顶进行室内模型试验。试验结果表明，柔性填料变形模量 E^* 值较小，在填土低时减荷效果显著，随着填土高度增加，减荷效果衰减很快，E^* 值较大则相反；柔性填料厚度 h^*

值较大，减荷效果较好，但随着 h^* 的增大，Δh^* 所起的减荷效果衰减很快，因此，柔性填料变形模量 E^* 和厚度 h^* 值的取用必须与填土高度 H 相协调。王晓谋从变形条件入手，以弹性理论为基础，应用迭加原理，推导了涵顶铺设柔性填料情况下新的土压力计算公式。

1997 年，白冰、李遇春通过有限元数值仿真，分析讨论了在涵顶铺设聚苯乙烯泡沫塑料(EPS)情况下涵洞垂直土压力受力情况。计算结果表明，当填土高度 $H>4.5$m，铺设 EPS 板减荷措施效果才开始凸显出来，且当 EPS 板的厚度 $h^*>40$cm 时，涵顶垂直土压力系数 K_s 可降到 0.3 以下。其有限元计算没有全面讨论铺设 EPS 板后，涵洞周围填土中的应力与变形的分布特点，EPS 板埋设位置、范围、厚度及 EPS 板模量对涵洞受力及其周围填土的影响也没有进行全面系统的讨论，对计算用有限元软件未做说明。

2002 年，金滨依托某一实际工程涵洞试验段，以 EPS 板作为主要研究对象，测试了对应不同填土高度、不同减荷材料厚度下涵顶土压力。测试结果表明，EPS 板具有一定压缩性和压缩强度，作为涵洞减荷材料，效果显著；作为涵洞减荷用柔性填料，EPS 板模量与厚度的确定取决于填土高度 H、涵洞具体几何尺寸等因素。另外，金滨在测试段尝试选用了铺筑松土层减荷方式，测试结果表明，松土作为减荷材料，也具有一定的减荷效果，但适用范围相对较小。现场测试取得了一定成果，但由于其现场测试规模较小，测试元件埋设数量和范围有限，没有全面测试减荷情况下涵洞及其周围填土的受力与变形特性。

6.2 减荷措施的数值计算分析

选用第四章计算模型，计算讨论采取减荷措施情况下(主要讨论在涵顶一定范围内铺设柔性填料的减荷方法)，涵洞受力及填土中的受力与变形特性，以及柔性填料材料选用、铺设位置、铺设范围、铺设厚度对于减荷效果的影响；并讨论对应不同的填土高度 H、各种减荷措施的适用范围。

6.2.1 计算模型的确定

以拱涵和盖板涵为例，建立其计算模型，填土高度 $H=40$m，地基土厚度 $H_d=20$m，柔性填料铺设在距涵顶 0.6m 处，宽度近似取为涵洞宽度，厚度选用 40～60cm，以聚苯乙烯泡沫塑料(EPS)作为柔性填料层。

EPS 材料的本构模型选用 Von Mises 准则，在偏应力张量的三个不变量中，$J_1=S_{ii}=S_{xx}+S_{yy}+S_{zz}=0$，忽略 J_3 对屈服函数的影响，则标准的 Von Mises 屈服准则为：

$$F(J_2)=\sigma_{ep}-\sigma_y=\sqrt{\frac{3S_{ij}S_{ij}}{2}}-\sigma_y=0$$

式中：σ_y——单轴均匀应力状态下的屈服应力；

$S_{ij}=\sigma_{ij}-\frac{1}{3}\sigma kk\delta_{ij}$。

材料各向同向硬化，并用多条折线近似模拟室内试验得到的应力与塑性应变曲线。

EPS材料的本构模型中材料参数的选用依据室内试验的应力—应变曲线确定，如图6-1所示。

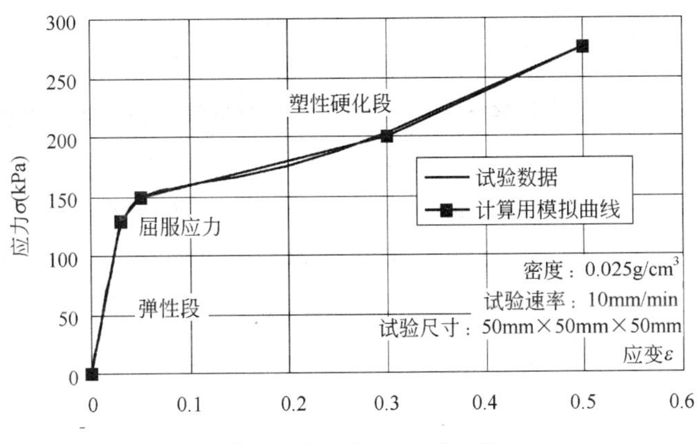

图6-1 EPS应力—应变曲线

拱涵及盖板涵的计算几何模型及单元划分如图6-2所示。

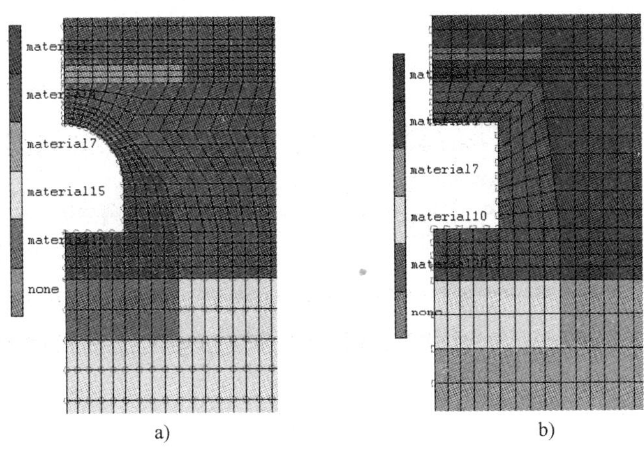

图6-2 计算几何模型及单元划分

a)拱涵模型；b)盖板涵模型

6.2.2 填土的变形分析

分别选取距拱涵涵顶高度为 0.6m(EPS 板下)、1.2m(EPS 板上)、2.0m、6.0m、12.0m、20.0m、30.0m 和 40.0m 的填土土层；距盖板涵涵顶高度为 0.6m(EPS 板下)、1.0m(EPS 板上)、2.0m、6.0m、12.0m、20.0m、30.0m 和 40.0m 的填土土层，通过有限元数值计算，得到相应高度填土土层沉降变形曲线，如图 6-3 和图 6-4 所示。

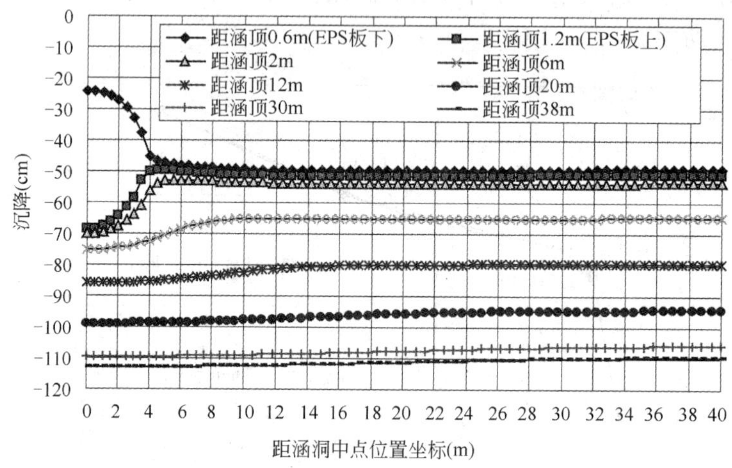

a)

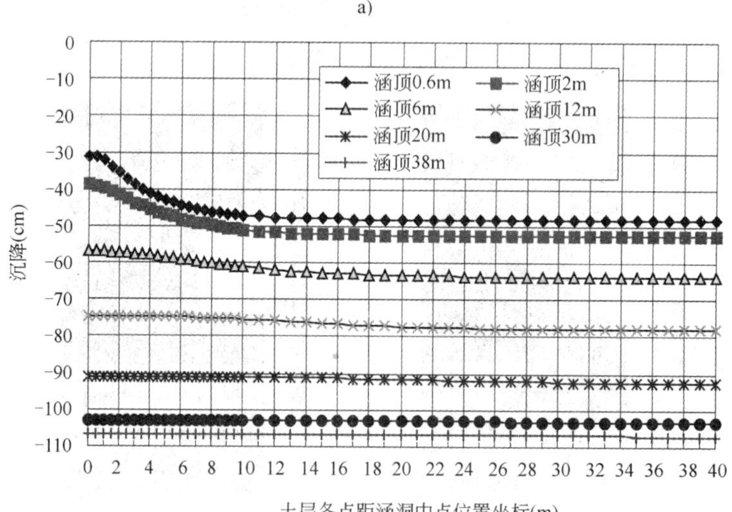

b)

图 6-3 拱涵各个土层沉降变形曲线

a)减荷；b)未减荷

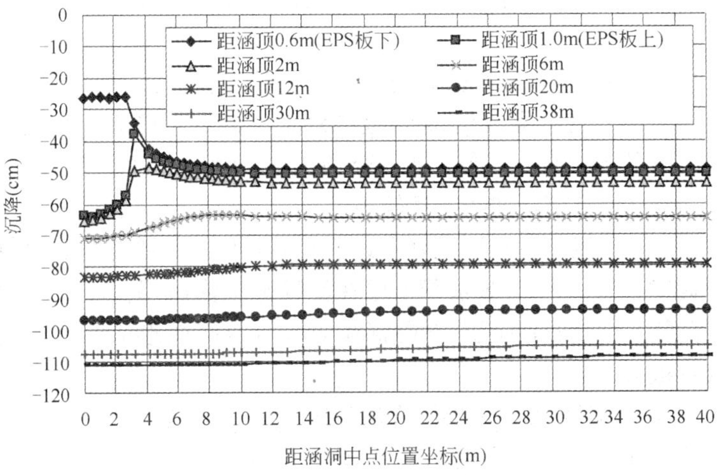

a)

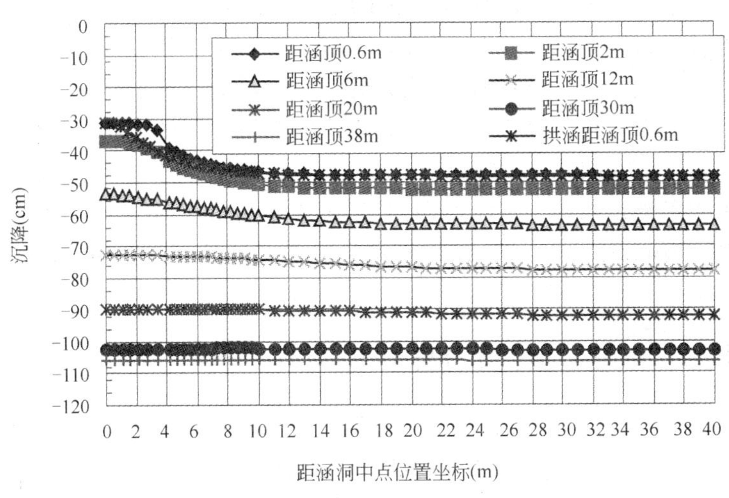

b)

图 6-4 盖板涵各土层沉降曲线

a)减荷;b)未减荷

从计算结果图 6-3 看出,EPS 板下土层在涵顶处沉降值较小,随着距涵洞中点距离增大,土层沉降值逐渐增大,其变形规律与数值大小均与未采取减荷措施情况下的土层变形规律较接近。而紧邻 EPS 板上土层(即图 6-4 中距涵顶 1.2m～6.0m 土层),其沉降规律则与未采取减荷措施情况下土层变形完全不同,土层在涵顶处沉降值远大于涵洞外侧沉降值。土层沉降值在涵顶处最大,随着距涵洞中点距离增大,土层沉降值逐渐减小,在距涵洞中点约 4.0m 处(即 EPS 板的外边沿处)达到最小值;然后随着距涵洞中点距离增大,其沉降值先逐渐增大,而后趋于稳定值。

从数值大小来看,采取减荷措施情况下,土层在涵顶范围内的沉降值均大于未采取减荷情况下的土层沉降;而在涵顶范围外土层的沉降趋势和数值大小则与未采取减荷情况下的土层沉降一致。距 EPS 板较远处的土层(即图 6-4 中距涵顶大于 12m 的各个土层)其沉降曲线起伏较小。

从图 6-4 盖板涵涵顶各土层沉降曲线看出,其土层沉降变形规律与拱涵各个土层的变形规律一致。在 EPS 板下土层在涵顶范围内沉降值小于涵洞范围外沉降值;而紧邻 EPS 板上的各土层,其在涵洞范围内沉降变形值则远远大于涵洞范围外沉降变形值。

从数值上来看,EPS 板下土层沉降值与未采取减荷措施情况下土层沉降值基本一致,而 EPS 板上各个土层在涵顶范围内沉降值均大于未采取减荷情况下同一土层的沉降值,随着距涵顶距离增大,这种趋势逐渐减弱;在涵顶范围外土层沉降趋势和数值大小则与未采取减荷情况下土层沉降一致。

由于柔性填料刚度远小于其周围填土刚度,在上部填土荷载作用下,柔性填料层的压缩变形值较大,并出现塑性屈服,导致在柔性填料层以上填土土层在柔性填料层范围内的沉降变形值增大,且大于未采取减荷情况下的土层沉降值,并出现了紧邻柔性填料 EPS 板上土层在涵顶范围内土层沉降值大于涵顶范围外沉降的现象。正是由于柔性填料的变形协调作用,从根本上改变了涵顶填土中受力与变形特性,从而改善涵洞受力状况。但 EPS 板的埋设对于其下土层的变形则基本没有影响。

6.2.3 涵顶的土压力分布分析

采取减荷措施后,由于涵顶填土土层变形特性,必然改变涵顶土层中垂直土压力分布特性。分别选取距拱涵和盖板涵涵顶高度为 2.0m、6.0m、12.0m、20.0m、30.0m 和 38.0m 填土土层,通过有限元计算,得到相应高度填土土层垂直土压力分布曲线,如图 6-5 和图 6-6 所示。

从拱涵计算结果图 6-5 看出,紧邻涵顶土层(距涵顶 2～6m)在涵顶范围内的垂直土压力远远小于涵洞外侧土体中的土压力值,且小于其上填土自重;而在涵洞范围外土层中的垂直土压力在紧邻涵洞处较大,随着远离涵洞距离的增大,土压力值逐渐减小,并趋于稳定值(即其上填土自重)。其受力规律与未采取减荷的计算规律完全不同。随着土层距涵洞中点距离的增大(距涵顶大于 12m),土压力值在涵洞范围内外的差距逐渐减弱,趋于均布,数值上接近于其上的填土自重,并与为采取减荷的计算结果一致。

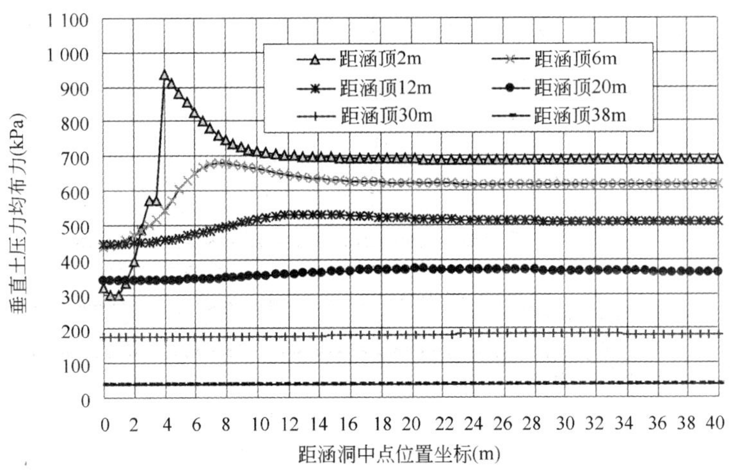

a)

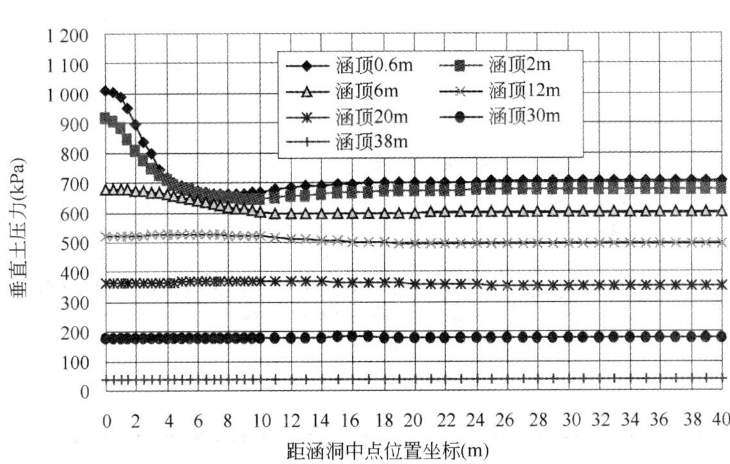

b)

图 6-5 拱涵各土层垂直土压力分布

a)减荷；b)未减荷

由盖板涵计算结果图 6-6 看出，其各个土层中垂直土压力分布规律与拱涵计算结果基本一致。即紧邻涵顶土层（距涵顶 2～6m）在涵顶范围内土压力值较小（在 EPS 材料边沿处出现应力突变，不予考虑），远远小于涵洞外侧土体中土压力值，且小于其上填土自重；涵顶范围外土层，在紧邻涵边墙处土压力较大，随着距涵洞距离增大，土压力值先逐渐减小，后趋于稳定值（其上的填土自重）。与未采用减荷措施填土土层中土压力分布情况相比，在涵顶范围内其土压力值明显小于未采用减荷措施下土压力值。随着土层距涵洞中点距离增大(距涵顶大于12m),土压力值在涵洞范围内外的差距逐渐减弱,趋于均布,数值上接近于其上的填土自重,与未采取减荷计算结果一致。

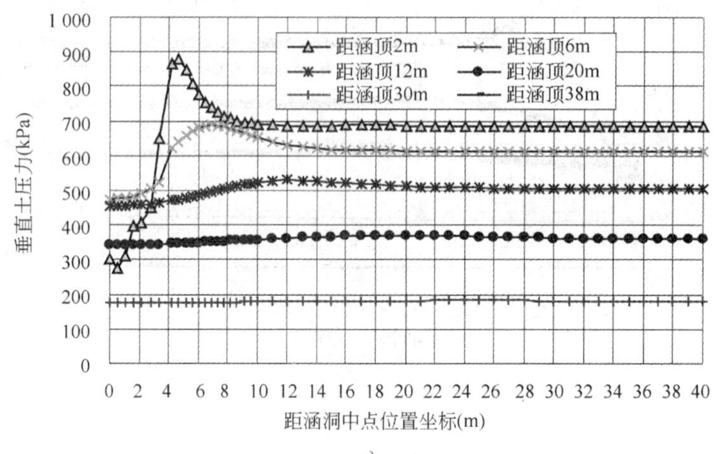

a)

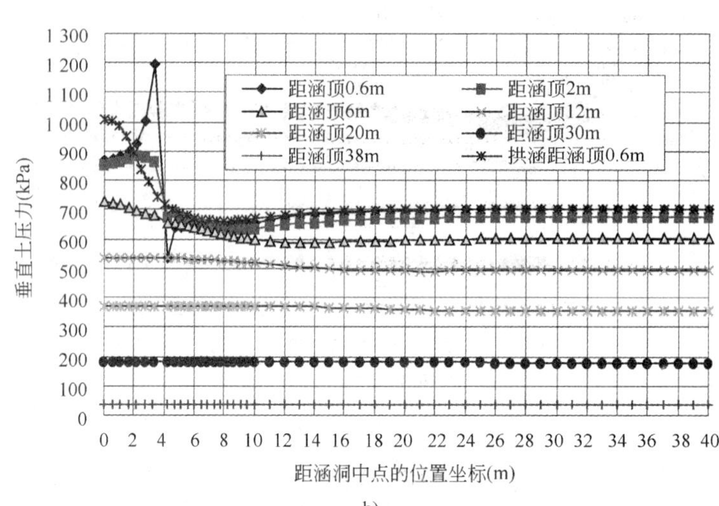

b)

图6-6　盖板涵各土层垂直土压力分布

a)减荷;b)未减荷

从上述计算分析讨论中,可以看出:填筑柔性填料层后,紧邻涵顶处土层在涵顶范围内土压力小于未采取减荷措施下土压力值,且小于其上填土自重,即相对减小了作用在涵顶上土压力,改善了涵洞受力状况。而在涵顶范围外土层,紧邻涵洞处土压力值则大于未采取减荷措施下土压力值,即涵洞范围外土层承担了较多土

压力。距涵顶距离较远土层，其土压力分布规律与大小与未采取减荷措施下的情况基本相同，即柔性填料层的铺设对其受力基本无太大影响。

6.2.4　涵侧填土中土压力分析

计算得到采用减荷措施后，拱涵涵侧各填土土层中垂直土压力的分布，如图6-7所示。

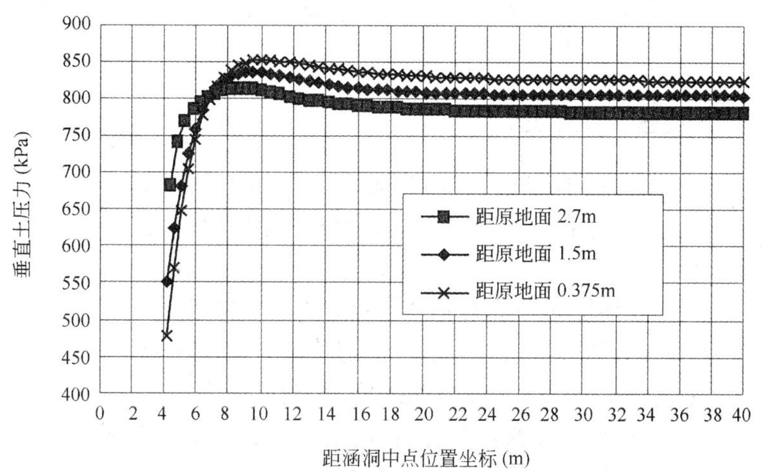

a)

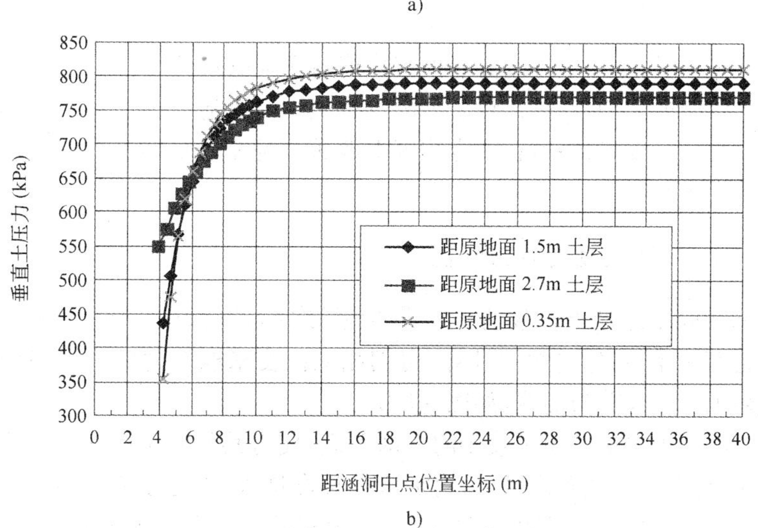

b)

图 6-7　拱涵涵侧各土层垂直土压力分布

a)减荷；b)未减荷

涵侧填土土层中土压力值在紧邻涵洞处较小，随着距涵洞距离增大，土压力值迅速增大到某一最大值，而后随着距涵洞中点距离的增大逐渐减小并趋于稳定值(其上填土自重)。其土压力分布规律与未采取减荷措施下土压力分布规律稍有区别。未减荷情况下，涵侧填土中垂直土压力随着距涵洞中点距离的增大迅速增大，并趋于稳定值；减荷后，在距涵洞中点某一位置处(距涵洞中点 10m 左右)，土层中存在应力集中现象，存在一个较大土压力值，且大于其上填土自重。正是由于采取了减荷措施，减少了作用在涵顶上的土压力，则相应的增大了作用在涵洞外侧土体上的土压力。

6.2.5 地基土变形分析

分别选取距原地面高度为 0m(即地基顶面)、2.0m、4.0m、8.0m、12.0m 和 18.0m 填土土层，通过有限元数值计算，得到上述相应高度拱涵地基土土层沉降变形曲线，如图 6-8 所示。

地基土土层在垫层底部及紧邻垫层侧边处的沉降值较小，随着距涵洞距离增大，土层中沉降变形值逐渐增大并趋于稳定值。其土层沉降变形规律与未采取减荷情况下结果完全不同。未采取减荷措施下，地基土土层在涵洞范围内沉降大于涵洞范围外的沉降，而采取减荷措施后，地基土土层在涵洞范围内沉降值出现了小于涵洞范围外沉降值的现象。且地基不均匀沉降值小于未采取减荷措施的计算结果。

从数值上看，土层中远离涵洞处沉降值与未采取减荷情况下沉降值基本相同。由于减荷措施的采用，在一定程度上改变了填土与地基土中的应力分布，从而改变了地基土中沉降变形性状，在一定程度上改善了地基土层的沉降变形在涵洞垫层内外的不均匀性。

6.2.6 地基土受力分布分析

分别选取距原地面高度为 0m(即地基顶面)、2.0m、4.0m、8.0m、12.0m 和 18.0m 地基土土层，通过数值计算，得到相应高度采取减荷措施下拱涵地基土土层垂直附加土压力分布曲线，如图 6-9 所示。

由于涵洞下垫层承担了较多的上部荷载，使得其外侧土层在紧邻垫层处附加应力较小，随着距涵洞距离增大，附加应力逐渐增大，并趋于稳定值。在紧邻垫层下地基土层中，受到较大附加垂直应力，并在垫层角点处出现较大应力集中现象，然后，随着距涵洞位置增加，附加垂直应力先迅速减少，后又随着距涵洞距离增大而逐渐增大，并趋于稳定值。在距垫层较远的地基土层中，附加垂直应力在涵洞位置下较大，随着距涵洞距离的增大，附加垂直应力逐渐减小，并趋于稳定。其分布

规律与未采取减荷措施的分布规律完全一致。从数值上看，采取减荷措施下的地基土中附加垂直土压力值在涵洞垫层下及紧邻涵洞处均小于未采取减荷措施下的结果。

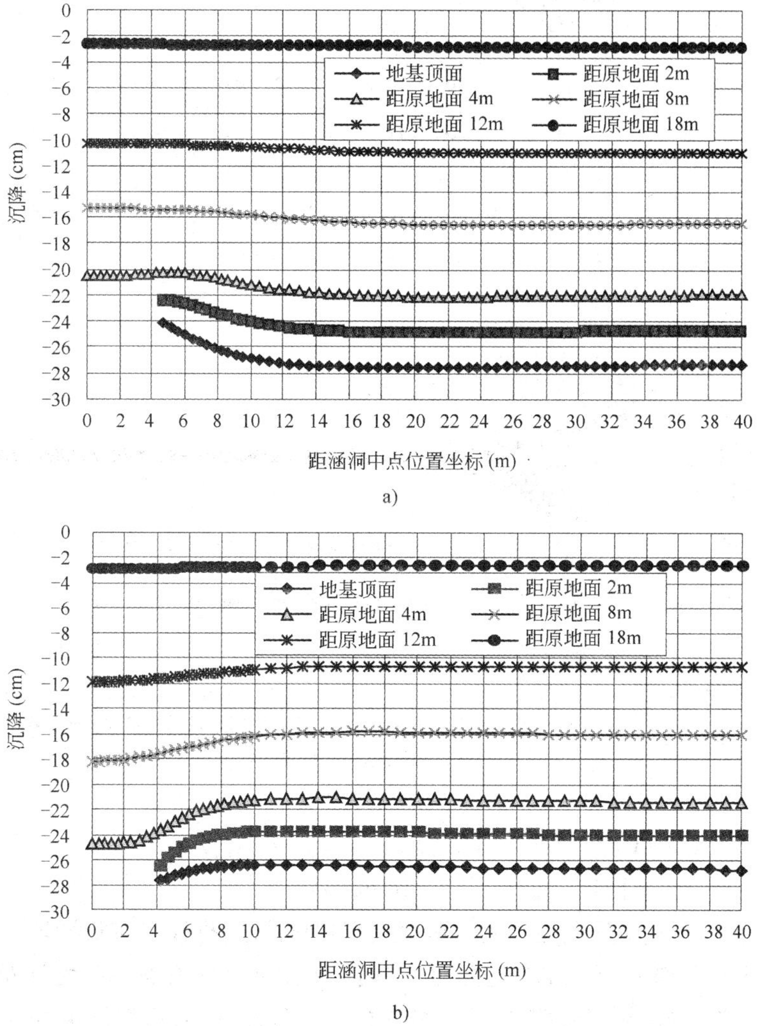

a)

b)

图 6-8　地基土各土层沉降变形曲线

a)减荷；b)未减荷

6.2.7　涵周介质中的塑性区的分布分析

图 6-10 为计算得到的拱涵和盖板涵填土及 EPS 板中的塑性区分布图。

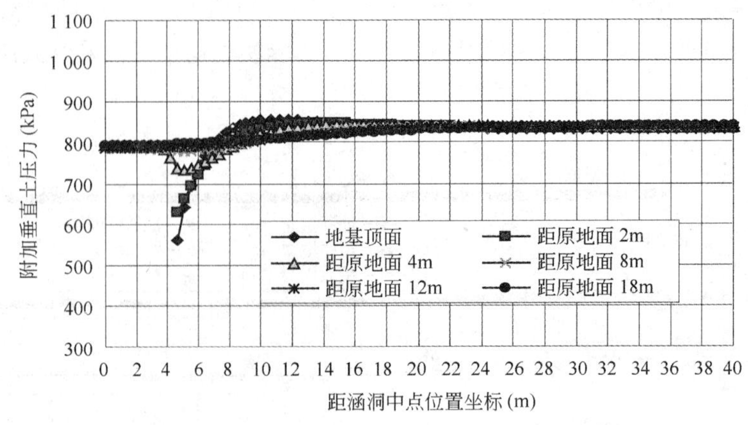

a)

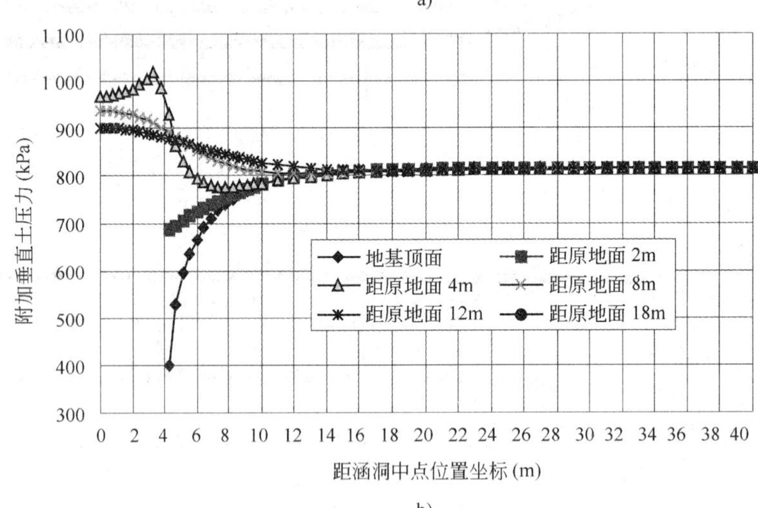

b)

图 6-9　拱涵地基各土层附加垂直土压力分布

a)减荷;b)未减荷

首先 EPS 板中均存在较大的塑性应变和塑性区,拱涵与盖板涵填土的塑性区主要集中在紧邻 EPS 板的外边角处,并向远处土体延伸发展。在地基表面距涵洞某一距离处(距涵洞中点约 8m 处)也存在一个塑性区,其塑性区范围和塑性应变值均较小。减荷措施下填土中塑性区的位置与未采取减荷情况下的位置完全不同。

由于减荷措施的采用,使得紧邻涵顶范围的土层中的垂直土压力值减小,相应的,则增大了作用在涵洞范围外的土层中的土压力。即土体中塑性区首先在图 6-10a)所示的范围产生,而不是在涵顶范围内产生。

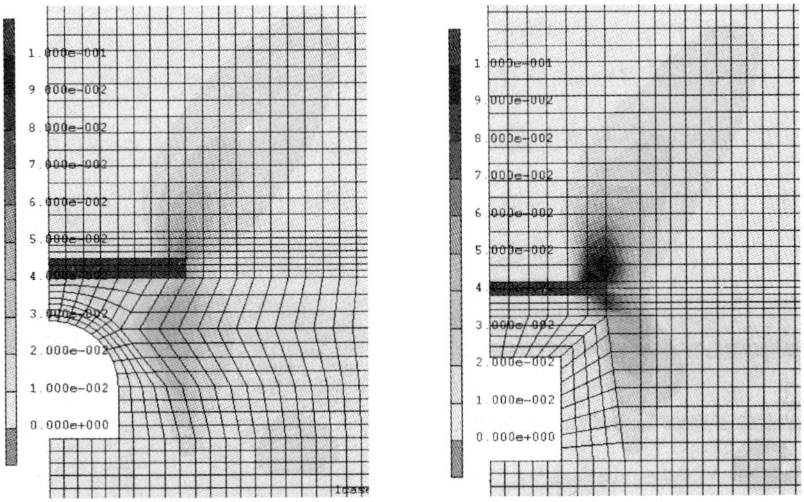

a)

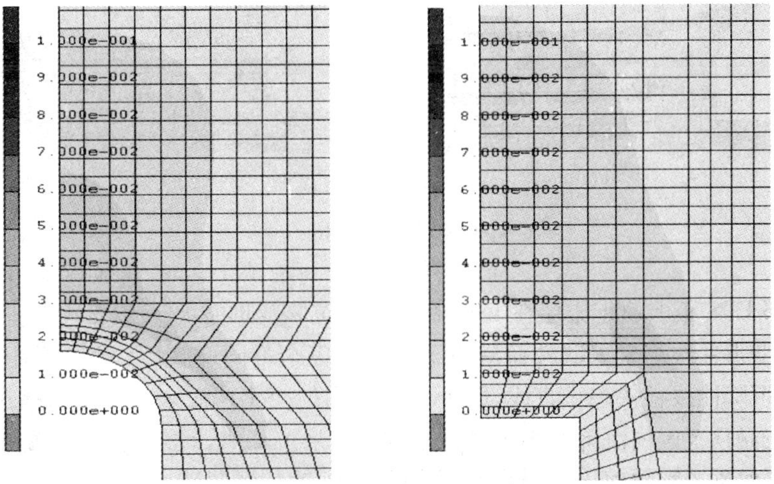

b)

图 6-10　拱涵和盖板涵填土及 EPS 板中的塑性区

a)减荷；b)未减荷

6.3　减荷措施下涵土与柔性填料共同工作特性分析

柔性填料层的铺设，在一定程度上改变了涵洞周围填土与涵底地基土中受力与变形特性。由于柔性填料变形模量与材料强度均小于其周围填土变形模量与强度，因此，在其上填土自重荷载作用下，柔性填料层将产生较大的塑性应变，导致其周围填土土层在 EPS 板范围内沉降值大于 EPS 板范围外，在某种程度上改变内外土柱上下滑动趋势，从而改善涵洞受力状况。

6.3.1　减荷措施下填土变形特性分析

有限元计算得到采取减荷措施下拱涵周围填土的沉降变形云图，如图 6-11 所示。

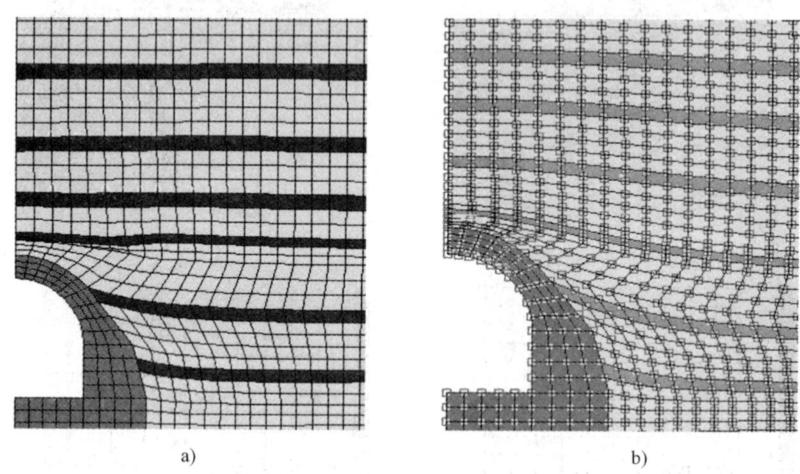

a)　　　　b)

图 6-11　变形云图

a)减荷；b)未减荷

紧邻 EPS 板上填土土层在 EPS 板范围内沉降变形略大于 EPS 板范围外的沉降值，其变形曲线与未采取减荷措施下的结果完全不同；随着距 EPS 板距离的增大，土层沉降曲线很快趋于直线，即土层近似均匀变化。而未采取减荷措施下，填土土层在涵顶范围内沉降均小于涵顶范围外土层沉降值，即柔性填料层的铺设，一定程度上促进了涵顶填土土层均匀沉降的趋势，改善涵洞受力状况。

6.3.2　减荷措施下填土中垂直土压力分布特性分析

通过有限元计算，得到采取减荷措施下，涵洞周围填土中垂直土压力分布特性，如图 6-12 所示。

图 6-12 中的虚线为减荷情况下，涵顶处土压力的分布。从图中看出，在涵顶范围内，采取减荷措施下土压力值小于未采取减荷措施的土压力值，而涵洞外侧垂直土压力值则大于未减荷下的土压力值。即减荷措施的采用，一方面减小了作用在涵顶上的垂直土压力，另一方面则加重了涵洞外侧填土中的受力。

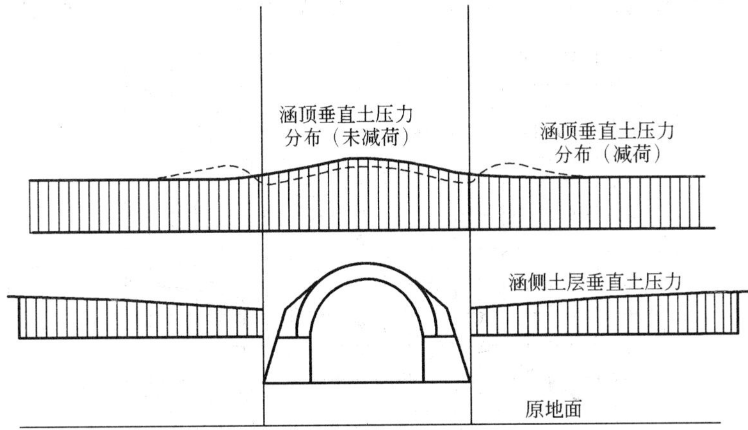

图 6-12 采取减荷措施下涵洞填土垂直土压力分布

6.3.3 减荷措施下地基土受力与变形特性分析

减荷措施下地基土中受力与变形特性与未采取减荷措施的计算结果有一定区别。减荷措施下紧邻涵洞底部的地基土层，其所受附加垂直应力值在涵底范围内及紧邻涵底垫层处均略小于未采取减荷措施下地基土的计算结果；而在距涵洞一定范围处，则略大于未采取减荷措施下地基土的附加垂直应力。减荷措施的采用，减小了涵底地基中的沉降变形，相应的，则增大了涵洞基础范围外沉降变形值，甚至出现涵底的沉降值略小于涵洞外侧地基土中沉降，减荷措施的采用，在一定程度上改善了地基中的不均匀沉降状况。

6.4 减荷措施的影响因素分析

以上章节讨论了减荷措施下涵洞及填土与地基土中受力与变形特性，柔性填料层的铺设，改变了涵顶填土中沉降变形特性，在一定程度上改善了涵洞的受力。影响涵洞减荷效果的因素较多，通过有限元计算，分别讨论这些因素对减荷效果的影响程度。已知地基土特性对涵洞受力影响有限，计算中不考虑地基影响(即假设地基为完全刚性，计算结果偏于安全)，以拱涵为例，建立拱涵减荷措施下计算模型，讨论各个因素对减荷效果的影响。

6.4.1 填土高度 *H* 的影响分析

计算中，在距拱涵涵顶 0.6m 处铺设 0.6m 厚、4.0m 宽 EPS 板(板宽基本与涵洞宽度一致)，计算得到拱涵涵顶垂直土压力随填土高度 H 变化曲线和涵顶垂直

土压力集中系数 K_s 随填土高度 H 的变化曲线，如图 6-13 和图 6-14 所示。

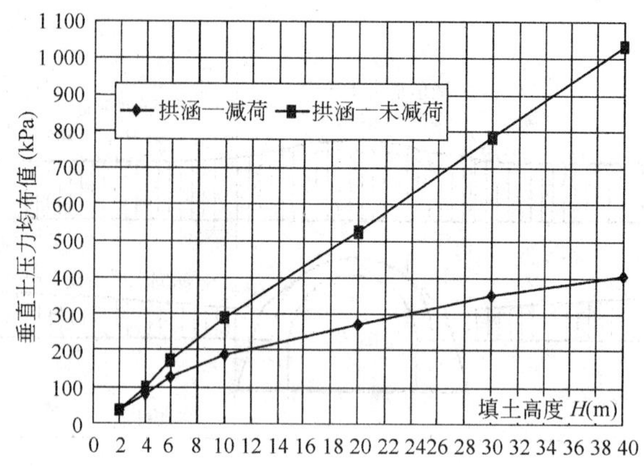

图 6-13 拱涵 σ_z-H 曲线(减荷)

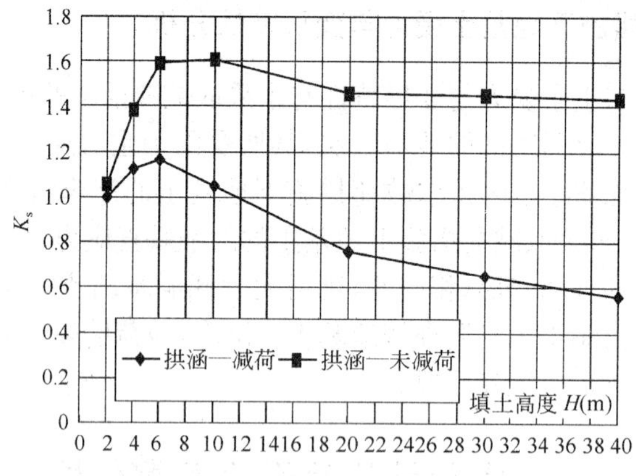

图 6-14 拱涵 K_s—H 曲线(减荷)

计算结果表明，在填土初期，柔性填料的减荷效果并不明显；随着填土高度的增大，柔性填料的减荷效果开始逐渐凸显出来。当填土高度 $H=4$m 时，减荷措施下涵顶垂直土压力为 81. 1kPa，与未减荷情况下的 100. 1kPa 相比，仅减小了 19kPa；而当填土高度 $H=40$m 时，减荷措施下涵顶垂直土压力为 404. 1kPa，与未减荷下的 1 033kPa 相比，减少了 628. 9kPa，减小了约 61%。

由于 EPS 材料在受力初期，具有一定抵抗变形的能力，在外部填土荷载作用下，主要产生弹性变形。但其弹性模量远小于填土变形模量，其压缩变形量仍会大于其周围填土土层沉降量，对涵洞受力的减荷效果则开始产生。当填土继续增大到某一高度时，即当填土自重荷载的作用大到能够使其达到屈服应力时，EPS 材料开始进入塑性屈服阶段，即产生较大的压缩变形量，此时 EPS 材料对涵洞的减

荷效果开始凸显出来。

计算得到拱涵涵顶处 0.6m 厚 EPS 板的压缩量 Δh^* 随填土高度 H 的变化曲线图 6-15。

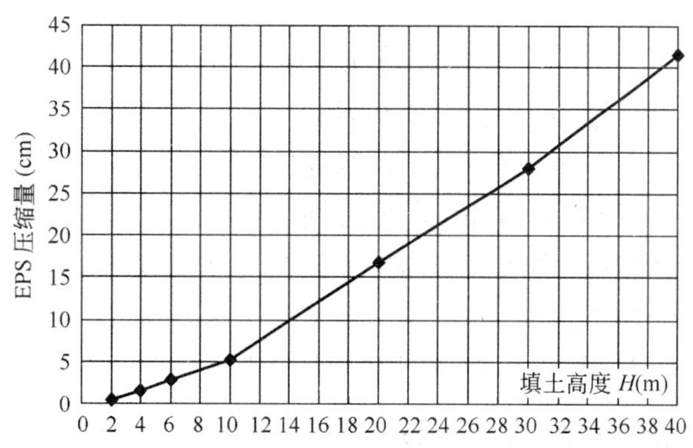

图 6-15 拱涵顶 EPSΔh^*—H 的曲线

从拱涵涵顶 EPS 板压缩量 Δh^* 随填土高度 H 的变化曲线来看，曲线明显分为两段：在填土高度较小时，EPS 板压缩量较小；随着填土高度 H 的增大（$H>10$m），EPS 板压缩量 Δh^* 增长速率增大。即在填土初期，EPS 产生弹性变形，在填土高度增大到一定程度时，开始进入塑性变形阶段，即产生较大的塑性应变。

计算得到填土高度分别是 20m、30m 和 40m 时拱涵涵顶填土及 EPS 板中的塑性区发展变化如图 6-16。

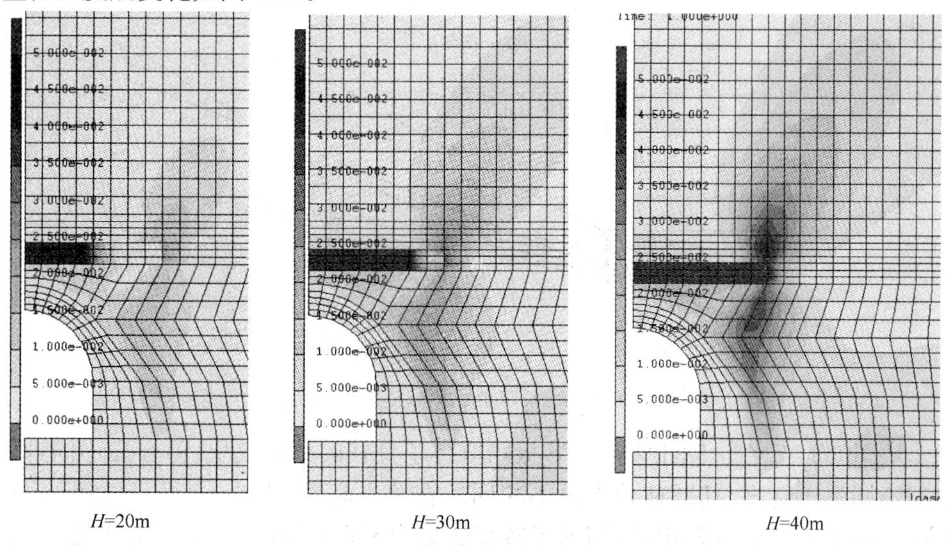

图 6-16 涵顶塑性区发展变化图

从计算结果来看，在 EPS 板中，塑性区首先在涵顶中点位置处产生，随着填土高度 H 增大，塑性区向外侧延伸发展，直至发展到整个 EPS 板内。填土中塑性区首先在紧邻 EPS 板处产生，然后随着填土高度 H 增大，范围逐渐增大并发展到涵顶范围内填土。

以上计算分析，进一步验证了柔性填料的作用机理。由于涵顶埋设的柔性填料层产生了较大塑性压缩变形，且大于其周围填土沉降变形，从而改变涵顶填土中沉降变形特性，改善填土土层沉降变形曲线性质，促使涵顶填土土层尽快达到均匀沉降，甚至改变涵顶处土层的内外沉降差特性，出现土层在涵顶范围内沉降量大于涵洞范围外沉降量的情况，即改变了内外土柱相对滑动趋势，使得外土柱相对于内土柱向上滑动，产生作用于内土柱一个向上的摩擦力。因此，不仅减弱了涵顶处的应力集中现象，而且使得作用在涵顶的土压力小于其上土柱自重。

6.4.2 EPS 板厚度 h^* 影响分析

以拱涵为例，改变涵顶处 EPS 板的厚度 h^* 的大小，讨论 h^* 对涵洞减荷效果的影响。计算得到图 6-17：EPS 板厚度 h^* 分别为 20cm、40cm、60cm、80cm 和 100cm 时，涵顶处的垂直土压力均布值随填土高度 H 的变化图；图 6-18：EPS 板厚度 h^* 分别为 20cm、40cm、60cm、80cm 和 100cm 时，涵顶处垂直土压力集中系数 K_s 随填土高度 H 变化图。

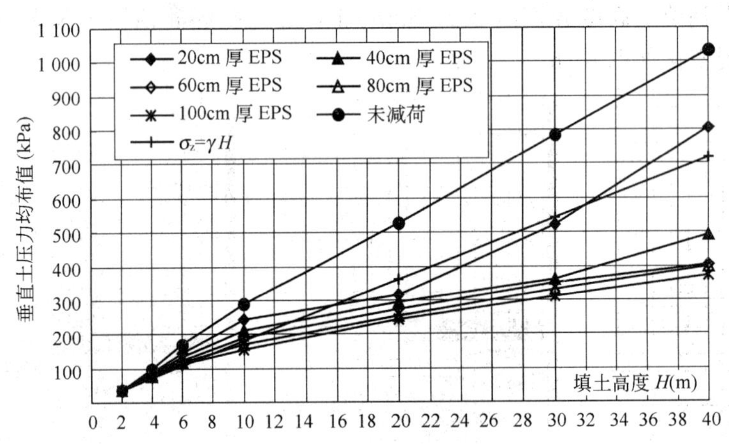

图 6-17　不同 EPS 板厚度 h^* 下涵顶处 σ_z—H 曲线

从图 6-17 看到，不同厚度 EPS 板均取得了良好的减荷效果，但厚度不同，对应于不同填土高度，其减荷效果也不相同。在填土高度 H 较小时（$H<6$m），与未减荷情况下计算结果相比，EPS 板减荷效果均不突出，相差不大。随着填土高度 H 增大，EPS 板减荷效果开始凸显出来。当填土高度 H 小于 20m 时，厚度不

同的EPS板减荷效果相对而言相差不大。以填土高度为20m时为例，布设厚度分别为20cm、40cm、60cm、80cm和100cm的EPS板涵顶处垂直土压力均布力σ_z分别为313.9kPa、294.8kPa、274.3kPa、254.4kPa和242kPa，与未减荷情况下的524.8kPa相比，依次减少了210.9kPa、230kPa、250.5kPa、270.4kPa和282.8kPa，大约减小了40%、44%、48%、52%和54%。当填土高度大于20m以后，20cm厚EPS板的减荷作用逐渐减弱，垂直土压力增大速率较快；而40cm、60cm、80cm和100cm厚的EPS板的减荷趋势依然保持，且减荷效果相对而言差别不大。以填土高度为40m时为例，布设厚度分别为20cm、40cm、60cm、80cm和100cm的EPS板涵顶处的垂直土压力均布力σ_z分别为803.5kPa、489kPa、404.4kPa、397.5kPa和371.6kPa，与未减荷情况下的1 033kPa相比，依次减少了229.5kPa、544kPa、628.6kPa、635.5kPa和661.4kPa，减小了约22.2%、52.7%、61%、61.5%和64%。即厚度为20cmEPS板的减荷效果与大于此厚度的EPS板的减荷效果有较大区别，但厚度为40cm、60cm、80cm和100cm的EPS板的减荷效果则没有太大区别。

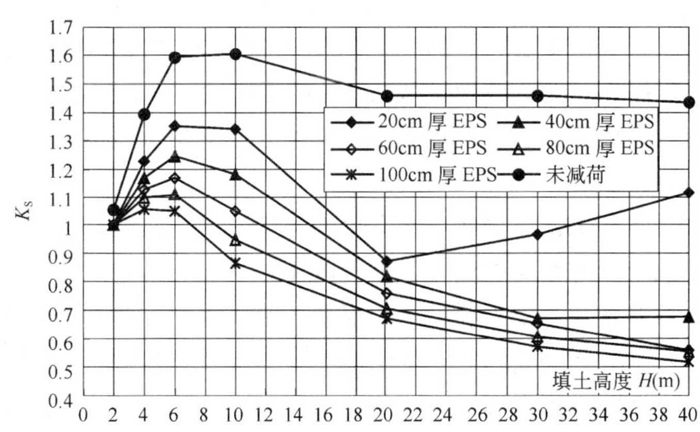

图6-18　EPS不同板厚度h^*下涵顶处K_s—H曲线

图6-18表明，EPS不同厚度h^*下涵顶处土压力集中系数K_s随填土高度H变化曲线规律也并不完全一致。在填土高度H小于20m时，厚度不同EPS板的K_s值均先随着填土高度H增大而增大，随后则随着填土高度H增大而逐渐减小。当填土高度H大于20m以后，20cm厚EPS板土压力集中系数K_s值则随着填土高度H增大而增大；厚度为40cmEPS板土压力集中系数K_s值在填土高度大于30m后变化较小，而厚度为60cm、80cm和100cm的EPS板的计算土压力集中系数K_s值在填土高度大于20m后，依然保持下降趋势，但下降趋势趋于平缓。从整体来看，厚度为40cm、60cm、80cm和100cm的EPS板的减荷效果差别不大。

计算得到不同厚度的EPS板的压缩变形量随填土高度 H 的变化曲线，如图6-19所示。

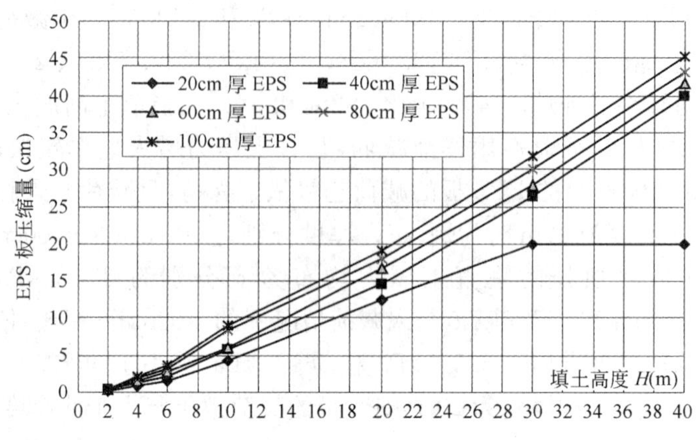

图 6-19　不同厚度 EPS 板 Δh^{*}—H 的曲线

从图中看出，厚度为40cm、60cm、80cm和100cm的EPS板压缩量随着填土高度的增大而增大，厚度越大，压缩量越大，相对而言，厚度不同的EPS板在相同填土高度下其压缩量差别不大；厚度为20cm的EPS板在填土高度达到30m时，其压缩变形量已达到其极限值；厚度为40cm的EPS板在填土高度达到40m时，其压缩变形量也接近其极限值。

综上所述，EPS板的减荷效果主要是通过EPS板压缩变形来实现的，通过变形协调，对涵顶填土变形和受力进行调整和改善，从而改变涵顶受力状况，达到减荷效果。因此，EPS板压缩变形特性与压缩量大小就是决定减荷效果的最主要因素。对于厚度为40cm、60cm、80cm和100cm的EPS板，虽然其厚度相差较大，从图6-19看到，其所提供的压缩变形量差别并不大，因此其减荷效果接近。而厚度为20cm EPS板在填土高度达到30m之后，无法再产生压缩变形量，因此，其减荷效果开始减弱，即出现了如图6-20所示的 σ_z—H 曲线特性。总之，减荷中EPS板厚度要适当选用，一方面，保证其提供的压缩量能满足减荷的需要，另外，EPS板厚度无需过大，当厚度达到某一程度时，继续增大其厚度，减荷效果变化并不突出。

6.4.3　EPS板材料密度变化的影响分析

由于EPS板材料密度不同，其应力应变特性存在较大差异。不同密度EPS的应力应变曲线规律基本相同，但在数值上差异较大，主要区别在材料的屈服应力大小上，EPS材料密度越大，其屈服应力也越大。现讨论不同密度EPS板材料，对其减荷效果的影响。共选用五种密度的EPS板(密度由大到小依次为材料1～材

料 5)，其屈服应力分别是 150kPa、130kPa、100kPa、70kPa 和 40kPa，以拱涵为例，EPS 板厚度取为 40cm，有限元计算结果如下所示。

图 6-20 为计算得到的铺设不同密度 EPS 板后，其涵顶土压力均布力随填土高度 H 的变化曲线。

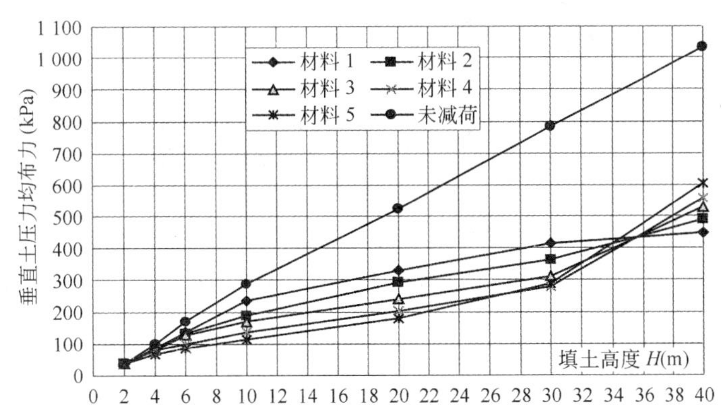

图 6-20　铺设不同密度 EPS 后涵顶 σ_z—H 曲线

计算结果表明，在填土高度较低时(填土高度 $H<20$m)，不同密度 EPS 板计算得到的土压力增长速率较慢，均取得良好的减荷效果；同时，密度较小的 EPS 材料取得的减荷效果较优于密度大的 EPS 板材料。随着填土高度的增加(填土高度 $H>20$m)，EPS 材料的密度不同，其减荷规律开始出现变化。材料 1，即密度最大的 EPS 板，其计算得到的垂直土压力均布力随填土高度的增大，增长速率依然保持较慢的趋势；而其余密度的 EPS 板计算得到的垂直土压力均布力随着填土高度的增大，出现较快的增长趋势，且密度越小，其垂直土压力均布力增长速率越大。当填土高度达到 40m 时，密度大的 EPS 板取得的减荷效果已优于密度小的 EPS 所取得的减荷效果。

图 6-21 为计算得到的铺设不同密度 EPS 板后，其涵顶土压力集中系数 K_s 随填土高度 H 的变化曲线。

从图 6-21 中，同样可以看出不同密度 EPS 板，其取得的减荷效果随填土高度 H 的变化规律。对于材料 2～材料 5，其涵顶土压力集中系数 K_s 随填土高度 H 增大达到某一最小值后，则随着填土高度 H 继续增大而开始逐渐增大，且密度越小，增大速率越大。而材料 1，即密度最大的 EPS 板，其涵顶土压力集中系数 K_s 随填土高度 H 开始减小后，始终保持降低的趋势。

计算得到图 6-22，不同密度 EPS 板的压缩变形量随填土高度 H 的变化曲线。

由于不同密度 EPS 板应力应变特性不同，密度较小的 EPS 板在相同的填土高度下，其压缩变形量较大，同时其达到极限压缩量的速率也较快。

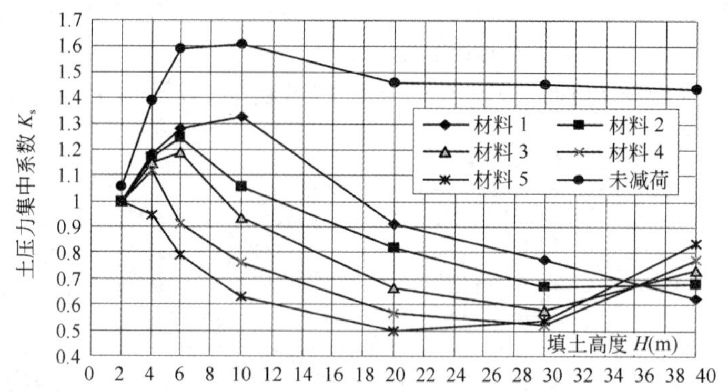

图 6-21 铺设不同密度 EPS 的涵顶处 K_s—H 曲线

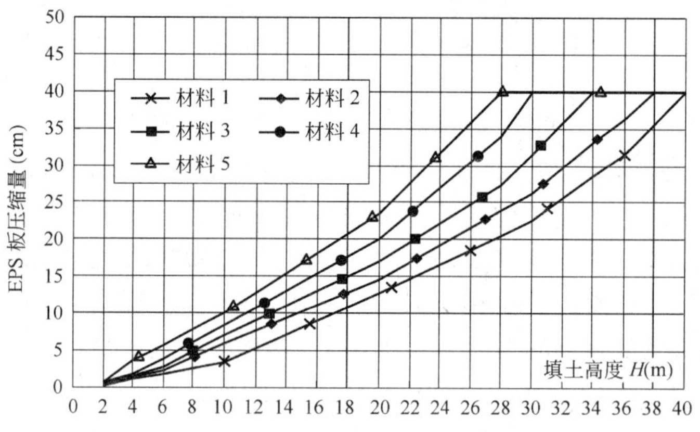

图 6-22 不同密度的 EPS 板 Δh^*—H 的曲线

综上所述,EPS 板厚度相同,改变其材料特性,所得到的减荷效果存在较大差别。在填土初期,密度较小的 EPS 由于其弹性模量、初始屈服应力都较小,在填土荷载下,材料很快进入屈服阶段,产生较大塑性变形,此时达到其最佳减荷效果;而随着填土高度 H 继续增大,材料塑性变形很快完成,即其压缩量接近其自身厚度,此时材料已无法再提供起到变形协调作用的压缩量,即材料开始失去其减荷作用。而密度较大的 EPS,由于其初始屈服应力较大,在填土初期,材料处于弹性变形阶段,其压缩变形量较小,此时,减荷效果并不突出;随着填土高度 H 增大,在填土荷载作用下,材料进入塑性应变阶段,开始产生塑性变形,此时,其减荷效果开始凸显出来。因此,对于填土高度较大的涵洞,密度大的 EPS 板取得的减荷效果优于密度小的 EPS 材料;而填土高度较小的涵洞,密度小的 EPS 板取得的减荷效果则优于密度大的 EPS 材料。

6.4.4　EPS板材铺设范围的影响分析

EPS板铺设范围对于减荷效果也有一定影响，仍以拱涵为例，填土高度$H=40m$，EPS厚度为0.6m，通过改变EPS铺设宽度，计算讨论其对涵洞减荷效果的影响作用。

计算得到铺设不同宽度EPS板时涵顶处土压力集中系数K_s，如图6-23所示。

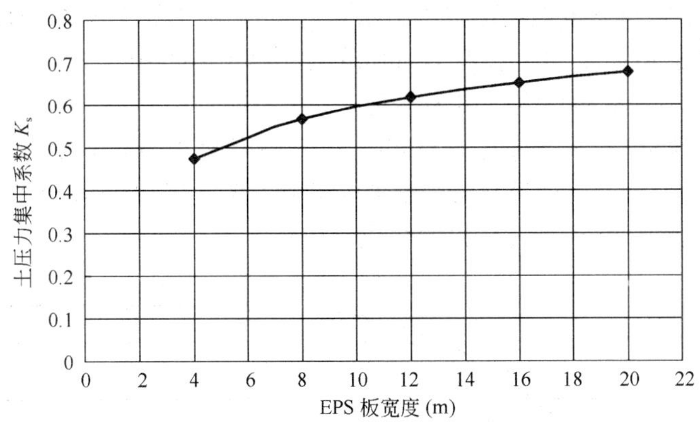

图6-23　EPS不同铺设范围下的K_s

计算结果表明，随着EPS铺设范围的增大，涵顶处土压力集中系数K_s逐渐增大。在填土高度$H=40m$时，EPS铺设范围为4m(约0.5倍涵洞宽度)时涵顶土压力集中系数K_s为0.47，而EPS铺设范围为20m(约2.5倍涵洞宽度)时涵顶土压力集中系数K_s为0.68，增大了约45%。

计算得到铺设不同宽度EPS板时紧邻涵顶处土层中土压力分布情况，如图6-24所示。

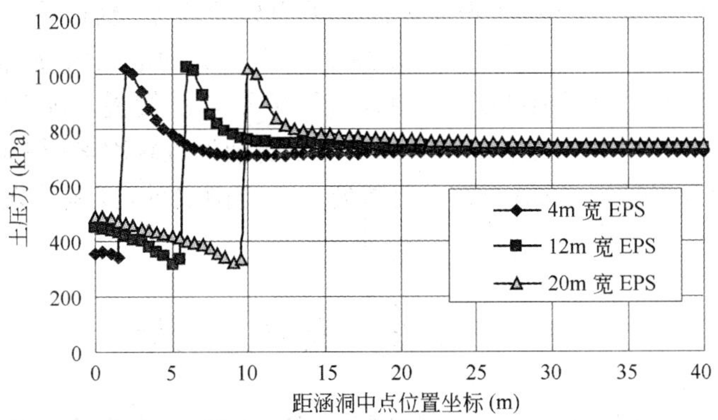

图6-24　EPS不同铺设范围下涵顶土层中土压力分布

从图 6-24 看出，仅在 EPS 板铺设范围内土层中土压力减小，而在 EPS 范围外土层中垂直土压力在紧邻 EPS 板处最大，随着远离涵洞距离增大，土压力值逐渐减小，并趋于稳定值(即其上填土自重)。铺设范围大的 EPS 板下涵顶处垂直土压力也较大，即减荷效果较弱，但其取得的减荷范围较大；铺设范围小的 EPS 板下涵顶处垂直土压力也较小，即减荷效果较好，但其取得的减荷范围较小。实际上，EPS 板铺设范围宜取为涵洞宽度范围，即可取得良好的减荷效果，又不会造成工程上的浪费；而 EPS 板铺设范围小于涵洞宽度时，涵顶处土压力分布极不均匀，其范围内涵顶处承担的土压力较小，而其范围外涵顶将承担远大于其上填土自重的土压力，这对于涵洞整体受力极为不利。

仍以拱涵为例，填土高度 $H=40$m，EPS 厚度为 0.5m，宽度为 8 m，通过改变 EPS 铺设位置，讨论其对涵洞减荷效果的影响。图 6-25 为计算得到的涵顶土压力集中系数 K_s 随 EPS 板铺设位置的变化曲线。

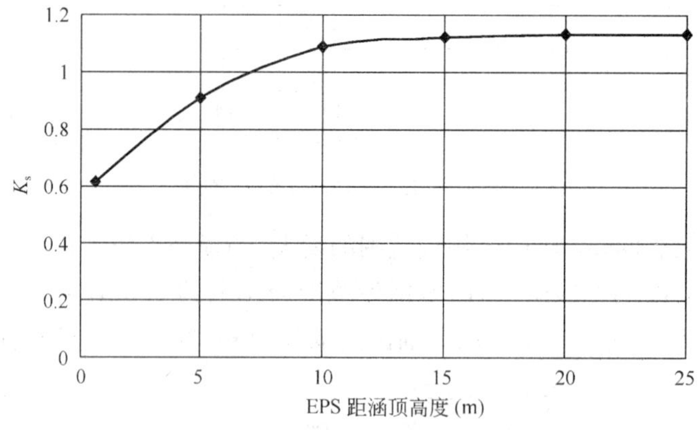

图 6-25 K_s—EPS 板铺设位置变化曲线

结果表明，随着 EPS 板铺设位置距涵顶距离的增大，涵顶处土压力集中系数逐渐增大。当 EPS 铺设位置在距涵顶高度小于 10m 的范围内，K_s 值增长较快；而当 EPS 铺设位置在距涵顶高度大于 10m 后，K_s 值增长缓慢。即 EPS 铺设位置在距涵顶一定范围内(本例为 10m)，其减荷效果受铺设位置因素影响较大，距涵顶距离越近，减荷效果越突出；而当铺设位置处于此范围之外，其减荷效果基本不受位置因素影响。

6.5 其他减荷措施分析

由以上章节的讨论中可知，涵顶铺设 EPS 柔性填料可以取得极好的减荷效果，土压力集中系数 K_s 可以降低到 0.5 左右。但由于 EPS 材料价格较贵，相应提

高了工程造价，因此，有学者提出在涵顶铺设一定厚度的疏松质土，来起到减荷的作用。

建立其计算模型，讨论虚土对涵顶受力的影响。模型中不考虑地基的作用，即完全刚性地基；虚土铺设范围在距涵顶 0.6m 处，宽度为 5m；选用两种厚度，分别是 5m 和 2m。计算中取用两种虚土，分别是“虚土 1”和“虚土 2”，它们的变形模量 E_0 分别是周围填土变形模量的 1/2 和 3/4。

6.5.1 计算几何模型及计算变形云图

虚土减荷措施的计算几何模型如图 6-26 示，计算变形云图如图 6-27 所示（以 5m 厚度虚土为例）。

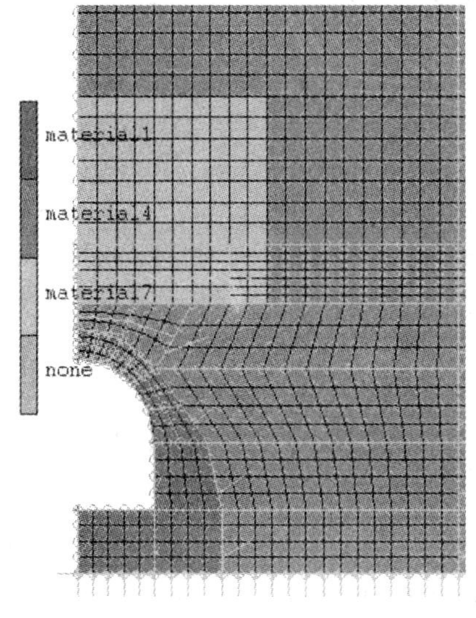

图 6-26 虚土减荷计算几何模型

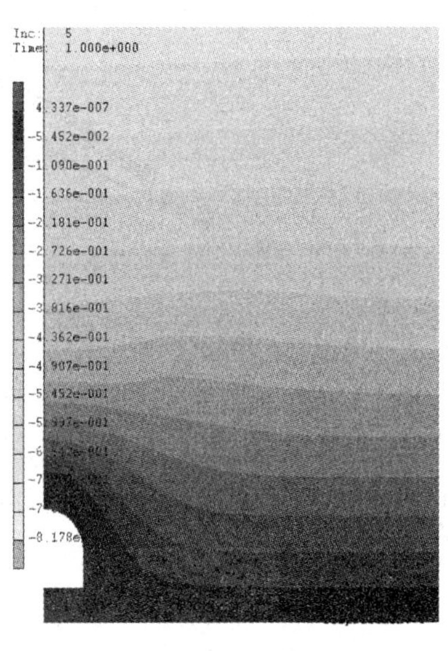

图 6-27 虚土减荷计算变形云图

6.5.2 减荷效果分析

计算得到涵顶铺设虚土后，涵顶中点处的垂直土压力随填土高度 H 的变化曲线和涵顶中点处的垂直土压力集中系数 K_s 随填土高度 H 的变化曲线，如图 6-28 和图 6-29 所示。

计算表明，在涵顶一定范围内填筑虚土，可以取得一定减荷效果。从图 6-28 看出，虚土减荷措施下涵顶处垂直土压力均小于未减荷情况下的土压力。厚度分别为 5m 和 2m 的“虚土 2”的减荷效果始终不明显，土压力减小幅度较小。当填土

高度 H=40m 时，与未减荷情况相比，5m 厚度“虚土 2”涵顶处土压力减小了 47.3kPa，减小了约 4.6%；而厚度为 2m 的“虚土 2”涵顶处土压力减小了 22.4kPa，仅减少了约 2.2%。虚土 1 的减荷效果较优于“虚土 2”。当填土高度 H=40m 时，与未减荷情况相比，5m 厚“虚土 1”涵顶处土压力减小了 179.2kPa，减小了约 17.4%；2m 厚“虚土 1”涵顶处土压力减小了 89.5kPa，减少了约 8.7%。但虚土减荷措施下涵顶处的垂直土压力均大于填土自重。

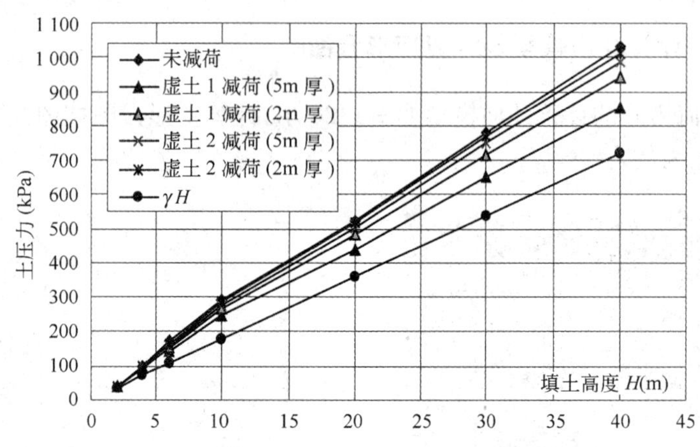

图 6-28　虚土减荷措施下涵顶垂直土压力-H 曲线

虚土减荷措施下涵顶处 K_s—H 曲线与未减荷情况下的 K_s—H 曲线规律一致。从图 6-29 看出，虚土减荷措施下涵顶处 K_s 在填土初期随着填土高度 H 的增大而增大，而后则随着填土高度 H 增大逐渐降低。K_s 值均大于 1。

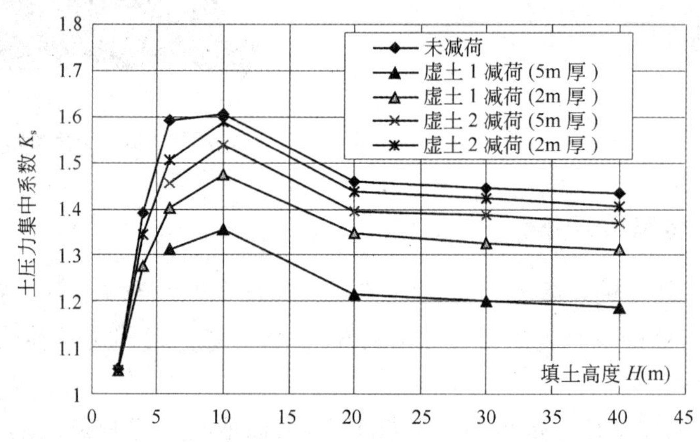

图 6-29　虚土减荷措施下涵顶处 K_s—H 曲线

6.5.3 涵顶填土土层中土压力与沉降

以 5m 厚"虚土 2"减荷计算为例，计算得到虚土减荷措施下距涵顶 0.6m 处（虚土下）土层和距涵顶 5.6m 处土层（虚土上）沉降变形曲线，如图 6-30 所示。

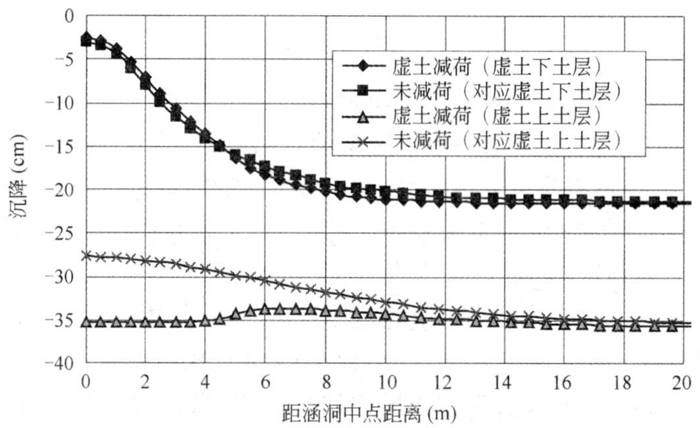

图 6-30 虚土减荷措施下涵顶上土层沉降

虚土下土层中沉降变形量与变形趋势与未减荷的情况基本一致，涵洞范围内土层沉降量小于涵洞范围外土层中沉降，土层沉降变形呈上凸性。虚土上土层中沉降变形趋势与未减荷的情况有一定区别，未减荷情况下，土层的沉降依然呈上凸性，而虚土减荷措施下，虚土上土层中沉降出现下凹性，即涵洞范围内土层中沉降量大于涵洞范围外土层中沉降量。由于虚土变形模量较小，涵洞范围内土层沉降量主要由虚土的沉降变形产生。

计算得到距涵顶 0.6m 处土层中的土压力分布，如图 6-31 所示。

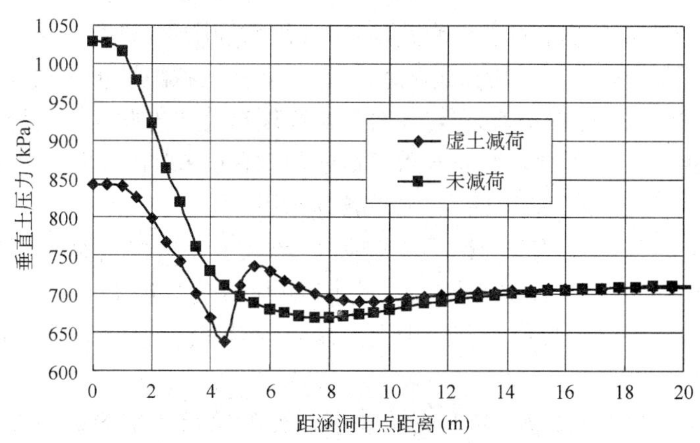

图 6-31 虚土减荷措施下涵顶处土层土压力

与未减荷情况相比，涵洞范围内土压力减小，相应的，紧邻涵洞外侧土层中的土压力则增大。随着距涵洞距离的增大，土层中土压力逐渐减小，并趋于稳定值，即其上填土自重。虚土减荷措施从一定程度上缓解了涵顶上土层中的土压力分布不均匀性。

6.5.4 小结

通过以上章节的计算讨论可以看出，在涵顶范围内铺设疏松质土可以取得一定减荷效果。其减荷效果主要由虚土变形模量与填土变形模量的比值以及虚土铺设厚度决定。虚土变形模量与填土变形模量的比值越小，铺设厚度越大，其减荷效果越突出。虚土减荷措施下，计算得到最小土压力集中系数 K_s 约为 1.2，与未减荷情况下的 1.43 相比，减小了约 17%。

在实际工程中，虚土变形模量变化范围有限，很难将虚土变形模量与填土变形模量比值取得很小，而虚土变形模量如果与填土变形模量相差不大，其减荷效果微弱。另外，虚土厚度铺设厚度受限。虽然厚度越大，减荷效果越好，但从路堤整体稳定性和沉降变形考虑，厚度过大，在一定程度上会降低路堤稳定性，并造成填土路堤表面的不均匀沉降，设计和施工部门都很难接受。因此，虚土减荷在实际实行与操作过程中，都存在一定的困难。

6.6 小　　结

通过以上章节的计算讨论和分析，可以得到以下几个主要结论。

(1)分析表明，在涵顶铺设一定厚度的柔性填料(EPS 板)，可以取得较好的减荷作用(计算中得到的土压力集中系数 K_s 可达到 0.5 左右)。由于柔性填料变形模量远远小于其两侧填土的变形模量，在填土荷载作用下，将会产生较大的塑性应变，且远大于其周围填土土层的沉降变形，紧邻柔性填料的填土土层在变形协调作用下，也随之出现较大的沉降变形，且大于柔性填料范围外的土层沉降变形量。即涵顶内土柱相对于外土柱产生向下滑动的趋势，外土柱对内土柱产生向上的摩阻力，减小了作用在涵顶上的土压力，发挥减荷作用。

(2)涵顶范围内的土压力减小了，相应的，增大了作用在涵侧填土中的土压力。对于涵洞基础而言，由于涵顶土压力的减小，涵洞垫层下地基土中的沉降减小，而垫层外侧地基土中的沉降值则相应增大。这在一定程度上减弱了涵洞地基中的不均匀沉降现象。

(3)柔性填料的厚度和材料的变形特性是影响减荷效果的最主要因素。对于同种柔性填料，其厚度的选取应与填土高度 H 相匹配。厚度过小，在填土完成之前，其压缩变形就已完成，无法再产生沉降变形，而在填土后期，其减荷效果将会减弱，达不到其最佳减荷效果。当柔性填料的厚度达到某一程度时，继续增加其厚度，减荷效果不会有太大增加，反而会造成工程上的浪费。当柔性填料的厚度相当时，对于填土高度较大的涵洞，密度大的 EPS 板取得的减荷效果优于密度小的 EPS 材料；而填土高度较小的涵洞，密度小的 EPS 板取得的减荷效果则优于密度大的 EPS 材料。

总之，柔性填料(EPS)的厚度和种类的选取应与填土高度 H 相匹配。使得在整个填土过程中，柔性填料始终在产生压缩变形量，对其周围填土产生变形协调作用，发挥其减荷作用，且柔性填料(EPS)铺设范围以涵洞宽度范围为最佳。

(4)在涵顶填筑虚土也可以取得一定的减荷作用，其减荷效果主要由虚土变形模量与填土变形模量的比值以及虚土铺设厚度决定。由于虚土变形模量的变化范围有限，填筑厚度受限，其做法在实际操作中存在一定的困难。

第七章　涵洞工程的实体试验研究

7.1　概　　述

由于涵洞埋置在土中，它与其周围填土、地基共同作用，构成一个变形、受力相互协调，彼此间相互关联、相互影响的统一结构体系，土体变形与受力特性与涵洞受力特性相互影响。例如前面的分析表明涵顶填土中有应力集中现象存在。若在涵顶铺设一定规模的柔性材料，则可改变涵周土压力的分布状况，取得良好的减荷效果。

实体工程的现场试验具有探讨未知因素和验证分析结论的双重作用，现选取代表性的4个涵洞进行大型现场测试试验。测试内容包括：涵洞洞顶纵向土压力测试，涵洞横断面全断面土压力测试，涵洞下地基土沿涵洞纵向的压力测试；涵顶纵向沉降测试，涵洞下地基土沿涵洞纵向的沉降测试；不同减荷措施下涵洞的受力测试、涵顶土层沉降变形测试及涵洞下地基土受力与沉降变形测试等。测试段涵洞涵顶填土最高达到40m以上，最大的涵洞测试断面共埋设压力盒298个，沉降测试元件138个。通过大型的现场测试，研究涵洞的受力特性、涵洞周围填土受力与变形特性、地基土中受力与变形特性；研究减荷措施对涵洞受力影响、对涵顶填土受力与变形影响、对地基土受力与变形影响。

7.2　实体工程(一)的试验研究

7.2.1　工程概况

某高速公路路线所经地区属温带半干旱气候，干燥少雨，日温差大，冬季较长，四季分明。年平均气温9.1℃，年平均降水量327.7mm，而蒸发量高达1 500mm左右。最大冻土深度103cm，最大风速17.0m/s。雨季多集中在夏末秋初，公路自然区划中属干湿过渡区。

涵洞所处路段位于黄河IV级阶地冲沟底部，由于地势低洼，因上游排放污水和大气降水，形成一个水池，水深2m左右。据此段钻探资料表明，该工点岩性上

图 7-1 涵洞布设地形示意图

部为长期积水造成的软土层，多呈软塑～流塑状，层厚 4.5～5.4m，土质不均，以新近堆积黄土为主，夹有少量圆砾、卵石和岩块，以下则为紫红色泥岩，为良好的地基持力层。涵洞布设地形示意图如图 7-1 所示。涵洞布设地形俯瞰图如图 7-2 所示。

图 7-2　涵洞布设地形俯瞰图

工程(一)涵洞为钢筋混凝土拱涵，全长 212m，划分为 37 节。内部净高 2.15m，宽2m，涵洞底板厚 1.2m，其下有 3m 厚水稳层。路堤局部填土达十几米后，涵洞开始修筑，具体施工工艺为：首先在水稳层以下以涵洞轴线为中线，两侧各强夯 12.5m；然后开始填土 3m；再反开挖水稳层，宽度 12m；修筑完成后，做涵洞底板、台身和拱圈。涵洞断面设计图如图 7-3 所示。

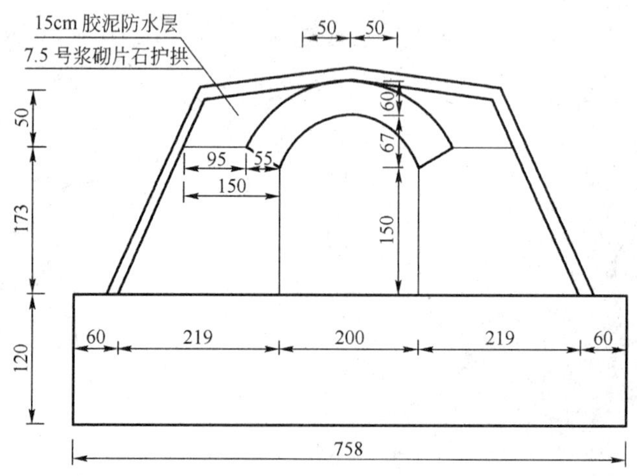

图 7-3　涵洞断面设计图(单位：cm)

7.2.2 测试总体方案

测试主要包括两方面内容：首先是测试涵土受力与变形特性，在涵洞填土较高段选取若干典型断面，布设压力盒，测试涵洞全断面土压力分布；在涵洞水稳层底部土中，沿涵洞轴线方向，以及在涵洞横断面方向选取若干断面埋设压力盒，测试涵洞地基土中的受力特性；在涵顶填土中，沿涵洞轴线方向，以及在涵洞横断面方向选取若干断面，布设压力盒与沉降元件，测试涵顶受力以及填土中的受力与变形特性。

另外，进行涵洞减荷措施现场测试。主要措施有：在涵顶一定范围内铺设不同厚度的 EPS 板；在涵顶一定范围内通过控制压实度在 80%～85%之间，换填低密度填土。测试 EPS 板压缩变形量随填土高度 H 变化情况；减荷措施情况下，涵洞结构受力特性；紧邻 EPS 板上及虚土上填土中受力与变形特性。

7.2.3 测试元件布设

选取涵洞水稳层下沿涵洞轴线方向及水稳层下四个典型监控横断面（断面 I、II、III、IV）进行土压力和沉降变形测试；选取五个涵洞横断面（断面 I、II、III、IV、V）进行全断面土压力测试，其中 I、II、III、IV 四个断面埋设位置对应水稳层下四个断面；对涵洞洞顶、EPS 板及虚土下四个横断面（断面 I、II、III、IV、V）进行压力和沉降变形测试；对 EPS 板上 1m 处两个断面（断面 I、II）进行土压力和沉降变形测试，对应水稳层下断面 I 和断面 II 的测试位置。

另外，对 EPS 板随填土高度的压缩变形量进行测试；沿涵洞内壁顶部进行沉降变形测试。

测试元件的具体布设示于图 7-4、图 7-5 及图 7-6 中。其中图 7-4 为工程（一）涵洞全局布设图；图 7-5 为涵洞顶部断面与 EPS 板埋设位置；图 7-6 为涵洞全断面土压力与沉降变形测试布设图。

7.2.4 测试成果分析

本次测试从测试方案设计到元件布设，直至后期观测，历时一年半时间。

1. 涵顶沿涵洞轴向土压力

测试得到涵顶处沿涵洞轴向土压力分布图，如图 7-7 所示。

2. 涵洞底部各断面沉降与土压力

测试得到涵洞底部 I-I 断面沉降分布图 7-8 和土压力分布图 7-9。（图中位置 0m 对应涵洞中点，水稳层范围为－6m～＋6m）

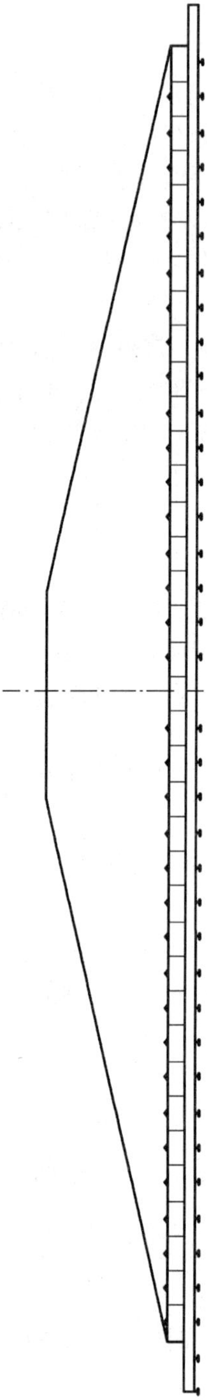

图7-4　工程(一)涵洞全局布设图

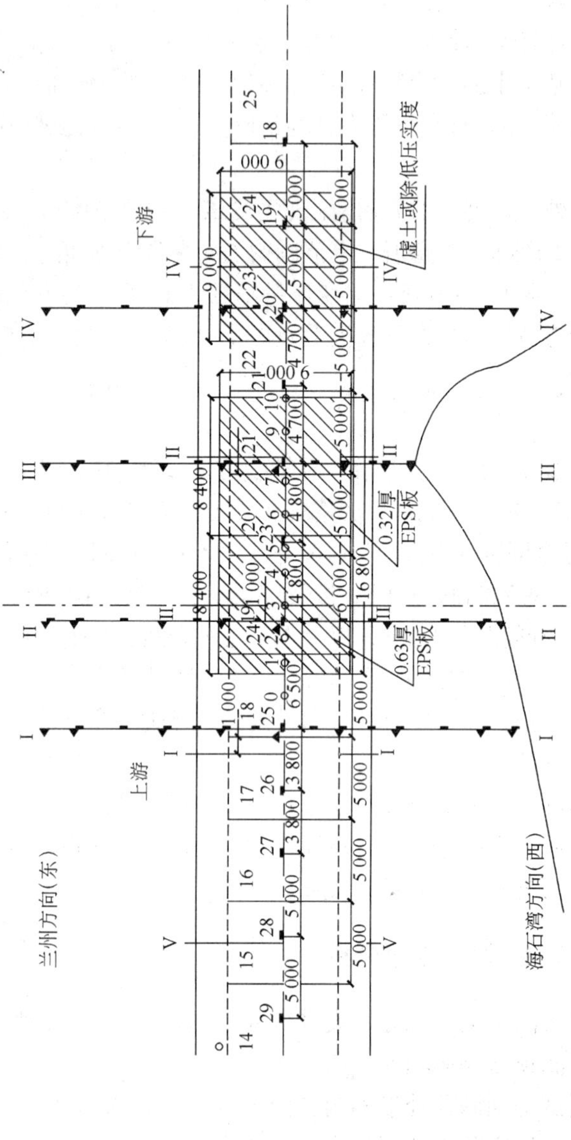

图7-5　工程(一)涵洞各断面及减荷布设图

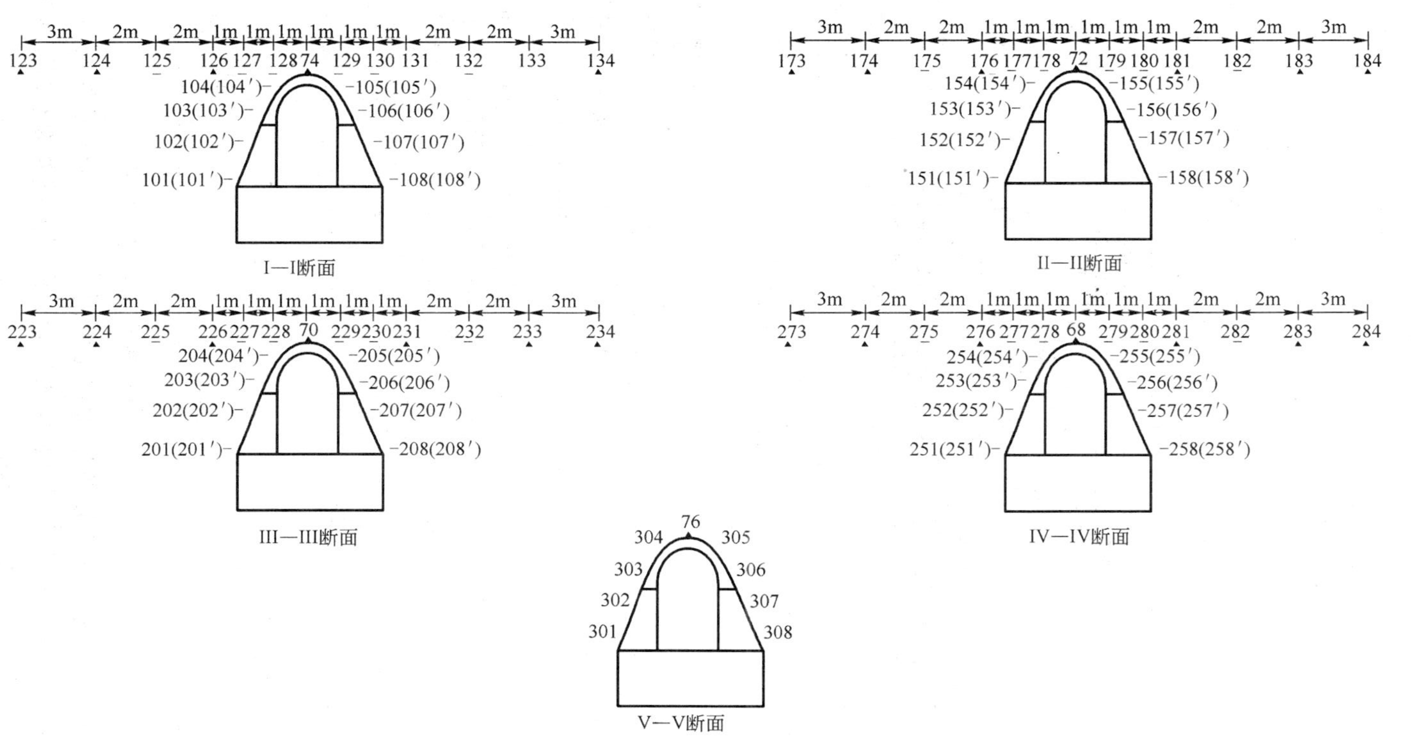

图7-6 涵洞全断面土压力与沉降变形测试布设图

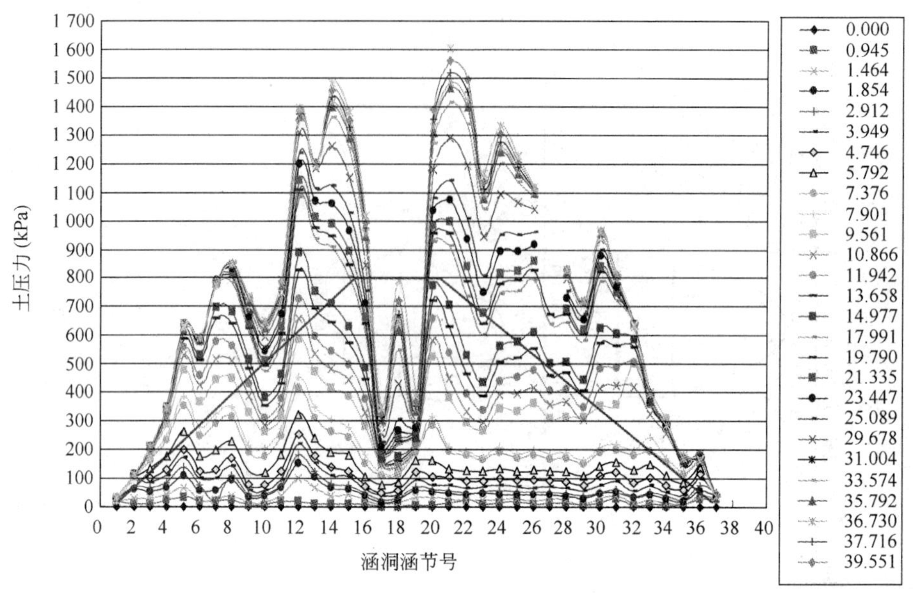

图 7-7　工程(一)涵顶轴向土压力

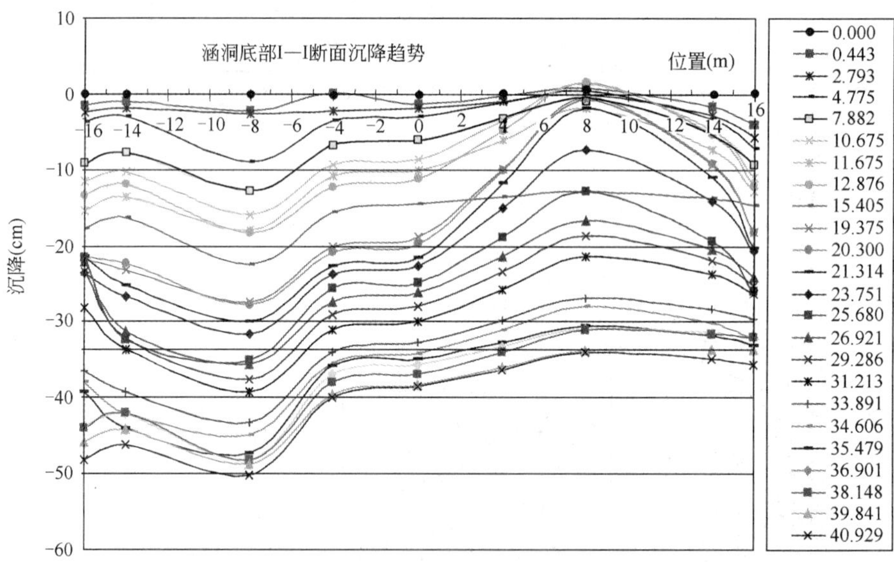

图 7-8　工程(一)涵洞底部 I—I 断面(未减荷处理)沉降

从断面整体受力和沉降趋势来看,涵洞范围内(−4～+4m 范围)土压力值大于涵洞范围外土压力值,与有限元分析结果一致。由于测试断面右侧紧邻原始山脊,受地形影响,断面沉降在左侧偏大。

测试得到涵洞底部 II—II 断面(0.63mEPS 板减荷段)沉降分布图 7-10 和土压力分布图 7-11。

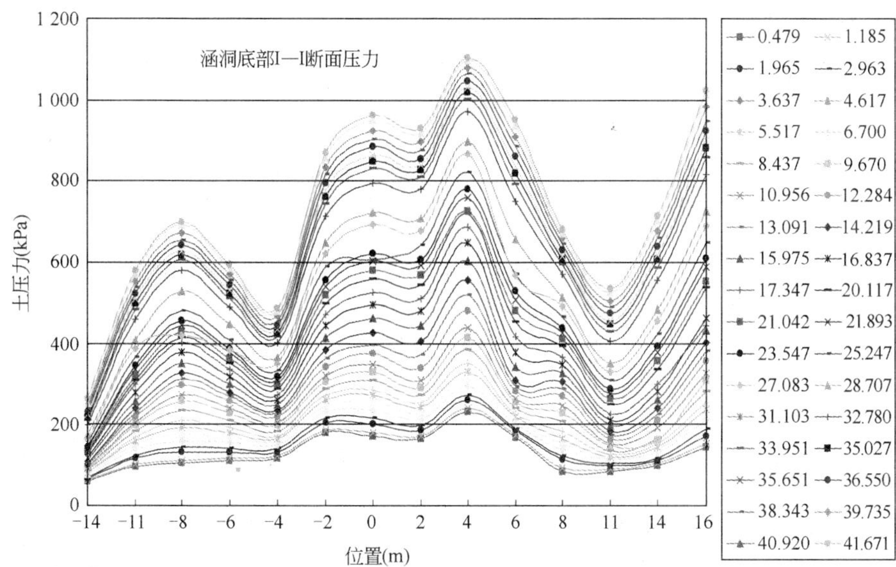

图 7-9 工程(一)涵洞底部 I—I 断面(未减荷处理)土压力

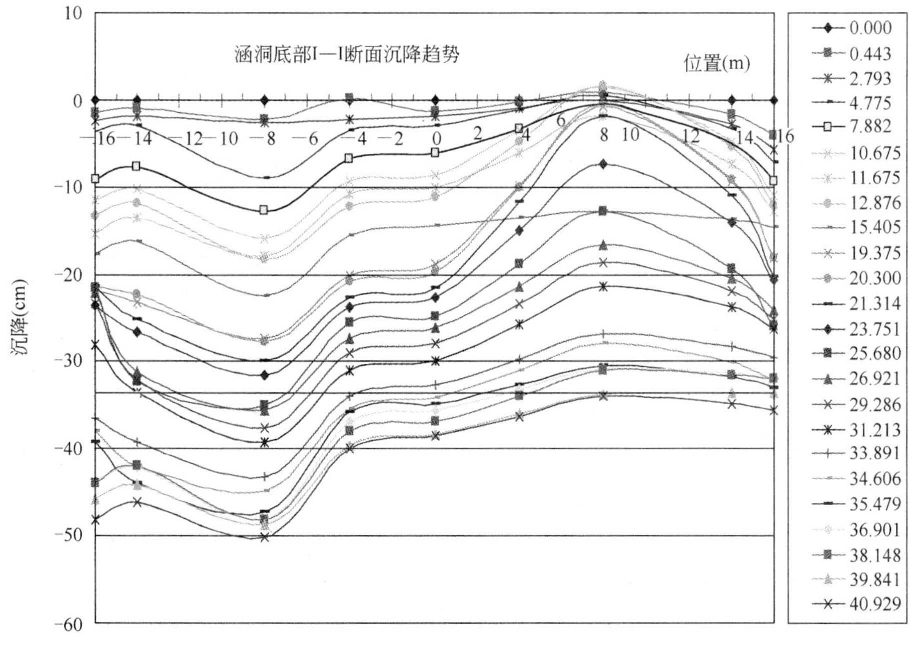

图 7-10 工程(一)涵洞底部 II—II 断面(0.63mEPS 板减荷段)沉降

从土压力整体分布情况来看，涵洞范围内各测点土压力明显小于涵洞范围外各测点土压力。当土压力在位置为－11m 和＋11m 处出现峰值后，土压力值随着距涵洞位置的增大开始降低。

测试得到涵洞底部 IV—IV 断面沉降分布图 7-12 和土压力分布图 7-13。

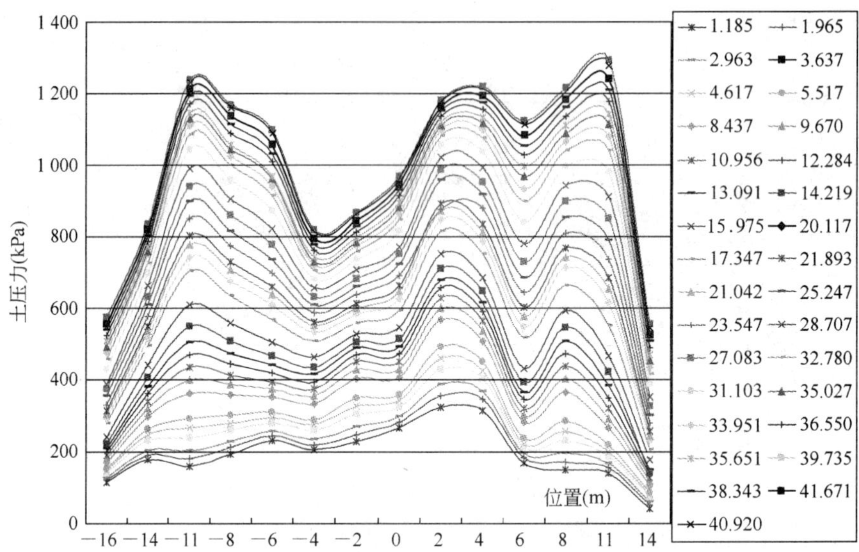

图 7-11 工程(一)涵洞底部 II—II 断面(0.63mEPS 板减荷段)土压力

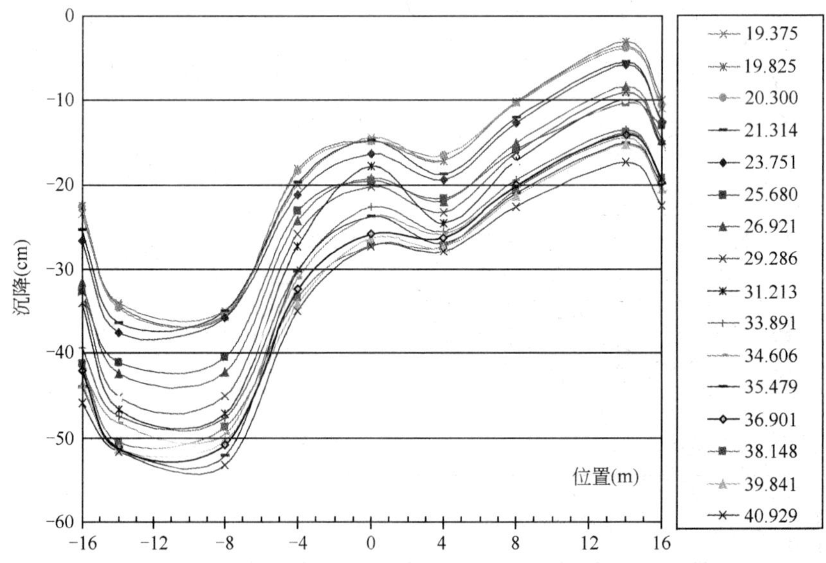

图 7-12 工程(一)涵洞底部 IV—IV 断面(虚土减荷段)沉降

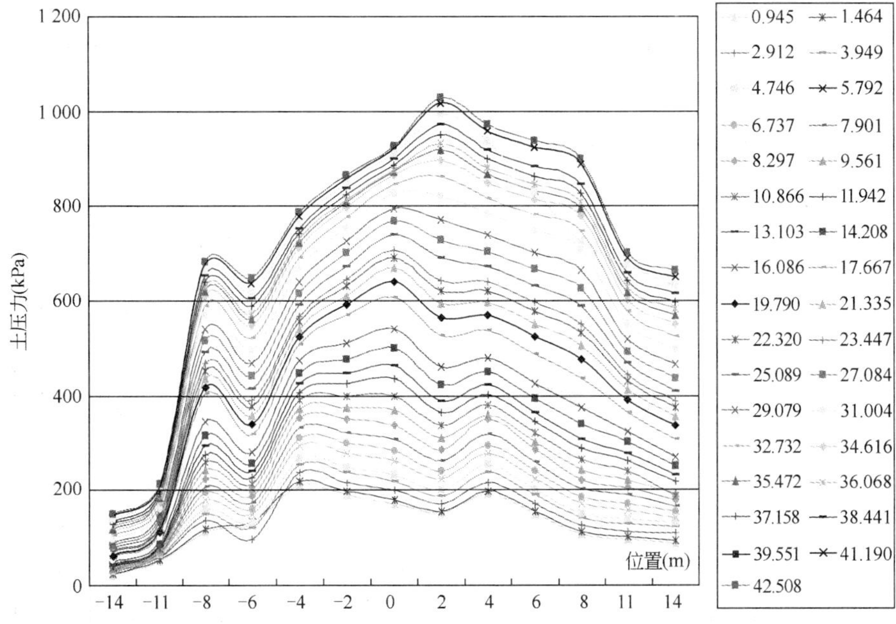

图 7-13 工程(一)涵洞底部 IV—IV 断面(虚土减荷段)土压力

IV—IV 断面土压力值在涵洞范围内各测点明显大于涵洞范围外各测点土压力,其规律与未减荷 I—I 断面测试结果一致。

从涵底各断面土压力整体分布来看,I—I 断面和 IV—IV 断面在涵洞范围内土压力值大于涵洞范围外的土压力值,而 II—II 断面和 III—III 断面在涵洞范围内土压力值则小于涵洞范围外的土压力值,其基本规律如图 7-14 所示。未减荷下涵底土压力分布规律与有限元分析结果一致,即涵洞范围内土压力均布力大于涵洞范围外土压力均布力(图 4-26)。

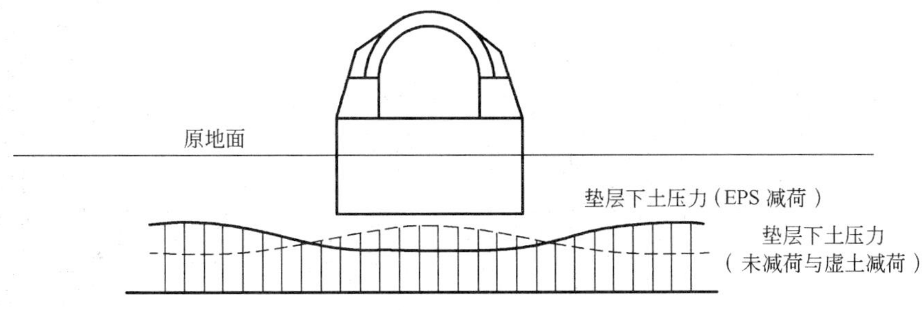

图 7-14 实测涵底土压力分布

涵底断面沉降主要受地形影响,由于涵底断面右侧紧邻原始山脊,因此断面沉降在右侧较小,左侧偏大,沉降曲线与断面下原始地面线一致。

3. 涵洞顶部各断面沉降与土压力

测试得到涵洞顶部距涵顶 0.6m 处 I—I 断面(未减荷处理)沉降分布图和土压力分布图,如图 7-15 和图 7-16 所示。(位置 0m 对应涵顶中点,涵洞范围为 −3～+3m。)

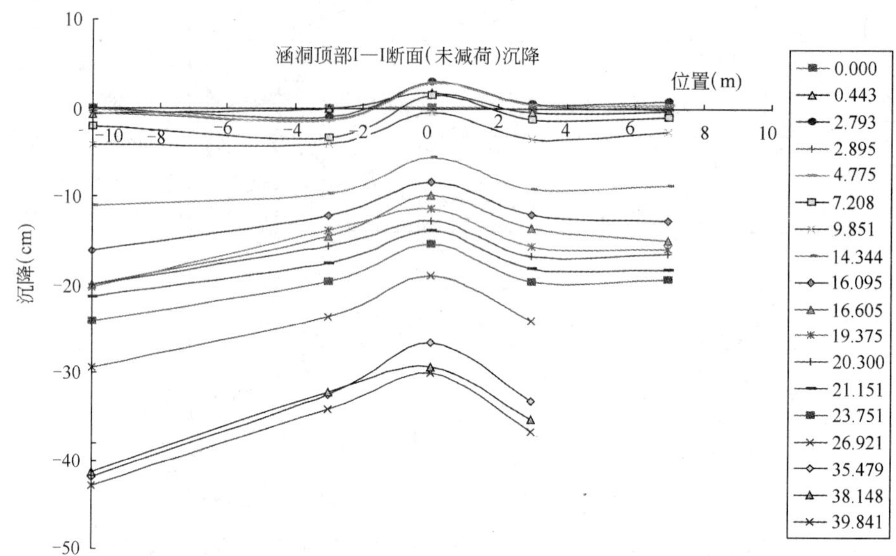

图 7-15 工程(一)涵洞顶部 I—I 断面(未减荷处理)沉降

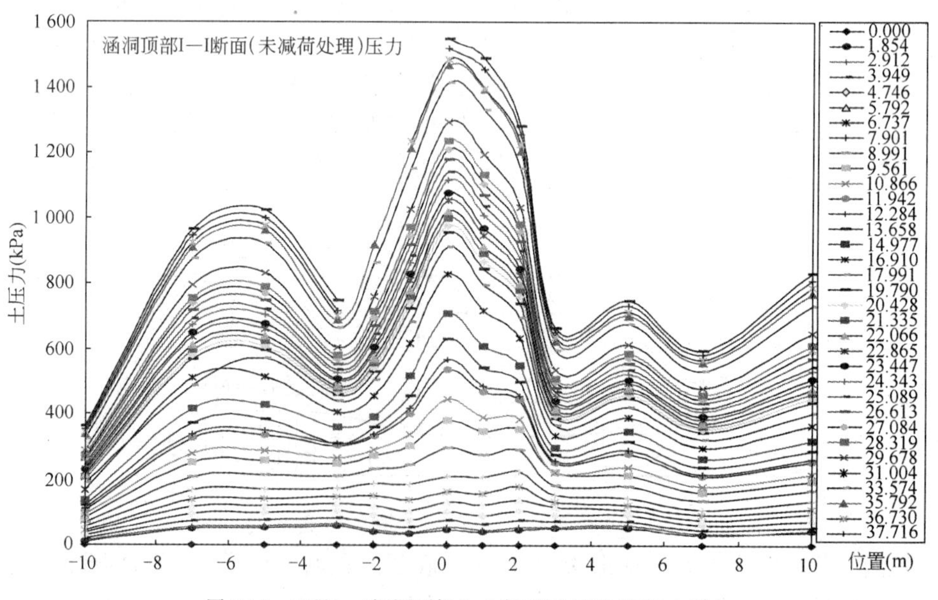

图 7-16 工程(一)涵洞顶部 I—I 断面(未减荷处理)土压力

I—I断面涵顶范围内沉降远远小于涵洞范围外沉降，在填土高度为39.8m时，涵顶土层内外沉降差达到约10cm(0m测点与－10m测点的沉降差)。涵顶最小的沉降测试点发生在0m测点，即涵顶中点处。涵顶土层沉降呈现典型的上凸性，与有限元计算结果一致。由于涵洞断面右侧紧邻原始山脊，断面右侧各测点沉降偏小。

涵顶中点处出现较大应力集中，而紧邻涵洞的－3m和＋3m处测点的土压力值则较小，其测试结果与有限元分析结果一致。

测试得到涵洞顶部距涵顶0.6m处II—II断面(0.63m EPS板下)沉降分布图7-17和土压力分布图7-18，EPS板上II′—II′断面沉降图7-19。

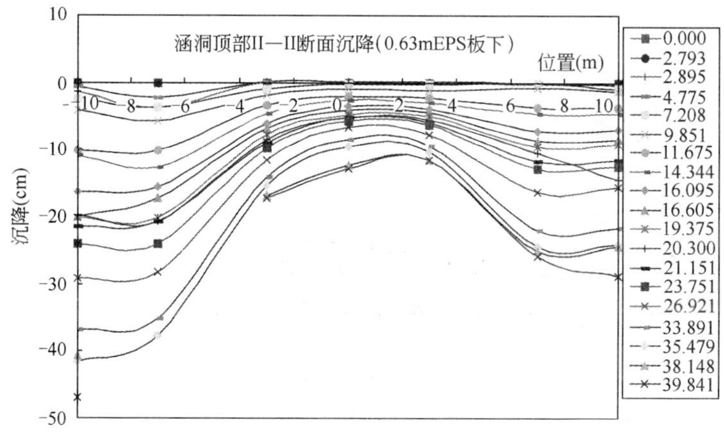

图7-17 工程(一)涵洞顶部II—II断面(0.63mEPS板下)沉降

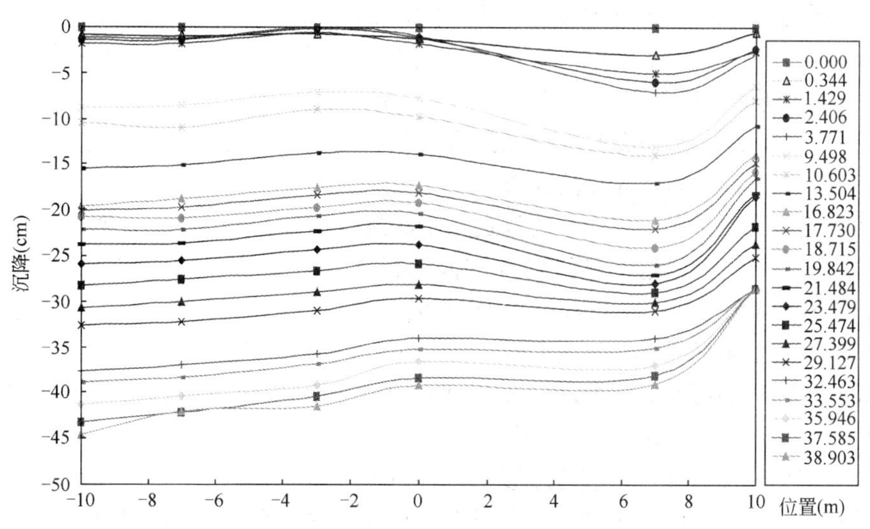

图7-18 工程(一)涵洞顶部0.63mEPS板上II′—II′断面土压力

涵顶 0.63m EPS 板下 II—II 断面土层沉降曲线也呈现上凸性，涵顶中点处的沉降量较小，填土完成后，沉降约为 14cm，而涵洞外侧（－10m 测点）沉降达到近 42cm，土层的内外沉降差达到 28cm。同样由于地形因素，断面右侧沉降偏小。

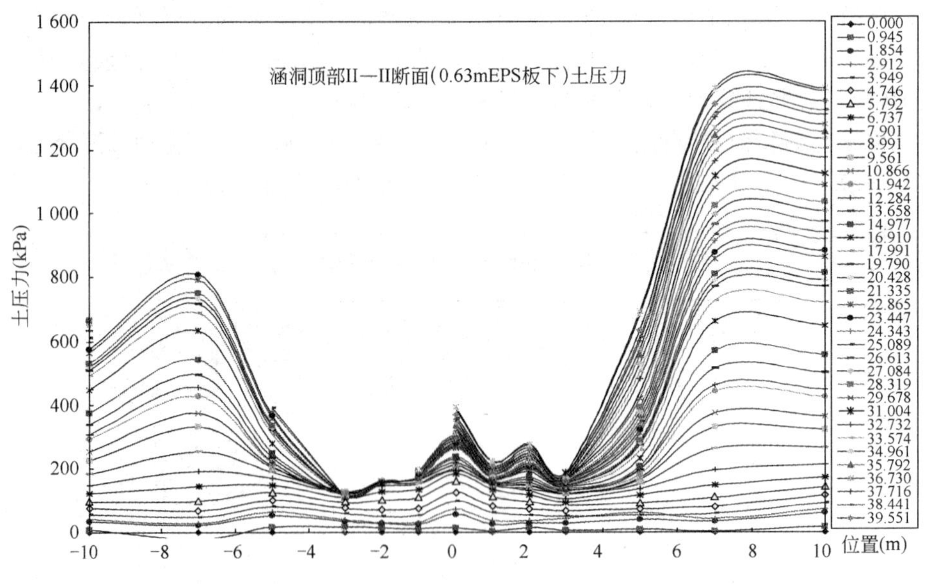

图 7-19　工程(一)涵洞顶部 II—II 断面(0.63mEPS 板下)土压力

涵顶 EPS 板上 II′—II′断面在涵洞两侧（－10m 和＋10m 测点）沉降值与 EPS 板下 II—II 断面相同测点的沉降值基本接近；但在涵洞范围内各测点（－3m 和 0m 测点）EPS 板上测点沉降值则大于 EPS 板下相同测点的沉降值。当填土高度为 38.9m 时，涵顶 EPS 板上 II′—II′涵顶中点处沉降值为 39cm，而涵顶 0.63mEPS 板下 II—II 断面涵顶中点处的沉降为 14cm，相差了 25cm。即柔性填料层的铺设改变了其上填土土层中沉降变形趋势，增大了涵顶范围内土体沉降，通过土体间变形协调作用，从而改善涵顶受力状况。

测试表明，涵顶范围内土压力远远小于涵洞范围外各测点的土压力值，与有限元分析结果一致。在填土高度为 40m 时，涵洞范围内（位置－3～＋3m）土压力最大值仅为 400kPa，远小于未减荷处理的 I—I 断面涵顶处土压力值（约为 1 600kPa）。而涵洞范围外测点土压力则出现一定的应力集中现象。

测试得到涵洞顶部距涵顶 0.6m 处 IV—IV 断面（虚土下）沉降分布图和土压力分布图，如图 7-20 和图 7-21 所示。

IV—IV 断面右侧受沟坡地形影响，沉降偏小。从其整体变形来看，断面沉降依然呈现一定上凸性，涵顶中点处沉降小于涵洞范围外侧的测点沉降量，填土高度为 39.8m 时，涵顶土层内外沉降差约为 10cm。

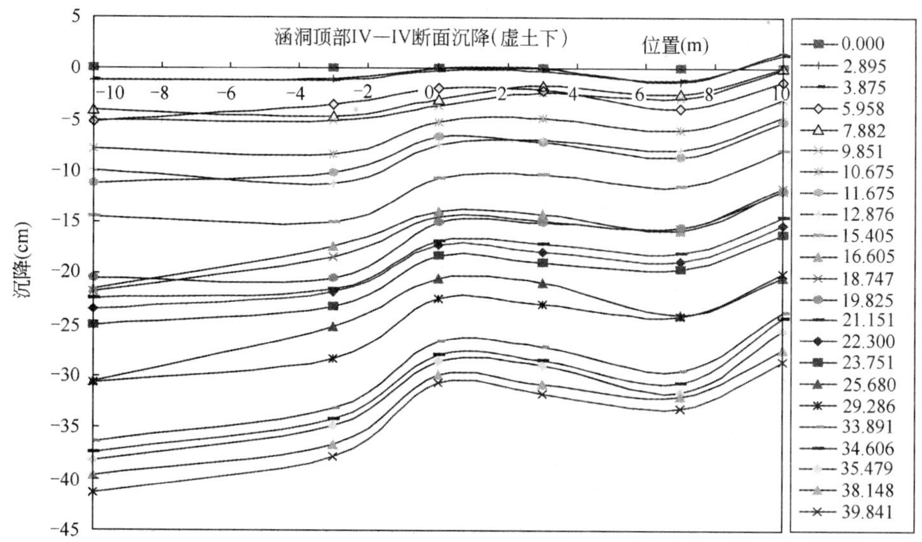

图 7-20　工程(一)涵洞顶部 IV—IV 断面(虚土下)沉降

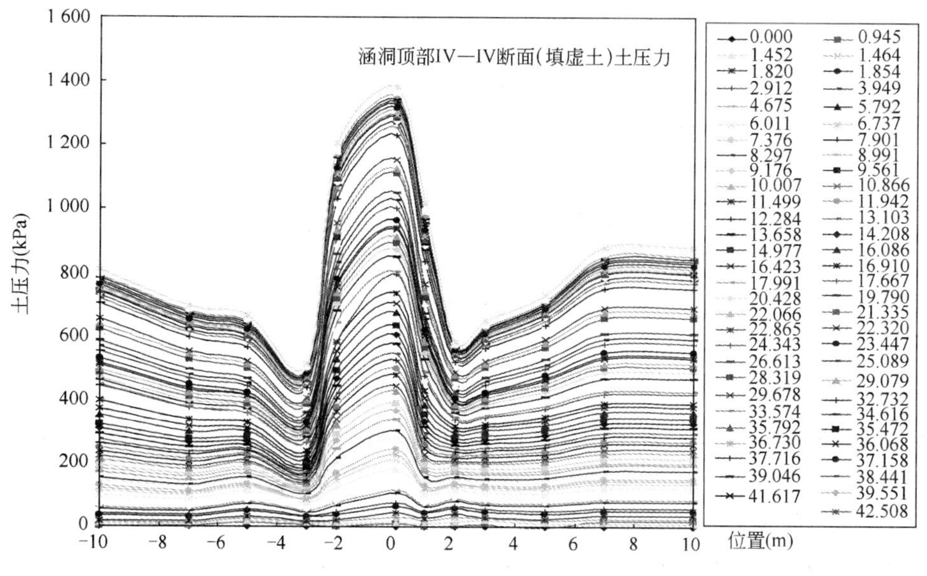

图 7-21　工程(一)涵洞顶部 IV—IV 断面(虚土下)土压力

与 I—I 断面(未减荷)土压力分布相似,IV—IV 断面土压力在涵顶处较大,存在应力集中现象,而紧邻涵洞的－3m 和＋2m 处测点的土压力值则较小,随后,随着距涵顶中点距离的增大,测点的土压力值又逐渐增大。当填土高度相当时,IV—IV 断面涵顶范围内的最大土压力值小于 I—I 断面的土压力值,即虚土对涵顶受力起到了一定的减荷效果。

综上所述，紧邻涵顶，柔性填料层下各断面土层变形均呈现上凸性，涵洞范围内土层沉降较小，涵洞范围外土层沉降量偏大，与 Marston 理论以及有限元计算结果一致。而采取减荷措施后，改变了柔性填料层上部土层中变形特性，增大了涵洞范围内土层沉降，即相应减小了土层内外沉降差(本次测试并未出现土层在涵顶范围内沉降值大于涵顶范围外沉降值的现象)。

未减荷措施下，涵顶处土压力出现应力集中现象，但紧邻涵侧处土压力较小，其涵顶土压力分布规律与本研究项目有限元计算结果一致。而通过在涵顶一定范围内铺设柔性填料，的确取得了良好的减荷效果，但相应引起涵洞范围外土层中的应力集中现象，在一定程度上引起涵顶土压力分布不均匀性，其涵顶土压力分布规律与本研究项目有限元计算结果一致。填筑虚土能够起到一定减荷作用，但其效果有限，此措施下涵洞受力特性与未减荷情况下受力特性基本一致。另测试得到作用在涵洞侧墙上的土压力大约在 0.1～0.4γH 之间，可近似为均匀分布。实测拱形涵洞周围填土土压力分布如图 7-22 所示，其分布规律与有限元计算结果一致(参见图 6-12)。

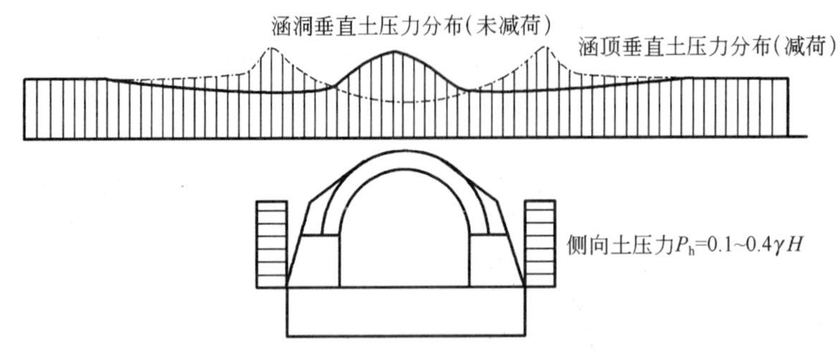

图 7-22　实测拱形涵洞土压力分布

4.涵洞断面土压力分布

测试得到 I—I、II—II、III—III 和 IV—IV 断面土压力分布图，如图 7-23 所示。

当填土高度相当时，采取 EPS 减荷措施的 II—II(0.63m EPS)、III—III(0.32m EPS)断面土压力分布明显小于未进行减荷处理的 I—I 和虚土减荷处理的 IV—IV 断面。整体而言，涵洞周围土压力分布不均，侧墙土压力极小，而涵顶中点处出现不同程度的应力集中。IV—IV 断面在涵洞右侧出现偏载现象，这是由于左侧紧邻原始沟坡，边坡对涵洞受力起到一定的减荷作用，致使其侧的土压力较小，则相应的增大了涵洞另一测的受力。

5.涵洞涵顶处土压力集中系数 K_s

测试得到涵顶处各测试点土压力随填土高度 H 的变化曲线和各测试点土压

力集中系数K_s随填土高度H的变化曲线，如图7-24和图7-25所示。

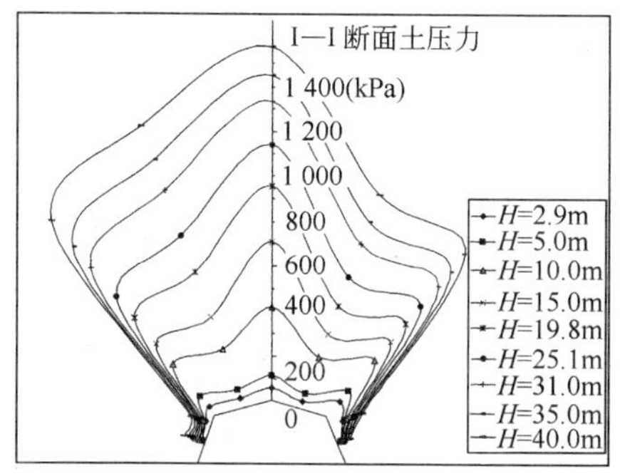

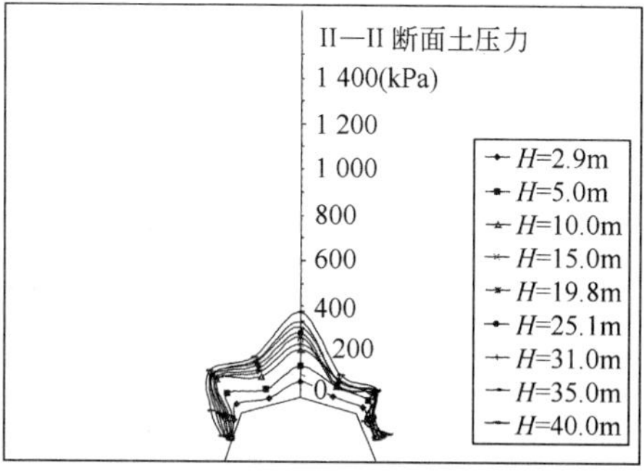

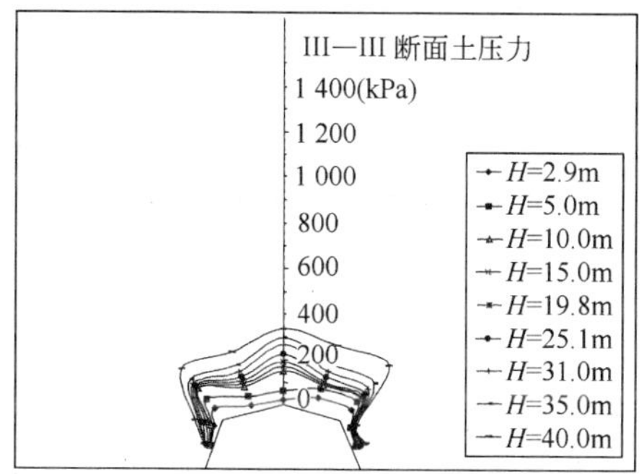

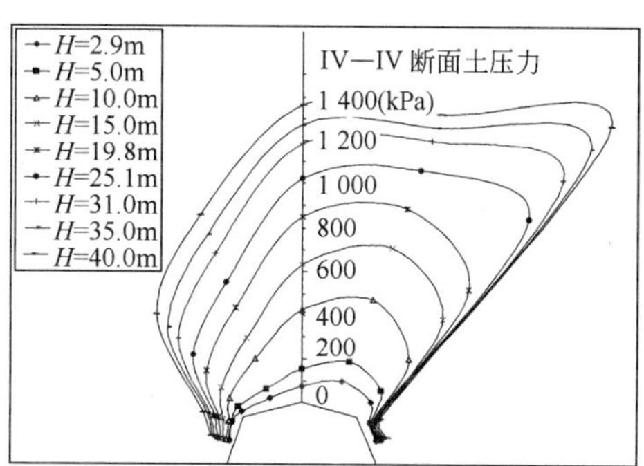

图7-23　工程(一)涵洞各断面土压力分布

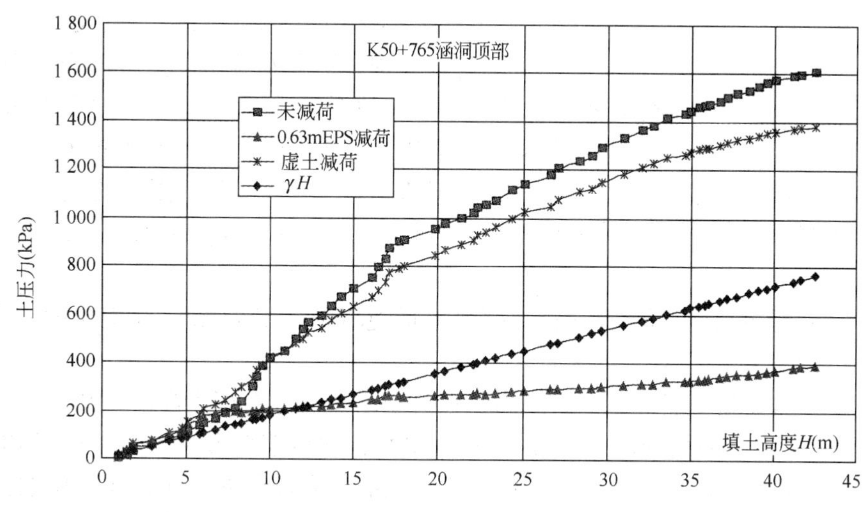

图7-24　工程(一)涵洞土压力-H曲线

图7-24表明，在填土初期($H<5$m)，各测点土压力值与其上填土自重基本一致，相差不大。随着填土高度H增大，未采取减荷措施的测点土压力增长较快，远

远大于填土自重；虚土减荷措施下测点的土压力小于未减荷下测点土压力，但依然大于填土自重。铺设 EPS 板下的各测点在填土高度大于 8m 后，土压力增大趋势缓慢，且远远小于涵顶处的填土自重。

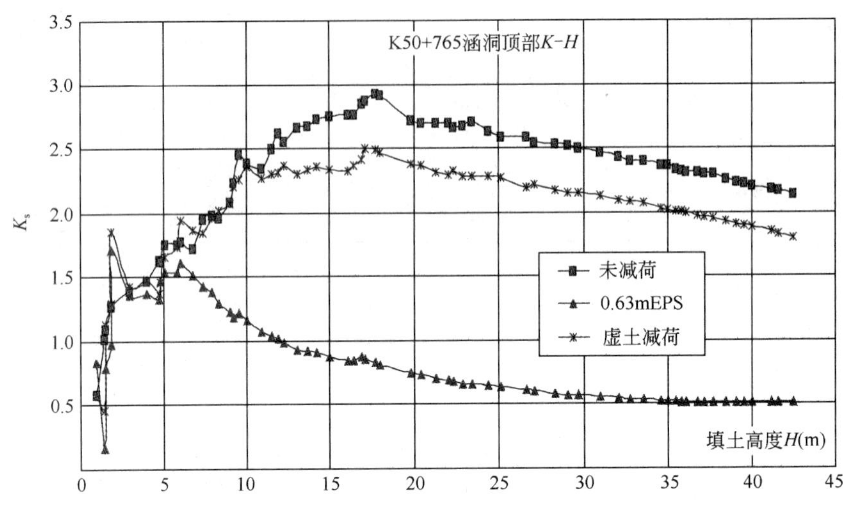

图 7-25　工程(一)涵洞 K_s—H 曲线

图 7-25 表明，由于施工等因素影响，各测点土压力集中系数 K_s 在填土初期出现跳跃，随后则随填土高度增大而趋于稳定。未减荷下测点的 K_s 值大体上随填土高度 H 增大逐渐增大，在 H 达到 18m 时，土压力集中系数 K_s 达到最大值，约为 2.9；随后则随填土高度 H 增大而逐渐降低。虚土减荷措施下测点土压力集中系数 K_s 随填土高度 H 变化的整体规律与未减荷情况下测点规律一致，只是在数值上小于未减荷情况下土压力集中系数。而铺设 0.6m 厚 EPS 板下测点土压力集中系数 K_s 值在填土高度 H=6m 时达到最大值，约为 1.5，随后则随填土高度 H 增大逐渐减小，且 K_s 值在填土高度 H 达到约 37m 后基本趋于稳定值 0.5，不再降低。

测试得到涵顶铺设的 EPS 板压缩变形量随填土高度 H 和时间变化的曲线，如图 7-26 所示。

0.63m 厚 EPS 板和 0.32m 厚 EPS 板的压缩变形量在填土高度大约小于 7m 时增长缓慢，随后则增长较快。0.32m 厚 EPS 板的压缩变形量在填土高度达到 30m 后，趋于稳定值 23cm；而 0.63m 厚 EPS 板的变形量在整个填土期间始终保持增长趋势，当填土完成后，基本保持不变，略有增加。

正是由于柔性填料层 EPS 板的压缩变形，改变涵顶填土中的沉降变形特性，进而改善涵洞受力状况，减小作用在涵洞上的土压力。

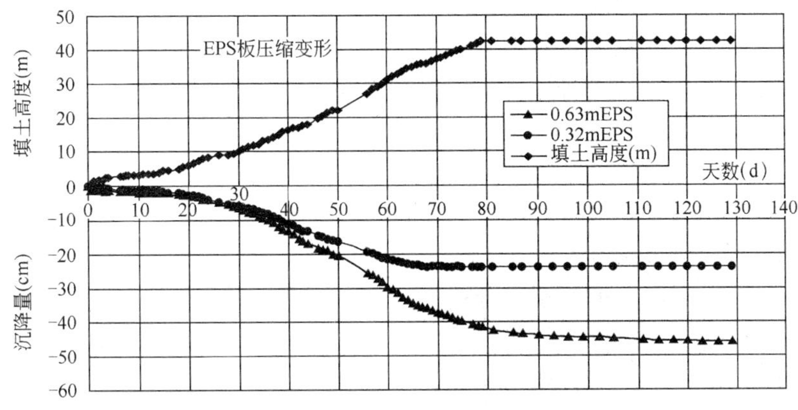

图 7-26　EPS 板压缩变形量变化图

7.2.5　小结

通过以上章节的讨论分析，可以得到以下主要结论。

(1)涵顶土压力存在应力集中，本次测试得到的土压力集中系数 K_s 最大时达到 2.9 左右。垂直土压力涵顶处最大，而紧邻涵洞外侧则较小，随后，随着距涵洞中点距离的增大而逐渐增大，与有限元分析结果一致。涵洞侧墙上土压力较小，可近似为均匀分布，土压力表现为 0.1～0.4γH(H 值为涵顶上的填土高度)。

(2)涵洞沉降主要受地形影响，而柔性填料层的铺设对于涵洞的沉降基本无影响。

(3)在涵顶铺设 EPS 材料，可以起到良好的减荷效果，本次测试得到的土压力集中系数降低到 0.5 左右，但相应的增大了作用在涵洞范围外填土中的土压力，引起涵顶断面处土压力分布不均匀性，测试结果与有限元分析结果一致。

(4)涵顶铺设虚土可以取得一定的减荷效果，但其涵顶土压力减小有限，且其土压力分布规律与未减荷情况下的规律一致。

7.3　实体工程(二)的试验研究

7.3.1　工程概况

某高速公路设计车速为 80km/h，路幅全宽 24.5m，全立交、全封闭、控制出入，四车道。全段路线共长 38.271km，其中涵洞有 117 座，共长 5 341.08m。

路线经过地区的地貌类型主要为：黄土丘陵、高阶地与冲沟相间地貌；以黄土梁峁地形为主，侵蚀切割严重，梁峁之间冲沟较发育，多呈 V 形沟，且在黄土丘陵前缘斜坡地带黄土陷穴发育。

路线所经地区属温带半干旱气候，干燥少雨，日温差大，冬季较长。年平均气温在5.5～10.1℃之间，年平均降水量为324.9～598mm，而蒸发量高达1 500mm左右。雨季多集中在夏末秋初。在公路自然区划中属干湿过渡区。

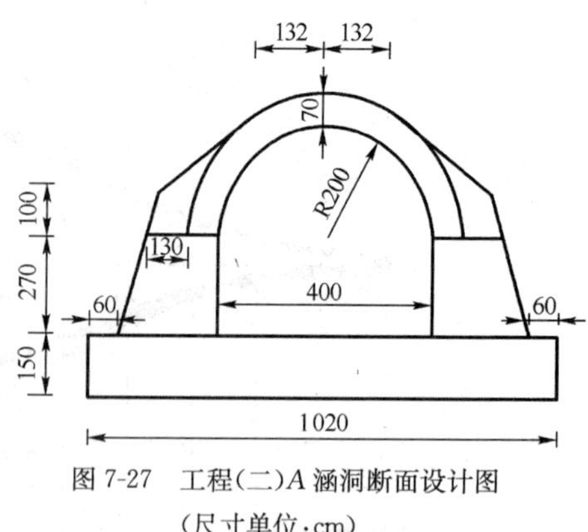

图7-27　工程(二)A涵洞断面设计图（尺寸单位：cm）

工程(二)A涵洞为钢筋混凝土拱涵，涵洞全长200.63m，共36个涵节，洞身及基础每隔4～6m设一道沉降缝。涵洞净高4.7m，净宽4.0m，涵洞底板厚1.5m，最高填土高度为32.7m。涵洞断面具体设计如图7-27所示。涵洞布设在沟谷地形中，具体布设如图7-28所示。

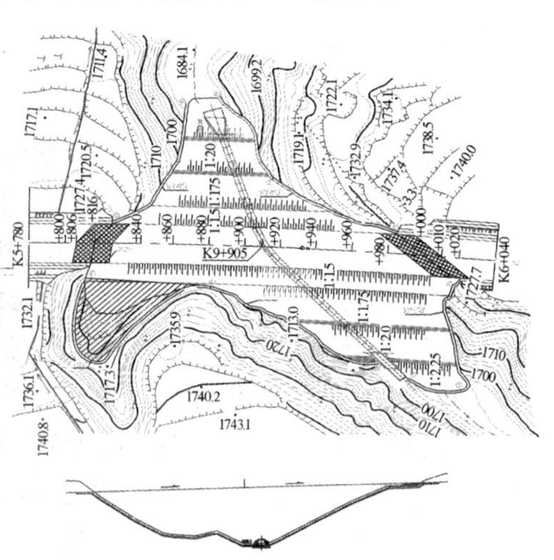

图7-28　工程(二)A涵洞布设地形（高程单位：m）

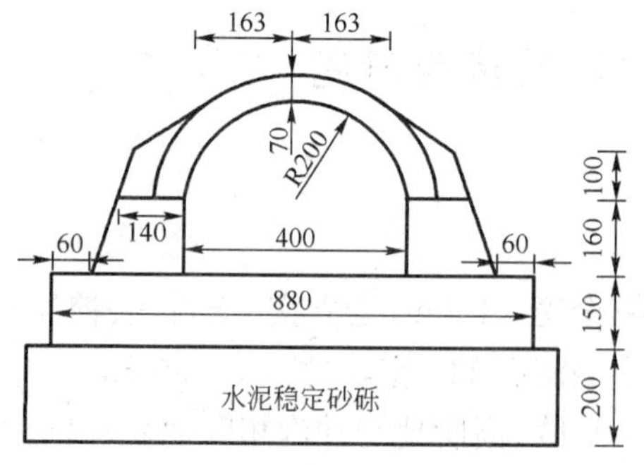

图7-29　工程(二)B涵洞横断面图（尺寸单位：cm）

工程(二)B涵洞为钢筋混凝土拱涵，全长184.5m，涵顶填土高度为36.6m。涵洞净宽4.0m，净高3.6m，底板厚1.5m。涵洞设置在2.0m厚的水泥稳定砂砾垫层上。涵洞洞身横断面图如图7-29所示。涵洞布设在沟谷地形中，具体布设如图7-30所示。

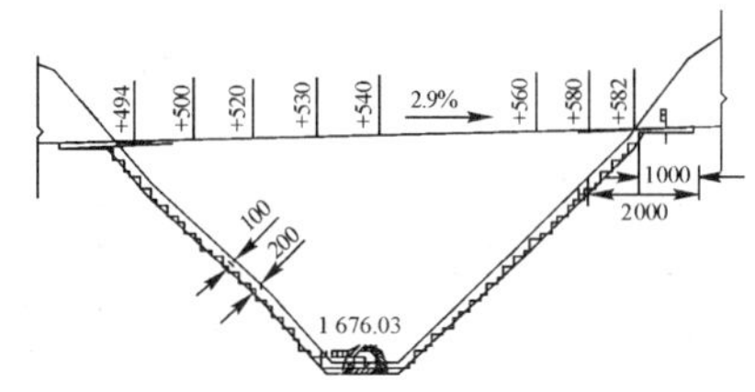

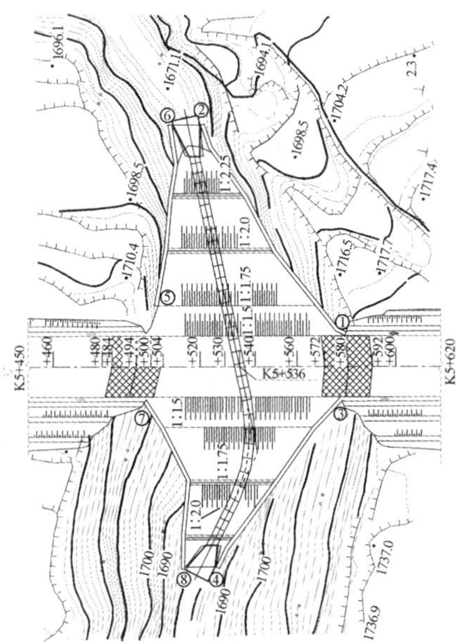

图 7-30 工程(二)B 涵洞布设地形图

7.3.2 测试总体方案

测试主要侧重于涵洞减荷措施的研究。主要措施:在测试段涵洞距涵顶 0.6m 处,一定范围内铺设不同厚度的 EPS 板(共四种厚度,分别是 0.63m、0.42m、0.31m和 0.21m),讨论研究减荷措施情况下,涵洞结构受力特性;不同厚度的柔性填料所取得的减荷效果的差别;涵顶填土中的受力与变形特性。

具体测试方案为:在涵洞填土较高段选取若干典型断面,布设压力盒,测试涵洞全断面土压力分布;在涵顶填土中,沿涵洞轴线方向,以及在涵洞横断面方向选取若干断面,布设压力盒与沉降杯,测试涵顶受力以及填土中的受力与变形特性;EPS 板的压缩变形量随填土高度的变化情况;涵洞沿轴向整体沉降测试。工程(二)A 和 B 涵洞测试元件布设图如图 7-31 所示。

7.3.3 测试工程成果分析

1. EPS 板压缩变形量测试结果分析

测试得到涵顶铺设 EPS 板压缩变形量随填土高度 H 变化曲线和 EPS 板压缩变形量随时间变化曲线,如图 7-32 和图 7-33 所示。

图 7-32 看出,不同厚度(厚度 0.63m 和 0.32m)EPS 板压缩变形量在填土较低时(填土高度 $H<8$m)随着填土高度 H 变化较缓慢;而当填土高度 H 大于 8m

后，EPS压缩变形量随填土高度 H 增长速率增大。填土高度 H 小于27m时，不同厚度EPS变形量平均值较接近，厚度大的EPS压缩量略大于厚度小的EPS的压缩量（相差约2～4cm）。当填土高度 H 大于27m后，0.63m厚的EPS板压缩量继续随填土高度 H 增大而增大，而0.32m厚的EPS板压缩量在平均达到25cm后则基本保持不变。

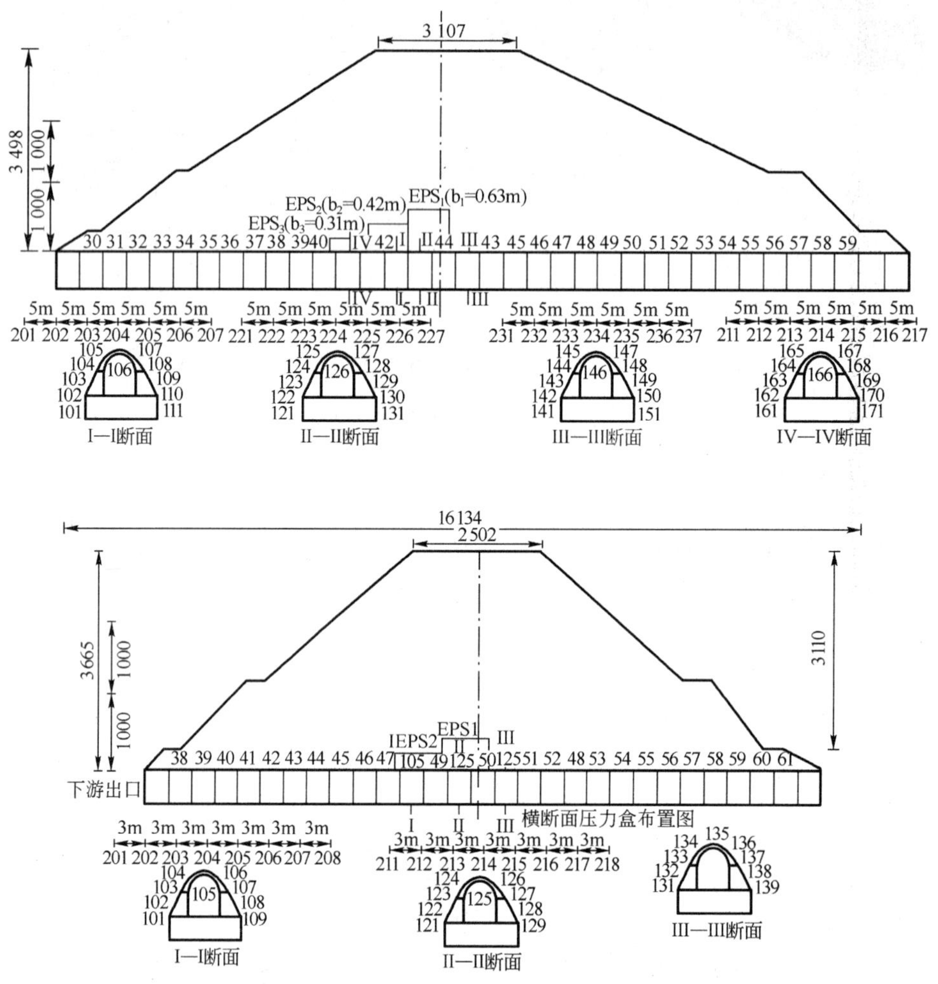

图7-31 工程(二)A 和 B 涵洞测试元件布设

同时，通过室内试验得到本次现场测试用到的两种不同密度（分别是0.025 g/cm^3 和0.027g/cm^3）EPS板的应力应变曲线，如图7-34所示。

试验表明，EPS材料在应力达到大约100kPa时进入塑性屈服阶段。材料弹性阶段弹性应变较小，约为8%，弹性变形模量约为1 250kPa；当EPS材料的总应变达到约 80%时，应力继续增加，而应变则基本稳定，不再增大，即达到其极限应变量。

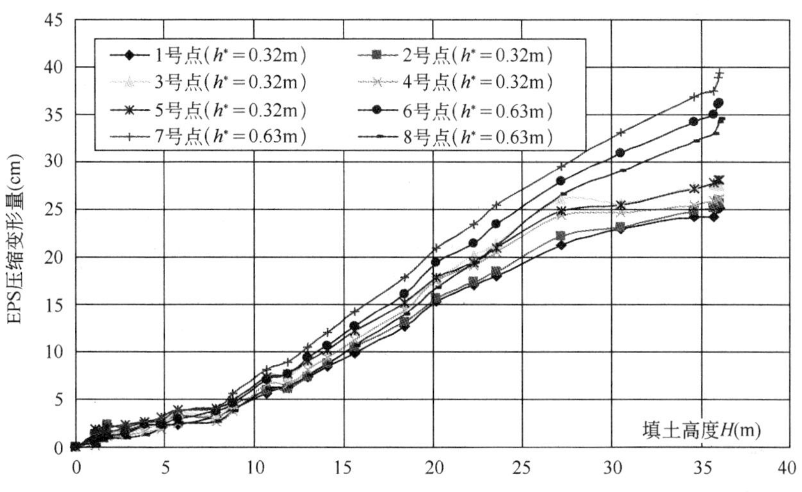

图 7-32　EPS 压缩变形量随 H 变化曲线

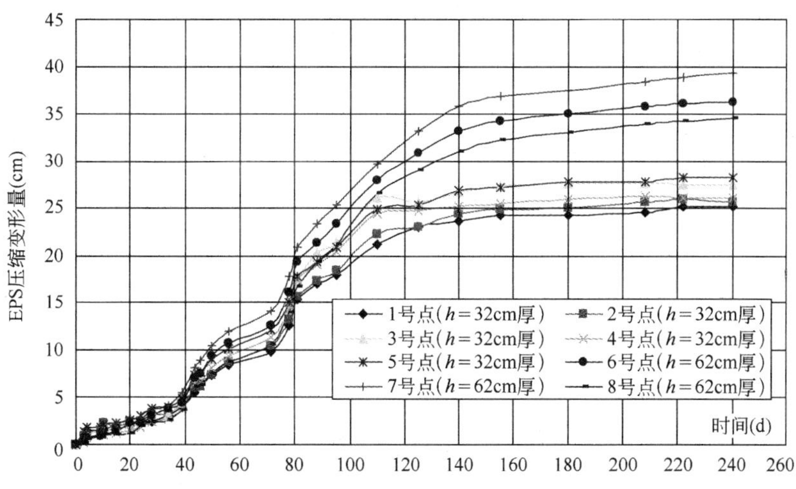

图 7-33　EPS 压缩变形量随时间变化曲线

通过现场测试与室内试验对比，可以看出，现场测试 EPS 材料在填土高度小于 8m 时（填土压力约为 150kPa），处于线弹性阶段，此时，EPS 压缩量较小，平均在 4cm。由于 EPS 材料的室内试验是完全考虑侧限存在，而现场测试中，EPS 周围土体对其侧限影响有限，因此，现场测试得到的 EPS 材料屈服应力值大于室内试验得到的屈服应力值。当填土高度 H 大于 8m 之后，EPS 材料进入塑性屈服阶段，此时 EPS 压缩变形量增大速率明显大于弹性阶段增大速率。对于厚度为

0.32m的EPS板，在填土高度达到27m时，其变形量平均达到25cm，填土高度继续增大，其变形量基本稳定。即此时，EPS材料达到其极限变形量(压缩量约为其厚度的78%)。而厚度为0.63m的EPS材料在整个填土阶段始终保持压缩变形量增长趋势。

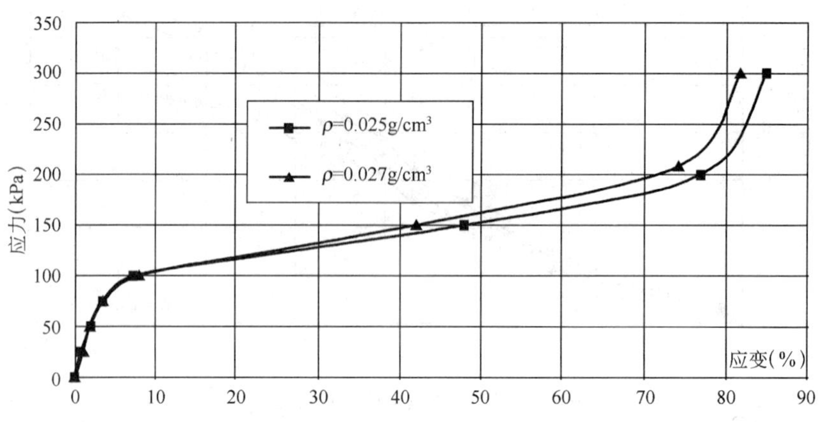

图7-34 室内试验EPS的应力应变曲线

2.涵洞涵顶各断面土压力分布分析

测试得到涵顶各个断面土压力分布图，如图7-35～图7-38所示。

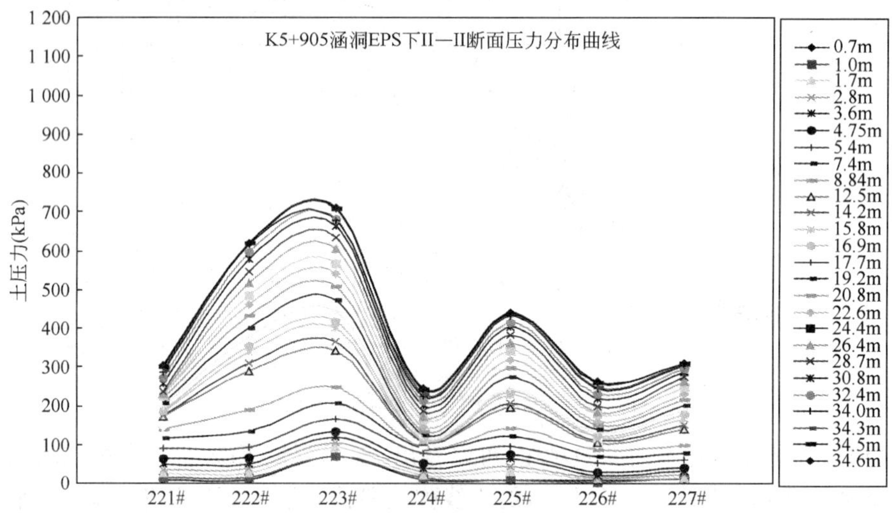

图7-35 工程(二)A涵洞II—II断面土压力(0.63mEPS板下)

由于柔性填料层减荷作用，使得涵顶处土压力较小，当填土高度达到34.6m时，采取减荷措施的三个测试断面涵顶中点处土压力值平均在300kPa，远远小于其上填土自重；相应的，紧邻涵洞两侧土体中土压力则较大，I—I和IV—IV断面测试得到最大土压力在 1 100kPa，远远大于其上填土自重，而 II—II 断面测试得到最大土压力在 750kPa 左右，也大于其上填土自重。柔性填料层的铺设，减小了作用在涵顶上土压力，但却引起涵洞两侧土体中应力集中。同样，由于埋设地形影响，紧邻沟谷边坡的各测试点(221＃、227＃、201＃、207＃、211＃和 217＃)的土压力值较小。

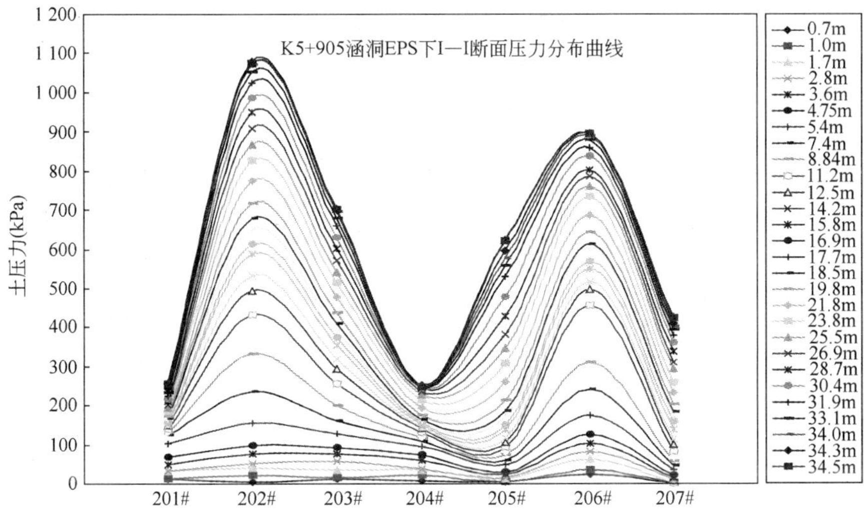

图 7-36 工程(二)*A* 涵洞 I—I 断面土压力(0.42mEPS 板下)

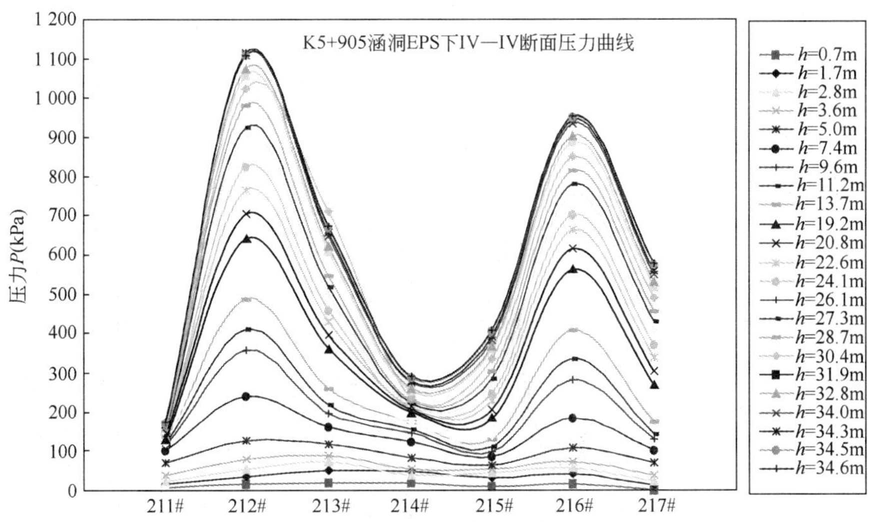

图 7-37 工程(二)*A* 涵洞 IV—IV 断面土压力(0.21mEPS 板下)

由于柔性填料层厚度不同，各个断面涵顶处的土压力值有一定的差别。224＃土压力大于 204＃土压力，204＃土压力大于 214＃土压力，但其土压力值差别较小;即柔性填料厚度增大,在一定程度上提高了减荷效果,但作用有限。

未进行减荷处理的 III—III 断面涵顶处土压力出现应力集中,远大于紧邻其侧测点土压力,大于其上填土自重。

工程(二)B 涵洞取得与工程(一)规律一致的测试结果,在此不再赘述。

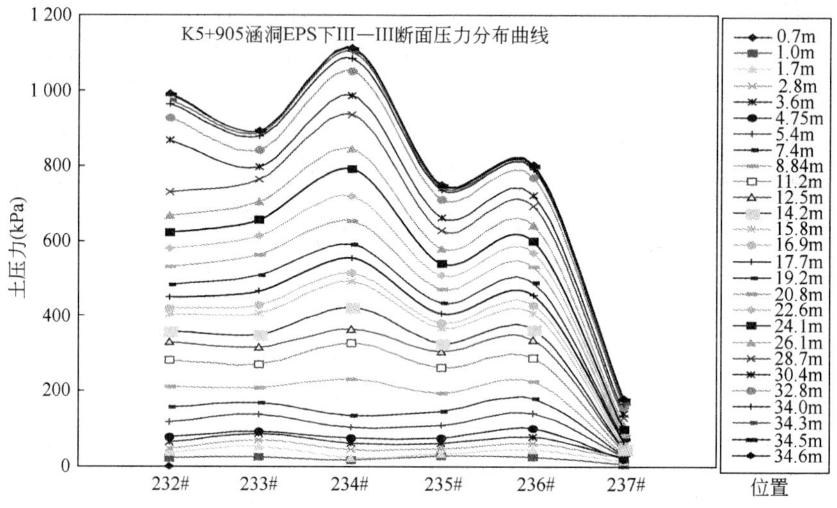

图 7-38　工程(二)A 涵洞 III—III 断面土压力(未减荷)

3. 涵洞纵向受力分析

本次测试得到涵顶沿涵洞纵向土压力分布,如图 7-39 和图 7-40 所示。

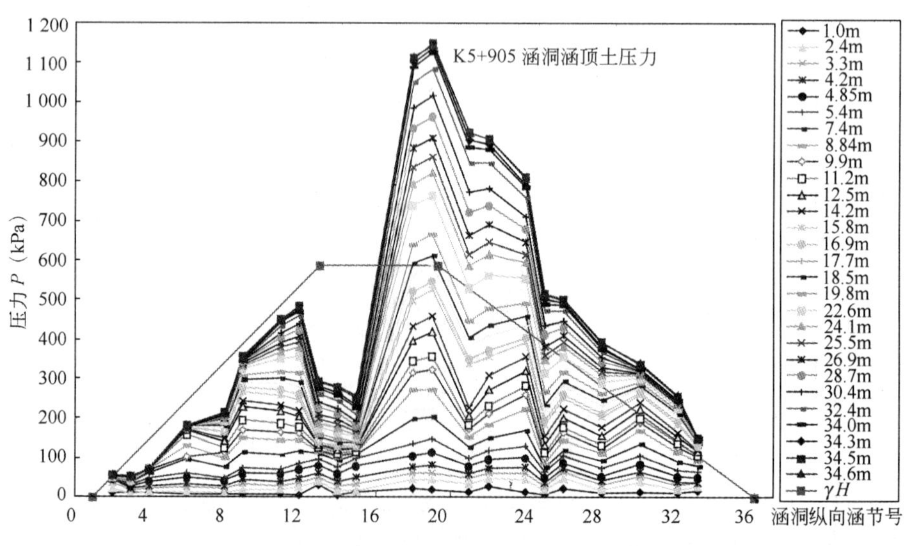

图 7-39　工程(二)A 涵洞沿涵洞纵向土压力分布

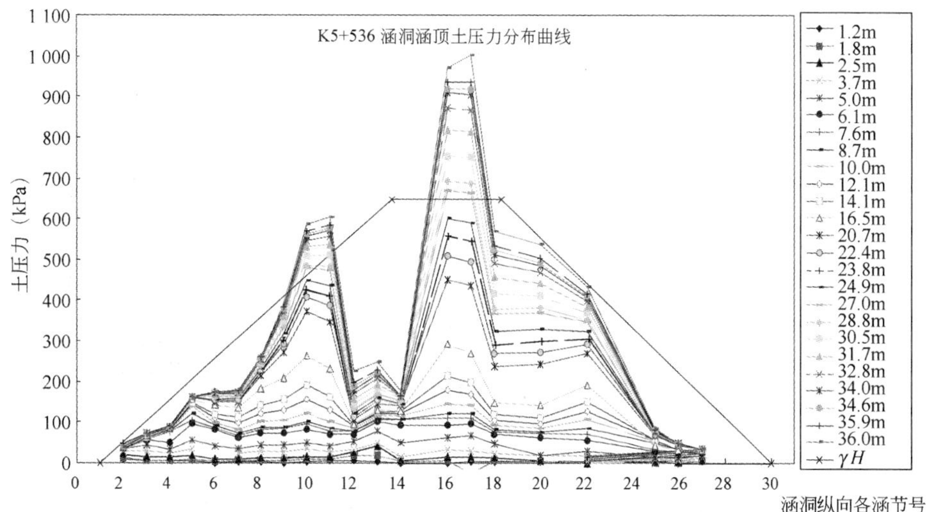

图 7-40 工程(二)B 涵洞沿涵洞纵向土压力分布

工程(二)A 涵洞减荷段(12～17 涵节)土压力明显降低,远远小于其上填土自重;而紧邻减荷段的第 18～24 涵节土压力则明显增大,且远远大于其上填土自重;第 1～12 涵节测得的土压力与其上填土自重基本一致,略小于其上填土自重,第 25～33 涵节的土压力略大于其上填土自重。工程(二)B 涵洞测试得到涵顶沿涵洞纵向土压力分布规律和涵洞纵向沉降变形规律与工程(二)A 涵洞测试得到规律大体一致。涵洞减荷段(12～15 涵节)土压力明显降低,远远小于其上填土自重;而紧邻减荷段的第 10～11 和 16～18 涵节土压力则明显增大,且远远大于其上填土自重;第 1～9 和 18～27 涵节测得的土压力与其上填土自重基本一致,略小于其上填土自重。

从测试结果来看,柔性填料层的铺设的确取得了良好的减荷效果,但却在一定程度上引起沿涵洞纵向受力不均匀性。因此,如何确定柔性填料铺设范围和厚度,使得其即能降低作用在涵顶上的土压力,同时又可尽量避免涵顶受力的不均匀性,是一个需要继续探讨的问题。

4. 涵洞减荷效果

测试得到涵顶各点土压力随填土高度 H 变化图和涵顶各点土压力集中系数 K_s 随填土高度 H 变化图,如图 7-41 和图 7-42 所示。

由图 7-41 看出,当填土高度较小时(H 小于 5m),各测点土压力值差别不大,且与其上填土自重基本一致。随着填土高度 H 增大,49＃(未减荷)土压力增长较快,且大于其上填土自重。而采取减荷措施的各测点(126＃、106＃和 166＃)土压力增长缓慢,填土高度小于 20m 时,其土压力值区别不大;随着填土高度 H 的继续增大，166＃土压力增长趋势较106＃和126＃增长趋势快。

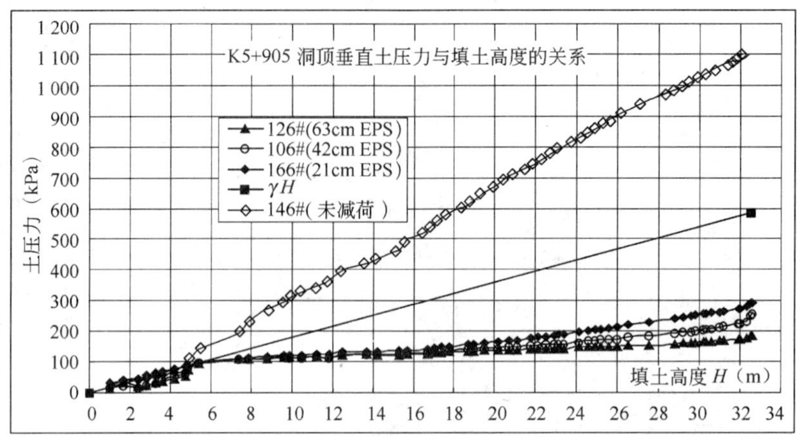

图 7-41　工程(二)A 涵洞涵顶各点土压力随填土高度 H 变化

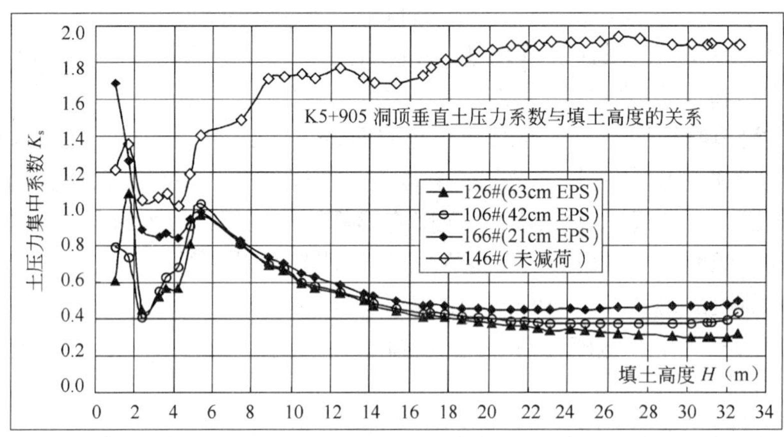

图 7-42　工程(二)A 涵洞涵顶各点 K_s—H 曲线

同样，从图7-42看出，未减荷测点土压力集中系数 K_s 在填土初期，大体上随填土高度 H 增大而增大，而后随着填土高度 H 增大，基本趋于稳定值。测试得到最大土压力集中系数 K_s 在1.9左右。而减荷措施下各测试点在填土初期，土压力集中系数出现一些跳跃，当填土高度为5m时，土压力集中系数 K_s 表现为1；随着填土高度 H 继续增大，土压力集中系数逐渐减小。由于柔性填料厚度不同，在填土高度大于20m后，各测试点土压力集中系数 K_s 存在差异。166＃(21cm 厚 EPS)土压力集中系数 K_s 随着填土高度 H 继续增加而缓慢增大；106＃(42cm 厚 EPS)土压力集中系数 K_s 随着填土高度 H 继续增加而基本保持不变；126＃(63cm 厚 EPS)土压力集中系数 K_s 随着填土高度 H 继续增加而继续缓慢减小。

由于 EPS 材料在填土初期与弹性阶段，弹性变形量有限，此时其减荷作用还没有发生，因此各个测点测试得到的土压力值接近，基本上等于其上填土自重；而随着填土高度 H 增大，EPS 材料进入塑性变形阶段，产生较大塑性变形，通过与周围土体变形协调作用，开始发挥其减荷效果，此时土压力集中系数 K_s 随填土高度 H 增大开始逐渐减小。随着填土高度 H 继续增大，21cm 厚 EPS 板首先达到其极限变形量，无法再提供能够产生减荷作用的塑性变形，则其土压力增长速率加快，表现为其土压力集中系数 K_s 随着填土高度 H 增大而逐渐增大的规律性；而 63cm 厚 EPS 板在整个填土期间，始终处于塑性变形阶段，其减荷作用在整个填土期间始终存在，表现为土压力集中系数 K_s 随着填土高度 H 增大始终减小的规律性；42cm 厚 EPS 板介于二者之间。

5. 涵洞结构断面土压力分析

测试得到工程(二)A 涵洞结构断面 I—I、II—II、III—III 和 IV—IV 土压力分布和工程(二)B 涵洞结构断面 I—I、II—II 和 III—III 土压力分布，分别如图 7-43 和图 7-44 所示。

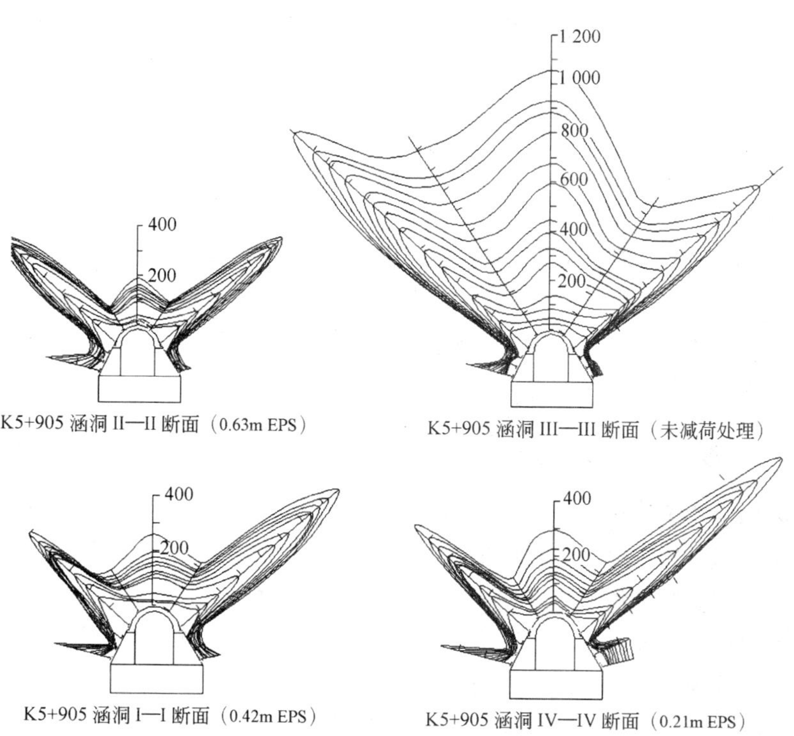

图 7-43 工程(二)A 涵洞各结构断面土压力

工程(二)A涵洞未减荷处理的III—III涵洞断面在涵顶和拱角处出现应力集中,侧墙上土压力较小;采取减荷措施的其他各断面土压力均小于未减荷处理的III—III断面,涵洞在两侧拱角处存在较大应力集中。与工程(二)A涵洞断面土压力分布相似,工程(二)B涵洞未减荷处理的III—III断面在涵顶和左侧拱角处同样出现应力集中,侧墙上土压力较小;采取减荷措施的其他各断面土压力均小于未减荷处理的III—III断面,涵洞在两侧拱角处依然存在较大应力集中。

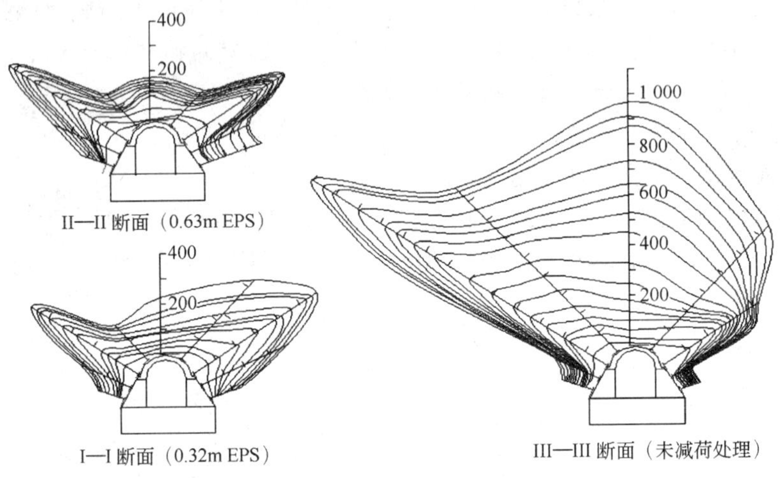

图7-44　工程(二)B涵洞各结构断面土压力

7.4　EPS材料调荷措施的定量分析研究

通过本章现场大型原位试验及前面的有限元仿真分析,可把上埋式涵洞土压力定量调整方法研究叙述如下。

7.4.1　概述

上埋式刚性结构物由于其变形模量远大于周围填土的模量,使得其上土柱与两侧土体的不均匀沉降差会在结构物顶部产生很大的附加压力,从而引起结构物的开裂、破坏,影响工程的正常使用。尤其在填土较高的情况下,垂直压力更是决定结构断面尺寸的控制因素。随着公路高填土、大跨径结构物日益增多,这一问题更为突出。国内外许多文献中通过离心模型、足尺模型试验、现场试验及有限元分析方法,提出了在结构物顶部填筑EPS(聚苯乙烯泡沫塑料)等柔性材料来减小结构物顶部土压力的措施。但对不同结构类型,在达到合理减荷效果时减荷材料的尺寸、模量、密度及埋设范围没能提出具体、科学、定量的成果。因此本节拟根据上

述分析，并结合室内试验成果，提出针对不同填土高度下，不同断面形式的结构物在达到合理减荷效果时所需减荷材料的厚度、模量、密度及埋设宽度等具体指标。

7.4.2　减荷材料的室内压缩试验及现场试验研究

为了解 EPS 的应力-应变关系，选取了密度分别为 13kg/m³、16.1kg/m³、17.8kg/m³、18.5kg/m³、23kg/m³、25kg/m³几种 EPS 进行单轴压缩试验。单轴压缩试验是在标准固结仪上进行有侧限压缩，采取应力控制式的加荷方式。试件尺寸为 ϕ50mm×20mm。通过试验，得到不同密度 EPS 的应力～应变曲线，如图7-45所示，其结果表明：

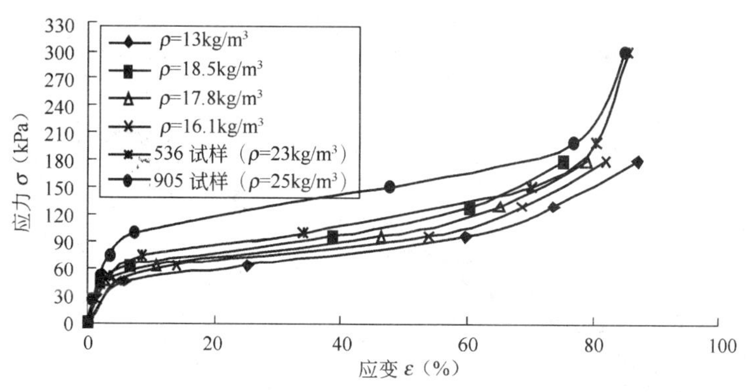

图 7-45　EPS 应力—应变曲线

(1)EPS 块体受压变形时其体内空腔结构从最初的均匀密闭到逐渐破坏表现为应力—应变曲线由直到曲的逐渐变化，当空腔结构完全破坏后材料产生明显的塑性变形。EPS 块体整个受压变形过程大致分为三个阶段：线弹性阶段、弹塑性过渡阶段(屈服阶段)和塑性阶段。

(2)材料受压下其应力—应变曲线上不存在弹性与塑性间的明确分界点，其屈服对应的是某一范围。这说明 EPS 的抗压强度取值位于材料塑性区域，当接近或超过该值的受压状态下材料将产生不可恢复的变形，即此时 EPS 的空腔结构已遭破坏，产生明显的塑性变形。国内外多数研究资料认为，可取压缩应变为 5%时对应的应力值作为抗压强度。

(3)随着密度的增加，EPS 块体在达到相同应变时所对应的应力值也增大；同种密度的 EPS 块体，因 EPS 材料的气泡之间没有摩擦力，侧压力也会导致结构连接破坏，故有侧限时的抗压强度要明显低于无侧限时的强度。这和研究者白冰等人的试验结果是类似的。

依据现场原位试验，通过实测可得出 EPS 的变形量随填土高度增长的变化情况，绘于图 7-46。0.63m、0.32m 两种厚度 EPS 板的应变与减荷后压力间的关系绘于图 7-47。

从图 7-46 中可以看出,EPS 在现场荷载作用下其变形也明显具有三个阶段,填土在 8m 以前基本处于弹性阶段,之后进入屈服阶段,变形加快,其中 0.32m EPS 在 25m 时明显开始进入硬化阶段,变形增长幅度骤增,表明此时薄 EPS 已逐渐失去减荷作用,而 0.63m EPS 其变形还在随填土高的增加而继续增加,只是幅度略有减小趋势,表明厚 EPS 此时仍具有一定的减荷功能。从图 7-47 中可清楚地看出整个现场试验的变形过程与室内试验及其相似。所不同的只是屈服荷载与硬化荷载上有所出入,但相差不大,这是由于 EPS 自身的空腔结构特性、室内与现场试验边界条件的差异及材料尺寸效应所致。

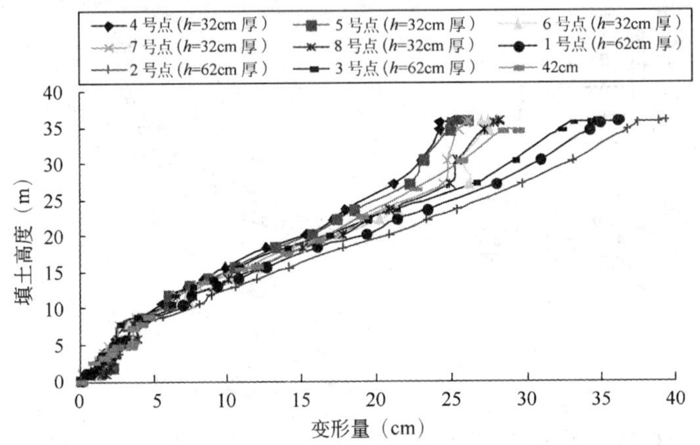

图 7-46 实测 EPS 变形与填土高度间关系曲线

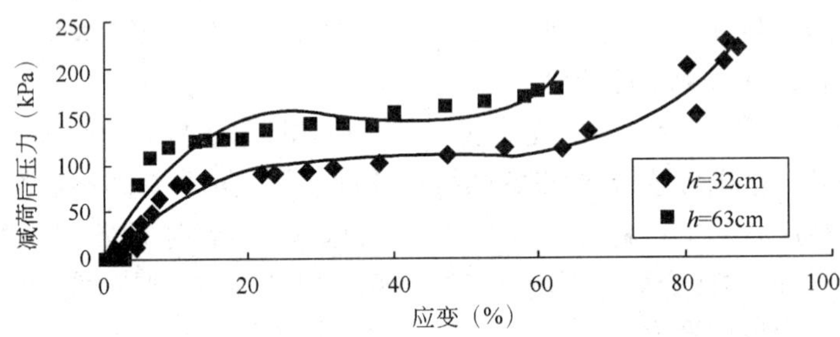

图 7-47 减荷后压力与应变间关系曲线

7.4.3 减荷材料参数的确定研究

从上述分析中可知,在填土结束时,厚度为 0.63m 的 EPS 板仍具备减荷功能。尽管此时的土压力系数已降到 0.3 以下,但是实际土体并非弹性体而为散粒体,并不能形成一个完整的拱结构。白冰等人的模型试验亦证明,土压力系数值并不会无限制的减小，而是随着填土高度的增加而趋于一个定值。另外，从经济的角度讲，也不会用高的代价来谋求更小的土压力系数值。由此可知，存在一个最佳减荷效果和经济厚度的问题。例如，作为设计控制，可建议按 $K=0.4$ 合理选择不同密度和厚度的 EPS 板。

首先在既定填土高度和减荷效果的条件下，由下式求出 Δh：

$$\Delta p = 0.005\Delta h^2 + 16.522\Delta h + 7.1306 \tag{7-1}$$

其中：$\Delta p=K\gamma H$；

K——垂直土压力系数（建议 $K=0.3\sim0.4$）；

γ——填土重度（kg/m^3）；

H——填土高度（m）。

由于 EPS 板相对填土来讲很薄，而其压缩性又很大，故可以近似认为 EPS 板上下表面的垂直土压力是相等的。加之 EPS 板与涵顶的距离较近，又可认为作用在 EPS 板上的垂直土压力就等于涵顶所受的垂直土压力。于是我们可找出减荷后作用在涵顶上的土压力 p 与实测 EPS 变形量 Δh 的变化关系，可得出相应的拟和式(7-2)：

$$p = 0.0288\Delta h^3 - 1.394\Delta h^2 + 23.233\Delta h - 4.13185 \tag{7-2}$$

这样，只要给定所需要的减荷量 Δp，代入式(7-1)反算出相应的变形量 Δh，并将其代入式(7-2)，即可求出作用在涵顶上的土压力值。

上述公式是根据既定的 EPS 厚度和密度及一定填土高度条件下的实测数据拟合出来的。为了将其推广到适用任意填土高度及不同 EPS 厚度和密度的情况，这里就要将室内试验结果与实测数据联系起来。从前文的叙述中可知，EPS 的现场压缩变形过程与室内试验的应力—应变关系是一致的。这样，我们可以认为当达到最佳减荷效果时，作用在涵顶上的土压力就近似等于 EPS 室内试验应力—应变关系曲线上的第二个拐点所对应的应力值。此外，在满足工程要求的前提下，为了使计算力求简单，我们将室内 EPS 应力—应变曲线近似为三段折线。如图 7-48 所示，图中第一拐点所对应的应变为 ε_e，该点所对应的应力为屈服应力，该点与坐标原点所连直线的倾角即为弹性模量。与第二个拐点所对应的应变称为屈服应变 ε_y，认为当应变超过该值之后，EPS 开始进入硬化阶段，逐渐失去减荷作用。故将 ε_y 作为达到最佳减荷效果的标志。并且通过室内试验证明 EPS 密度与相应的 ε_y 及弹性模量 E 间都存在很好的线性关系，其表达式为式(7-3)和(7-4)。

$$\varepsilon_y = 2.449\rho + 13.469 \tag{7-3}$$

$$E = 0.0864\rho - 0.41278 \tag{7-4}$$

再根据变形量 Δh 与应变 ε_y 间的关系 $\varepsilon_y=\dfrac{\Delta h}{h}$，可推出 EPS 厚度：

$$h = \frac{\Delta h}{\varepsilon_y} \tag{7-5}$$

这样在既定填土高度和减荷效果的条件下，由式(7-1)求出 Δh，再由式(7-3)求出所选定的 EPS 密度所对应的 ε_y，代入式(7-5)，即可求出所需要的 EPS 板的厚度 h。于是在一定减荷效果(本书取 $K=0.4$)的条件下，给出一系列的填土高度，通过上述方法即可求出不同密度 EPS 板所对应的厚度。为了方便使用，将不同填土高度、不同 EPS 板厚度和不同密度关系绘制在图 7-50 中，这样工程设计中，就可根据填土高度来确定要使用 EPS 的厚度和密度。

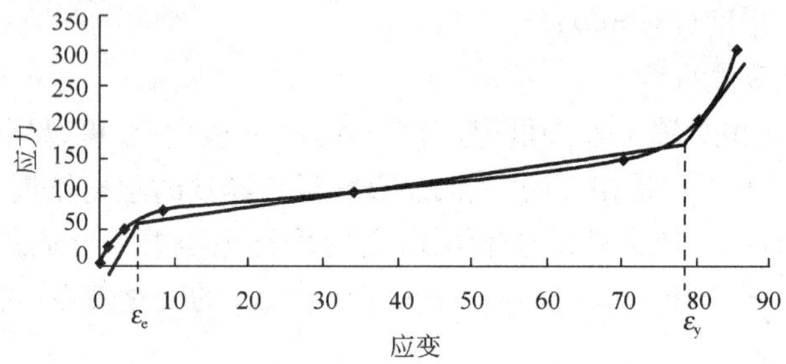

图 7-48　理想化后的 EPS 材料应力-应变曲线

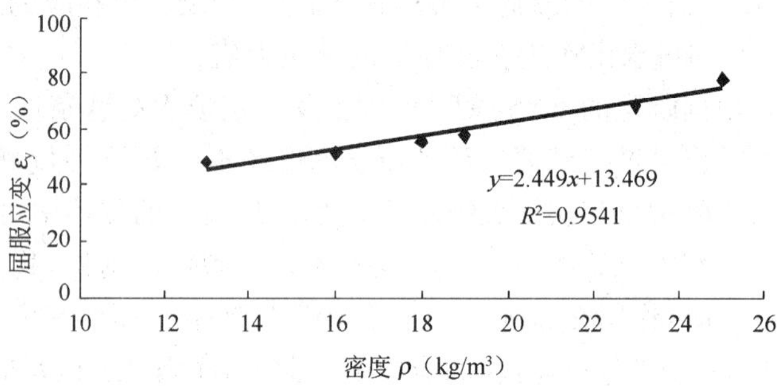

图 7-49　屈服应变与密度关系曲线

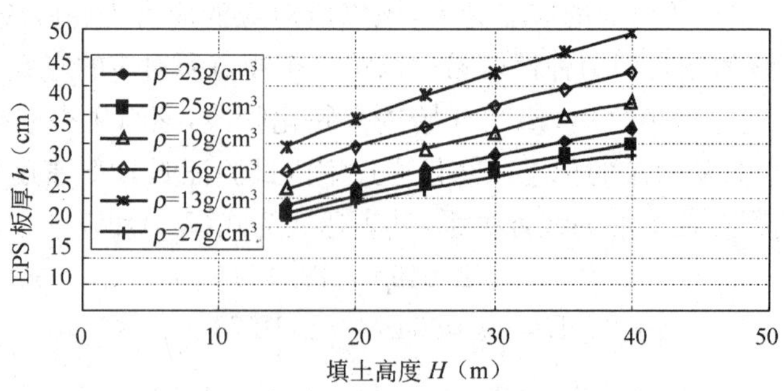

图 7-50　填土高度与 EPS 板厚度的关系曲线

由于EPS的减荷将涵顶上一部分土压力转由两侧填土来承担，势必会在一定深度范围使得结构所受的侧向土压力有所增加，通过对该实体工程的有限元分析（图7-51）可知，EPS的埋设宽度对结构的受力影响很大。因此合理地选择埋设宽度也是很关键的。选择埋设宽度时一方面要考虑结构形式，尽量使其受力合理；另一方面要考虑结构尺寸的影响。通过在其他条件相同的情况下，对不同结构形式、尺寸及埋设宽度进行数值仿真分析，得出表7-1，可供设计参考。

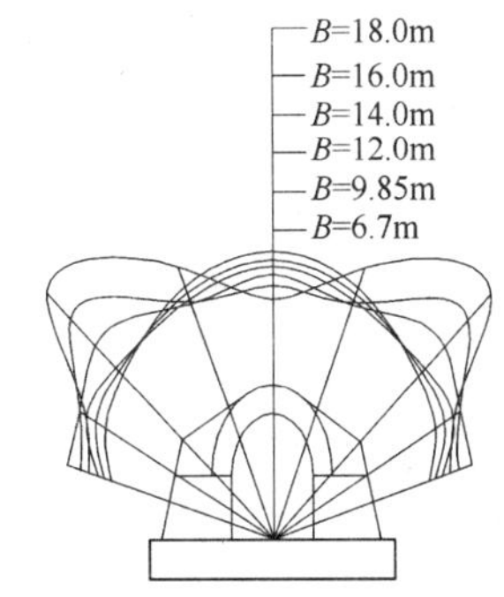

图7-51 填土高度 H=40m EPS板厚度 h=0.63m 不同埋设宽度 B 时涵洞土压力分布

不同断面形式与合理埋设宽度表 表7-1

项目 / 名称	平均外径尺寸 D(m)	突出地面高度 H(m)	减荷材料铺设宽度 B(m)	备注
上拱结构	2.0	1.0	3.5	尽量使拱脚处受力不要过大
	3.0	1.4	5.5	
	4.0	1.8	7.5	
	5.0	2.4	9.0	
	6.0	3.0	11.0	
	7.0	3.6	12.5	
	8.0	4.2	14.0	
圆形结构	2.0	1.0	3.0	尽量使结构受力呈均匀分布
	3.0	1.4	4.0	
	4.0	1.8	5.0	
	5.0	2.4	6.5	
	6.0	3.0	7.5	
	7.0	3.6	9.0	
	8.0	4.2	10.5	
简支板墙结构	2.0	1.0	4.0	使侧墙受力较小些
	3.0	1.4	6.0	
	4.0	1.8	8.0	
	5.0	2.4	10.0	
	6.0	3.0	12.0	
	7.0	3.6	14.0	
	8.0	4.2	16.0	

续上表

名称 \ 项目	平均外径尺寸 D(m)	突出地面高度 H(m)	减荷材料铺设宽度 B(m)	备　注
箱体结构	2.0	1.0	3.5	使顶板和墙体所受弯矩较小
	3.0	1.4	5.5	
	4.0	1.8	7.5	
	5.0	2.4	9.0	
	6.0	3.0	11.0	
	7.0	3.6	13.0	
	8.0	4.2	15.0	

7.5　小　　结

通过以上几个大型现场测试结果及通过对不同密度 EPS 板材的压缩试验及既定材料的现场试验成果的分析，得到以下主要结论：

(1)未采取减荷措施下，涵洞结构断面受力不均，主要在涵顶处和两侧拱角处出现应力集中。试验测试得到最大涵顶处垂直土压力集中系数 K_s在 1.9～2.9 之间，涵顶处的土压力集中现象在结构设计中不能忽视。

(2)未采取减荷措施下，紧邻涵顶处土层沉降变形曲线呈上凸形，涵洞范围内沉降较小，沉降量主要由涵底下地基土沉降变形量提供，涵洞范围外土层沉降较大，沉降量主要由涵侧填土沉降变形量提供。

(3)作用在涵洞侧墙上侧向土压力较小，其值仅在 0.1～0.4γH 之间。

(4)在涵顶一定范围内铺设 EPS 柔性填料层可以取得良好减荷效果。实测土压力集中系数均小于 1。EPS 材料厚度不同，减荷效果存在差别，0.63m EPS 板下得到最小土压力集中系数 K_s为 0.3 左右；0.42m EPS 板下得到最小土压力集中系数 K_s为 0.4 左右；0.21m EPS 板下得到最小土压力集中系数 K_s 为 0.5 左右。减荷措施的采取，增大了作用在涵洞范围外填土中土压力，引起涵顶土层中应力重分布。该方法值得在工程中推广使用。

(5)涵顶铺设虚土可以取得一定减荷效果，但其涵顶土压力减小有限，且土压力分布规律与未减荷情况下规律一致。

(6)实际工程中减荷材料技术参数的选择不仅要使其达到预定减荷效果，还要考虑减荷后对结构受力影响，同时还应从经济的角度加以考虑。关于减荷材料技术参数选择的方法有一定的使用价值，可作为施工设计参考。

第八章　填方路堤涵洞土工离心模型试验研究

8.1　概　　述

8.1.1　离心模型试验的意义

土工离心模型试验技术是近几十年迅速发展起来的一项崭新的土工物理模拟技术。通过施加在模型上的离心力使模型介质的重度变大，从而使模型的应力与原型一致，这就可以用模型表示原型。离心试验是各类土工物理模型试验中相似性最好的模型。我国岩土力学研究的开拓者黄文熙先生称"离心模型是土工模型试验的里程碑"。离心模型方法在国内外受到广泛的重视，模型试验技术也有了飞速的发展与进步，试验的研究内容已涉及了几乎所有的岩土工程领域，它在岩土工程、岩土力学研究中的作用与意义主要表现在以下几个方面：

(1)新现象研究，研究自然现象与复杂工程结构物的工作机理，为建立解释这些复杂现象的理论提供定性依据；

(2)模拟原型，研究实际工程问题，比选验证优化设计方案，了解工程运行状况，预测未来的运行安全性和可靠性；

(3)参数研究，针对某些理论和工程设计中的关键技术参数，用离心模型可以提供非常有用的数据资料，解决工程技术难题；

(4)验证新理论和新方法，用模型试验的结果验证理论与计算方法，检验数学模型。

到目前为止，许多复杂的岩土工程问题，如非饱和土问题、污染介质的迁移问题、非线性破坏过程、地震反应问题等，运用计算机仍有不少困难，而模型试验却可以得到直观、清晰的结果。

8.1.2　离心模型试验技术的发展概况

1869 年 1 月，法国人 Edouard Philips 在巴黎科学杂志发表了一篇论文。在文章中，Philips 指出了用弹性理论方法解决复杂结构问题的局限性，提出了模型模拟试验的准则与模型试验的方法。非常主要的是，他认识到在各种不同的工程条件下自重惯性力在模型试验中所起的重要作用。并推导了一个近似的模拟相似准则。通过这一准则，他认识到通过离心机施加惯性力，就可以使模型的应力与原型相似。Philips 最初设想的目标是研究法国到英国横跨英吉利海峡的大铁桥，他想用离心模型试验方法来解决英吉利海峡大铁桥的复杂结构力学问题。他甚至还很具体、富有创造性地设计了模型试验的模型比尺为 1∶50，在 50g 离心加速度下进行试验。按他的设想，这个模型大铁桥的长度将达到 8.6m。Philips 还提出用离心模型试验研究在跨海大铁桥建设中可能遇到的地基基础问题。同年，Philips 把他的这一设想提交给了法国科学院。然而，按照当时的条件这一方法不可能实现。这样，一个富有创造性的思想在法国科学院的档案柜里躺了 60 年。60 年后，离心模型才真正开始了它的发展。离心模型的发展过程，大体上可以分为三个阶段。

第一阶段是离心模型试验技术的初创与探索阶段：1931 年美国哥伦比亚大学的 Philip Bucky 发表了用离心模型试验方法研究矿山工程问题的论文。而与此同时，前苏联也进行了更大规模的离心模型试验研究。1932 年前苏联的波克罗夫斯基教授在莫斯科建成了两台离心机，主要用于土石坝与土坡问题研究。1933 年前苏联水工及水文地质研究所使用半径 110.5cm、最大离心加速度 50g 的离心机为伏尔加工程局研究了伏尔加运河引水渠的允许坡降问题，获得成功。同年，在前苏联的军事工程学院还进行了莫斯科地下铁道高尔基车站的隧洞管壁土压力模型试验，他们用薄膜测压计来观测最大土压力分布，用试验结果来校核原设计的土压力计算。之后，斯大林矿业学院，莫斯科冶金学院，全苏铁路建筑、地基、基础设计及土坝科学研究所，巴库建筑材料研究所等都建设了离心机。1950 年前苏联建成了有效半径 2.5m，模型尺寸 80cm×50cm×40cm，最大加速度 250g 的土工大型离心机，可能是那个时候规模最大的离心机。从 1932 年之后约 20 年，前苏联先后建设完成了十多台离心机。研究领域涉及了土坝、土坡稳定、隧洞土压力、运河工程、沼泽软土、矿山工程、挡土墙振动土压力以及土木工程的许多领域。波克罗夫斯基教授在他的文章中曾经写到："离心模型以及理论发展的历史，证明了前苏联在 20 世纪 50 年代的研究获得了重大成功，并且在土的科学方面解决了一系列重大的实际问题"。他强调要继续发展离心模型技术，指出应该朝着加大离心机尺寸的方向发展。

尽管早在 1933 年就有了同步摄影机来研究土坝变形的方法。但由于当时包括测量技术在内的试验整体水平不高，影响、限制了离心模型技术在岩土力学、岩土工程中应用的步伐。总体而言，20 世纪 60 年代之前的阶段属于初创的探索时期。这一时期前苏联在离心模型试验技术研究方面，从研究的规模、深度、广度等方面都处于世界的领先水平，由于言语以及冷战等方面的原因，世界上多数国家特别是西方国家对前苏联的研究成果不很了解。

离心模型试验技术发展的第二个重要的阶段是从 20 世纪 60 年代中期开始的，1965 年日本大阪市立大学三笠正人教授开始使用半径为 1.0m 的土工离心机研究软黏土在自重条件下的固结特性，此外他还利用离心模型研究地基的承载能力以及边坡的稳定性。在研究地震对土坝边坡稳定的影响时，他依据边坡稳定计算拟静力法的原理，在离心机里把模型偏转一个角度，非常简便地在模型上施加了地震水平惯性力。与此同时，英国剑桥大学的 R. N. Schofield 教授在一台小离心机上，进行了水位骤降时土坡的稳定性问题研究。1969 年，第七届国际土力学与基础工程学术会议（ISSMFE）在墨西哥举行，在会上来自英国、前苏联、日本的学者提交了关于离心模型试验方面的研究论文，研究内容基本上都是土边坡稳定问题。大阪大学和剑桥大学早期建成的土工离心机有：

1968 年曼彻斯特大学建成半径 1.5m 的离心机。

1969 年日本东京工业大学建成两台离心机。

1971 年英国曼彻斯特大学建成半径 3m 的离心机。

1973 年英国剑桥大学建成半径 4m 的离心机。

1979 年日本运输省港湾技术研究所建成有效半径 4m 的大型离心机。

到 1985 年，世界上有 20 多个研究小组开展离心模型试验技术研究，分布在英国、美国、日本、法国、丹麦、前联邦德国、意大利、荷兰、中国等 10 多个不同的国家。1981 年，国际土力学与基础工程学会成立了离心模型技术委员会，以期在该领域中增进各个国家、机构的联系，促进技术交流。1985 年国际土力学与基础工程学会在美国旧金山举办了第一次关于离心模型试验技术的专题学术研讨会，会议出版了离心模型在土力学中应用的第一本论文集。这次会议极大地推动了离心模型试验技术研究的发展，成为离心模型试验技术发展的一个新的起点。

1985 年以后，离心模型试验技术进入了一个崭新的大发展阶段，这个新的大发展阶段是在前两次发展的基础上、在当代高科技新技术发展的条件下形成的。主要有以下几个特点。

（1）离心机的建设向着大尺寸、大型化的方向发展。日本运输省港湾研究所、美国科罗拉多大学、加州大学戴维斯分校、德国波鸿鲁尔大学、法国道桥研究中心（LCPC）都建成了大型土工离心机。20 世纪 90 年代初，我国建成了南京水利科学研究院 400g · T、中国水利水电科学研究院 450g · T 大型土工离心机。1998 年美国陆军工程兵团（U. S. Army Corps of Engineers）建成了容量1 256g · T的超大型土工离心机。2000 年，日本的大林组株式会社建成了容量700g · T超大型土工离心机和目前最大规模的离心机振动台。

（2）微电子等高新技术的发展，为离心模型试验技术提供了重要的技术支撑。早期的离心模型只有简单的测量，获得表面变形等少量试验结果，远不能满足试验的要求。20 世纪 80 年代以后，微型传感器可以获得较为可靠的位移、土压力、空隙水压力、加速度等结果通过激光传感器获得结构物的变形，还可以通过 X 光来探测模型内部土体的变形。用于环境污染研究的多功能探头也获得了成功。

(3)大量采用自动机器人、自动机器手等高科技技术。由于高重力场的作用，在离心模型试验中采用机器人的技术难度很大。进入 20 世纪 90 年代以后，能模拟各种工程结构的作用力与自然力的自动化试验辅助装置，成为离心模型试验研究的热点。现在已经可以在离心模型试验中模拟土工建筑物所受到的主要作用力，如地震与波浪等循环动力，通过离心机振动台可以研究地震条件下砂土地基的液化与空隙水压力的变化规律，模拟路堤、大坝对软弱基础的施工加荷过程。还可以模拟施工过程，如可以模拟桩基础的打桩施工过程，也可以模拟城市地下铁道隧洞的开挖过程。高新技术的应用提高了离心模型试验的技术能力，扩大了研究范围，也越来越受到科学研究与工程设计者的重视。

(4)计算机技术的应用为离心模型试验技术的发展插上了翅膀，计算机技术的应用很好的解决了试验数据采集信号通过集流环传输的瓶颈问题。此外，离心机的运转过程控制、离心机振动台及各种自动机器人机器手的控制、模型变形图像的数字化处理都应用了计算机技术。目前网络技术在离心模型试验中也得到应用，特别是无线网络技术的应用，将有可能使离心模型试验彻底摆脱集流环的约束，有利于采用新技术，并为在更大的范围实现资源共享与交流创造了条件。

值得一提的是，中国在离心模型试验技术发展过程中所起的重要作用。由于历史的原因，我国早在 20 世纪 50 年代中就已经开始接触了解离心模型试验方法在模拟土工建筑物性状和研究土力学基本理论等方面的重要作用和巨大潜力，并开始研究离心模型试验技术的基本理论和基本方法，中国水利水电科学研究院收集了一些资料，进行了建置离心机的可行性初步论证；长江水利水电科学研究院在前苏联专家的协助下也曾经计划筹建容量为 400g·T 的大型土工离心机；南京水利科学研究院土工研究所曾对离心模型试验的基本理论开展了专题研究，提出了数篇研究报告。然而由于当时客观条件的限制，直到 20 世纪 80 年代，我国开始进行离心机建置工作。

从 20 世纪 80 年代开始，20 多年来我国先后建成了：南京水利科学研究院 400g·T、50g·T、5g·T 大中小型土工离心机，中国水利水电科学研究院 450g·T大型土工离心机，长江水利水电研究院 180g·T 大型离心机，清华大学 50g·T 中型土工离心机，河海大学 30g·T 离心机，上海铁道学院 20g·T 离心机，成都科技大学 20g·T 离心机，西南交通大学等 10 余台大、中、小型土工离心机。南京水利科学研究院、清华大学还建成了离心机振动台。目前全世界已建成土工专业离心机约 120 台，容量超过 200g·T 的大型土工离心机约为 20

台,我国有 3 台。

与国外主要进行工程机理、验证理论的研究内容相比,我国在应用离心模型试验解决工程实际问题方面形成了自己的特色,先后结合三峡围堰工程、三峡高边坡稳定、瀑布沟坝基防渗墙、小浪底斜墙堆土坝、京九铁路加筋挡土墙、深圳五湾码头、上海地下铁道、南水北调穿黄隧道工程、苏通大桥超长桩基础等国家大型重点工程项目建设完成了大量的研究工作,还开展了加筋土机理、边坡稳定、非饱和土、地震液化、新型大圆筒码头结构、软土地基加固机理、污染物的迁移等方面的基本理论研究。南京水利科学研究院 1999 年采用计算机网络技术建成的高速数据采集系统,基本与国外同步。

8.1.3 TLJ-3 型离心模型试验系统

本书的涵洞模型试验在长安大学 TLJ-3 型土工离心机上进行,其主要技术指标如下。

离心机电气系统由拖动控制、数据采集、摄影摄像三个主要部分组成。

一号控制柜为离心机主机拖动控制柜(位于一楼低压配电间),内含直流调速器,见图 8-1;二号控制柜为离心机主操作柜(位于二楼操作间),内含离心机启动连锁、风机启动、润滑油站、驱动控制上电、系统工作状态检测等一系列操作;三号控制柜为综合控制柜(位于二楼操作间),内含摄影、摄像操作及转臂平衡保护控制,同时还为试验时测量传感器提供电源,三台计算机(位于操作间)分别用于拖动控制、数据采集、摄影摄像的控制。

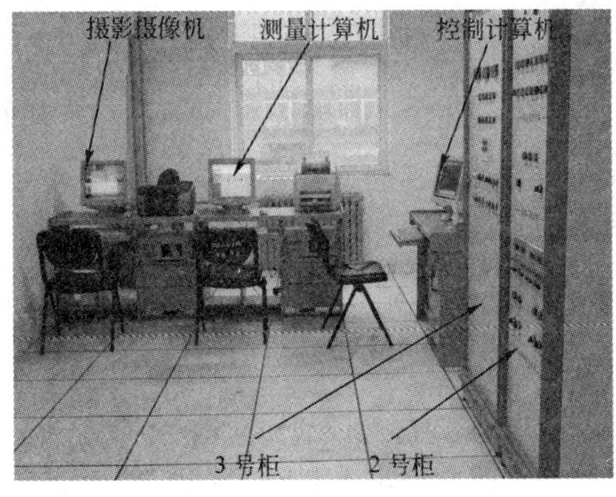

图 8-1 电控系统结构图

8.1.3.1 拖动控制

以直流调速器为核心组成直流闭环调速系统,控制离心机的“启动”、“升速”、“稳速”、“减速”“停机”等运行过程。离心机启动时,采用电机风机、润滑油泵、机室门连锁方式，保证离心机的安全启动，运行时，对离心机的转速、转臂平衡状态、轴承温度、电机电流等主要参数进行监视，及时判断与处理运行过程中的异常状态，保证离心机长期工作的稳定性。离心机的转速、加速度测量，双显示测量值。

转速给定采用手动和计算机给定两种方式：

(1)计算机给定，通过界面设置运行参数，离心机运行过程中实时监测运行状态；

(2)手动给定，通过给定码盘设置离心机转速，通过数/模转换输出模拟量控制离心机运行，并设置“置数/锁存”功能，防止给定设置时的误操作。

8.1.3.2 数据采集

由四块IMP静态数据采集模块和一台工业控制计算机构成40通道数据采集系统，完成应变、电压、温度信号的采集，被测信号经由采集模块及滑环送到地面计算机。

四块采集模块安装在上仪器舱内，见图8-2，应变传感器接入转臂端头处的航空插座，见图8-3，电压型或电流型传感器经过下仪器舱(图8-4)接入相应的通道端子。

图8-2 上仪器舱

图8-3 转臂端头的插座

图8-4 下仪器舱

8.1.3.3 摄影、摄像

摄影、摄像系统则由数码相机、CCD摄像机、闪光控制仪、计算机等设备组成，完成单边工作模型的定点照相。照相机及闪光灯安装在主机室顶部(图8-5)，位置检测安装于离心机基座上面(图8-6)。摄影时，当旋转模型运动到摄影窗口下方时，传感器控制闪光灯闪光，完成一次照相过程。

摄像系统主要完成单边工作模型的图像监视及录像，摄像头安装于吊篮侧面，

图像经过视频滑环传输到地面计算机进行显示，见图 8-7。

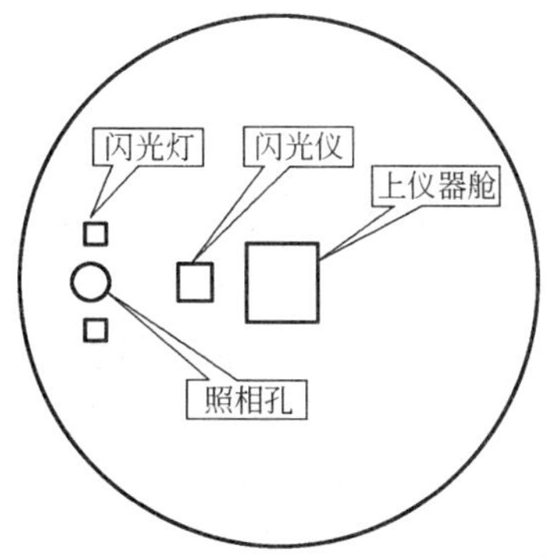

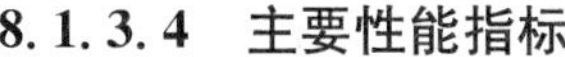
图 8-5 机室顶部的照相机及闪光灯

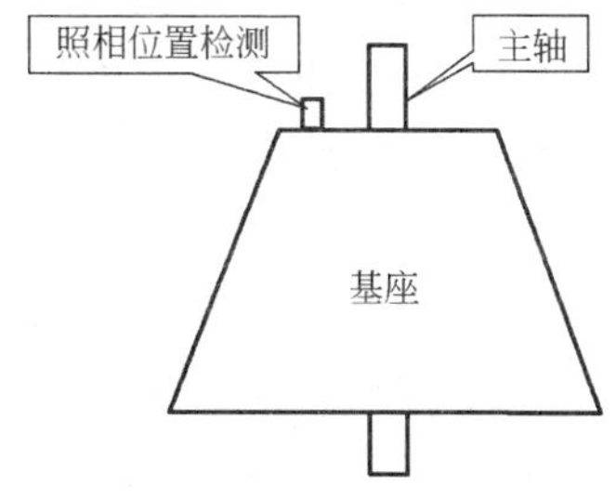

图 8-6 机座上面的位置检测

8.1.3.4 主要性能指标

(1)最大容量：最大容量 60g·T；

(2)最大载荷(模型箱＋模型)：100g 时，600kg；200g 时，300kg；

(3)有效半径：2.0m；

(4)模型箱有效容积：大模型箱，700(长)×360(宽)×500(高)mm^3；小模型箱，500(长)×360(宽)×400(高)mm^3；

(5)加速度范围：10～200g，稳定度±0.1% F.S；

图 8-7 摄像头安装于吊篮侧面

(6)数据采集系统：测点总数为 40 点，能测适应于电阻式全桥、半桥、1/4 桥传感器接法；温度测量需用铂电阻传感器；适合电压量输出的传感器接入信号采集，信号幅度不大于 5V；

(7)安装摄影及摄像设备；数码相机定点拍摄运动模型箱内模型变化，计算机对数字图像进行处理；摄像头可监视模型箱处模型变化情况。

8.2 试验相似原理

8.2.1 相似概念

在一个物理过程或物理现象中，如何来确定相似的条件和如何模拟一个物理现象，这就是物理相似的作用和目的。在一个力学过程中，常常涉及以下物理量的相似问题：

力的相似，方向相同，大小成比例。

作用点相同，分布相似。

质量相似，质量大小成比例，分布相似。

变形相似，对应的变形成比例，或应变相同。

速度和加速度相似，对应质点的速度和加速度成比例，或者它们的分布成比例。

由此可以看出，所谓物理量的相似，是指原型物理量与模型物理量在方向、大小、分布上存在某种确定的关系，而且有一个确定比例的关系，可以表示为：

原型物理量/模型物理量＝相似常数

如常用的应力、时间、长度的相似常数就可以表示为：

应力相似常数 $C_\sigma = \sigma_p / \sigma_m$

时间相似常数 $C_t = t_p / t_m$

几何相似常数 $C_l = l_p / l_m$

在物理过程或物理现象的相似问题中，物理量蕴于物理过程之中，物理现象的相似是通过这个现象的各个特征物理量的相似来表现的。一个物理现象的各个物理量之间是相互联系相互影响的；相似的物理现象之间的各个特征物理量之间也存在一定的关系，这个关系就是两个物理现象相似的条件，也是进行模拟试验必须遵守的原则。

对一般的力学现象而言，应当满足以下的相似条件：

(1)物理相似，指物质本身的力学特性相似，如，质量、密度、强度、模量等物理量的相似。

(2)几何相似。

(3)动力学相似。

(4)运动学相似。

以上四个方面的内容不过是一般相似的概念，对于相似的现象与过程有什么性质，如何应用现象的相似，如何才能使现象相似，相似的三个定理可以回答解释上述问题。

8.2.2 相似定理

8.2.2.1 相似的正定理

彼此相似的现象，相似准数的数值相同或相似指标等于1。

下面以牛顿第二定律为例，来解释相似准数与相似指标的含义。

对于原型：
$$F_p = m_p \frac{dv_p}{dt_p} \tag{8-1}$$

对于模型：
$$F_m = m_m \frac{dv_m}{dt_m}$$

令
$$F_p = C_F F_m$$
$$m_p = C_m m_m$$
$$V_p = C_v V_m$$
$$t_p = C_t t_m$$

代入式(8-1)，得：
$$\frac{C_F C_t}{C_m C_v} F_m = m_m \frac{dv_m}{dt_m}$$

只有当
$$\frac{C_F C_t}{C_m C_v} = 1$$

模型与原型相似。我们把$\frac{C_F C_t}{C_m C_v}$称为相似指标，同样由上式得到：
$$\frac{F_p t_p}{m_p v_p} = \frac{F_m t_m}{m_m v_m}$$

而$\frac{F_p t_p}{m_p v_p}$、$\frac{F_m t_m}{m_m v_m}$是无量纲量，称为相似准数，相似现象的相似准数相同。

8.2.2.2 π 定理

一个物理现象或物理过程往往涉及多个物理量。相似准数也往往超过一个，这时需要运用π定理的表述：描述一个物理现象的函数有 n 个物理量，其中有 k 个物理量($x_1 \cdots x_k$)是相互独立的，那么这个函数可以改变为由($n-k$)个无量纲准数(π)的函数式，可以得到($n-k$)个相似准数，即，描述物理现象的方程：
$$f(x_1, x_2, x_3, \cdots, x_k, y_{k+1}, \cdots, y_n) = 0$$

可以改写成：
$$\phi(\pi_1, \pi_2, \cdots, \pi_{n-k}) = 0$$

其中：
$$\pi_1 = \frac{y_{k+1}}{x_1^{\alpha_1} x_2^{\alpha_2} \cdots x_k^{\alpha_k}}$$
$$\pi_2 = \frac{y_{k+2}}{x_1^{\beta_1} x_2^{\beta_2} \cdots x_k^{\beta_k}}$$

……

$$\pi_{n-k} = \frac{y_n}{x_1^{\xi_1} x_2^{\xi_2} \cdots x_k^{\xi_k}}$$

即 $n-k$ 个无量纲π数，可由这 k 个独立物理量的幂乘积得到。对于相似的现象，在对应点和对应时刻的相似准数都保持同值，则它们的π关系式也应相同，即：

原型：
$$\phi(\pi_{p1},\pi_{p2},\cdots,\pi_{p(n-k)})=0$$
模型：
$$\phi(\pi_{m1},\pi_{m2},\cdots,\pi_{m(n-k)})=0$$
其中：
$$\pi_{p1}=\pi_{m1}$$
$$\pi_{p2}=\pi_{m2}$$
$$\pi_{p(n-k)}=\pi_{m(n-k)}$$

π 定理表明，在彼此相似的现象中，只要将物理量之间的关系式转换成无量纲的形式，其关系方程式的各项，就是相似准数。

8.2.2.3 相似逆定理

对于同一类物理现象，当单值条件(系统的几何性质，介质的物理性质，起始、边界条件)彼此相似，且由单值条件的物理量所组成的相似准数的数值上相同，则现象相似。

相似的正定理给出了相似现象的必要条件，描述可相似现象的特征与基本性质，相似的逆定理则规定了物理现象之间相似的必要与充分条件。在模型试验中，应根据相似的正定理与逆定理来设计模型，才能得到正确的结果。

8.2.3 量纲分析方法

8.2.3.1 量纲

物理量是描述自然现象、有物理意义并可以度量的量。物理量单位的种类，也就是物理量类型，我们称之为量纲。它说明度量物理量时所用的单位的性质，如量测距离可以用光年、公里、米、毫米、纳米等不同的单位，但它们都属于长度的性质，因此一般把长度定义为一种量纲，用[L]表示。而对于表示时间的年、月、日、时、分、秒等单位，显然与长度有明显的区别，用[T]表示。有的物理量可以由相关的基本物理量间接推导、换算出来，如速度 $v=s/t$，它的量纲用$[LT^{-1}]$表示，这样我们把[L]、[T]称之为基本量纲，而把速度量纲$[LT^{-1}]$称为导出量纲。经过分析，一般的物理系统中用 5 个基本量纲就可以建立较为完善的量纲系统。在一般的力学系统中，用 3 个基本量纲可以满足要求，由于传统的原因，存在[M]、[L]、[T]的质量系统和[F]、[L]、[T]的力系统。

此外，还有无量纲量，指量纲为零的量，一般是两个或者多个量的组合或者是量纲相同的量的比值，如应变、泊松比等。此外，无量纲量可以是变量也可以是常量。

8.2.3.2 物理方程量纲齐次性和均衡性

表现物理量现象和规律的物理方程中，各项的量纲应相同，同名的物理量应用同一种单位，这就是物理量的量纲均衡性。均衡性是以物理方程所包含的量的物理意义去考察的，而方程的齐次性则是数学上的概念。只有方程式具有齐次性，才是均衡的物理量方程。

8.3 涵洞离心模拟试验设计方案

8.3.1 试验目的

土工离心模型试验的最大优点是能在原型应力状态下研究和观察土工建筑物的变形状态和破坏过程，并能考虑土体应力-应变关系的非线性和剪胀性或剪缩性。试验基本原理是通过高速旋转的离心机，使由原型材料制作的尺寸缩小了 n 倍（n 为模型率）的模型重力增大 n 倍，使得模型中各点达到与原型相应点相同的应力状态。

高填涵洞的变形主要是由于周围土体的重力作用引起的，其变形量的大小及分布形式既与周围土体的性质有关，也与涵洞体本身的材料性质和连接方式有关。通常的模型试验由于尺寸所限，难于达到实际土体的应力水平，而离心试验却可以较为容易地实现这一目标。

涵洞离心模拟试验的目的是利用离心试验设备模拟原型填土高度，研究涵洞在未减荷和减荷情况下，涵洞周围土压力与土性、涵洞所受土压力与涵洞埋深的关系、涵洞基底不同处理情况下周围土体的位移变化情况，并模仿实际依托工程，使涵洞模型处于“原始山脊”上，分析其病害发生机理。

8.3.2 试验材料选取和模型制作

涵洞基础底面以上填土采用黄土（西安阎良）作为试验土料，并用三轴排水剪试验测得它们的本构参数。

试验中涵洞的材料采用钢筋混凝土管片，模仿现场涵洞制作情况，将涵洞模型各部分分开制作，而后用砂浆结合。原型拱涵的设计参数为：基础宽 7.58m，高 1.2m；台身下部宽 2.19m，上部宽 1.5m；拱涵内净宽 2.00m，净高 2.17m；拱矢高 0.67m，拱厚 0.60m，如图 8-8。根据实际模型按 1∶60 比例缩尺制作，选用微型混凝土材料，如图 8-9。拱涵中的配筋采用铁丝网代替，经过计算其抗弯刚度相当于原型设计。微型混凝土通过试验测出其弹性模量 E 和泊松比 v。

离心模型试验和实体工程中台背土压力的大小、分布完全相同。因此，模型中 EPS 减荷材料所受应力与实体工程中所受应力亦相等。为了使得模型中 EPS 夹层材料的变形与实体工程中的变形相等，模型中必须采用具有实体工程中相同模量的 EPS 材料进行模拟（选用不同模量的 EPS 板）。EPS 板的安放以涵洞横断面对称轴为定位轴线，放置于涵洞拱圈一定填土厚度上。

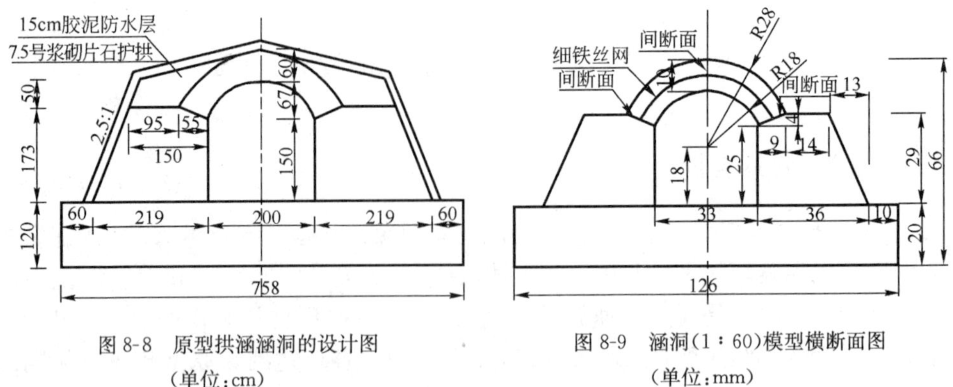

图 8-8　原型拱涵涵洞的设计图（单位：cm）

图 8-9　涵洞（1∶60）模型横断面图（单位：mm）

8.3.3　试验参数及离心模型试验的相似关系

高填涵洞的离心试验相似律是在土工模型相似准则和一般岩土工程离心模型相似律的基础上建立起来的。

高填涵洞的结构图如 8-8 所示，涵洞置于周围土体中要产生应力、应变和位移，因此取决于下面几方面的物理量：①涵洞的计算直径、涵洞拱圈的厚度及埋置深度等几何因素；②涵洞周围土体的性质；③涵洞结构体材料的性质；④土体的初始应力状态。

根据量纲分析理论，将与原型的应力、应变和位移有关的物理量表示为：

$$f\left(\frac{h}{D},\frac{\Delta}{D},\frac{f_{矢高}}{D},\frac{\gamma D}{c},\frac{E}{c},\nu,\varphi,\frac{\gamma}{\rho g},\frac{\sigma}{c},\frac{\delta}{D},\varepsilon\right)=0$$

式中：h——涵洞的埋深，即涵洞拱顶至地面的距离；

D——涵洞的计算直径；

Δ——涵洞拱圈的厚度；

γ——材料重度；

c、φ——材料的抗剪强度参数；

E、v——涵洞材料与 EPS 板减荷材料的弹性参数；

σ、δ、ε——土体和涵洞材料的应力、位移和应变；

$f_{矢高}$——涵洞拱圈的计算矢高。

涵洞的离心试验相似律列于表 8-1 中，表中 d 为土粒的直径。其中土的破坏准则采用摩尔—库仑破坏准则，即 $\tau'=c'+\sigma'\cdot\tan\varphi'$。从表中可以看到，除土体的粒径不相似外，其他各项无量纲量均相似。当土粒的粒径较小时，这一不相似对相似问题的影响不大。因而，用离心模型试验模拟高填路堤涵洞问题在理论上是可行的。

高填路堤涵洞的离心试验相似律　　表 8-1

参数	原型	模型	是否相似	参数	原型	模型	是否相似
重力加速度	g	ng		填土材料	$\gamma/\rho g$	$\gamma/\rho g$	相拟
几何	h/D	h/D	相似		d/D	d/D	不相似
	Δ/D	Δ/D	相似	初始应力	σ_0/c	σ_0/c	相似
	$f_{矢}/D$	$f_{矢}/D$	相似	涵洞结构反应	σ/c	σ/c	相似
填土材料	φ	φ	相似		ε	ε	相似
	$\gamma D/c$	$\gamma D/c$	相似		δ/h	δ/h	相似
	E/c	E/c	相似	破坏准则	τ'/c	τ'/c	相似
	v	v	相似		σ'/c	σ'/c	相似

8.3.4 试验方案设计

涵洞离心试验是通过模拟不同填土工况，来研究不同断面、不同填土深度涵洞结构体和涵洞周围土体的变形性状与受力特征的。涵洞结构体的受力特征主要通过应变片来测试，涵洞周围土体的位移变化主要通过在土体绘制图线来测量。离心试验内容包括涵洞减荷与未减荷工况、沟谷影响工况、刚性基础上拱涵与圆管涵沉降变形工况、涵洞顶内外土柱差实际变化工况、涵洞纵断面基底地形影响工况、涵洞在减荷情况下纵断面基底地形影响工况、非刚性基础上涵洞体在减荷与非减荷工况下的受力特征。

8.3.4.1 刚性基础上拱涵与圆管涵沉降变形工况设计

刚性基础下涵洞周围土体的沉降变形研究旨在针对不考虑涵洞自身位移的情况下，涵洞顶土体及涵台侧土体变化的情况。试验选用拱涵和圆管涵两种涵洞形式进行试验对比。试验设计示意图见图 8-10。

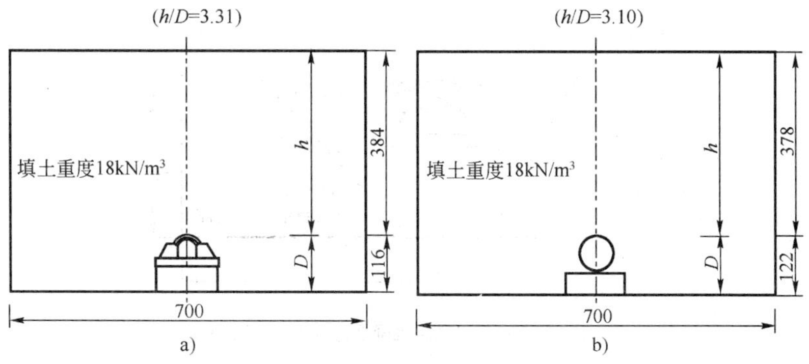

图 8-10　刚性基础下拱涵与圆管涵沉降变形工况（单位：mm）

a)刚性基础上拱涵；b)刚性基础上管涵

8.3.4.2 沟谷影响工况设计

沟谷影响工况是模拟现场实际工况，来研究不同沟坡坡度对涵洞体及其周围填土的沉降变形影响。涵洞基础底面设置于非刚性地基上，沟坡一侧选用 60°，另一侧选用 45°。试验设计示意图见图 8-11。

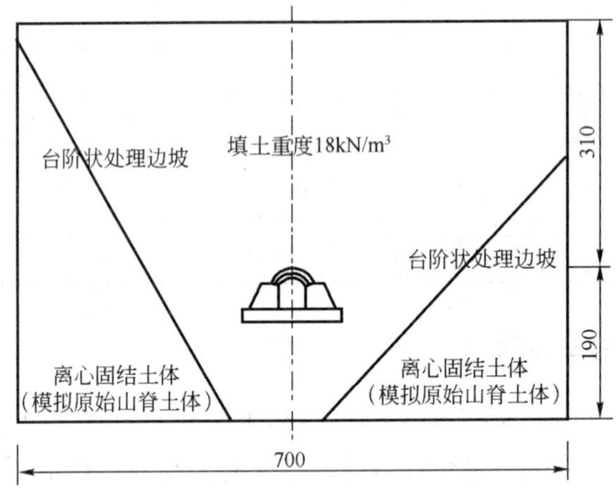

图 8-11 沟谷影响条件下涵洞沉降变形工况(单位:mm)

8.3.4.3 减荷情况下涵洞及周围土体沉降变形工况设计

在与图 8-11 相同的填挖交界面工况中，涵顶埋设 EPS 泡沫板来模拟现场减荷情况，高填路堤涵洞的沉降变形性状，以及 EPS 板随填土高度增加，压缩变形的情况。试验设计示意图见图 8-12。

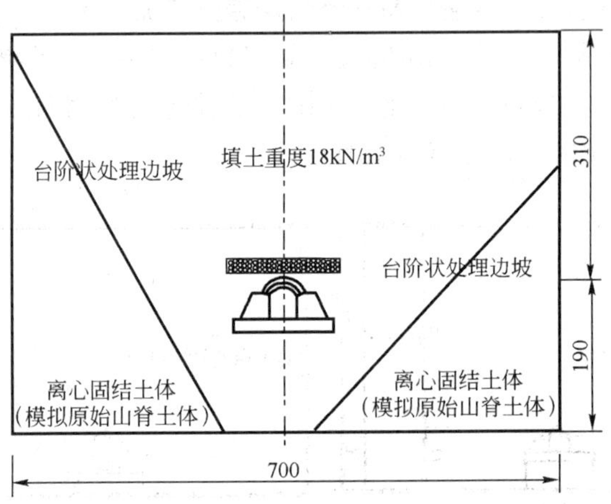

图 8-12 减荷情况下涵洞沉降变形工况(单位:mm)

8.3.4.4 涵洞内外土柱差实际变化工况设计

由于在实际工程中无法测试内外土柱差的变化情况，因此通过离心试验模拟

实际填土高度，来突出内外土柱的沉降变化，进而可以了解涵洞顶以上填土与涵洞底填土之间的沉降变化过程，通过原型离心模拟试验分析实体等沉面性状。试验设计示意图见图 8-13。

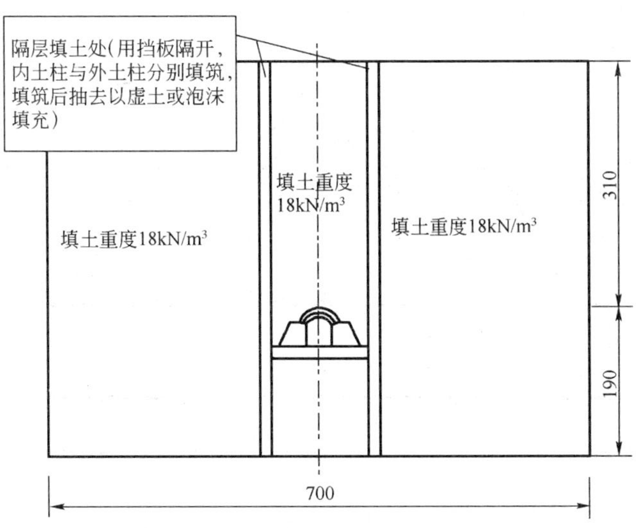

图 8-13 涵洞内外土柱差实际变化工况(单位:mm)

8.3.4.5 涵洞纵断面基底地形影响工况设计

通过模拟原型填土工况下，研究涵洞基底因地形情况引起的不均匀纵断面沉降对水泥砂砾稳定层和涵洞基础的影响。试验根据某涵洞的原型情况，模拟未减荷情况下的沉降变形性状。试验设计示意图见图 8-14。

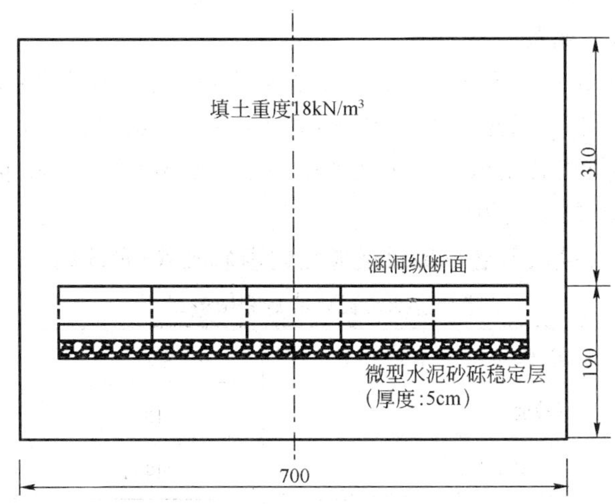

图 8-14 涵洞纵断面基底地形影响工况(单位:mm)

8.3.4.6 非刚性基础上涵洞体在减荷与非减荷工况下的受力特征设计

涵洞离心模型试验要测定的参数有涵洞拱圈应变值、涵台台背应变值，涵洞基础应变值。涵洞模型元件布置示意图如图 8-15 所示，涵洞及土体处于平面应变状态。试验设计工况如图 8-11、图 8-12 所示。

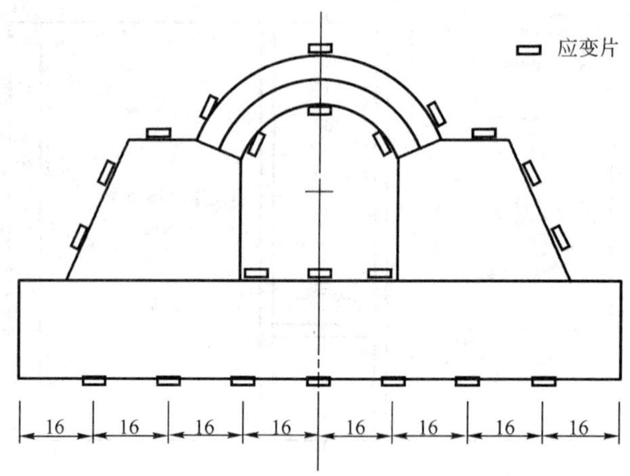

图 8-15 涵洞(1∶60)模型元件布置图(单位:mm)

8.4 涵洞离心模型试验与成果分析

8.4.1 刚性基础上拱涵与圆管涵沉降变形成果分析

8.4.1.1 模型制备

试验选用 700mm×500mm×360mm 规格模型箱制备模型模拟工况。模拟刚性基础上拱涵与圆管涵工况，拱涵模型箱放置在可以拍摄图片一侧，圆管涵放置在配重一侧，同时进行离心模拟。拱涵结构模型为原形涵洞的 1/60 倍，圆管涵选用 PVC 管代替。模型制备实图见图 8-16。

8.4.1.2 填土密度与含水率试验前后的资料成果(表 8-2)

填土含水率试验前后变化情况　　表 8-2

试验组次		含水率(%)	密度(g/cm³)
试验前		13.5	2.427
试验后	填土上层	14.4	2.600
	填土下层(靠涵洞顶)	14.7	2.415

a)

b)

图 8-16　刚性基础上拱涵与圆管涵沉降变形工况
a)拱涵模型;b)圆管涵模型

8.4.1.3　离心模拟试验加速度的设置情况(表 8-3)

离心模拟试验加速度的设置情况　　表 8-3

实际填土高度(cm)	离心模拟填土高度(m)	对应加速度 g	加速度停留时间(min)	实际模拟时间(min)	实际模拟天数(d)	累计模拟总天数(d)
35	5	14.3	5	1 020.4	0.7	0.7
	10	28.6	5	4 081.6	2.8	3.5
	15	42.9	5	9 183.7	6.4	9.9
	20	57.1	5	16 326.5	11.3	21.3
	25	71.4	5	25 510.2	17.7	39.0
	30	85.7	5	36 734.7	25.5	64.5
	35	100.0	5	50 000.0	34.7	99.2
	40	114.3	40	522 449.0	362.8	462.0

试验过程中,加速度趋势如图 8-17 所示。

8.4.1.4　试验结果与分析

1.刚性基础下拱涵周围土体随模拟填土高度增加的位移变化成果分析

(1)拱涵离心试验实时位移监控(图 8-18)

试验通过在土体外侧标示 20mm×20mm 网格来监控各级加速度下的位移场的变化。

(2)位移图片分析

位移图片数据的读取是通过软件图片、模型箱外侧标尺(如图片中红线)所示的绝对参照基线、通过量测所监控点与红线间的距离来读取各级加速度、不同填土高度下的位移变化量。

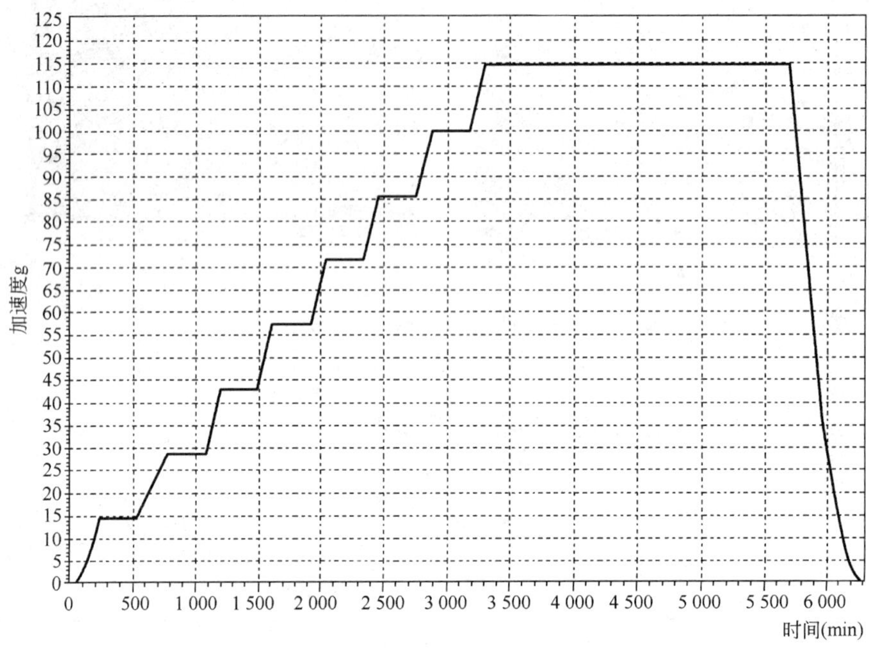

图 8-17 加速度响应趋势图

针对该拱涵模型，通过选取涵洞模型中线左侧 18cm、右侧 20cm 和中线三处横断面位置，以及模型涵顶填土深度为 1.88cm、11.88cm、23.88cm 三个分析层面来分析拱涵周围土体随填土高度变化，位移场的变化情况。

其中 1.88cm 对应涵顶全部填土高度的 0.054，11.88cm 对应涵顶全部填土高度的 0.339，23.88cm 对应全部填土高度的 0.682。由图 8-19 可以看到，当填土高度增加，涵顶填土等沉面随之上升。当填土高度为 5m 和 10m 时，涵中与两侧沉降不均匀；当填土为 15m 时，在填土高度比为 0.339 处，沉降变形相对位置基本呈一直线，可见等沉面形成，对应涵洞结构高度与涵顶填土高度比为 0.28；当填土高度为 25m 时，涵顶填土沉降基本均匀。到填土高度由 30m 达到 40m 时，涵顶沉降各层面横断面沉降差值逐渐减小，基本呈一直线。可见涵洞在填土高度 15m 以下，涵顶受到外土柱传来的附加荷载较明显。由图中 40m 填土高度可知，模型在模拟固结时间 462d 以后，从填土 5m 到 40m 高度最终路堤沉降量为 8.7mm，此时对应加速度为 114.3g，所以实际模拟沉降量为 99.4cm，与实际依托工程所测沉降量相近。

(3)试验模型实际量测分析

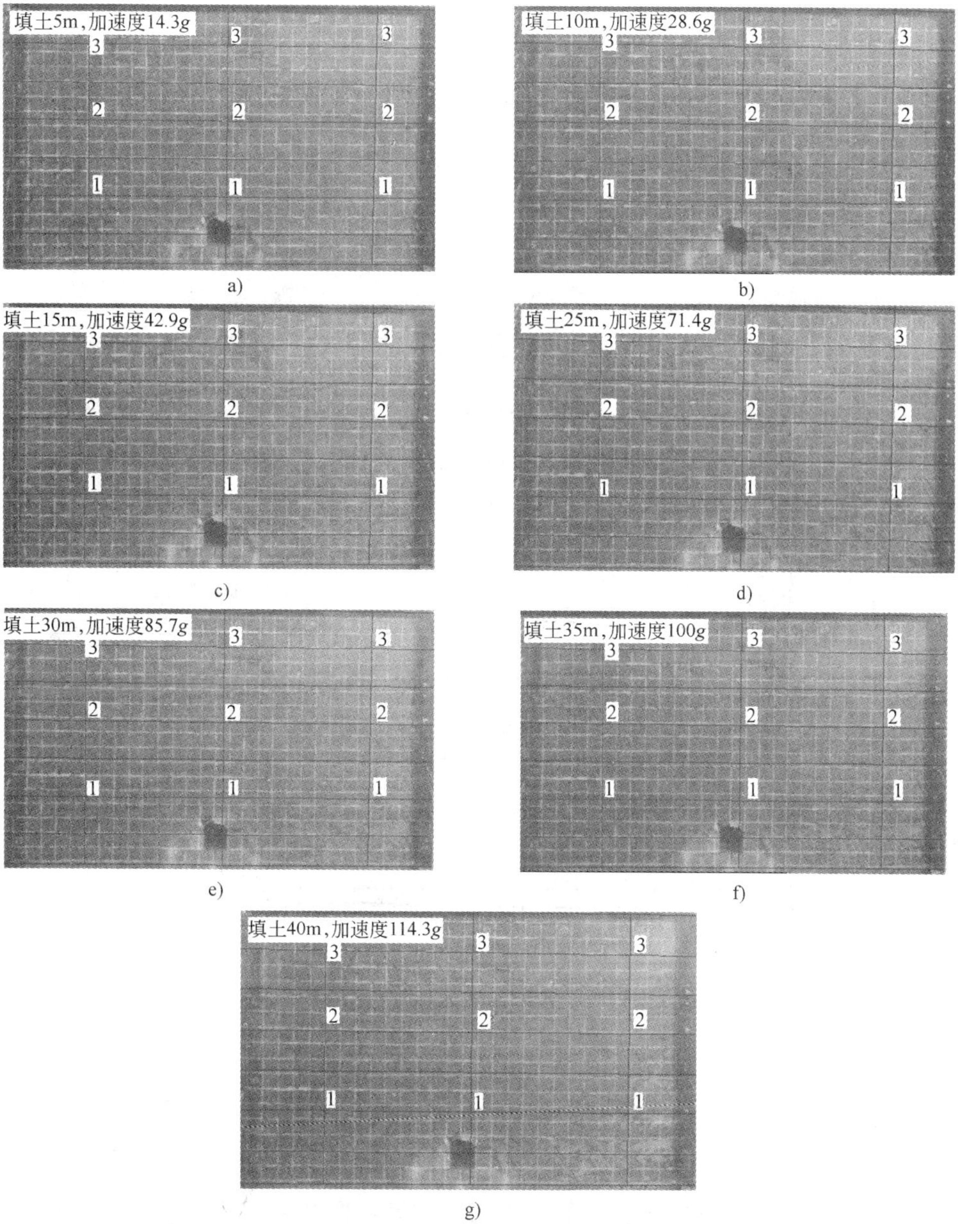

a)

b)

c)

d)

e)

f)

g)

图 8-18　刚性基础下拱涵随填土高度增加位移变化成果分析

a)模拟填土 5m,实时加速度 14.3g;b)模拟填土 10m,实时加速度 28.6g;c)模拟填土 15m,实时加速度 42.9g;d)模拟填土 25m,实时加速度 71.4g;e)模拟填土 30m,实时加速度 85.7g;f)模拟填土 35m,实时加速度 100g;g)模拟填土 40m,实时加速度 114.3g

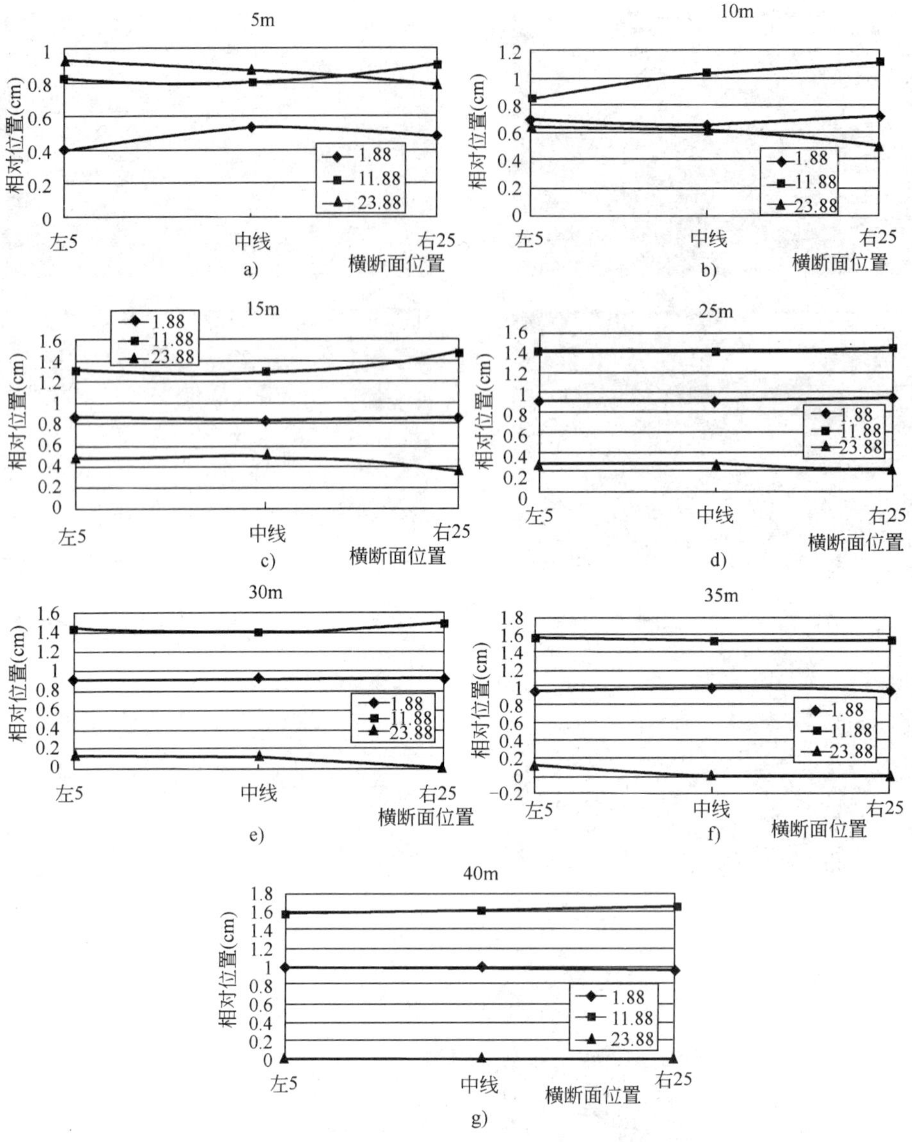

图 8-19　拱涵周围土体随填土高度变化，位移场的变化情况

试验模型实际量测分析是在离心机停机以后，对模型关键断面进行测量分析，其存在由于离心力减少而导致的土体回弹误差，但对分析土体的沉降变形性状有一定的参考价值。

由图 8-20 可以看到，在拱顶处，拱顶沉降量小于两侧外土柱的沉降量，沉降变形性状呈上凸形；拱圈附近沉降量也基本与拱顶处一致，只是沉降量较前者少。

a)

b)

图 8-20 拱涵顶附近填土变形性状

a)涵洞拱顶填土变形性状；b)涵洞拱圈附近填土变形性状

2.刚性基础下圆管涵周围土体沉降变形性状成果分析

由于圆管涵模型放置于离心机挂篮配重一侧臂上，只能通过模型实际量测方法来分析其受力变形性状。由图 8-21 可知，管涵周围土体变形性状为涵顶两侧土体沉降量较涵顶要小；涵顶土体变形的增加是因为管涵结构受力发生变形所致，其受力变形后形态基本为椭圆形，管涵直径在试验前后垂直径向和水平径向均发生 2mm 的径向变形，管顶总体沉降量为 8mm，与有限线元结构分析相似。

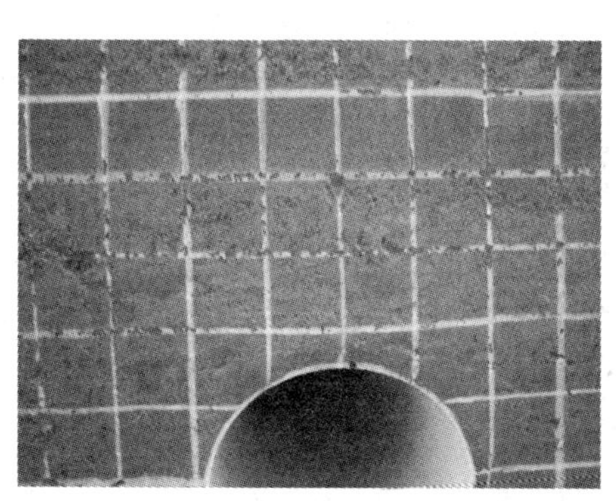

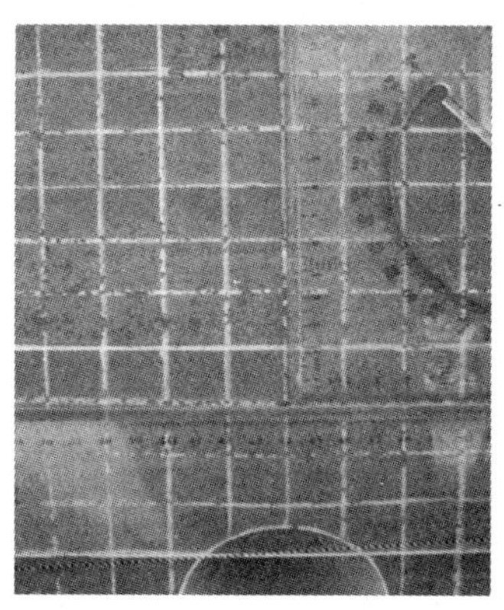

图 8-21 管涵洞顶附近填土变形性状

8.4.2 沟谷地形影响工况试验成果分析

8.4.2.1 模型制备

该模型主要模拟沟谷地形工况下未采取减荷措施时涵洞周围土体的变形性状。模型利用前一组试验完成后的固结土，仿照实际地形制作边坡角度分别为

60°和45°的模型，如图8-22a)所示，然后在模型填土达到11cm处设置涵洞模型，涵顶填土31.3cm，涵洞基础左侧距模型箱边界29.3cm，距左侧模拟边坡10cm，右侧距模型箱边界28cm，距右侧模拟边坡11cm，如图8-22b)。

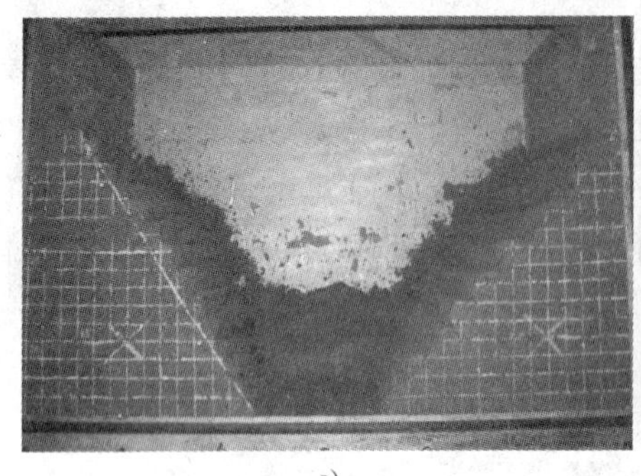

a)

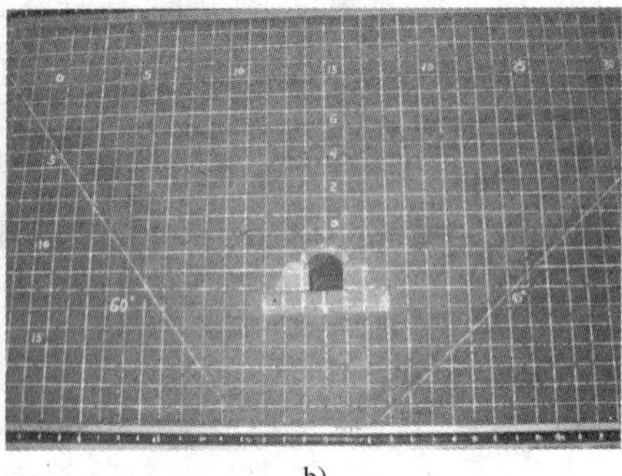

b)

图8-22 沟坡影响工况模型制备

a)模拟沟坡；b)沟坡中，未减荷工况

8.4.2.2 填土密度与含水率试验前后的对比资料(表8-4)

填土含水率试验前后变化情况　　表8-4

试验组次		含水率(%)	密度(g/cm³)
试验前		12.9	2.126
试验后	填土上层	12.2	2.263
	填土下层(靠涵洞底)	13.3	2.338

8.4.2.3 离心模拟试验加速度的设置(表8-5)

离心模拟试验加速度的设置　　表8-5

实际填土高度(cm)	离心模拟填土高度(m)	对应加速度 g	加速度停留时间(min)	实际模拟时间(min)	实际模拟天数(d)	累计模拟总天数(d)
31	5	16.1	5	1 300.7	0.9	0.9
	10	32.3	5	5 202.9	3.6	4.5
	15	48.4	5	11 706.6	8.1	12.6
	20	64.5	5	20 811.7	14.5	27.1
	25	80.6	5	32 518.2	22.6	49.7
	30	96.8	5	46 826.2	32.5	82.2
	35	112.9	5	63 735.7	44.3	126.5
	40	129.0	40	665 972.9	462.5	588.9

试验过程中,加速度趋势与图 8-17 相同。

8.4.2.4 试验结果与分析

(1)各级离心加速度,模拟填土高度下的位移场实时变化情况如图 8-23 所示。图中圆圈为量测监控点。由图可知,沟坡处的沉降量要小于填土处的沉降量。涵洞拱顶土体与基础下土体变形情况均随填土高度增加发生变化。

(2)位移图片分析

位移图片分析选用图片中所示"圆圈"为监控测量点,量测出其相对红线的位移量,测试结果如图 8-24。

由图 8-24 可知,各分析层在填土高度 15m 以下,涵中沉降量与两测土体沉降量基本相当。与工况一的涵洞两侧外土柱沉降量相比,沟谷影响工况下的拱涵外土柱土体沉降量明显要小,并且沟谷影响随填土高度日益明显,涵中沉降量在试验模拟至 40m 填土时,明显高于两侧土体沉降量。由"中松侧实"原理可知,此时涵中内土柱与外土柱的沉降差增大,土体相对位移所产生的摩擦力把内土柱的部分荷载转移到了外土柱。由模拟填土 40m 的实时位移图片[图 8-23h)],可以看到此时的内外土柱并非严格的垂直分界,而是与沟坡边界平行,呈倒八字形。

(3)试验模型实际量测分析

通过停机实测模型各点沉降量值,可以得出如图 8-26 所示全局位移变化情况。由图 8-27 可知,涵中沉降量随填土高度增加,先增加而后开始减小。

8.4.3 减荷情况下涵洞及周围土体沉降变形成果分析(图 8-25)

8.4.3.1 模型制备

该工况涵洞顶以下填土与两侧沟坡地形模拟均按工况二制备方法。在涵洞顶 1cm 填土处放置 EPS 板。EPS 板的厚度为 2.8cm,宽度 12cm,投影覆盖整个涵洞基础,纵向长度为 25cm,如图 8-28a)所示。填土完成后 EPS 板的厚度减小到 2.3cm,涵洞顶填土 30.5cm,模型制备实图如图 8-28b)。

8.4.3.2 填土密度与含水率试验前后资料成果分析(表 8-6)

填土含水率试验前后变化情况　　表 8-6

试验组次		含水率(%)	密度(g/cm³)
试验前		18.1	2.450
试验后	填土上层	—	—
	填土下层(靠涵洞底)	14.0	2.482

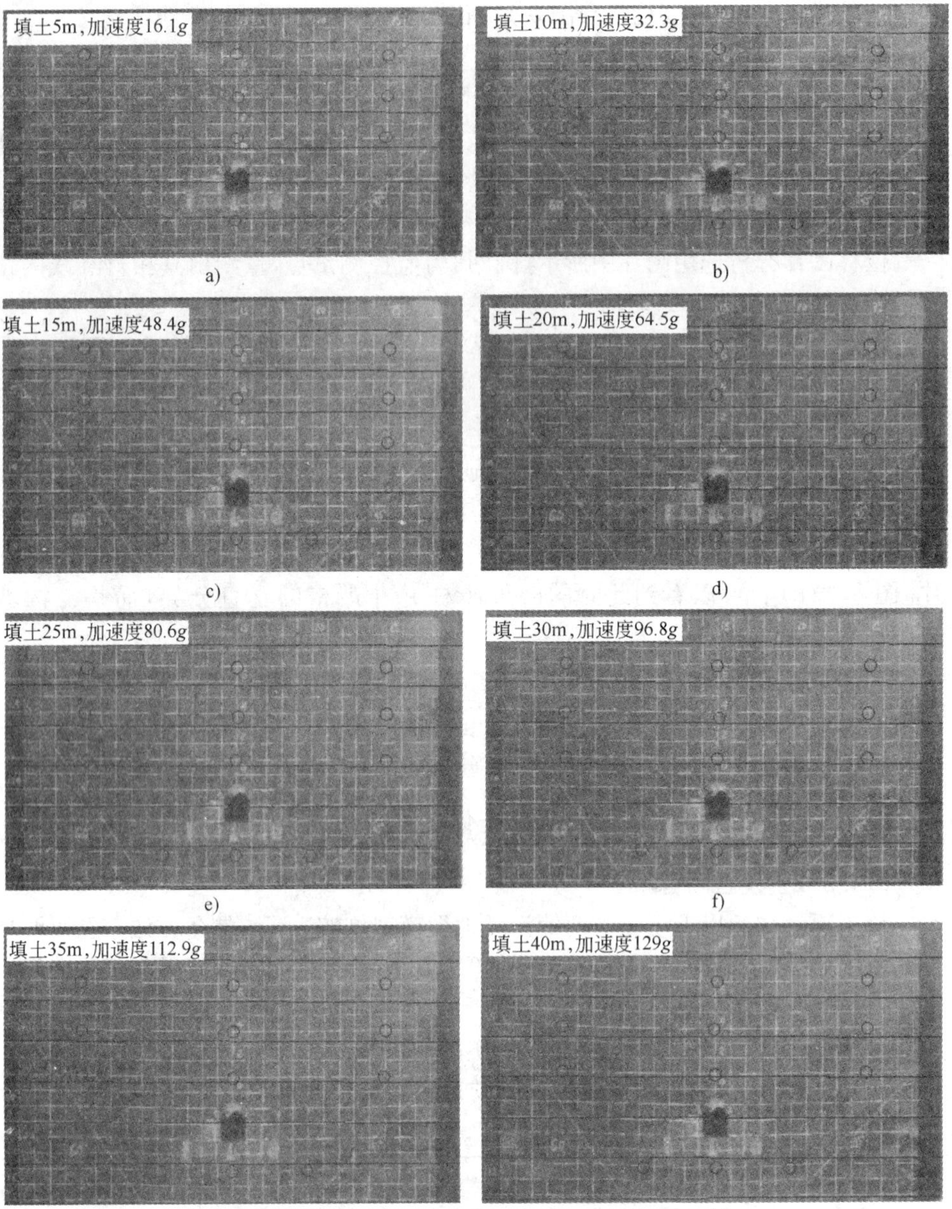

填土5m,加速度16.1g

a)

填土10m,加速度32.3g

b)

填土15m,加速度48.4g

c)

填土20m,加速度64.5g

d)

填土25m,加速度80.6g

e)

填土30m,加速度96.8g

f)

填土35m,加速度112.9g

g)

填土40m,加速度129g

h)

图 8-23　沟坡工况下拱涵随填土高度增加位移变化情况

a)模拟填土 5m,实时加速度 16.1g;b)模拟填土 10m,实时加速度 32.3g;c)模拟填土 15m,实时加速度 48.4g;d)模拟填土 20m,实时加速度 64.5g;e)模拟填土 25m,实时加速度 80.6g;f)模拟填土 30m,实时加速度 96.8g;g)模拟填土 35m,实时加速度 112.9g;h)模拟填土 40m,实时加速度 129g

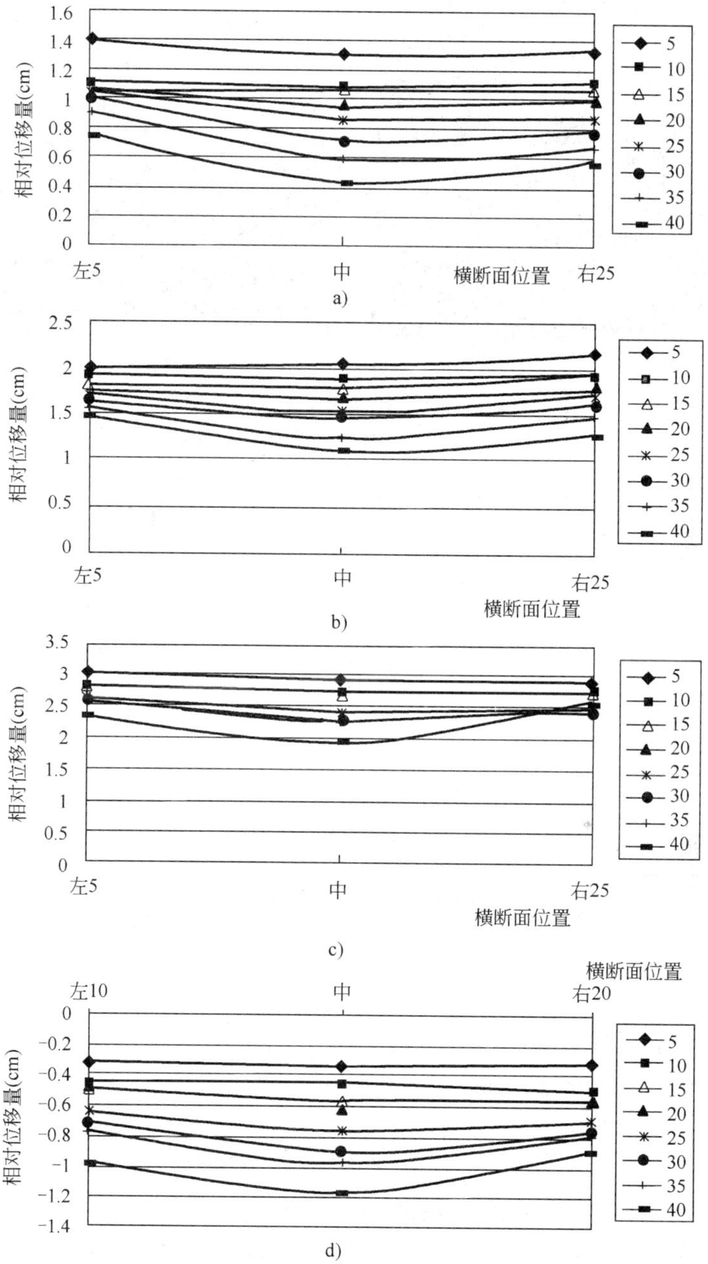

a)

b)

c)

d)

图 8-24 沟坡工况下拱涵四个分析土层随填土高度增加位移变化情况

a)涵顶第一分析层(3.04cm)随填土高度增加变形性状;b)涵顶第二分析层(8.84cm)随填土高度增加变形性状;c)涵洞第三分析层(14.79cm)随填土高度增加变形性状;d)涵洞第四分析层(基础下 1.4cm)随填土高度增加变形性状

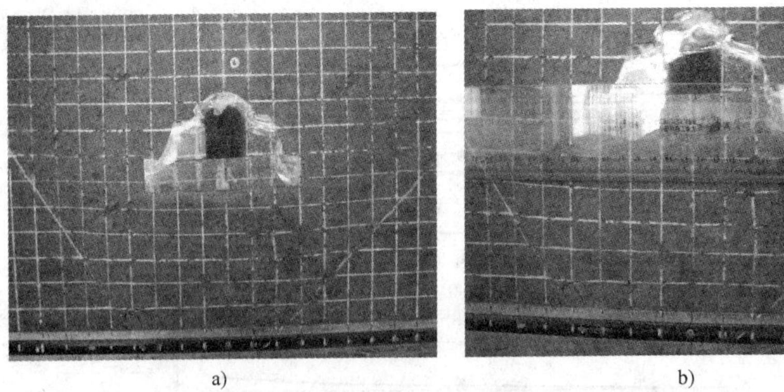

a) b)

图 8-25 沟坡工况，拱涵周围土体变形性状

a)沟坡工况，拱涵周围土体变形性状；b)沟坡工况，拱涵涵底土体变形性状

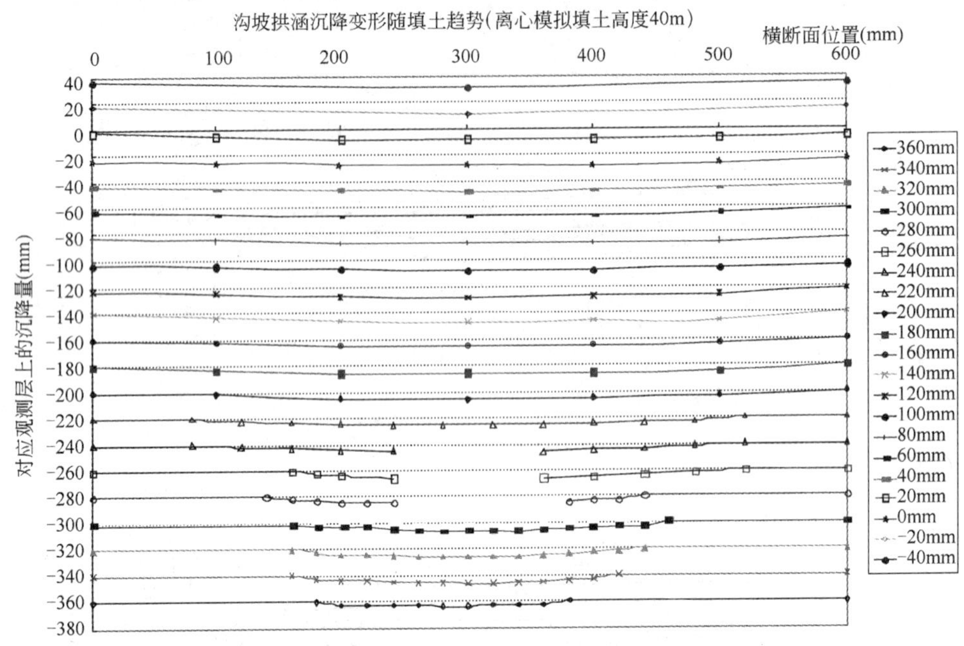

图 8-26 沟坡工况，拱涵模型全局沉降变化情况

8.4.3.3 离心模拟试验加速度的设置

由于涵顶填土高度与工况二相当，所以加速度的设置与表 8-6 相同。

试验过程中，加速度趋势与图 8-17 相似。

8.4.3.4 试验结果与分析

(1)由图 8-29 可知，当模拟填土从 5m 到 10m 时，涵顶 EPS 板厚度没有明显变化；当加速度达到 112.9g，即模拟填土高度为 35m 时，涵顶 EPS 板上侧土体出现了破坏；裂缝随着加速度的增加，逐渐发展成围绕 EPS 板的圆拱形裂缝。裂缝范围内的土体随 EPS 板的压缩而下沉，逐渐与上部土体裂开。在裂缝包含范围以外，土体的沉降量较小。

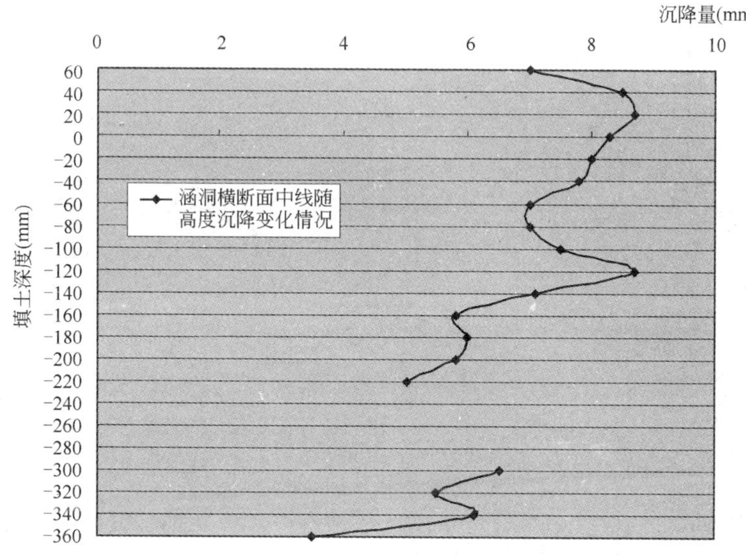

图 8-27 沟坡工况，拱涵涵中沉降量随填土高度变化情况

a)

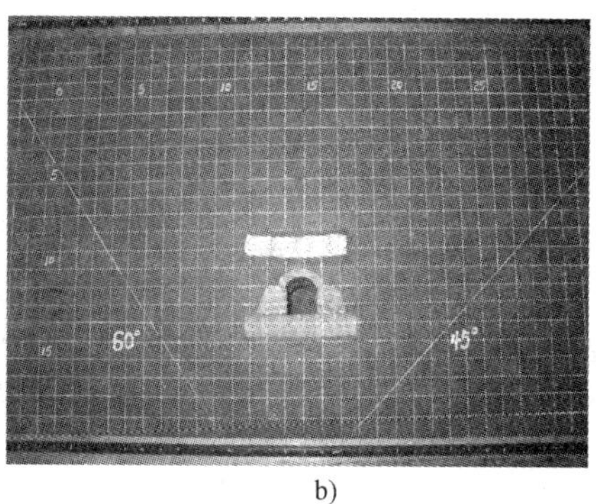

b)

图 8-28 减荷工况模型制备

a)EPS 减荷板模型；b)减荷情况下，涵洞及周围土体沉降变形工况

由于 EPS 板变形量较大，导致内外土柱间的沉降差很明显，较工况二沟坡影响所形成的内外土柱差更大，并且由图 8-29e）可以看到，内土柱基本为涵洞基础投影宽度范围内。由图 8-29e）所示裂缝破坏形态，可以看到在涵洞顶部形成了土

拱现象，在圆拱范围内的土体随 EPS 板的压缩而发生位移，运动过程中通过摩擦力将自身荷载转移到两侧土体，而圆拱裂缝以外由于拱效应作用，土体并没有大量下沉，这表明实际上圆拱裂缝以上的土体并没有完全将自身荷载传递到涵洞顶，虽起到了减荷的作用，但实际工程中不会有这种情况发生，这是由于试验工程与实际条件不同而产生的一种试验现象。

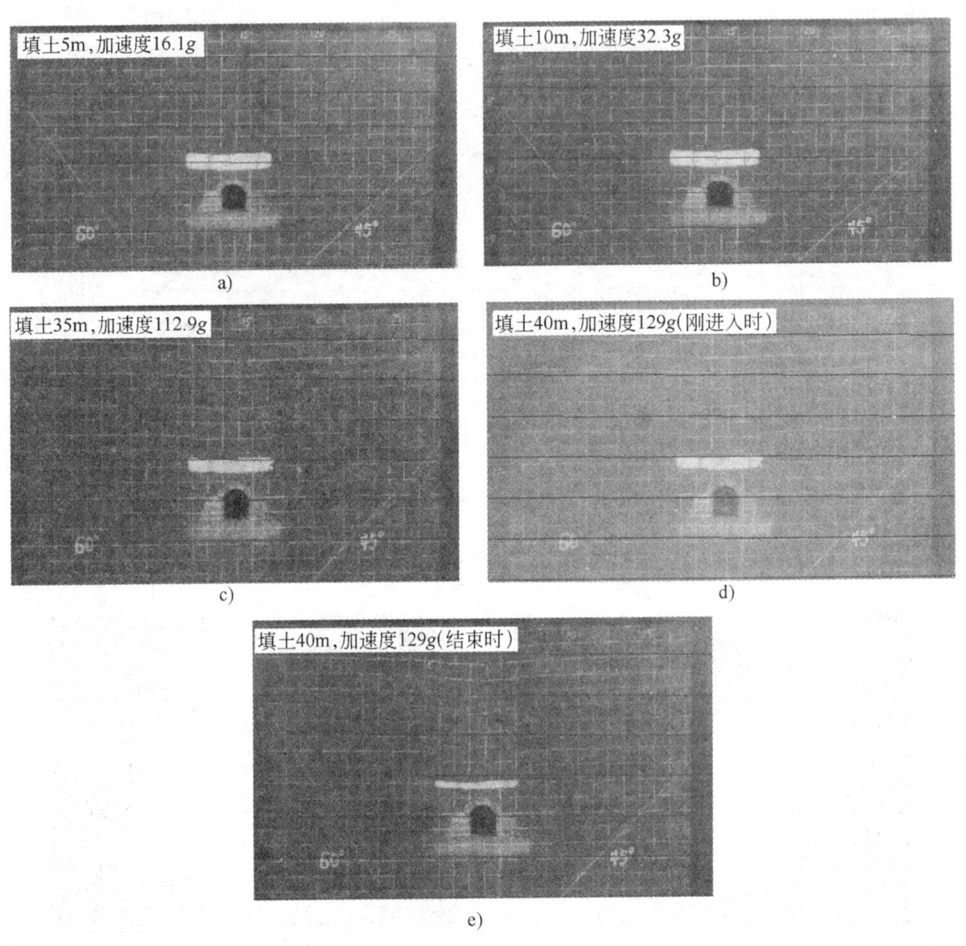

图 8-29 减荷工况下拱涵随填土高度增加位移变化情况

a)模拟填土 5m，实时加速度 16.1g；b)模拟填土 10m，实时加速度 32.3g；c)模拟填土 35m，实时加速度 112.9g；d)模拟填土 40m，实时加速度 129g(刚进入时)；e)模拟填土 40m，实时加速度 129g(结束时)

(2)位移图片分析

通过监控试验运行中，取模型三个分析层(涵顶 4cm、10cm、20cm 三层)研究随加速度增加，其沉降变形情况，如图 8-30 所示。

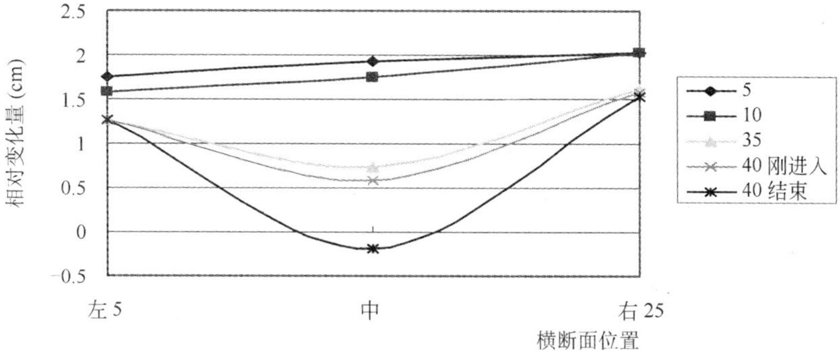

a)

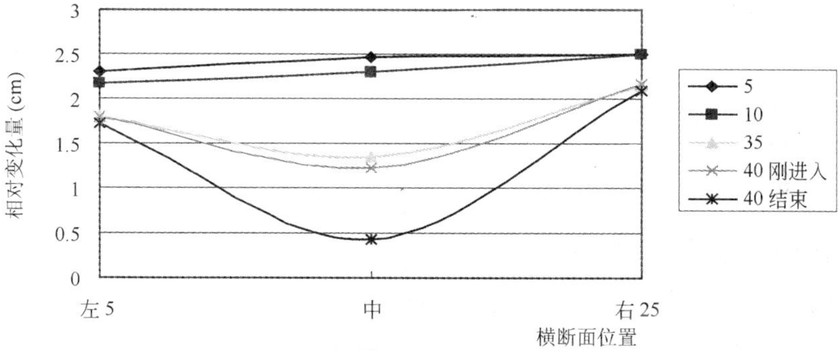

b)

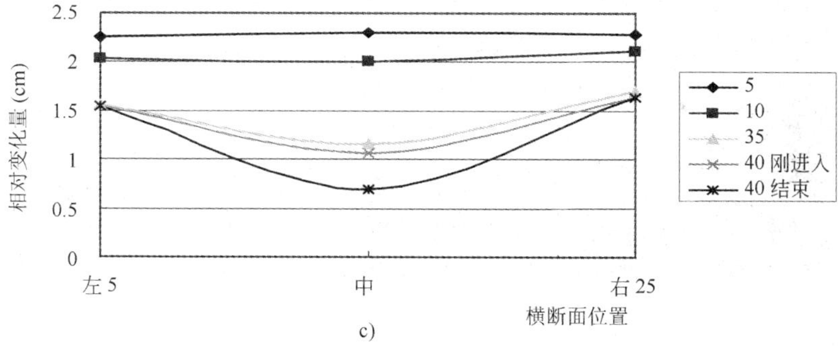

c)

图 8-30　三个分析层随加速度增加，沉降变形情况

a)减荷工况下第一分析层(4cm)随高度变化情况；b)减荷工况下第二分析层(10cm)随高度变化情况；c)减荷工况下第三分析层(20cm)随高度变化情况

由图 8-30 可以看出，前期当模拟填土高度为 5m 和 10m 时，三个分析层整个横断面沉降较均匀。随着加速度的增加，即模拟填土高度的增加，稳定的等沉现象被打破，并且内外土柱的沉降差变大。图中“40m 刚进入”表示加速度刚达到时的相对变化量，“40m 结束”表示已经经过 40min 离心固结后所测的相对变化量。由图 8-30 可以看到，离心固结 40min，相当于模拟工后沉降 588.9d，在这个阶段，EPS 板的变形量最大，也就是说 EPS 板的减荷效应在工后沉降中起效明显，也表

明在现场实际施工过程中，要保证较适当的填土速度，以便 EPS 板能逐渐发挥减荷功能。

EPS 板随模拟填土高度的增加，厚度变化趋势如图 8-31 所示。

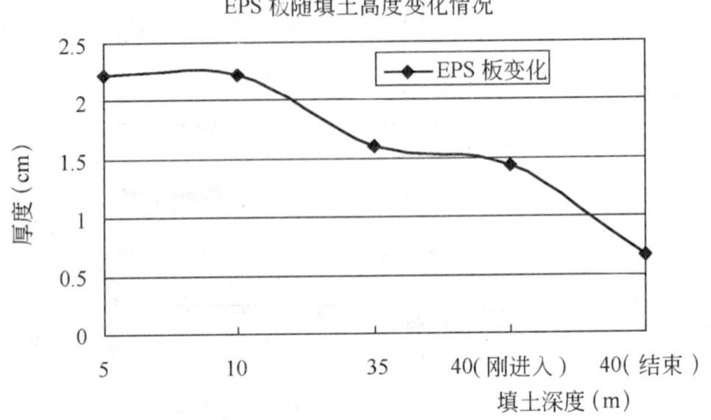

图 8-31　EPS 板随模拟填土高度的增加，厚度变化趋势

(3)试验模型实际量测分析

停机后，减荷工况下，拱涵全局位移及破坏情况如图 8-32 所示。

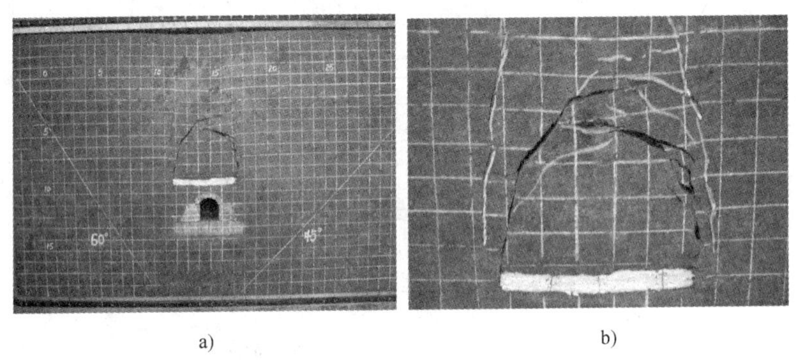

a)　　b)

图 8-32　减荷工况下拱涵全局位移及破坏情况

a)减荷工况下，拱涵全局位移情况；b)EPS 板上裂缝形式

通过实际量测土体上各监控点位移得到的减荷工况下，拱涵全局量化位移场，如图 8-33。由图中涵洞基础下位移可知，该工况下基底附近土体的沉降有所上升，并且通过量测基础左端下沿水平向位移，如图 8-34，可知基础外土体有向基础底运动的趋势。这说明由于 EPS 板的卸荷效应，导致涵洞两侧土体的荷载增加，增加的荷载逐渐向下层传递，而涵洞基底相对是一个"低土压力"区，于是部分土体被"挤"至涵底，导致这部分的土体非降反升，一定意义上使涵洞底有个反力产生。实际量测涵洞结构位置，得知涵洞并没有很大位移，更没有如未减荷工况二那样发

生明显下沉。

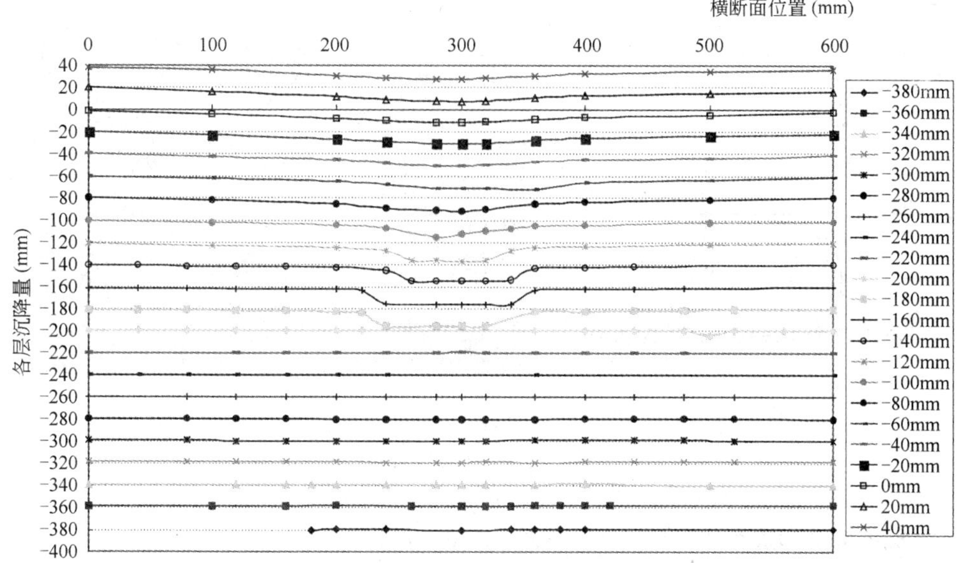

图 8-33 减荷工况下拱涵模型全局位移场

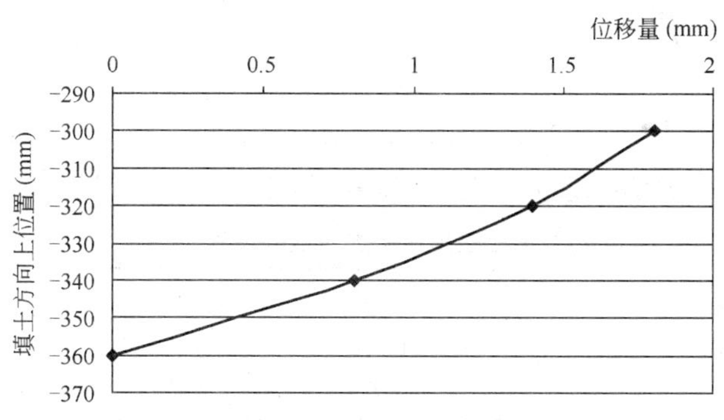

图 8-34 减荷工况下拱涵基底土体水平向位移变化情况

8.4.4 涵洞内外土柱差变化工况的试验模拟

8.4.4.1 模型制备

该工况主要模拟马氏土压力计算模型，如图 8-35a)所示，为了形成明显的内外土柱错动现象，在制备该模型时人为用虚土隔开内外土柱，以减小其之间摩擦力。模型制备实图如图 8-35b)。

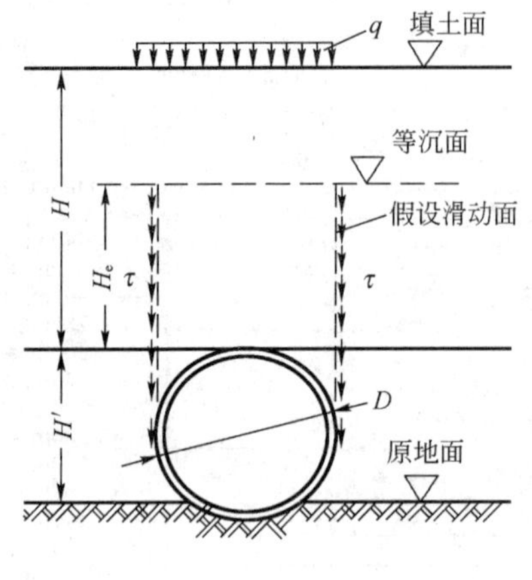

a)

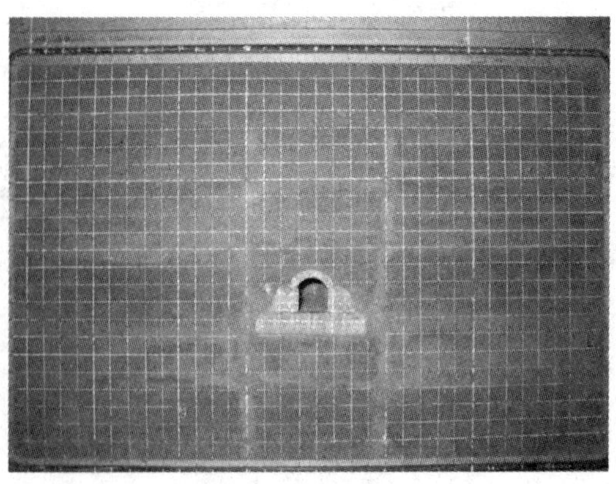

b)

图 8-35　涵洞内外土柱差实际变化工况模型制备

a)马氏土压力上埋式计算模型；b)涵洞内外土柱差实际变化工况

8.4.4.2　填土密度与含水率试验前后的对比资料(表 8-7)

填土含水率及密度试验前后资料成果分析　　表 8-7

试 验 组 次		含水率(%)	密度(g/cm^3)
试验前		12.6	2.125
试验后	填土上层	11.9	2.254
	填土下层(靠涵洞底)	14.0	2.334

8.4.4.3　离心模拟试验加速度的设置(表 8-8)

离心模拟试验加速度的设置　　表 8-8

实际填土高度(cm)	离心模拟填土高度(m)	对应加速度 g	加速度停留时间(min)	实际模拟时间(min)	实际模拟天数(d)	累计模拟总天数(d)
29	5	17.2	5	1 486.3	1.0	1.0
	10	34.5	5	5 945.3	4.1	5.2
	15	51.7	5	13 376.9	9.3	14.5
	20	69.0	5	23 781.2	16.5	31.0
	25	86.2	5	37 158.1	25.8	56.8
	30	103.4	5	53 507.7	37.2	93.9
	35	120.7	5	72 830.0	50.6	144.5
	40	137.9	40	760 998.8	528.5	673.0

试验过程中，加速度趋势与图 8-17 相似。

8.4.4.4　试验结果与分析

（1）内外土柱土体随模拟填土高度增加，位移变化实时情况如图 8-36 所示。

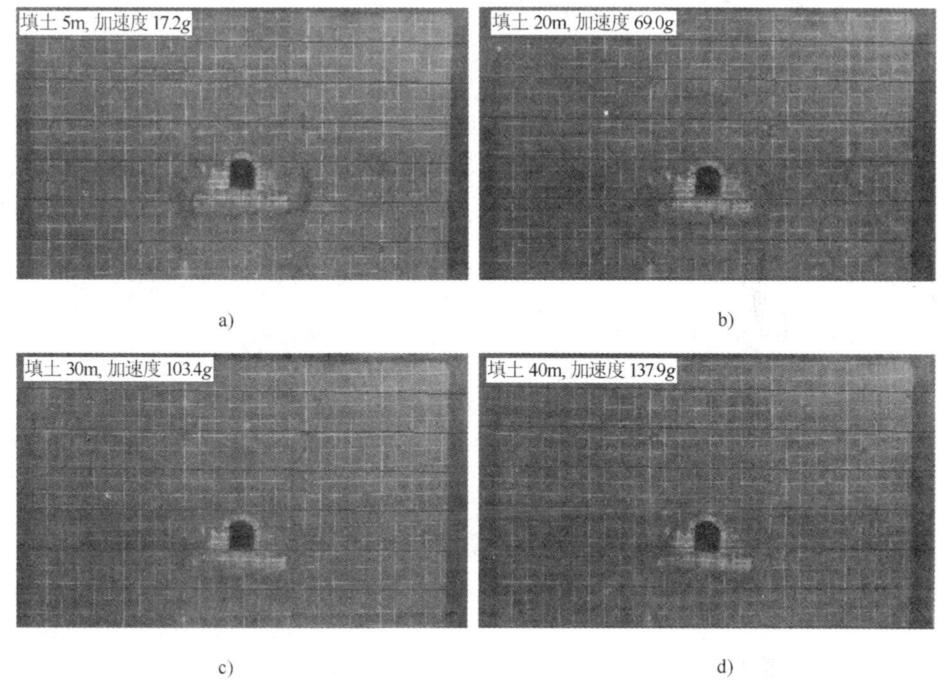

图 8-36　减小内外土柱摩擦力工况下，拱涵周围土体随模拟填土高度增加，位移变化情况
a)模拟填土 5m，实时加速度 17.2g；b)模拟填土 20m，实时加速度 69.0g；c)模拟填土 30m，实时加速度 103.4g；d)模拟填土 40m，实时加速度 137.9g

（2）位移图片分析

由图 8-36 所示实时监控图片，通过图片数据采集，可以绘出如图 8-37 所示六个分析层相对图中"标识红线"的变化量。六个分析层分别是涵底－8cm、涵底－2cm、涵顶 0.7cm、涵顶 6.7cm、涵顶 10.7cm、涵顶 16.7cm。图 8-37 反映的是这六个分析层在加速度变化过程中，该层内外土柱沉降差的变化情况。如图 8-37 第一分析层可知，随着加速度的增加，即模拟填土高度的增加，涵洞基底－8cm 层的内外土柱差是逐渐增大的，最大差值为 0.13cm；涵洞基底－2cm 层的内外土柱差由于离涵洞基底较近，此处的沉降差较第一分析层更为明显，最大沉降差达到 0.47cm；涵底的沉降差表现为内土柱的沉降量大于外土柱的沉降量，而涵顶内外土柱的沉降差随分析层数的上升，逐渐减小。

相对变化量（cm）
横断面位置（cm）
5
10
20
25
30
35
40

a)

相对变化量（cm）
横断面位置（cm）
5
10
20
25
30
35
40

b)

相对变化量（cm）
横断面位置（cm）
5
10
20
25
30
35
40

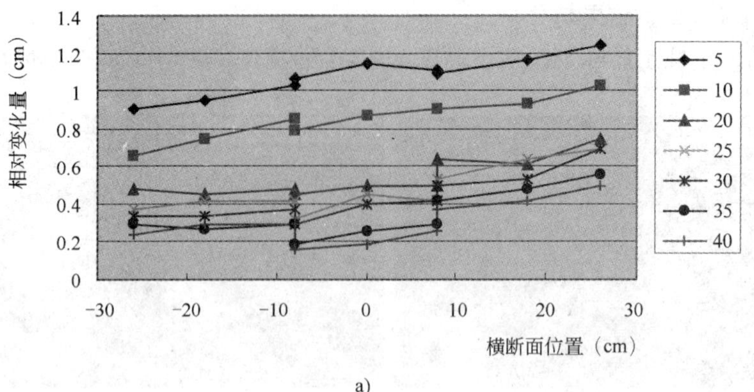

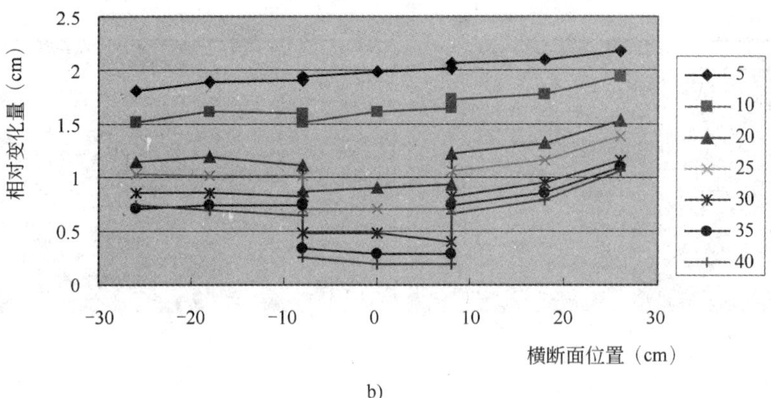

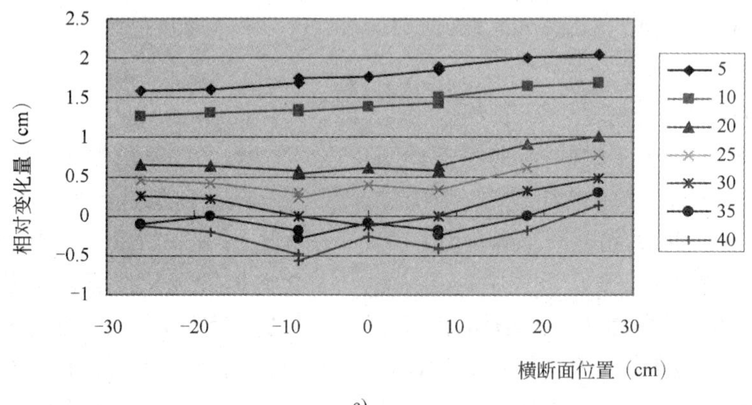

c)

图 8-37

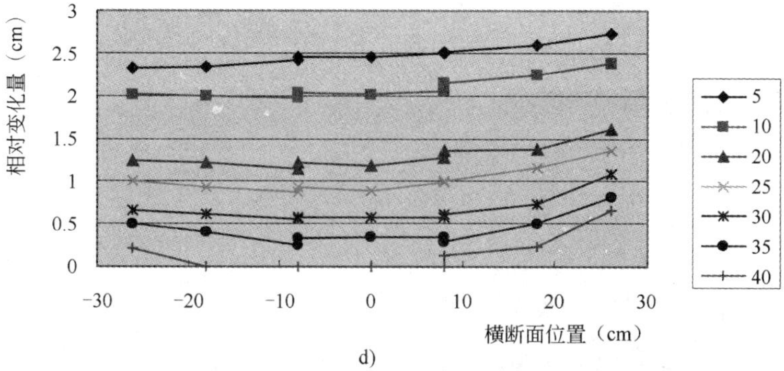
相对变化量（cm）
横断面位置（cm）
5
10
20
25
30
35
40

d)

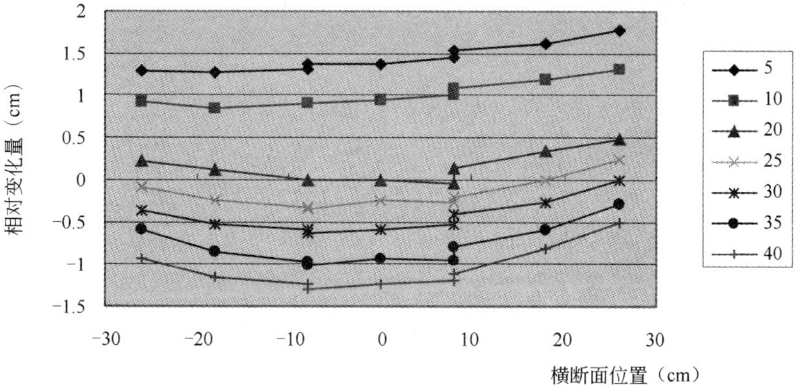
相对变化量（cm）
横断面位置（cm）
5
10
20
25
30
35
40

e)

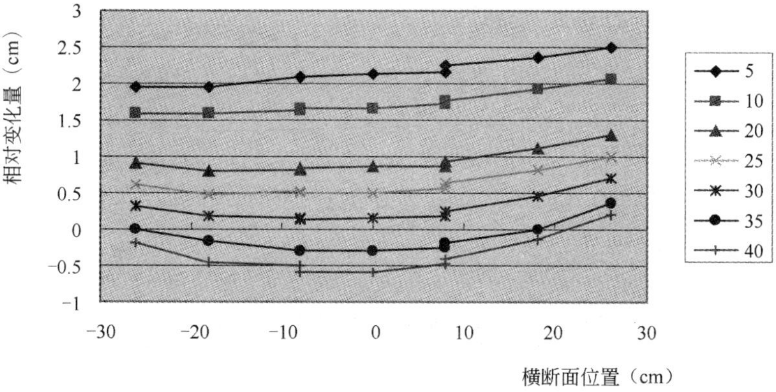
相对变化量（cm）
横断面位置（cm）
5
10
20
25
30
35
40

f)

图 8-37　减小内外土柱摩擦力，各分析层随加速度增加沉降变形情况

a)减小内外土柱摩擦力下，第一分析层(基底－8cm)沉降变形情况；b)减小内外土柱摩擦力下，第二分析层(基底－2cm)沉降变形情况；c)减小内外土柱摩擦力，第三分析层(基顶 0.7cm)沉降变形情况；d)减小内外土柱摩擦力，第四分析层(基顶 6.7cm)沉降变形情况；e)减小内外土柱摩擦力，第五分析层(基顶 10.7cm)沉降变形情况；f)减小内外土柱摩擦力，第六分析层(基顶 16.7cm)沉降变形情况

(3)试验模型实际量测分析

图 8-38 反映了停机后涵洞顶与涵洞底的沉降变形性状实际情况。

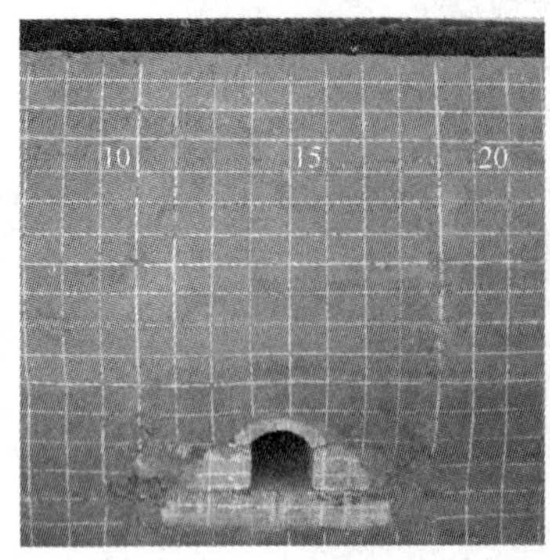

图 8-38　减小内外土柱摩擦力工况下涵洞顶与涵底沉降变形性状

实测模型各网格位移变化情况,可以绘出全局位移场变化情况,如图 8-39。

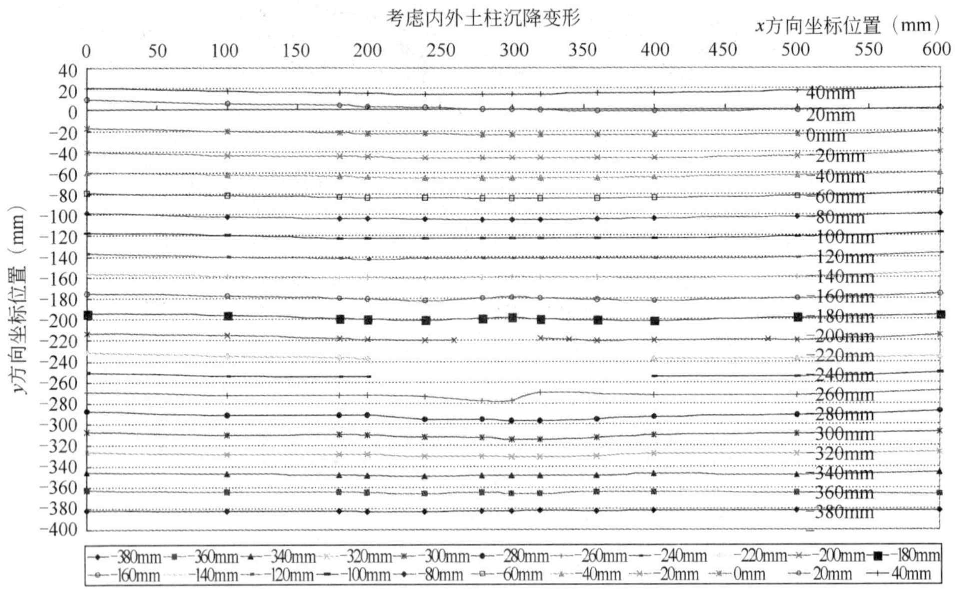

图 8-39　减小内外土柱摩擦力工况下拱涵模型全局位移场

由图 8-39 可以看到,模拟填土高度 40m,并离心固结 40min,即模拟实际天数 673d 以后,在模型填土深度－160mm 形成等沉面,等沉面高度以上,土体的沉降形式与路堤填土沉降形式相同,也就是说随着涵顶填土高度的增加,各层沉降形式由上凸,逐渐趋向等沉,然后过渡成下凹形。

8.4.5　涵洞纵断面基底地形影响试验成果分析

8.4.5.1　模型制备

该工况主要模拟实际依托工程的地形，研究涵洞纵向不均匀沉降情况，并模拟实际工程将涵洞中间涵节担在原始山脊上，如地形图 8-40a)，模型中的"原始山脊"采用砖体来模拟，同时用 EPS 板模仿实际地形在上下游分别有淤泥软弱地基情况，模型制备实图如图 8-40b)。

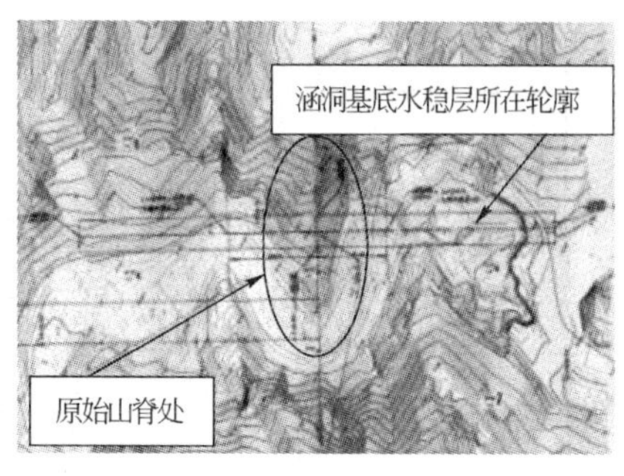

a)

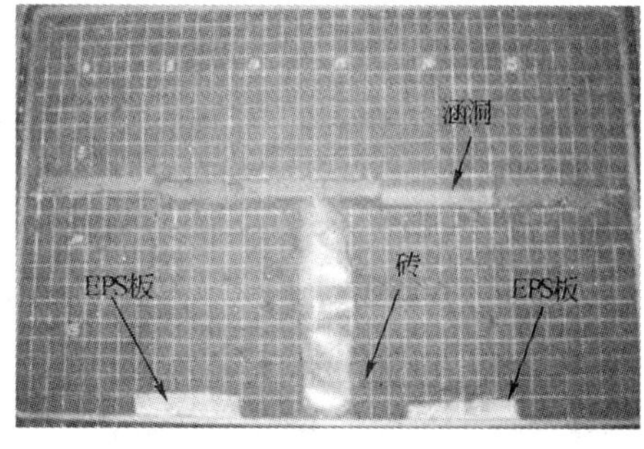

b)

图 8-40　涵洞纵断面基底地形影响工况模型制备

a)原型工程地形图；b)涵洞纵断面基底地形影响工况

8.4.5.2　填土密度与含水率试验前后资料成果分析(表 8-9)

填土密度与含水率试验前后变化情况成果分析　　表 8-9

试 验 组 次		含水率(%)	密度(g/cm³)
试验前		12.6	2.124
试验后	填土上层	12.0	2.259
	填土下层(靠涵洞底)	13.5	2.340

8.4.5.3　离心模拟试验加速度的设置(表 8-10)

离心模拟试验加速度的设置　　表 8-10

实际填土高度(cm)	离心模拟填土高度(m)	对应加速度 *g*	加速度停留时间(min)	实际模拟时间(min)	实际模拟天数(d)	累计模拟总天数(d)
19	3.8	20	5	2 000.0	1.4	1.4
	7.6	40	5	8 000.0	5.6	6.9
	11.4	60	5	18 000.0	12.5	19.4
	15.2	80	5	32 000.0	22.2	41.7
	19	100	5	50 000.0	34.7	76.4

续上表

实际填土高度(cm)	离心模拟填土高度(m)	对应加速度 g	加速度停留时间(min)	实际模拟时间(min)	实际模拟天数(d)	累计模拟总天数(d)
19	22.8	120	5	72 000.0	50.0	126.4
	24.7	130	40	676 000.0	469.4	595.8

试验过程中，加速度趋势如图 8-41 所示。

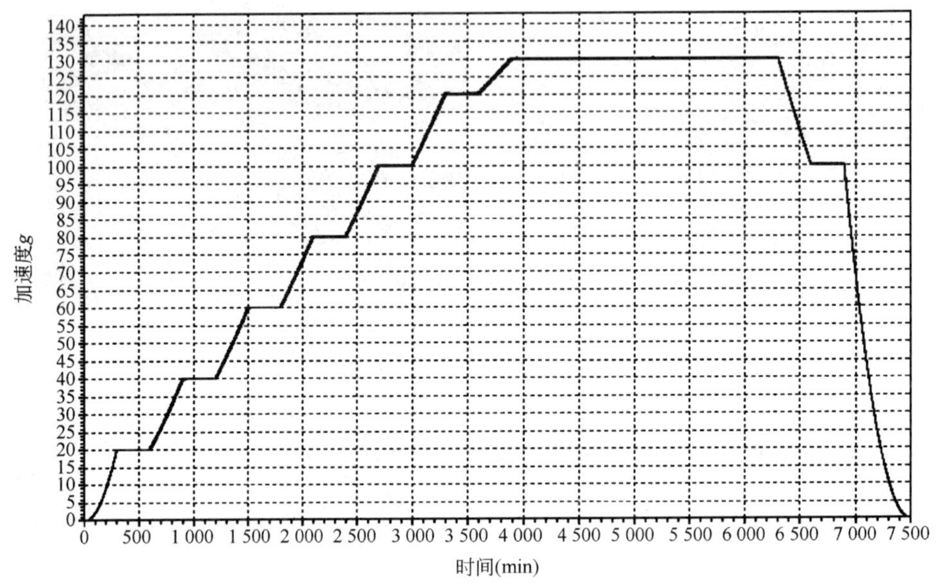

图 8-41　加速度响应趋势图

8.4.5.4　试验结果与分析

由图 8-42 可以看到，当实时加速度达到 60g 时，涵洞中间涵节开始出现轻微破坏，涵中两侧沉降量增大，涵顶上部土体出现“倒八字”裂缝发展趋势，通过图片分析可以看到此时中间涵节的涵中部位已出现裂缝，裂缝形状为倒八字形；当实时加速度达到 120g 时，中间涵节已明显破坏。涵洞基底的沉降变形形状为“W”状，而在涵顶土体的沉降变形形状为上凸形；当加速度达到 130g 并离心固结 40min 以后，涵顶“漏斗状”沉降变形更加明显，此时涵顶内外土柱间的沉降差更加明显，对涵洞结构的受力也更为不利，一方面由于外土柱的沉降差较大，把外土柱的部分荷载转嫁到涵顶，另一方面涵底的“原始山脊”在上部填土应力的作用下，对涵底基础产生了应力集中反力。由图 8-42g)还可以看到，涵顶内外土柱差随加速度的增加，逐渐减小，进而形成等沉面。

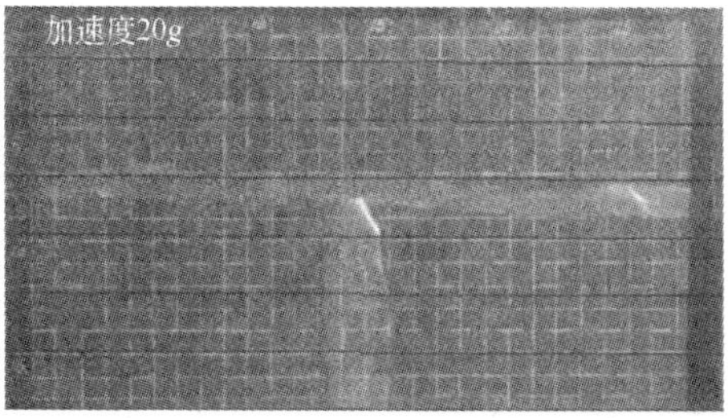

a) 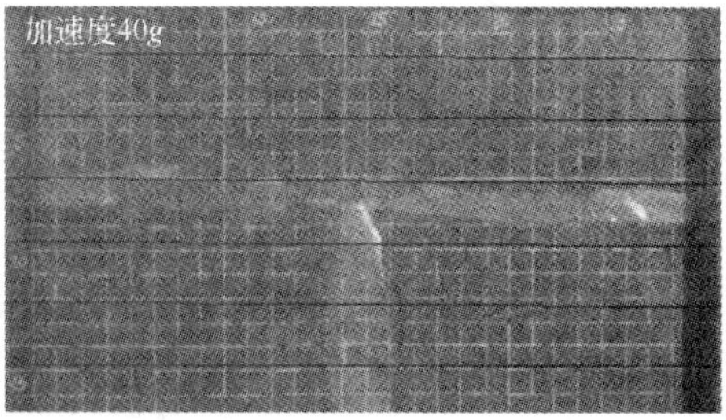 b)

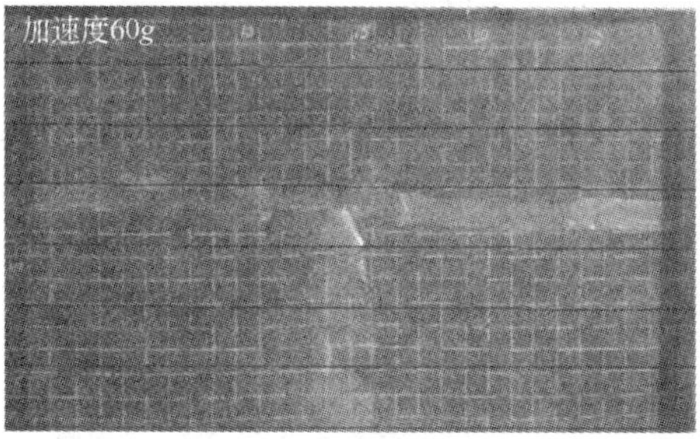

c) 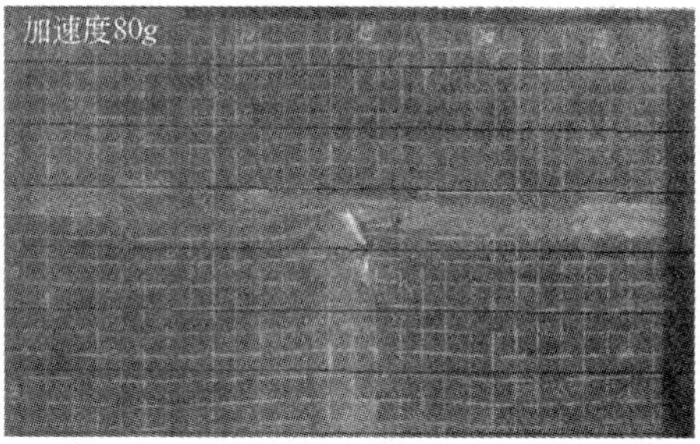 d)

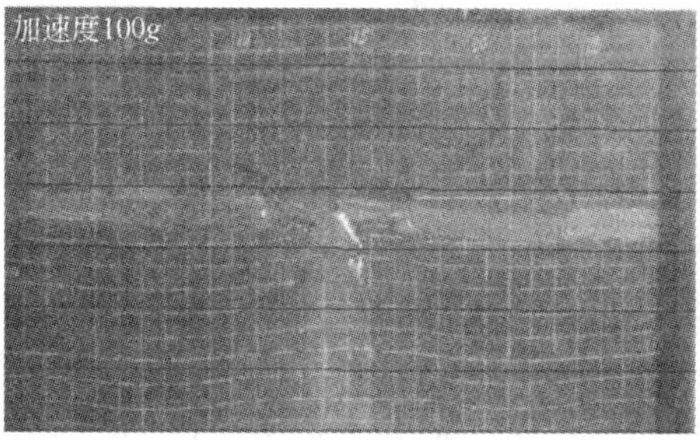

e) 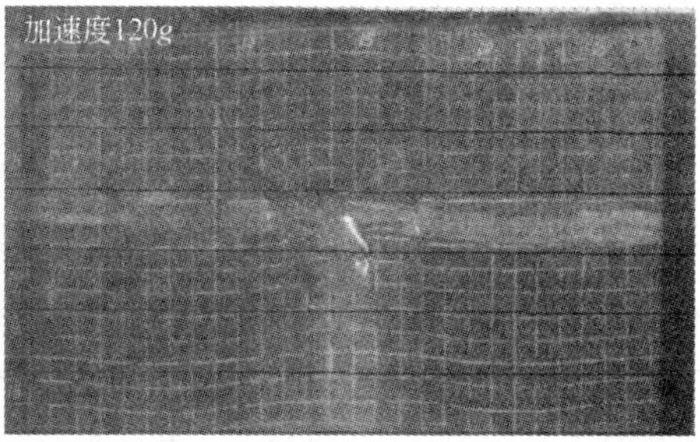 f)

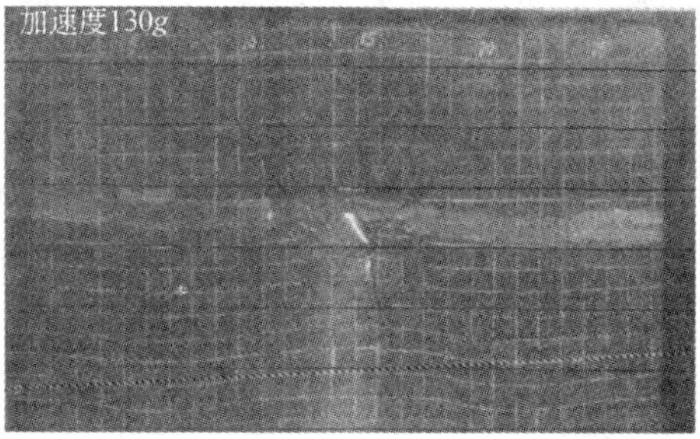

g)

图 8-42 涵洞纵断面基底地形影响工况下，拱涵周围土体随模拟填土高度增加，位移变化情况
a)实时加速度 $20g$；b)实时加速度 $40g$；c)实时加速度 $60g$；d)实时加速度 $80g$；e)实时加速度 $100g$；f)实时加速度 $120g$；g)实时加速度 $130g$

(1)位移图片分析

选取模型中涵洞基底－16cm、－6cm和涵顶2cm、12cm四个分析层来分析各层随加速度的增加，不均匀沉降发展的运动过程，如图8-43所示。

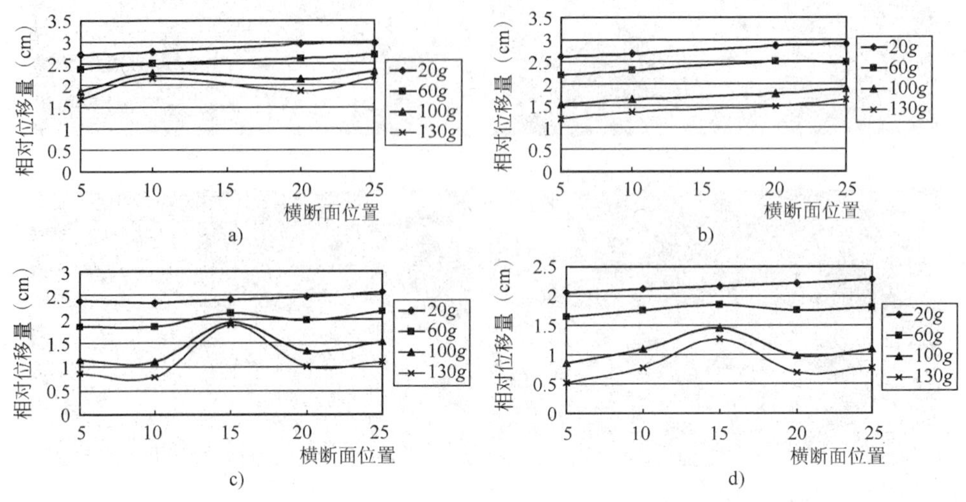

图8-43　涵洞纵向不均匀沉降位移图片分析

a)涵洞纵向不均匀沉降(基底－16cm)情况；b)涵洞纵向不均匀沉降(基底－6cm)情况；c)涵洞纵向不均匀沉降(涵顶2cm)情况；d)涵洞纵向不均匀沉降(涵顶12cm)情况

由图8-43a)、图8-43b)可以看到，随加速度增大，EPS板的变形增加，基底－6cm较基底－16cm变形缓和，沉降随填土增加基本趋于平缓；图8-43c)和图8-43d)可以看到，涵洞顶由于中间沉降量小而形成了上凸形沉降趋势。实时加速度小于60g时，虽然有"原始山脊"存在，但是地形的"扁担效应"还不是很明显，这期间整体模型土体还属于固结稳定期间，尤其是涵中部位的沉降量与两侧土体相差不大，涵洞纵向不均匀沉降现象不明显；随着加速度的增加，即模拟填土高度的增加，涵顶等沉面高度上升，稳定的沉降局面被打破，另一方面由于下部"软弱地基"的大幅沉降量反射到上层土体，内外土柱差迅速扩大，涵洞基底应力集中现象明显剧增，由图8-43c)、图8-43d)可以看到，在"涵顶2cm"图片分析层，涵中沉降量只有0.5mm，而两侧土体的沉降量高达3.4mm，结果导致涵洞在加速度达到60g时开始迅速破坏。

(2)试验模型实际量测分析

图8-44为停机后实测的由于纵向不均匀沉降导致的涵洞病害特征图片。图片反映了合理的涵节长度可以避免由于局部沉降突变产生的弯折应力集中。由图8-44a)可以清楚地看到像"扁担"一样担在"砖体"上涵洞模型已经被折成两段，裂缝形式为倒八字形。由图8-44d)可知，裂缝发生在中间涵节中线处，并且是自

涵洞顶一直发展到涵洞基底。由裂缝发展规律可以简单分析，裂缝首先由于不均匀纵向沉降产生图 8-44d）中“标识 1”的裂缝，而后由于横断面不均匀受力导致图中“标识 2 和 3”裂缝的产生。除中间涵节破坏外，其余四个涵节均未破坏。由图 8-44a）涵顶沉降可以看到，针对中间涵节的沉降集中现象，涵顶以上填土随填土增加逐渐“消化”，由图 8-44a）中所标识扩散线可以看到，此时涵顶内土柱是以“漏斗状”向填土顶发展的，直至等沉面的形成。图 8-44c）底层 EPS 板以上土体的沉降差“消化”也是呈漏斗状扩散至涵洞基底。由图 8-44b）土体裂缝发展形式也可以看到裂缝正是沿图示扩散线发展的。

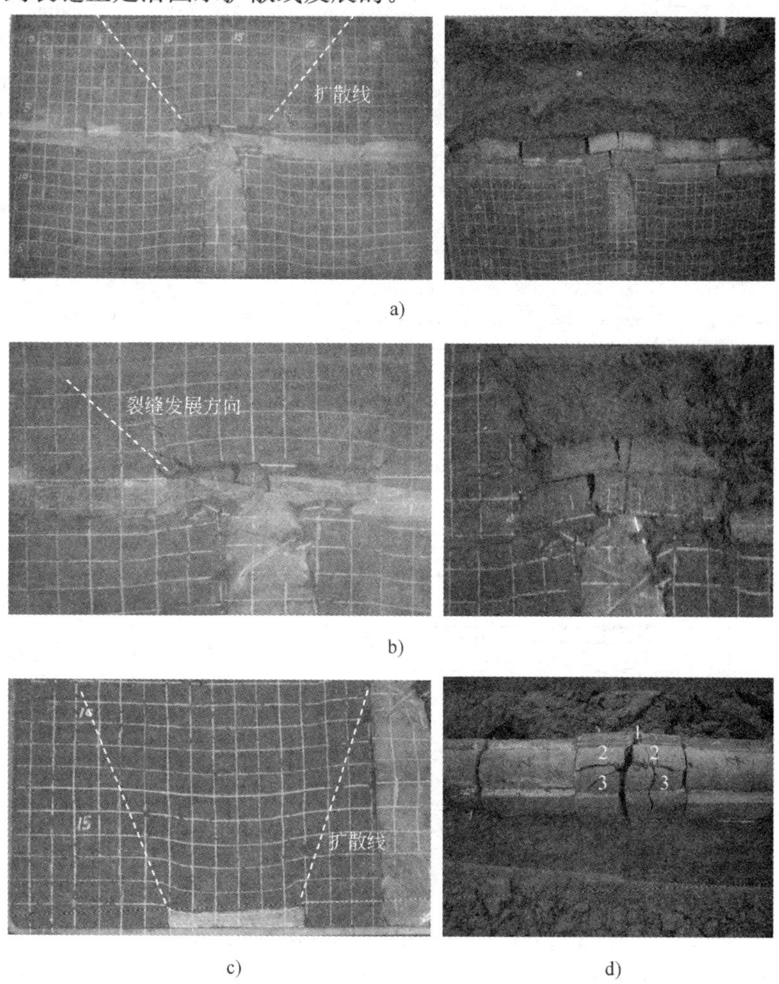

图 8-44　涵洞纵向不均匀沉降病害特征

a）涵洞纵向不均匀沉降情况；b）涵洞纵向中间涵节发生破坏；c）EPS 板模拟淤泥软弱层沉降情况；d）涵洞纵向中间涵节裂缝发展情况

实测模型各网格位移变化情况，可以绘出全局位移场变化情况，见图 8-45。

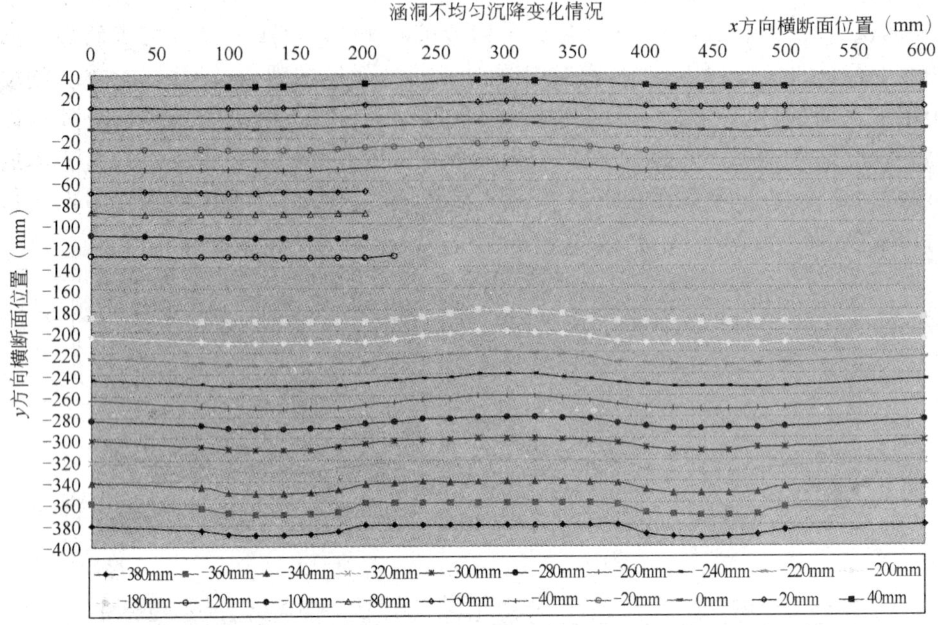

图 8-45　涵洞纵断面基底地形影响工况下，拱涵纵断面全局位移场

与原型工程现场测试涵洞纵断面内壁顶部高程相似，见图 8-46。

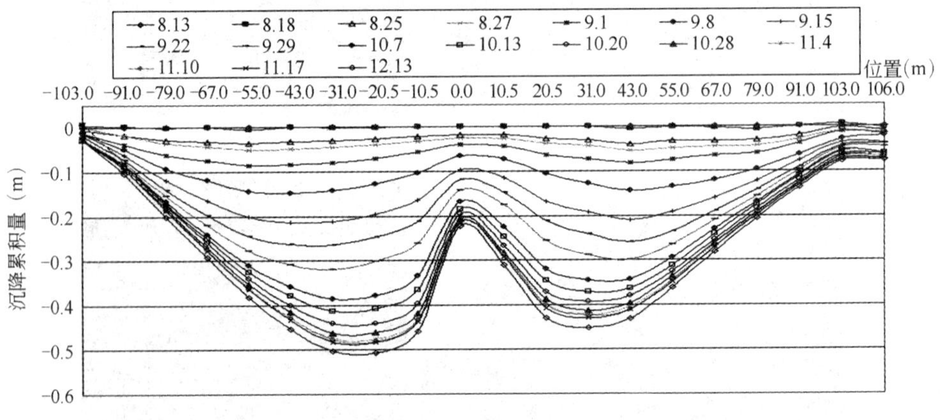

图 8-46　原型工程现场测试涵洞纵向不均匀沉降曲线

由离心模型试验和原型工程现场观测可以明显看到，在涵洞设计中应充分考虑涵洞基础下地形的影响，尤其要注意处理高路堤中的山脊对涵洞基底的受力和沉降影响，施工中应保持填土沟底淤泥清除彻底，减小不均匀沉降。

8.5 小结

1.试验利用离心模型试验模拟了不同填土、不同工况下涵洞的沉降变形性状。试验监控了各种工况下、各关键分析层，在不同填土、不同时间的实时位移变化情况，分析了随着填土的增加，位移场的变化情况，有助于分析研究各种工况下涵洞沉降运动过程中的受力机理。

2.通过分析刚性基础下拱涵与圆管涵沉降变形工况，可以看到两种涵洞全局沉降变形性状。刚性基础下，涵洞拱顶内外土柱的沉降差较小，拱顶等沉面的形成较快。

3.通过分析沟谷影响工况，拱涵外土柱土体沉降量明显要小，并且沟谷影响随填土高度日益明显。内外土柱并非严格的垂直分界，而是与沟坡边界平行，呈倒八字形。

4.通过分析减荷情况下，拱顶土体出现裂缝，并随着加速度的增加，逐渐发展成围绕 EPS 板的圆拱形裂缝。裂缝范围内的土体随 EPS 板的压缩而下沉，逐渐与上部土体裂开。在裂缝包含范围以外，土体的沉降量较小。但这只是模型试验的一种特殊现象，即土体的固结是一次完成的特殊情况，与实际工程不同。

5.通过分析涵洞内外土柱差实际变化工况，可以看到涵底的沉降差表现为内土柱的沉降量大于外土柱的沉降量，而涵顶内外土柱的沉降差随填土高度增加，逐渐减小。随着涵顶填土高度的增加，各层沉降形式由上凸，逐渐趋向等沉，然后过渡成下凹形。

6.通过分析涵洞纵断面基底地形影响工况，可以再现涵洞病害发生的全过程。通过模拟“原始山脊”和“软弱地基”，可以清晰的看到这些不利地形条件对涵洞自身结构的破坏。由全局位移运动曲线，可以看到涵顶内土柱是以“漏斗状”向填土顶发展的，直至等沉面的形成。

7.通过离心试验的加载间隙时间和土体位移场的等沉面的形成时间分析，提出在现场施工中，要控制涵洞竣工初期的机械碾压问题，还要重视后期的填土速度，过快的填土速度将会影响等沉面的形成，进而使上部新增土体荷载不断增加，引发涵顶土体发生剪切破坏，将全部涵顶“漏斗状”范围内的填土荷载迅速传递到底层涵洞结构体上，致使病害发生。

第九章　高填涵洞竖向土压力计算理论研究

9.1　涵洞与土体受力变形的基本特性分析

涵洞埋设在土体中，它与其周围填土、地基共同作用，构成一个变形、受力相互协调，彼此间相互关联、相互影响的统一结构体系。涵洞周围填土变形特性决定和影响着涵洞的受力特性。对于上埋式涵洞，在填土过程中，由于涵洞及其基础（垫层）变形刚度远大于涵洞周围填土变形刚度，致使填土土层在涵顶范围内沉降变形量小于涵顶范围外变形量，使得土层存在土层内外沉降差 δ，土层变形呈上凸性，引起涵顶处土压力集中，即涵顶受到的土压力大于其上填土自重。随着距涵顶距离增大，土层中的这种上凸性变形特性逐渐减弱，最终趋于均匀沉降，即形成等沉面。

根据第三章和第四章的讨论，可知涵土结构基本的变形和受力特性，如图 9-1 所示。

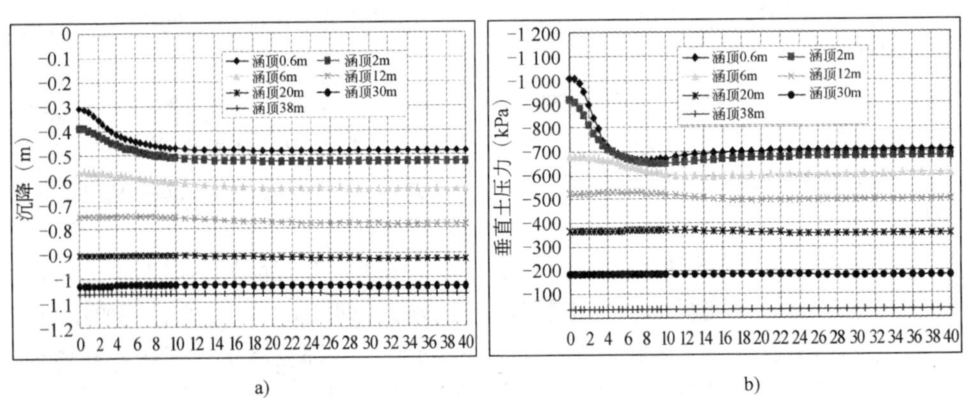

图 9-1　涵土结构中填土的变形和受力特性

a）涵顶土层沉降变形特性；b）涵顶土层受力特性

图 9-1 中看出，涵顶填土土层中沉降在涵顶范围小于涵洞外侧沉降值，土层变形呈上凸性。紧邻涵顶处土层，其不均匀范围较小，约为 2 倍涵洞宽度；随着距涵顶距离增大，土层中不均匀沉降范围逐渐增大，同时其不均匀沉降程度逐渐减弱。

在土层距涵顶高度达到 12m 以后(约为 2 倍的涵洞高度),土层基本为均匀沉降。其受力特性与变形特性一致,紧邻涵顶填土土层在涵洞范围内出现应力集中现象,其不均匀受力范围约为 2 倍涵洞宽度;随着距涵顶距离增大,土层中不均匀受力范围逐渐增大,同时其不均匀受力程度逐渐减弱。在土层距涵顶高度达到 12m 以后(约为 2 倍涵洞高度),土层中土压力基本为均匀分布。

根据涵土结构的变形受力特性,运用力学及土力学基本原理分析涵洞的受力;利用散体极限平衡条件,可提出计算上埋式涵洞垂直土压力的计算模型,从而推导出涵洞垂直土压力计算公式。

9.2　涵洞土压力计算的理论分析

9.2.1　计算模型与基本假设

Marston 土压力计算理论假设了一个竖直的滑动面,宽度等于涵洞结构的宽度,而实际上情况并非完全如此。根据现有分析结果,可提出上埋式涵洞土压力计算模型。分析中对于地基和涵洞的变形则不予考虑,即涵洞与地基为刚性体,涵洞宽度 D,高度 h。

计算模型建立以下假设:

(1)滑动面假定:沿管道水平直径宽度为 $2D$ 的两端点 a',b',向地面引斜线,交于 a、b 两点,则 aa'与 bb'为涵顶填土过程中形成的滑动面,滑动面与水平面倾角为 α。根据土的极限平衡理论,土体中剪破面与大主应力作用面的夹角为 $45°+\varphi/2$,取 $\alpha=45°+\varphi/2$。

(2)极限平衡状态假定:滑动面间的相对运动,用极限状态表示。

(3)沿用 Marston 等沉面的概念,即管顶内填土与管顶外填土存在沉降差异,这种沉降差异随着填土高度的增加而逐渐较小,当填土高度达到某一临界值 H_e 后,这种差异可忽略不计,H_e 以上填土认为是均匀沉降,相应于 H_e 的平面,称为等沉面。近似取 $H_e=2.25h$。图 9-2 和图 9-3 分别是计算假设图和计算模型图。

9.2.2　计算公式推导

假设土的重度为 γ,在管顶滑动体内,取 $\mathrm{d}z$ 高度的微土体作为隔离体,其中:

$$x = D + \cot\alpha(H - z)$$

取 $\sigma_n=K\sigma_z$ 则:$\tau=c+\sigma_n\tan\varphi=c+K\tan\varphi\sigma_z$,忽略土的黏聚力 c 的影响,则:$\tau=\sigma_n\tan\varphi=K\tan\varphi\sigma_z$。式中,$K$ 定义为土的类侧压力系数,近似取为土的主动土压力系数 K_a。

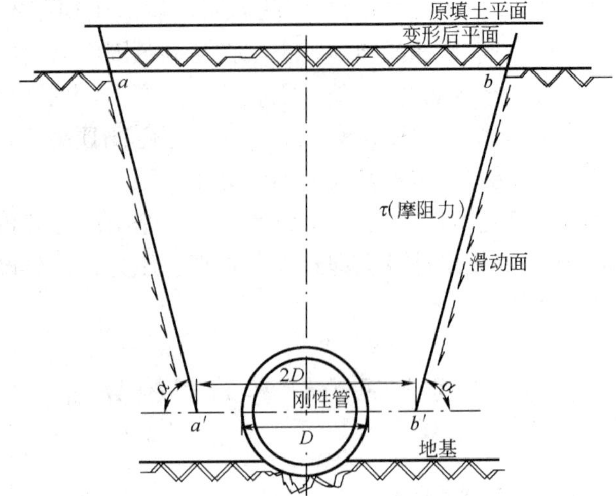

图 9-2 计算假设图

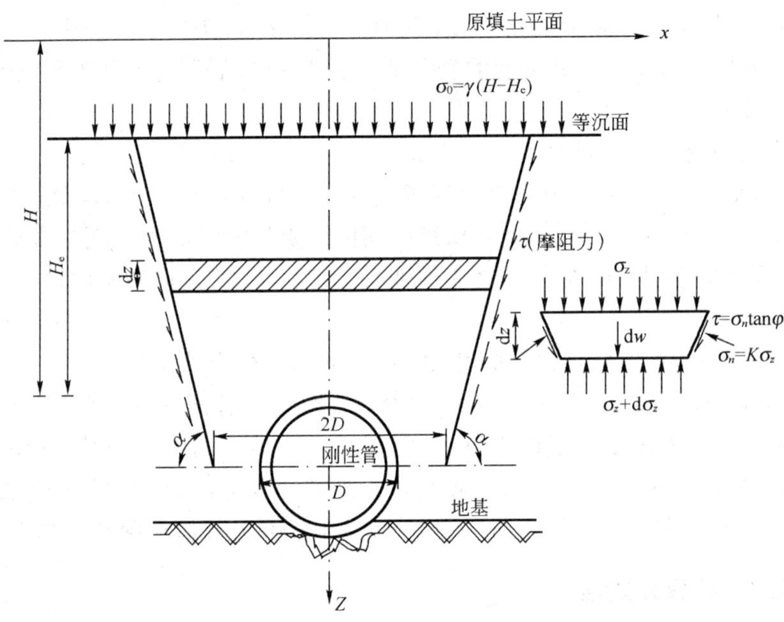

图 9-3 计算模型图

根据力系在 z 轴方向的合力为零($\sum F_z=0$),列平衡方程式:

$$(\sigma_z+d\sigma_z)[D+\cot\alpha(H-z-\mathrm{d}z)]-\tau\frac{\mathrm{d}z}{\sin\alpha}\cdot\cos\alpha+\sigma_n\cdot\frac{\mathrm{d}z}{\sin\alpha}\cdot\cos\alpha-$$

$$\sigma_z[D+\cot\alpha(H-z)]-\gamma[D+\cot\alpha(H-z)]\mathrm{d}z=0$$

上式化简得：

$$\frac{d\sigma_z}{dz}+\frac{\sigma_z(-K\tan\varphi+K\cot\alpha-\cot\alpha)}{D+\cot\alpha(H-z)}=\gamma \tag{9-1}$$

令：

$$T=D+\cot\alpha(H-z)$$

$$S=-K\tan\varphi+K\cot\alpha-\cot\alpha$$

则式(9-1)为：

$$\frac{d\sigma_z}{dT}-\frac{\sigma_z}{T}S\tan\alpha=-\gamma\tan\alpha \tag{9-2}$$

解得：

$$\sigma_z=C'T^{S\tan\alpha}-\frac{\gamma\tan\alpha}{1-S\tan\alpha}\cdot T \tag{9-3}$$

式中：C'——积分常数。

当 $H<H_e$ 时，由边界条件：$z=0,\sigma_z=0$ 解得：

$$C'=\frac{\gamma\tan\alpha}{1-S\tan\alpha}(D+\cot\alpha\cdot H)^{1-S\tan\alpha}$$

将 C' 代入式(9-3)，得到：

$$\sigma_z=\frac{\gamma\tan\alpha}{1-S\tan\alpha}(D+\cot\alpha\cdot H)^{1-S\tan\alpha}\cdot T^{S\tan\alpha}-\frac{\gamma\tan\alpha}{1-S\tan\alpha}\cdot T \tag{9-4}$$

当 $H>H_e$ 时，由边界条件：$z=H_e,\sigma_z=\gamma(H-H_e)$ 解得：

$$C'=\frac{\gamma(H-H_e)(1-S\tan\alpha)+\gamma\tan\alpha(D+\cot\alpha\cdot H_e)}{(1-S\tan\alpha)(D+\cot\alpha\cdot H_e)^{S\tan\alpha}}$$

将 C' 代入式(9-3)，得到：

$$\sigma_z=\frac{\gamma(H-H_e)(1-S\tan\alpha)+\gamma\tan\alpha(D+\cot\alpha\cdot H_e)}{(1-S\tan\alpha)(D+\cot\alpha\cdot H_e)^{S\tan\alpha}}\cdot[D+\cot\alpha(H-z)]^{S\tan\alpha}-$$

$$\frac{\gamma\tan\alpha}{1-S\tan\alpha}[D+\cot\alpha(H-z)] \tag{9-5}$$

令：

$$A=1-S\tan\alpha=1-(-K\tan\varphi+K\cot\alpha-\cot\alpha)\tan\alpha$$
$$=1+K\tan\varphi\cdot\tan\alpha-K+1=K(\tan\varphi\cdot\tan\alpha-1)+2$$
$$B=D+\cot\alpha\cdot H_e$$

当 $z=H$ 时：

式(9-4)表示为：

$$\sigma_z=\frac{\gamma\tan\alpha}{A}(D+\cot\alpha\cdot H)^A\cdot D^{1-A}-\frac{\gamma\tan\alpha}{A}\cdot D \tag{9-6}$$

式(9-5)表示为：

$$\sigma_z = \frac{\gamma(H-H_e)A+\gamma B\tan\alpha}{AB^{1-A}} x^{1-A} - \frac{\gamma\tan\alpha}{A} x$$

$$= \frac{\gamma(H-H_e)A+\gamma B\tan\alpha}{AB^{1-A}} \cdot D^{1-A} - \frac{\gamma\tan\alpha}{A} \cdot D \qquad (9\text{-}7)$$

式(9-6)和式(9-7)即为作用在涵顶处的垂直土压力的计算公式，式中参数 A 体现了填土土性的影响作用，B 体现了涵洞断面的影响作用。

9.3 关于涵洞土压力公式的讨论

9.3.1 公式计算结果示例分析

以某工程 K5＋536 涵洞为例，运用式(9-6)和式(9-7)计算其上的土压力集中系数。计算参数如表 9-1 所示，计算结果如图 9-4 所示。

计 算 参 数　　表 9-1

涵洞宽度 D(m)	涵洞突出地面高度 h(m)	填土重度 γ(kN/m^3)	压力系数 K	填土的摩擦角 φ(°)	α(°)
7.6	4.3	18	0.2	20°	55°

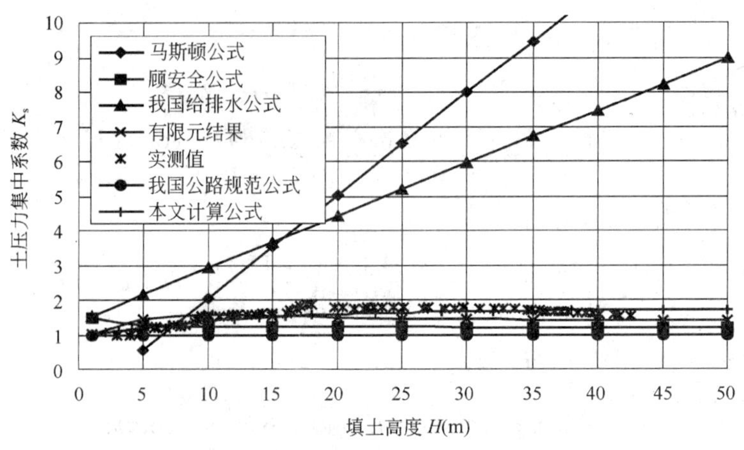

图 9-4　土压力计算公式得到的 K_s—H 曲线

从各种土压力计算公式得到的 K_s—H 曲线形式来看，马斯顿公式和我国给排水公式得到的土压力集中系数 K_s 随填土高度 H 的增大而快速增大，与实测情况存在较大差异。有限元计算得到的土压力集中系数 K_s 先随填土高度 H 增大而增大，在填土高度 H＝10m 左右时，达到峰值，但实测得到 K_s 峰值在填土高度 H＝20m时出现，与实测有一定差异，而后土压力集中系数 K_s 则随填土高度 H 增

大缓慢减小，其整体曲线规律与实测情况吻合。顾安全公式得到土压力集中系数在填土高度较小时出现峰值，与实测情况存在差异，而后土压力集中系数随着填土高度 H 增大缓慢减小，与实测情况一致；本计算公式得到土压力集中系数 K_s 在填土高度较低时（$H<20$m）随填土高度 H 增大而增大，且数值上与实测结果基本一致；而后随着填土高度 H 的增大缓慢增大，与实测情况有一定差异。

马斯顿公式和我国给排水公式计算得到的结果均偏大，当填土高度 $H=30$m 时，马斯顿公式和我国给排水公式得到的土压力集中系数 K_s 分别为 7.9 和 5.9，实测中未见如此大土压力集中系数。本计算公式、有限元计算结果和顾安全公式得到的土压力集中系数与实测值较接近。在填土初期（填土高度 $5<H<10$m），本计算公式和顾安全公式得到结果与实测值基本一致，而有限元计算结果偏于安全；随着填土高度 H 增大，本计算公式、有限元计算结果和顾安全公式得到的土压力集中系数略小于实测结果；当填土高度大于 30m 之后，本计算公式得到的结果略大于实测值。

9.3.2 对计算公式讨论及简化

由于式(9-6)和式(9-7)较为繁琐，涉及参数较多，在实际工程中应用存在一定难度，通过对公式简化，使之能够应用于实际。

在式(9-6)和式(9-7)中：$A=K(\tan\varphi\cdot\tan\alpha-1)+2$ 的第一项 $K(\tan\varphi\cdot\tan\alpha-1)$，其值接近于 0，近似取 $A=2$，经校验，计算结果偏于安全，将 $A=2$ 分别代入式(9-6)和式(9-7)，并近似取 $H_e=2.25h$，则：

当 $H<H_e$ 时：

$$\begin{aligned}\sigma_z&=\frac{\gamma\tan\alpha}{2}(D+\cot\alpha\cdot H)^2\cdot D^{-1}-\frac{\gamma\tan\alpha}{2}\cdot D\\&=\frac{\gamma\tan\alpha\cdot(D+\cot\alpha\cdot H)^2}{2D}-\frac{\gamma\tan\alpha\cdot D^2}{2D}\\&=\frac{\gamma\tan\alpha\cdot[(D+\cot\alpha\cdot H)^2-D^2]}{2D}\end{aligned}\tag{9-8}$$

令 $B_H=D+\cot\alpha\cdot H$，则式(9-8)改写为：

$$\sigma_z=\frac{\gamma\tan\alpha\cdot({B_H}^2-D^2)}{2D}\tag{9-9}$$

B_H几何意义如图 9-5 所示。

当 $H>H_e$ 时：

$$\begin{aligned}\sigma_z&=\frac{\gamma(H-H_e)2B+\gamma B\tan\alpha}{2B^{-1}}\cdot D^{-1}-\frac{\gamma\tan\alpha}{2}\cdot D\\&=\frac{2\gamma B(H-2.25h)+\gamma B^2\tan\alpha}{2D}-\frac{\gamma\tan\alpha\cdot D^2}{2D}\\&=\frac{2\gamma B(H-2.25h)+\gamma\cdot\tan\alpha\cdot(B^2-D^2)}{2D}\end{aligned}\tag{9-10}$$

式中，$B=D+\cot\alpha\cdot H_e$，即为滑动楔体顶面宽度的 1/2，如图 9-6 中所示。式中分子的第一项 $2\gamma B(H-2.25h)$，即为等沉面以上，宽度为 $2B$ 的土体自重，具体如图 9-6 所示。令 $G_H=2\gamma B(H-2.25h)$，则式(9-9)改写为：

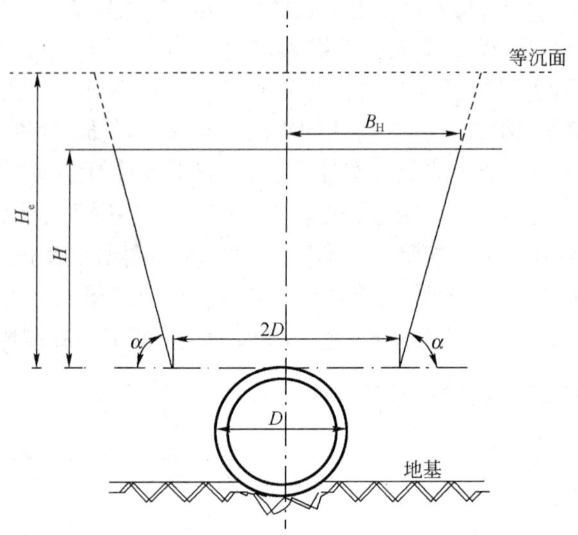

图 9-5　$H<H_e$计算简图

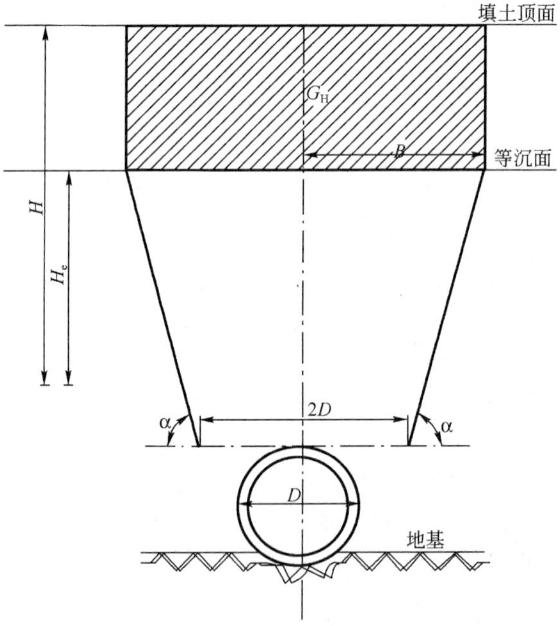

图 9-6　$H>H_e$计算简图

$$\sigma_z = \frac{G_H + \gamma \cdot \tan\alpha \cdot (B^2 - D^2)}{2D} \tag{9-11}$$

综上所述，式(9-9)和式(9-11)即为简化后土压力计算公式，运用此公式对三个实例涵洞土压力进行计算，结果如图9-7所示。

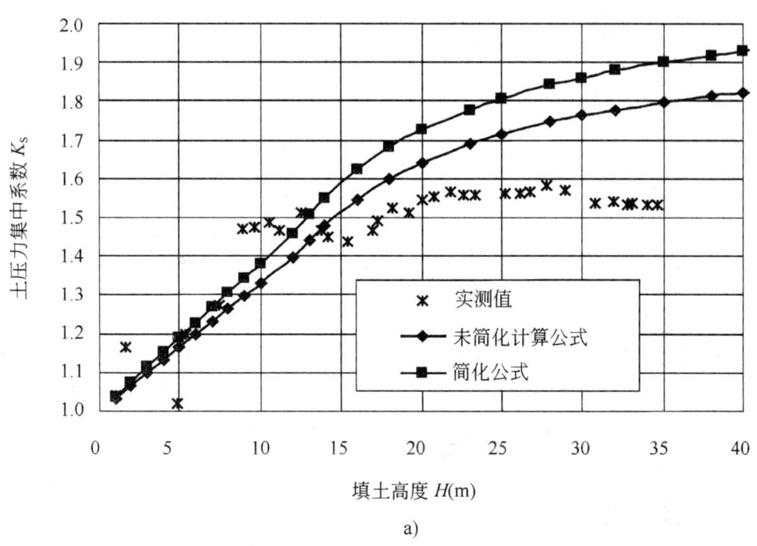

a)

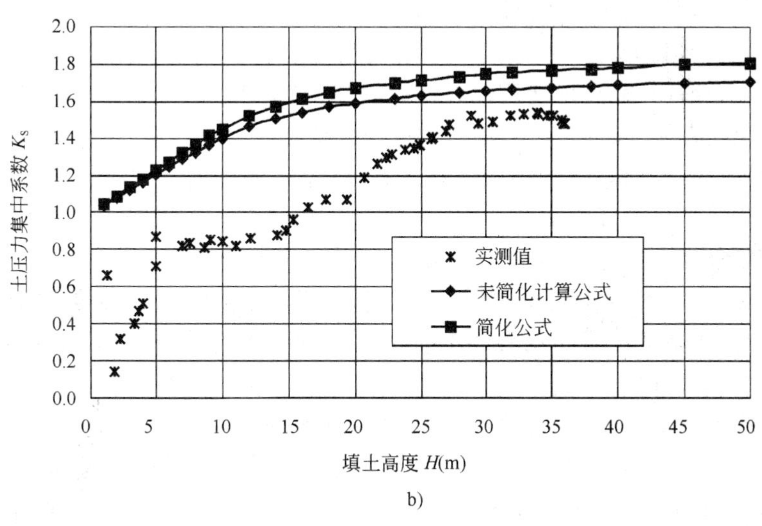

b)

图　9-7

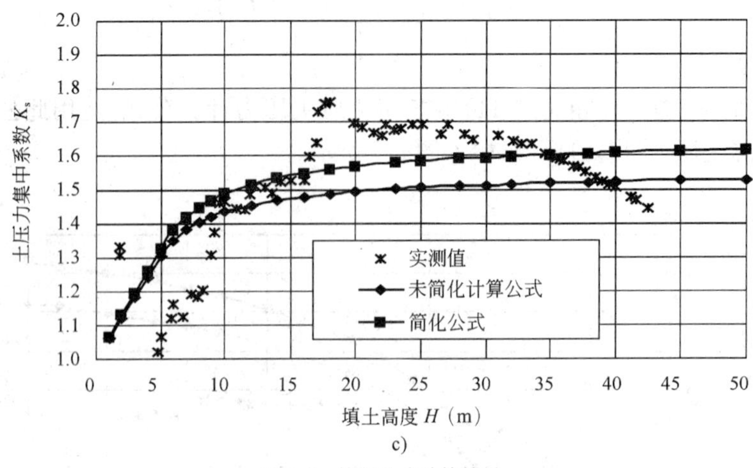

c)

图 9-7　简化公式计算结果

a)实例 1；b)实例 2；c)实例 3

简化公式得到涵顶垂直土压力集中系数 K_s 略大于未简化计算公式的结果。实例 1 中，由于施工等因素影响，实测 K_s 值在填土高度 H 约小于 8m 的范围内出现跳跃；在填土高度 H 约为 8m 到 28m 之间，K_s 值逐渐增大，公式计算结果在此范围内与实测规律一致，在数值上略大于实测值；而后实测 K_s 值随填土高度的继续增大而缓慢减小，此时公式计算得到 K_s 值仍随填土高度 H 的增长而增大，与实测结果存在差异。由于实例 1 中涵洞布设在沟谷地形中，沟谷宽度约为 10.8m，坡度约为 40°，当填土达到相当高度时，沟谷地形对涵洞受力产生的减荷效应开始突出，即出现 K_s 值随填土高度增大而减小的情况。由于本公式未考虑沟谷地形对涵洞受力的减荷影响，致使实测值与计算值在填土高度 H 大于 28m 后出现差异。实例 2 情况与实例 1 较接近，涵洞布设在沟谷地形中，由于沟谷地形影响，实测得到的 K_s 值在填土高度 H 约小于 32m 时随 H 增大而逐渐增大，而后则随 H 增大出现减小趋势。公式计算结果在填土高度为 20m 至 32m 范围内与实测值接近，略大于实测结果。

实例 3 中，填土高度 H 约小于 30m 时，实测 K_s 值随填土高度 H 增大而增大，与公式计算结果一致。从数值上看，填土高度 H 约小于 15m，公式计算得到 K_s 值与实测结果相近；填土高度 H 约大于 15m 后，公式计算得到 K_s 值略小于实测值。推测主要由于涵洞建造在一定高度的路堤填土中，对于其地基土进行了较大范围的强夯处理，对涵洞受力产生一定不利影响，加之其他施工原因，使得实测 K_s 值较大。填土高度 H 约大于 30m 后，实测 K_s 值随填土高度 H 增大而减小。虽然涵洞布设在较开阔地形中，但其一侧紧邻沟坡，在填土达到一定高度后，沟坡的减荷效应开始突出，导致 K_s 值随填土高度 H 增大而减小。

第十章　高填方涵洞结构受力性状与合理结构形式的探讨

10.1　概　　述

为了更好的指导高填路堤下涵洞的设计与施工，必须要了解涵洞结构的受力性状。目前涵洞结构验算的方法主要有两种，传统结构分析方法和数值分析方法(有限元单元法)。传统的方法由于未考虑涵洞、填土和地基的共同作用，计算结果与实际情况可能有较大出入。土体和埋置在其中的结构物是相互耦合系统，以往的研究中常常只把土体作为结构物的荷载来考虑，把结构物作为承受载荷的受体。事实上此种考虑并未完全确切地反映实际情况。就填土体本身而言，它既是荷载，也是受体，它的物理力学性质、变形特性会影响结构物所受荷载的大小；而结构物的变形又受到地基刚度和涵洞填土介质特性的影响。因此，系统各部分之间是相互作用和相互影响的，在进行涵洞结构分析时，应该把涵洞体周围一定范围内的填土体、基础及地基连同涵洞结构本身一起进行充分考虑。

涵洞的应力与涵洞尺寸、外形、填土厚度、填土力学性质、原始边界条件等因素有关，很难用简单公式来概括这些因素。根据涵洞结构受荷机理，可采取各种改善涵洞受力状态的措施，但其定量效果靠普通公式计算更为困难。几十年来，涵洞计算公式虽然不断增加，而涵洞开裂现象仍不断发生。根据顾安全调查，埋深大、尺寸大的涵洞出现裂缝的概率更大。因此，对高填路堤涵洞，不宜单纯按公式进行计算。避开探求复杂的计算公式而采用数值分析方法是比较好的解决途径之一。

随着电子计算机的发展，有限单元法作为一种有效的数值计算方法，在涵洞结构分析中得到了广泛的应用。涵洞结构本身的应力应变分析也可以采用有限单元法进行模拟计算。采用有限单元法使计算结果能比较合理地反映实际情况，这对于改进计算方法，防止涵洞开裂有着重要的意义。

本书则利用大型有限元软件 MARC 对涵洞问题进行建模计算。

10.2 高填方路堤下涵洞结构受力性状分析

10.2.1 涵洞结构数值计算模型

请参照第三章到第六章的相关内容。

10.2.2 涵洞结构受力性状分析

涵洞埋设在土中,它与周围填土、地基共同作用,构成一个变形、受力相互协调,彼此间相互关联、相互影响的统一结构体系,称其为“涵土结构”。在这个体系中,由于填土的工作特性比较特殊,导致了涵洞受力性状的复杂,可分别对不同几何尺寸下箱涵、盖板涵、圆涵、拱涵在不同填土高度下的结构受力进行分析讨论。为了更直观地反映结构受力性状,仅将有限元涵洞模型中的涵洞结构提取出来进行分析。

10.2.2.1 高填方路堤下拱涵结构受力分析

拱涵的拱圈以受压为主,多采用石砌或素混凝土现浇,目前拱涵的设计计算一般按《公路桥涵设计手册 涵洞》进行。计算中将拱圈单独取出,将拱脚视为固定,然后按结构力学法计算拱圈的内力,这实际假定了涵台的水平抗推刚度足够大,因此将拱脚视为固定的计算模式是合理的。但如果设计的涵台没有足够的水平抗推刚度,则进行的结构计算将与实际不符,易导致设计失误。因此,深刻认识拱涵这种传统结构形式的受力特点和内力分布以及大小,对拱涵的设计和施工都具有重要的意义。

1. 计算模型描述

某高速公路建设中的拱涵,跨径为 1~5 m,其主拱圈为现浇素混凝土结构,如图 10-1 所示。有限元模型采用平面应变模型,由于对称,取一半结构进行计算。为了消除人工边界造成的误差,单侧边土体区域取为拱涵 1/2 净跨的 20 倍,涵顶填土高度为 10~40m。图 10-2 为有限元网格图。

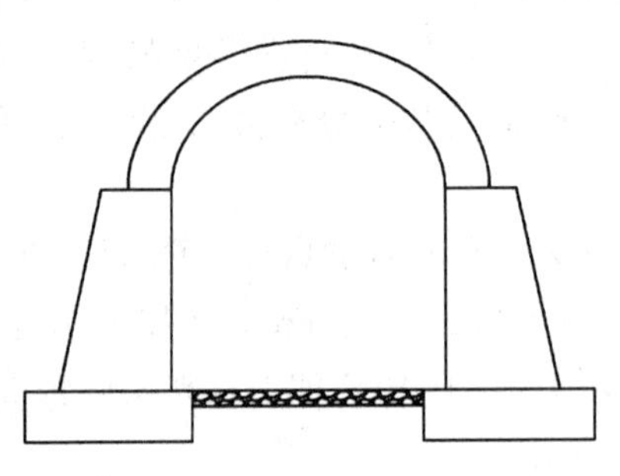

图 10-1 拱涵横断面图

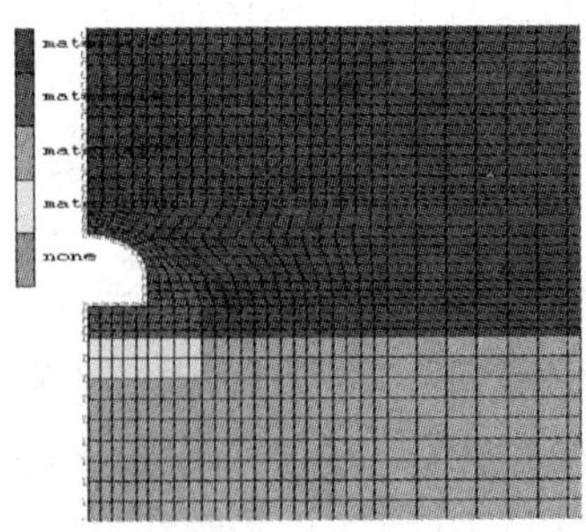

图 10-2 拱涵有限元模型图

在涵洞合理断面设计中，弯矩是控制截面设计的主要影响因素，为了更好的了解涵洞结构受力性状并指导设计，采取应力图定性结合弯矩综合分析法。

2.不同填土高度拱涵环向应力与弯矩分布

分别选取跨径为 1m 拱涵距涵顶高度为 10m、20m、30m、40m 的填土土层，通过有限元仿真计算，得到上述各个填土高度下涵洞结构的环向应力分布云图，如图 10-3 所示。

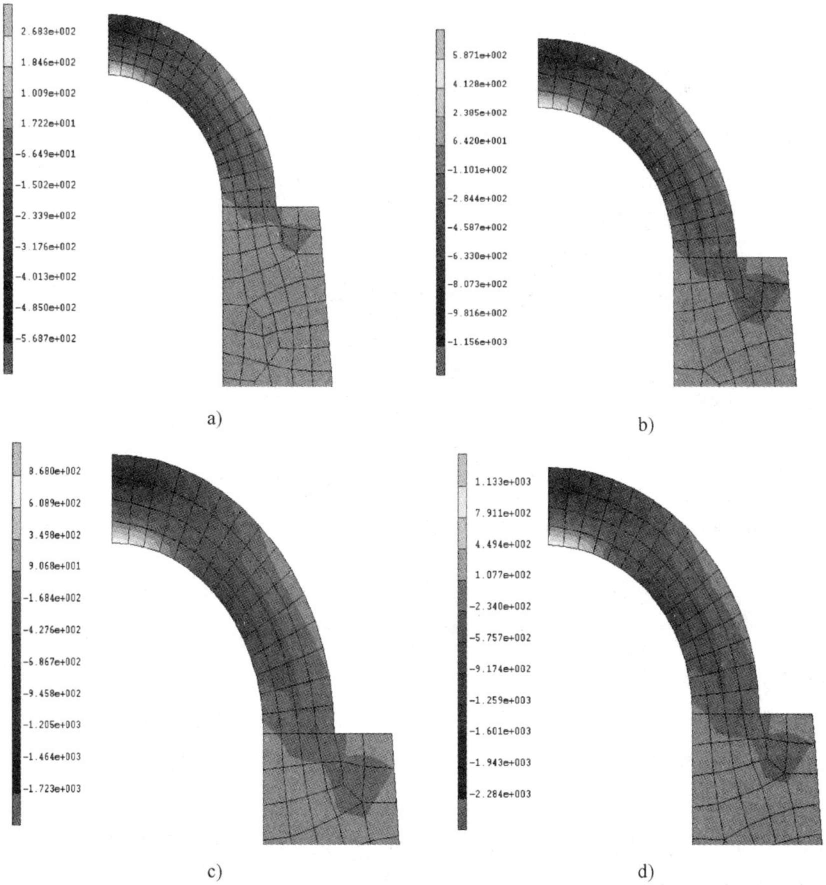

a)

b)

c)

d)

图 10-3　环向应力分布云图

a)填高 10m 环向应力分布云图；b)填高 20m 环向应力分布云图；c)填高 30m 环向应力分布云图；d)填高 40m 环向应力分布云图

从环向应力分布图可以看出，拱涵在涵顶填土压力作用下，拱圈顶下缘出现拉应力，拱圈顶上缘出现压应力，拱腰内侧出现压应力，而在设计当中导致的拱涵开裂也正是出现在这一部位。下面给出通过有限元方法计算出的环向应力随填土高度变化关系。沿拱圈自顶向下分别取若干断面采集数据并进行比较，结果如图10-4所示。

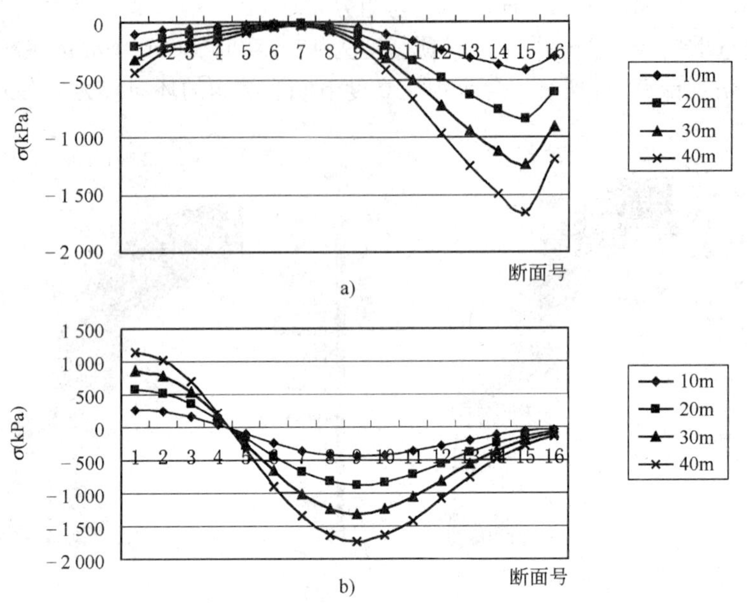

图 10-4　侧环向应力比较

a)跨径 1m 拱涵不同填土高度拱圈外侧应力比较；b)跨径 1m 拱涵不同填土高度拱圈内侧应力比较

从图 10-4 可以看出，对于拱圈外侧，自拱脚至拱顶均承受不同程度的压应力，拱顶处出现较大程度的应力集中，拱腰处压应力较小接近于 0，拱脚处较小。对于拱圈内侧，自拱顶至拱脚方向，在拱顶处出现最大拉应力，到拱腰位置出现最大压应力，渐变至拱脚又将出现拉应力。这与结构力学方法计算得出的基本结论是一致的。此外，从图中可以看出拱圈外侧与内侧应力大小均随填土高度的增大而增大。

以上分析表明，拱顶、拱脚和拱腰(全拱断面 1/4 点)为拱圈的三个控制性截面，因此在具体设计时只需验算在各种荷载条件下三个控制截面上的内力能否满足要求即可。为了更好地分析拱圈受力，在拱圈上取拱顶 A、拱脚 B、拱腰 C、D、E 共五个断面如图 10-5 所示，不同工况下拱圈结构弯矩图如图 10-6 所示。

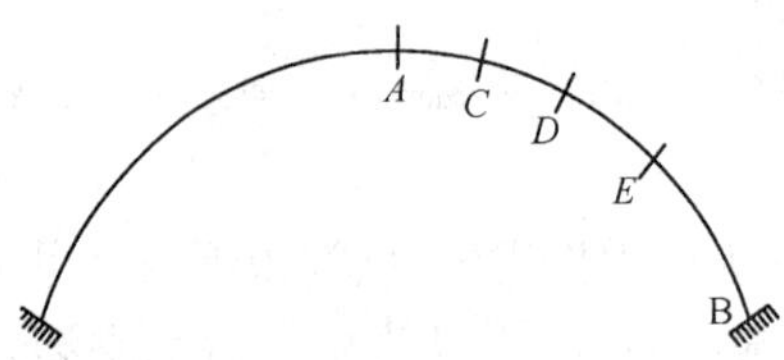

图 10-5　拱圈断面分布图

由图 10-6 可以看出，跨径 1m 的拱涵拱圈不同断面处弯矩值随填土高度增大而增大。最

大正负弯矩分别出现在拱顶和 1/4 点处，最小值出现在 3/8 点处。弯矩值大体变化规律为：弯矩值顺拱圈向由拱顶处的最大正值逐渐减小，至 3/8 点处弯矩值减为 0，接着逐渐减小到四分点处变为负的最大值，随后又线性增大至拱脚位置处接近 0。这个规律与结构力学计算结果一致。

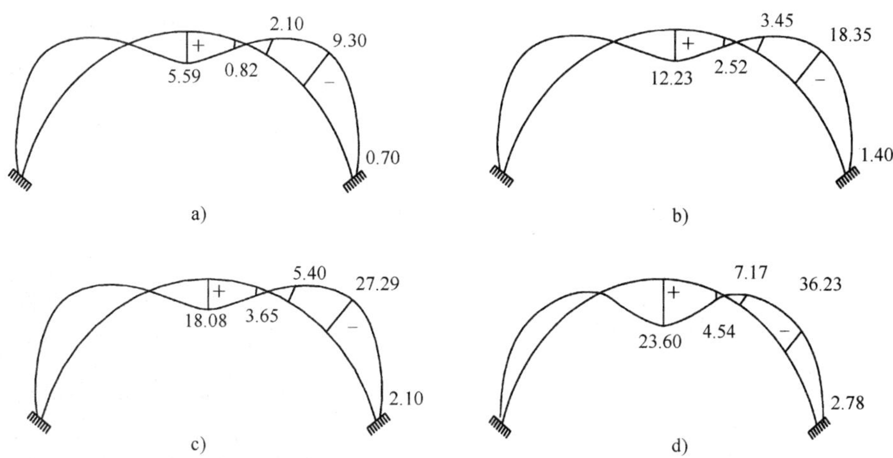

图 10-6 不同工况下拱圈结构弯矩图(单位：kN·m)

a)填土高度 10m 拱圈弯矩图(绘在受拉侧)；b)填土高度 20m 拱圈弯矩图；c)填土高度 30m 拱圈弯矩图；d)填土高度 40m 拱圈弯矩图

3. 弹性模量 E_s 和泊松比 μ_s 的影响

经压实后的路基填土性质是相当复杂的，从本质上说，土是一种非线性材料，但在目前的工程计算中，对于土中应力不大的情况，一般将土作为各向同性弹性材料处理。将土作为各向同性弹性材料进行模拟时，土的性质是由其弹性模量 E 和泊松比 μ 来反映的。对于黄土地区，土基回弹模量值 $E_0=18\sim54$MPa，这里 E_0 是在土基表面通过载荷试验得出，通常可作为压实土的弹性模量。压实土的弹性模量与土质、相对含水率以及压实度等因素有关，工程实际中拱涵周围相当大范围内的土的弹性模量在较大范围内变化，很难确定其准确数值。

计算中取填土高度 10m 跨径 1m 的拱涵，填土的弹性模量 E 分别为 20MPa、30MPa、60MPa 共三种情况分析填土的弹性模量对涵洞结构受力的影响，如图 10-7、图 10-8 所示。

由图 10-7、图 10-8 可以看出，土的弹性模量对拱圈应力的影响并不大。无论是拱圈外侧还是内侧，弹性模量 E 变化均只对涵顶处有微小影响。这是因为土的弹性模量的影响体现为土的被动土压力，由于拱涵涵台对拱脚具有较大或很大的水平抗推刚度，相比之下，土的侧向约束刚度就显得微不足道了。

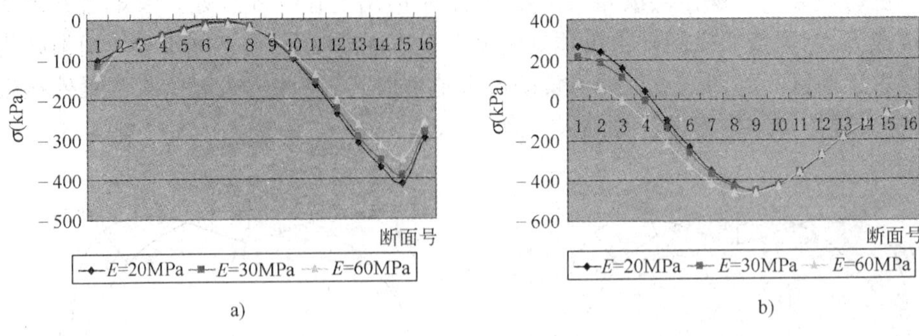

图 10-7　内、外侧环向应力比较

a)外侧;b)内侧

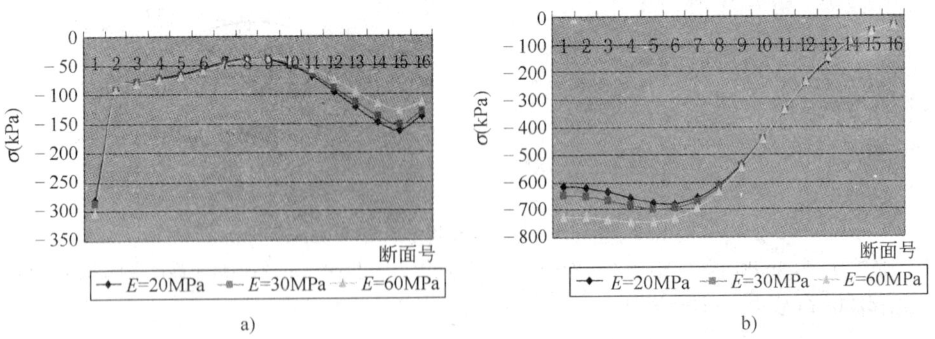

图 10-8　内、外侧环向应力比较

a)外侧;b)内侧

土的另一个重要的弹性参数是泊松比。有限元计算表明,泊松比对拱涵的受力有较大影响,值得加以讨论。泊松比的影响如图 10-9、10-10、10-11 所示。

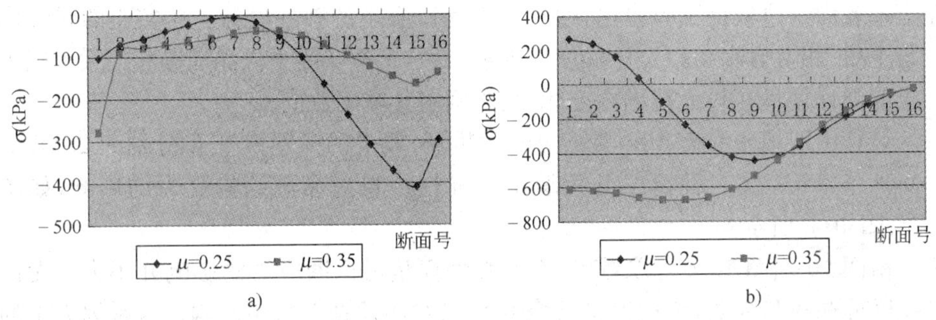

图 10-9　拱顶内、外侧应力比较

a)外侧;b)内侧

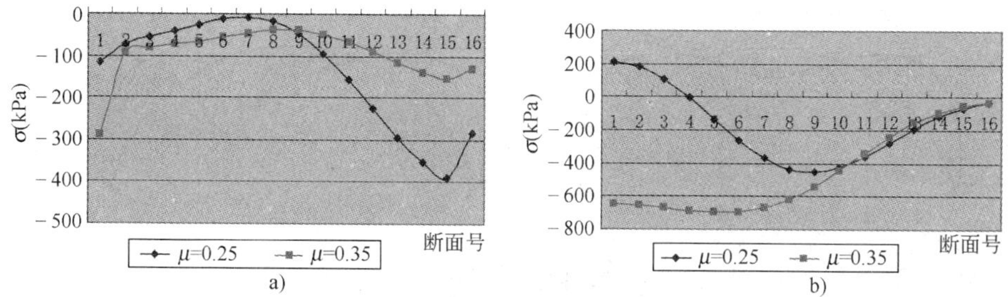

图 10-10 拱顶内、外侧应力比较

a)外侧；b)内侧

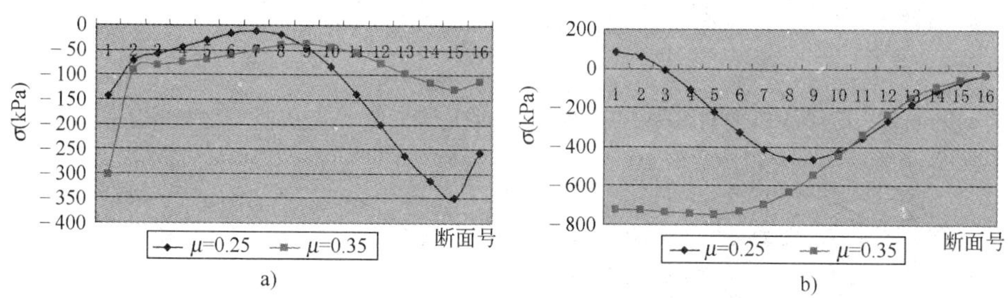

图 10-11 拱顶内、外侧应力比较

a)外侧；b)内侧

从图中可以看出，泊松比 μ 对拱涵拱圈受力有很大影响。在拱圈外侧，泊松比 μ 对拱腰应力影响不大，对拱顶应力影响较大，在拱圈内侧，μ 对拱腰和拱脚应力影响不大，但对拱顶影响非常大。在填土高度一定的情况下，μ 越大，拱顶外侧受到的压应力越小，拱顶内侧受到的拉应力越大。

分析原因，根据土的侧压力系数 K_0 与泊松比之间有如下理论关系 $K_0=\mu/(1-\mu)$。由此式可知，泊松比的大小反映了土的静侧压力作用，μ 越大，侧压力系数 K_0 越大，土的静侧压力越大，这种静侧压力将在拱顶截面产生压应力，使拱顶截面的应力减小甚至产生拉应力，由图 10-9、图 10-10、图 10-11 可知，泊松比对拱顶截面应力的影响是较明显的，但由于实际工程中土的泊松比变化较大，从设计角度出发，计算中只能选取较小的泊松比值，亦即选取较低的侧压力。不同工况下弯矩的变化不同，可绘制拱涵拱圈在不同 μ 不同 E 下的弯矩图，如图 10-12、图 10-13 所示，弯矩绘在受拉侧。

由图 10-12、图 10-13 可知，在相同泊松比 μ 下，弹性模量 E 的变化对弯矩影响不大，只在拱顶断面 A 处有微小波动。这与环向应力分析结果一致。

分别比较图 10-12a)与图 10-13a)、图 10-12b)与图 10-13b)、图 10-12c)与图 10-13c)可知，在相同弹性模量下，弯矩值随泊松比增大而增大，且增大幅度在 2～5 倍，可见，填土泊松比对拱涵受力有显著影响，较小的泊松比对拱涵受力较为有利。

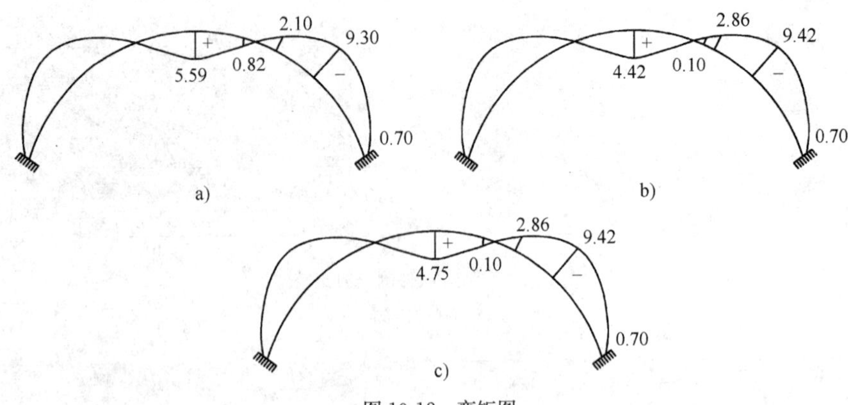

图 10-12　弯矩图

a)μ=0.25　E=20MPa 弯矩图；b)μ=0.25　E=30MPa 弯矩图；c)μ=0.25　E=60MPa 弯矩图

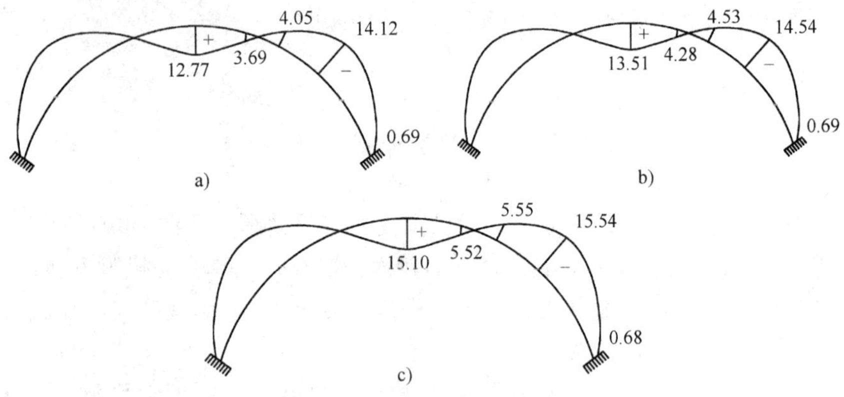

图 10-13　弯矩图(单位:kN·m)

a)μ=0.35　E=20MPa 弯矩图；b)μ=0.35　E=30MPa 弯矩图；c)μ=0.35　E=60MPa 弯矩图

4.断面尺寸对拱涵结构受力的影响

不同的断面尺寸对涵洞周围的填土和地基土中的受力与变形会产生不同的作用，反之，周围土体的相互作用也必然影响结构的受力。

建立有限元模型，计算宽度取 20m，地基厚度取 10m，涵顶填土高度取 40m，不考虑分级加载对计算的影响。分别对跨径 1m、3m、4m、5m 的拱涵进行分析，其应力云图如图 10-14 所示。

由图可知，在 40m 填土高度下，不同跨径拱圈受力特征基本一致。即拱圈拱顶外侧出现压应力，内侧出现拉应力。拱圈内侧拱腰位置处有不同程度的压应力。图 10-15 是拱圈厚度随拱涵跨径增大环向应力变化图。如图所示，在拱圈外侧，拱圈全段受压，环向应力随拱涵跨径增大而增大，其中拱顶和拱脚处出现应力集中。在拱圈内侧，拱顶处存在较大拉应力，其大小随跨径增大而增大；顺拱顶向下，在拱腰位置处，存在一个应力值为0点，此点大致为拱圈的4分点。过此点，应力渐变为压应力，先逐渐增大再逐渐减小至拱脚位置处。此外，拱脚支撑处存在垂直反力和水平推力。由于水平推力的作用，在填土垂直荷载作用下，使得拱内弯矩将大大减小。

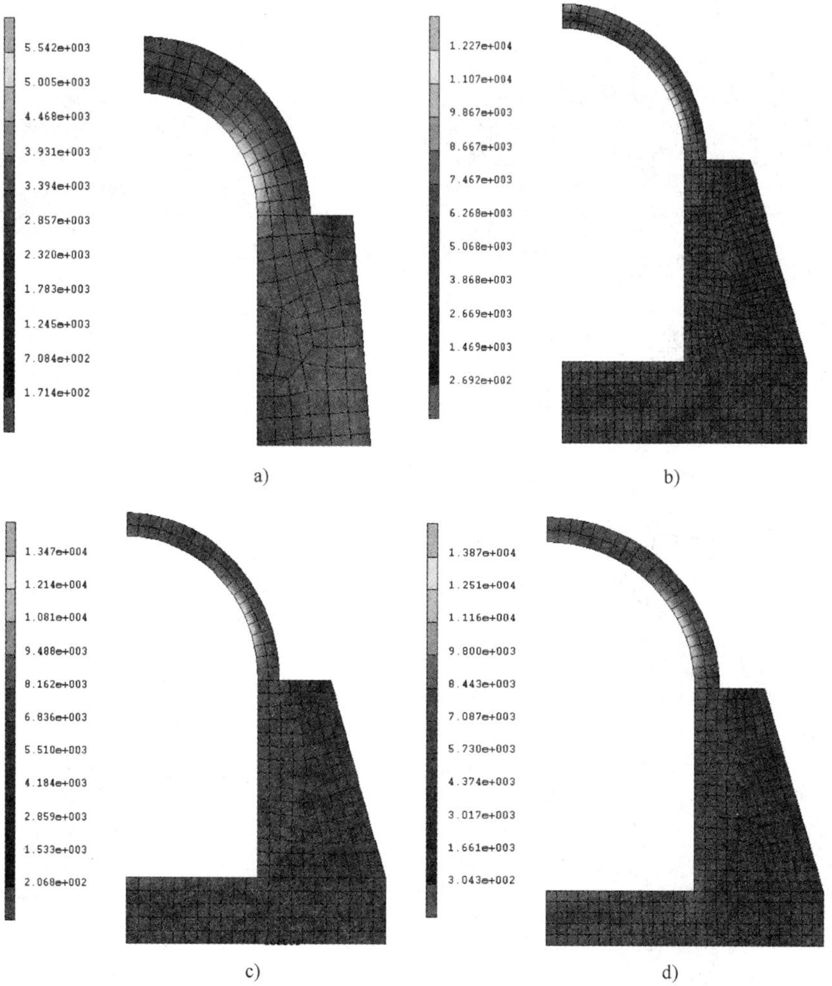

a)　　b)

c)　　d)

图 10-14　拱涵 40m 填土荷载下应力云图

a)1m 拱涵 40m 填土荷载下应力云图；b)3m 拱涵 40m 填土荷载下应力云图；c)4m 拱涵 40m 填土荷载下应力云图；d)5m 拱涵 40m 填土荷载下应力云图

利用有限元计算结果对填土高度 40m 下不同跨径的拱涵进行内力分析并绘制弯矩图，如图 10-16 所示，弯矩绘在受拉侧，单位 kN·m。

由图 10-16 可知，在相同填土高度，填土土性相同情况下，拱涵拱圈各断面弯矩随拱圈跨径增大而增大，最大正弯矩出现在拱顶位置处，这是因为，拱涵结构在拱顶位置处存在比较大的应力集中，其大小受诸多因素影响；最大负弯矩出现在4分点处，其大小受结构尺寸影响较大。弯矩变化总体趋势为：自拱顶顺拱圈向下，弯矩由最大正值减小至0并增大到最大负值随后又逐渐减小接近于0，弯矩图呈现“猫耳朵”形状。

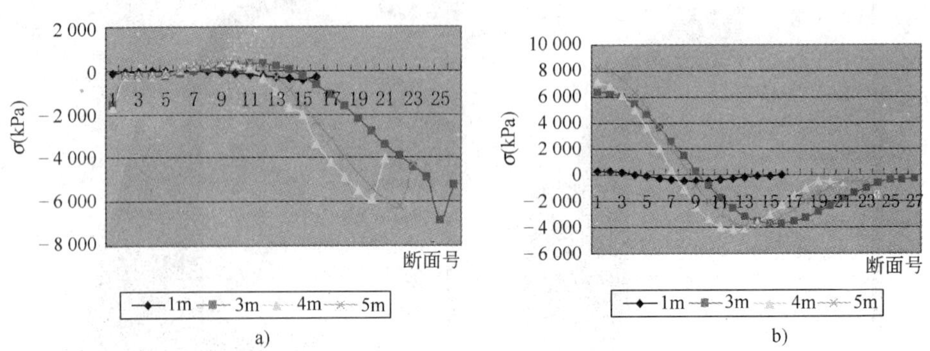

图10-15　填土高度40m下不同跨径内、外侧环向应力比较

a)外侧；b)内侧

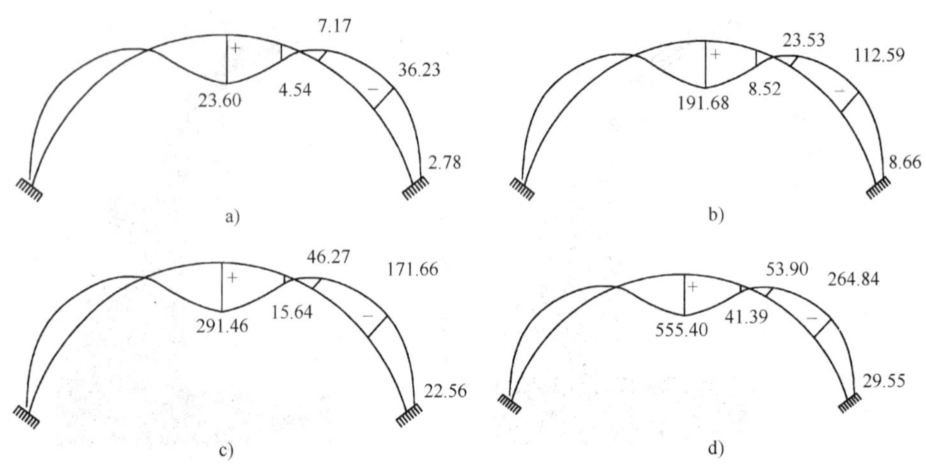

图10-16　拱顶弯矩图(单位：kN·m)

a)跨径1m拱顶弯矩图；b)跨径2m拱顶弯矩图；c)跨径3m拱顶弯矩图；d)跨径4m拱顶弯矩图

10.2.2.2　高填方路堤下圆管涵结构受力分析

1.计算模型建立

建立圆管涵数值计算模型，涵洞的孔径为0.5～1.5m，涵顶填土高度为10～40m，模型计算宽度为20m，地基土厚度为10m。计算模型如图10-17所示。

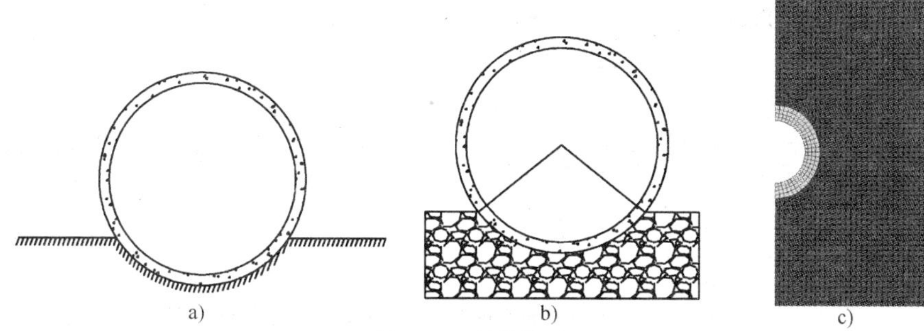

图 10-17 计算模型

a)圆管涵横断面图(平基敷管形式);b)圆管涵横断面图(刚性座垫形式);c)圆管涵有限元分析模型

2. 填土高度对涵洞结构受力的影响

圆管开裂是十分普遍的现象,而导致管壁开裂的主要原因是由于管壁内环向应力过大,结构无法承受所致。因此,有必要对管壁内的环向应力进行分析。

分别选取孔径为 0.5m、0.75m、1m、1.25m、1.5m 圆涵填土高度为 40m 的填土土层,对结构进行有限元分析并比较不同填土高度下圆涵管壁内外侧环向应力,结果如图 10-18～图 10-22 所示。

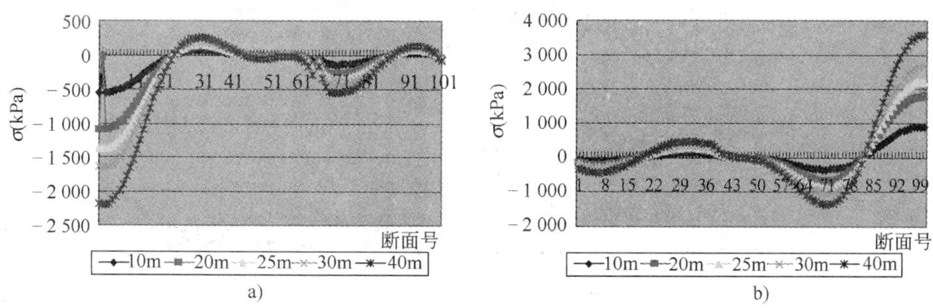

图 10-18 0.5m 圆管涵不同填土高度内、外侧应力比较

a)外侧;b)内侧

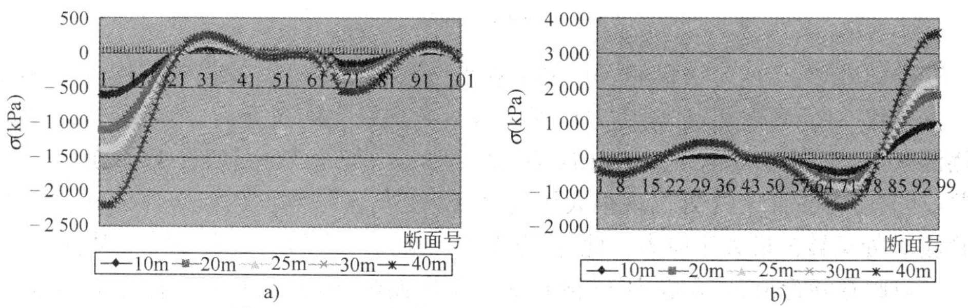

图 10-19 0.75m 圆管涵不同填土高度内、外侧应力比较

a)外侧;b)内侧

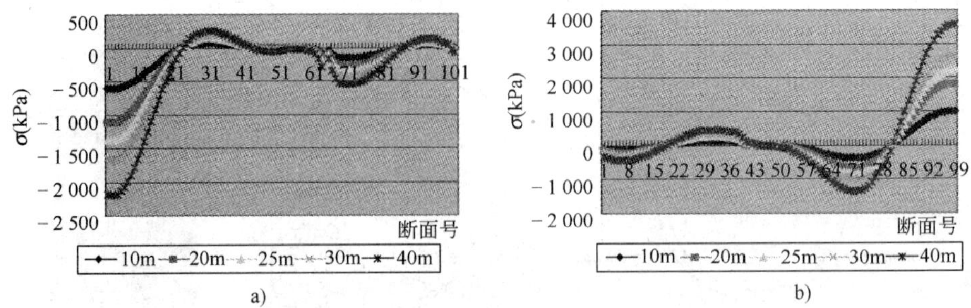

图 10-20　1m 圆管涵不同填土高度内、外侧应力比较

a)外侧;b)内侧

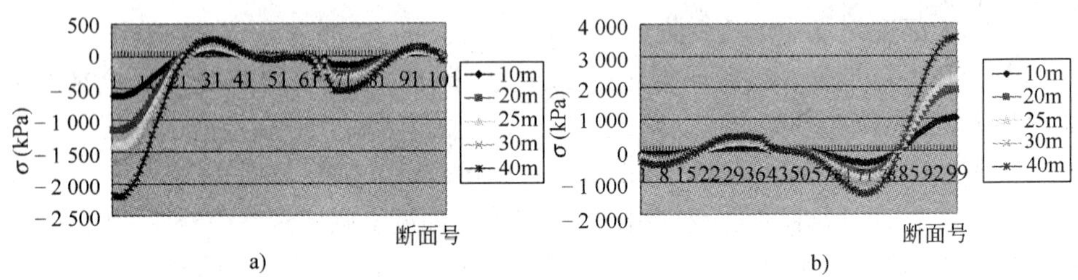

图 10-21　1.25m 圆管涵不同填土高度内、外侧应力比较

a)外侧;b)内侧

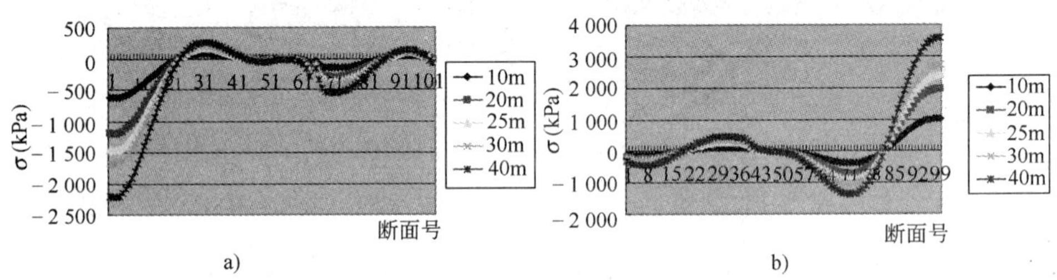

图 10-22　1.5m 圆管涵不同填土高度内、外侧应力比较

a)外侧;b)内侧

由图可知,孔径为 0.5～1.5m 圆涵在填土高度 10～40m 范围内结构受力性状基本一致,对涵管内侧,环向应力在管顶 A 处出现最大的拉应力,然后沿管周方向逐渐减小,在管侧 B 出现最大压应力,到管底 C 又转为较大拉应力;而在管壁外侧,环向应力在管顶 A 处出现很大压应力,渐变至管侧 B 处又出现较大拉应力,在管底 C 处又转为最大压应力。此外,管壁环向应力大小随填土高度增大而增大。

对圆管涵管顶 A、管底 B、管侧 C 为三个控制断面,根据有限元仿真的结果绘制圆涵的弯矩图,为了更好的体现涵管受力特性,将涵管划分为 7 个断面进行分析,即管顶 A、管底 B、管侧 C、D、E、F、G,断面分布如图 10-23 所示。

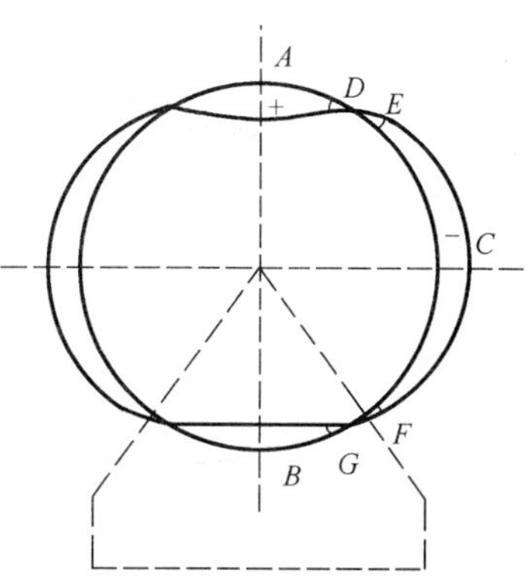

图 10-23 圆涵断面分布图

由图 10-24 可知，相同孔径的圆涵在不同填土高度下受力形状基本一致，各断面弯矩随填土高度增大而增大。正弯矩最大值出现在管顶，最大负弯矩值则出现在管侧 C 点，即 0°位置处。弯矩分布规律为管顶呈现最大正弯矩，这是因为管顶填土应力集中所致，顺管壁自顶向下，弯矩值逐渐减小，到 $\frac{\pi}{3}$ 处，弯矩值减为 0，接着弯矩值逐渐增大为负弯矩，至管侧弯矩达到负的最大；随后，弯矩值再次逐渐减小，至管底约 $-\frac{\pi}{3}$ 处为 0，而在管底 B 点，由于地基反力的作用，弯矩又出现较大的正弯矩。

3. 基础对圆涵结构受力的影响

目前建设的圆管从基础形式上来说一般有两种形式：一种是直接放在地基上，即平基敷管；另一种是在涵管底部加一个底座。公路设计手册中并没有具体指出有无底座的基础形式对涵洞内力的影响。

以管径 $d=0.5$m，壁厚 $\delta=6$cm，填土高度 40m 的圆涵为例分别用有限元计算圆心含角 $\theta=75°$ 的刚性座垫基础与平基敷管两种基础情况下圆涵的内力，并比较圆管涵管壁环向应力与弯矩大小，如图 10-25 与 10-26 所示。

由图 10-25 可知，相同管径相同填土高度下无底座（平基敷管形式）圆管涵与有底座圆管涵在受力特性上基本一致，即管顶都存在较大的应力集中，随后环向应力逐渐减小为 0，后增大为负的最大，接着再次减小为 0，到涵底处再次增大有极大值。此外，由图可知，有底座圆管涵涵顶内外侧应力值均大于无底座情况。可见，基础形式对涵洞结构受力有较大影响，为了更好的反映这一点，下面结合有限元方法对弯矩值进行分析，如图 10-26 所示。

从图中可以看出，在相同的填土高度下，平基敷管形式下的圆管涵受力和有刚性座垫支撑的圆管涵受力性状相似。由于刚性座垫的支点反力小于平基敷管相应点上所产生的土的反力。因而，刚性座垫上的涵管截面弯矩要比平基上涵管截面弯矩小很多，因此，刚性座垫上涵管的静力工作条件较之平基敷管要好。

事实上，在混凝土座垫上浇筑涵管时，特别是当施工质量较高、座垫与管体接触面较大且彼此结合紧密的情况下，座垫将在一定程度上提高管体的承载能力。

4. 几何尺寸对圆涵结构受力的影响

圆涵的孔径不同，涵管的厚度亦不同，分别对孔径为 0.5m、0.75m、1m、1.25m、1.5m 的圆涵进行建模计算，填土高度取 40m，不考虑分级加荷对结构的影响。比较管壁环向应力，结果如图 10-27 所示。

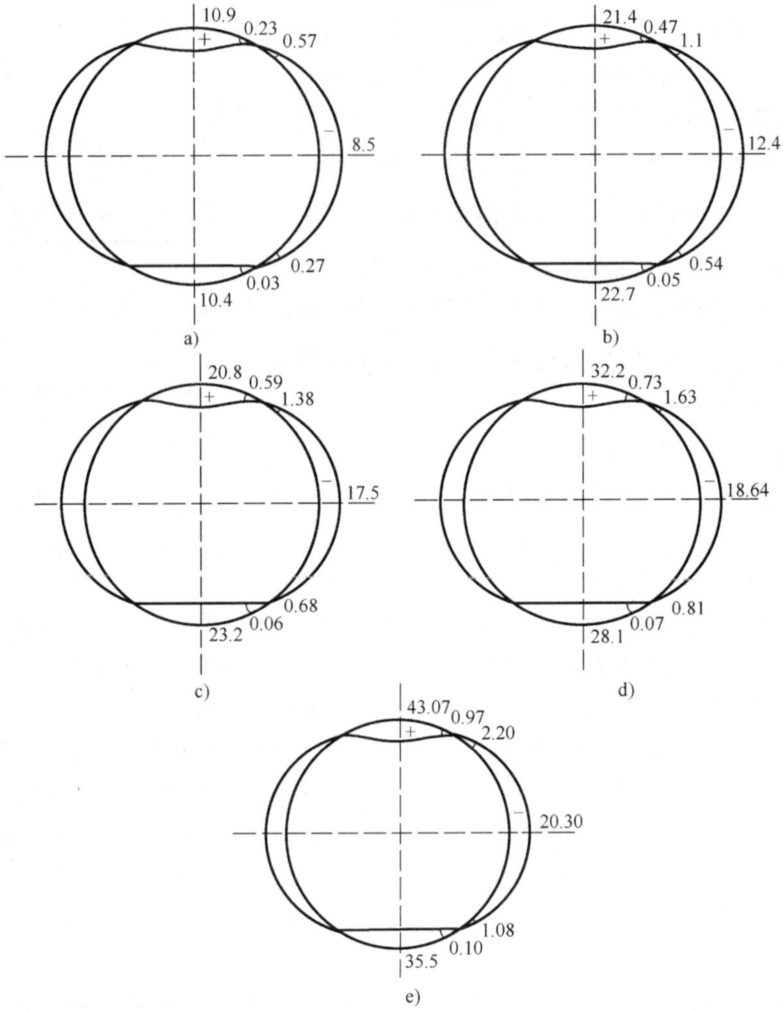

图 10-24　0.5m 圆涵不同填土高度下弯矩图(单位:kN·m)

a)10m;b)20m;c)25m;d)30m;e)40m

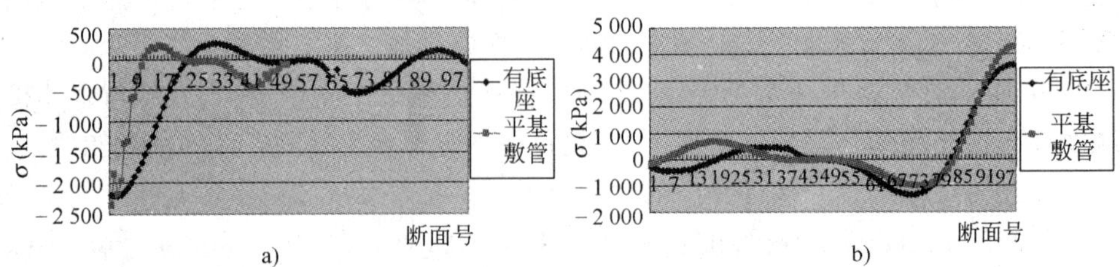

图 10-25　管径 0.5m 填土高度 40m 下圆管涵不同基础形式内、外侧环向应力比较

a) 外侧;b)内侧

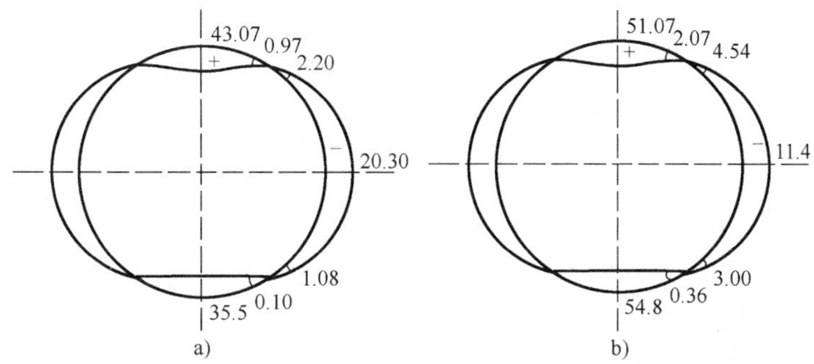

图 10-26　0.5m 管径 40m 填土高度不同基础形式弯矩图(单位:kN·m)

a)有底座;b)平基敷管

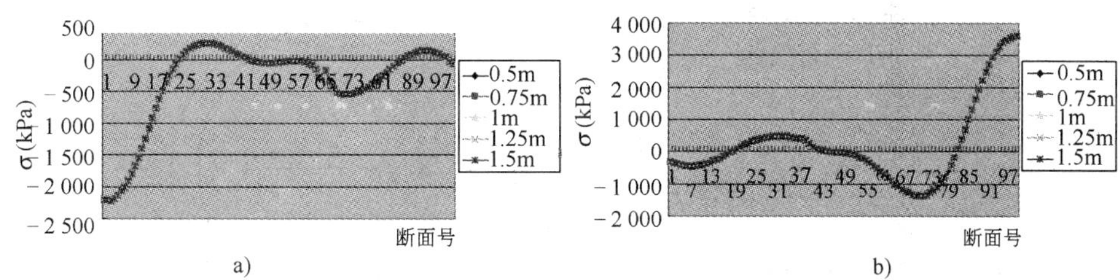

图 10-27　40m 填高下管壁内、外侧环向应力比较

a)外侧;b)内侧

由以上图可见,孔径对涵洞环向应力影响不大,受力状况基本一致。为了更好地反映变化,将上两图变为数据点堆积折线图,如图 10-28 所示。

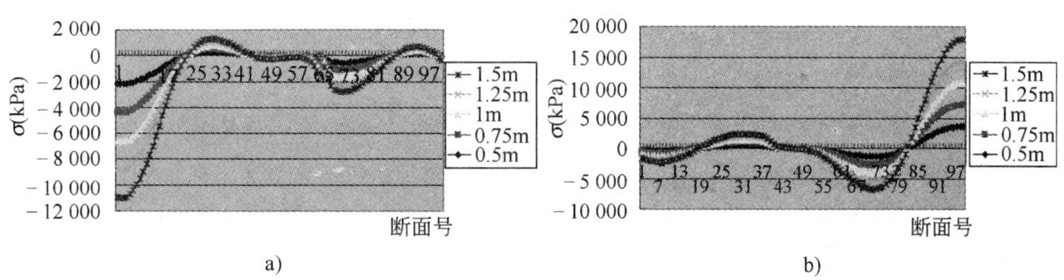

图 10-28　40m 填高下管壁内、外侧环向应力比较

a)外侧;b)内侧

如图所示,管径愈大,则管相应断面上的环向应力值愈大,应力集中的最大处为涵顶。因为在涵洞结构计算中弯矩控制截面计算,故仅比较环向内力并不能充分说明问题,有必要比较断面尺寸对弯矩的影响。

图 10-29 是 40m 填土高度下不同孔径圆管涵的弯矩图,弯矩绘在受拉侧。

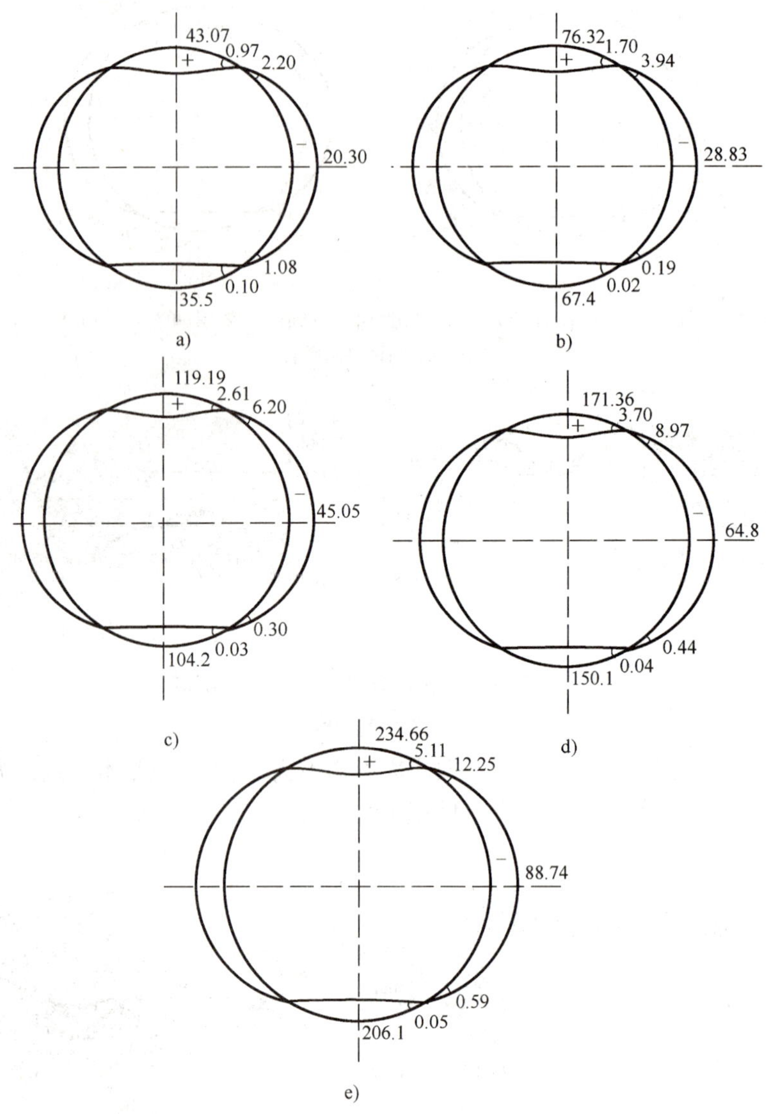

图 10-29　圆管涵弯矩图(单位:kN·m)

a)0.5m;b)0.75m;c)1m;d)1.25m;e)1.5m

由图可知,在相同填土高度下,弯矩值随圆涵孔径的增大呈线形增长,最大值出现在涵顶,达到 234.66 kN·m。此外,当涵洞几何尺寸较小,孔径 $d \leqslant 1$m 时,弯矩增长幅度较小;当孔径 $d > 1$m 时,弯矩增长幅度很大。可见,较大的几何尺寸对圆管涵的受力不利。

10.2.2.3　高填方路堤下箱涵结构受力分析

1. 有限元模型建立

选取某单孔箱涵实例，建立计算模型，分析涵洞结构受力特性。涵洞为单孔孔径为 1.5～2.5m 混凝土预制正方箱涵，涵顶填土高度为 10～40m，涵洞设置在水泥稳定沙砾垫层上，涵洞洞身横断面图如图 10-30 所示。建立有限元计算模型，如图 10-31 所示。

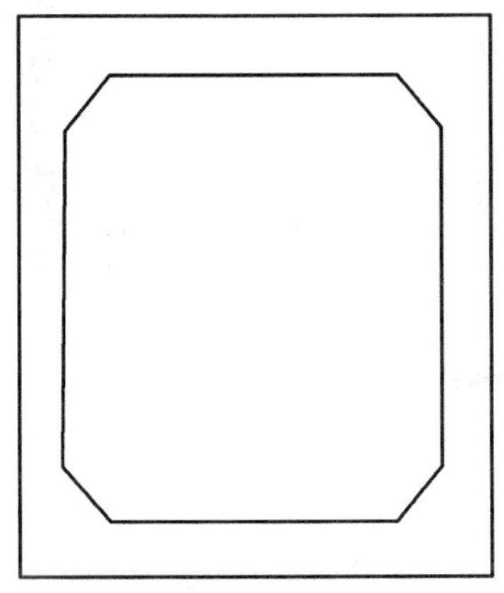

图 10-30　箱涵横断面图

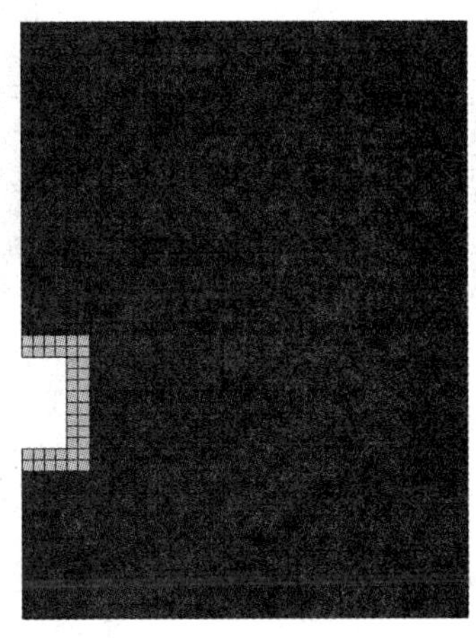

图 10-31　箱涵有限元网格图

2. 填土高度对箱涵结构受力的影响

分别选取断面尺寸为 1.5m×1.5m，2m×2m，2.5m×2.5m 的箱涵建模计算，填土高度分别取 10m、20m、25m、30m、40m。有限元计算可得不同尺寸箱涵的内力云图，如图 10-32 所示。

因为单孔正方箱涵为一对称结构，故只取顶板截面云图分析，由图 10-32 内力云图可知，不同断面尺寸的正方箱涵受力特性相似，即顶板跨中位置存在较大应力集中，顶板上壁受压，下壁受拉，此外角点位置处也存在很大的应力集中。同尺寸不同填土高度下箱涵的内力云图相似，为了更好的分析箱涵结构受力，下面比较相同几何尺寸不同跨径下单孔正方箱涵涵顶截面弯矩值，并绘制弯矩图。

对有限元结果进行整理并提取弯矩值比较如图 10-33 所示。

从图 10-33 可以看出，相同几何尺寸下单孔正方箱涵涵顶弯矩值随填土高度增大而增大。选取涵顶跨中断面 *A*、顶板端断面 *B*、断面 *A*、*B* 间任意两断面 *C*、*D* 作为弯矩的控制断面，如图 10-34 所示。分别绘制 1.5m、2m、3m 单孔箱涵在不同填土高度下顶板弯矩图，弯矩绘在受拉侧，单位 kN·m，如图 10-35～图 10-37 所示。

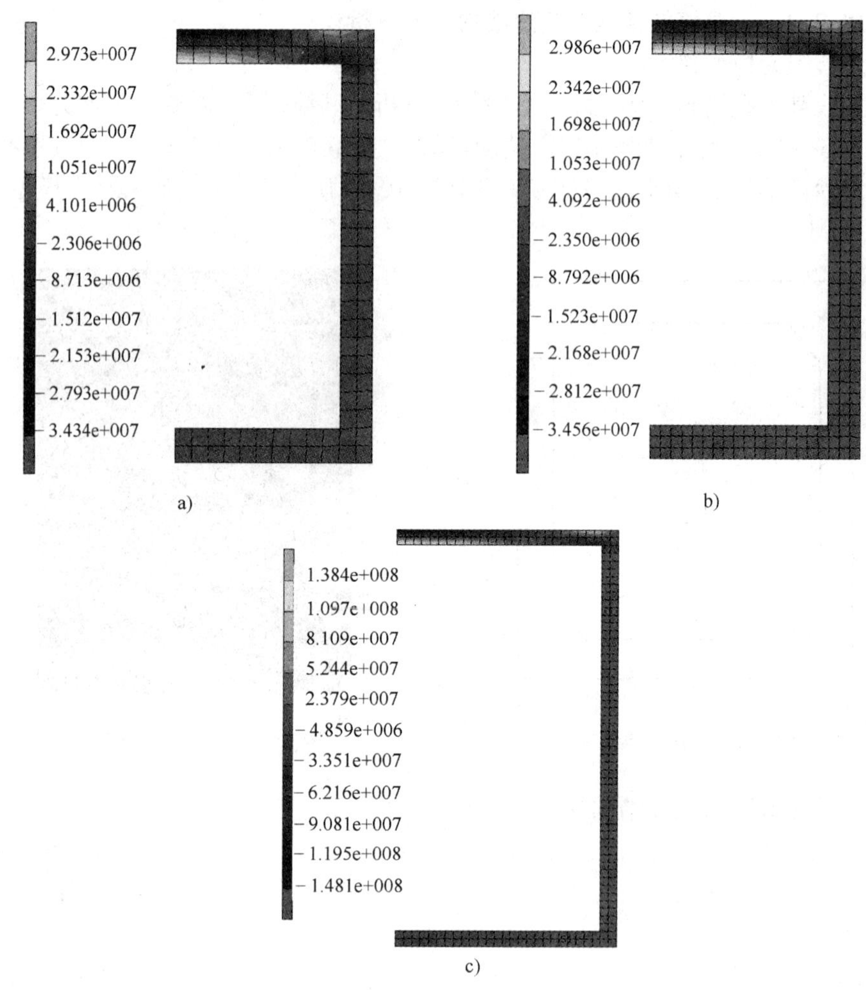

图 10-32 内力云图

a)1.5m 正方涵;b)2m 正方涵;c)2.5m 正方涵

由图 10-35～图 10-37 可知,不同填土高度下单孔箱涵顶板截面受力形状一致,即跨中截面 A 呈现较大的正弯矩,自跨中位置向两端,弯矩值逐渐减小为 0,此后逐渐增大为负值,并在杆端处达到负的最大值,即最大负弯矩,最大值如图 10-35～图 10-37 所示。此外,从图中可以看出,各截面弯矩值随填土高度增大而增大,这是因为随着填土高度的增大,涵顶上的垂直土压力逐渐增大,涵顶跨中截面应力集中程度也随之增大。

此外,从图 10-32 应力云图中可以看出箱涵在角点处存在应力集中,此处剪力值也较大,具体数值将在下一章中给出。

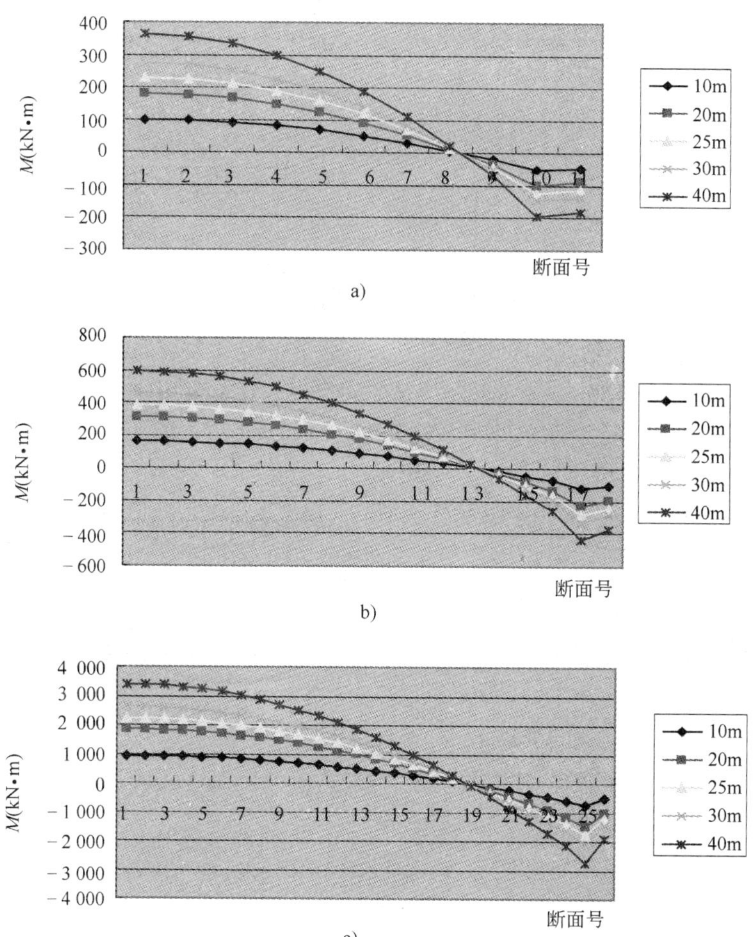

图 10-33　不同填土高度弯矩图

a)1.5m 单孔正方箱涵；b)2m 单孔正方箱涵；c)2.5m 单孔正方箱涵

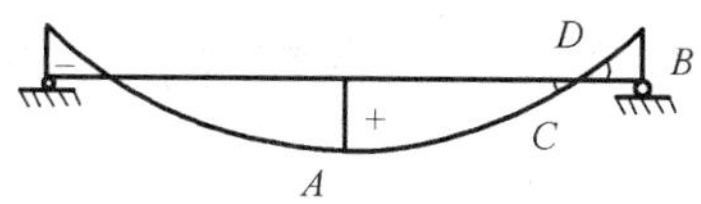

图 10-34　箱涵断面图

综上所述，当填土高度一定即上覆荷载一定情况下，较小的几何尺寸对箱涵受力比较有利，可以节省材料；此外，由于箱涵跨中和杆端存在较大弯矩值，需在其顶底板布置大量预应力钢筋，从而可承受正负弯矩。

3. 几何尺寸对箱涵弯矩的影响

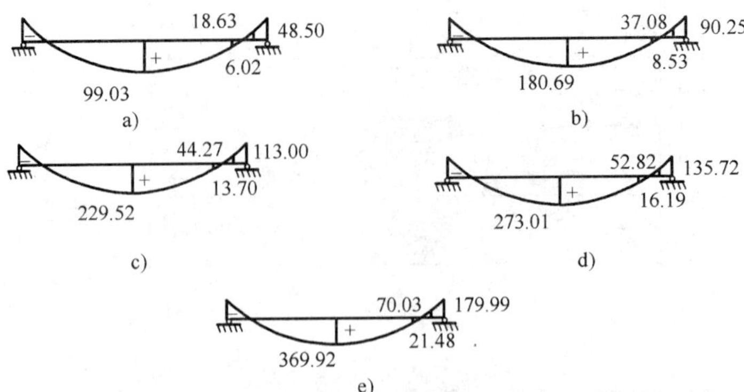

图 10-35　1.5m 单孔正方箱涵在不同填高下 M 图(单位:kN·m)

a)10m;b)20m;c)25m;d)30m;e)40m

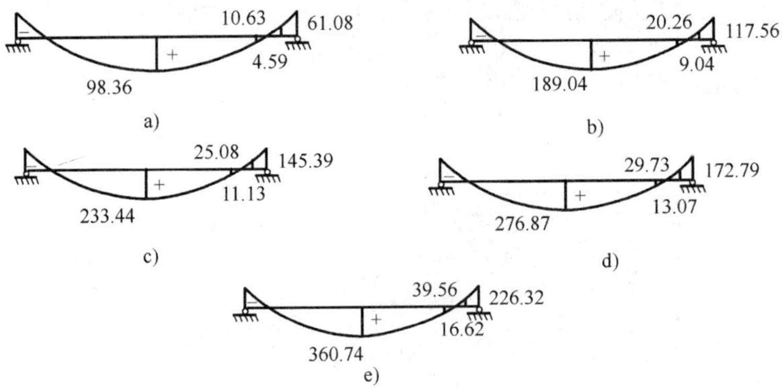

图 10-36　2m 单孔正方箱涵在不同填高下 M 图(单位:kN·m)

a)10m;b)20m;c)25m;d)30m;e)40m

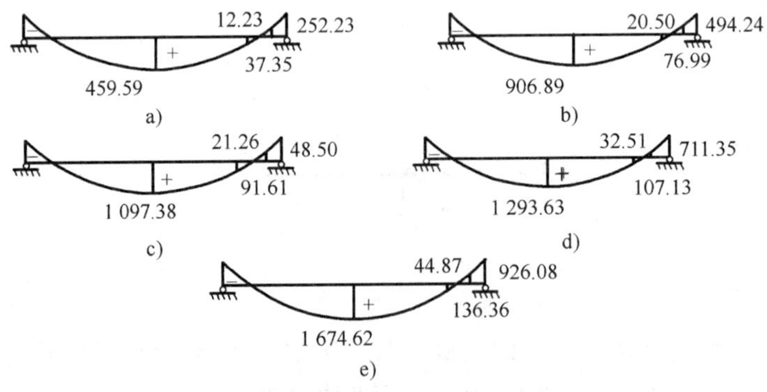

图 10-37　3m 单孔正方箱涵在不同填高下 M 图(单位:kN·m)

a)10m;b)20m;c)25m;d)30m;e)40m

箱涵属于超静定结构，具有较大的刚度和强大的抗扭能力，在偏心荷载作用下，其受力整体性状较其他结构形式优越，不同的几何尺寸对箱涵结构受力有很大影响。图 10-38 是不同填土高度下不同孔径单孔正方箱涵的涵顶弯矩比较图。

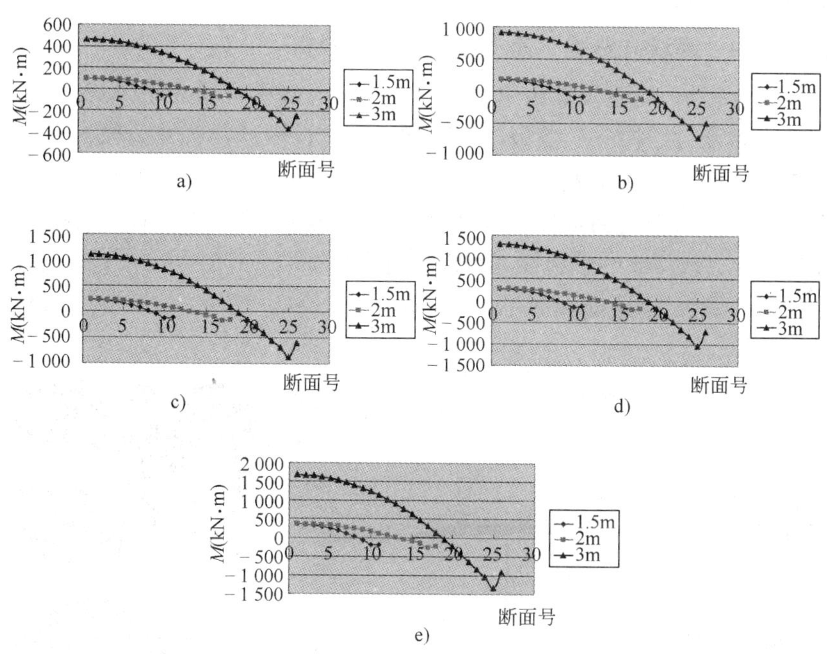

图 10-38 不同填高下不同跨径单孔箱涵涵顶弯矩比较

a)10m；b)20m；c)25m；d)30m；e)40m

从图中看出，相同填土高度下，不同孔径单孔箱涵受力性状有一定差别。当结构尺寸较小(孔径 $d\leqslant2$m)时，箱涵涵顶土压力较小，此时各截面弯矩也较小；当结构尺寸很大(孔径 $d>2$m)时，箱涵顶垂直土压力较大，此时弯矩值也相应较大。此外，相同断面尺寸下，当填土高度较低时，即 $h<20$m 时，随着填土高度的增大弯矩值增长幅度较大；当填土高度 $h>20$m，随着填土高度增大箱涵涵顶弯矩增长不大。图 10-39 是 40m 填土高度下不同孔径的单孔箱涵涵顶弯矩图，弯矩绘在受拉侧，单位 kN·m。

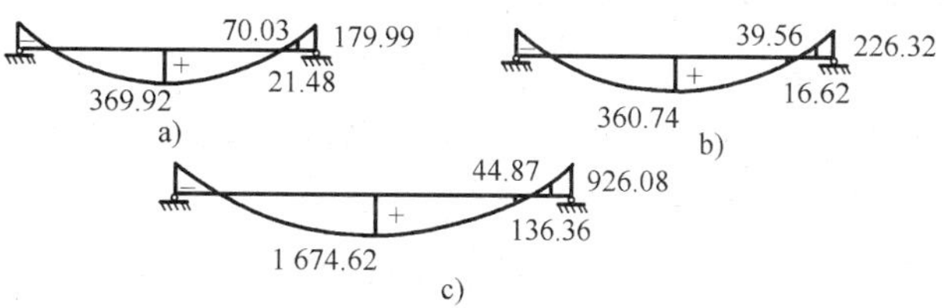

图 10-39 40m 填高下不同孔径单孔箱涵涵顶弯矩图(单位：kN·m)

a)1.5m；b)2m；c)3m

由图可知，单孔箱涵涵顶弯矩值随结构尺寸增大而增大，最大正弯矩出现在跨中截面 A，最大弯矩则出现在杆端 B，最小弯矩位置在靠近杆端约 $l/6$ 处，l 为跨径。结构尺寸的增大，对弯矩最小断面位置也有一定影响。结构尺寸越大，箱涵杆端弯矩也较大，因此弯矩图中负弯矩三角形面积也越大。

10.2.2.4 高填方路堤下盖板涵结构受力分析

盖板涵由底板、侧墙及盖板组成。两边侧墙与底板可做成整体式，也可做成分离式。其主体承力结构——盖板，是静定结构，设计中通常视其为简支梁结构。

1.盖板涵计算模型建立

选取某盖板涵为实例，建立计算模型，分析涵洞结构受力特性。涵洞为跨径为 1.5m、2m、3m、4m、5m 的盖板涵，涵顶填土高度为 10～40m，涵洞设置在水泥稳定沙砾垫层上，涵洞洞身横断面图如图 10-40 所示。建立有限元计算模型，如图 10-41所示。

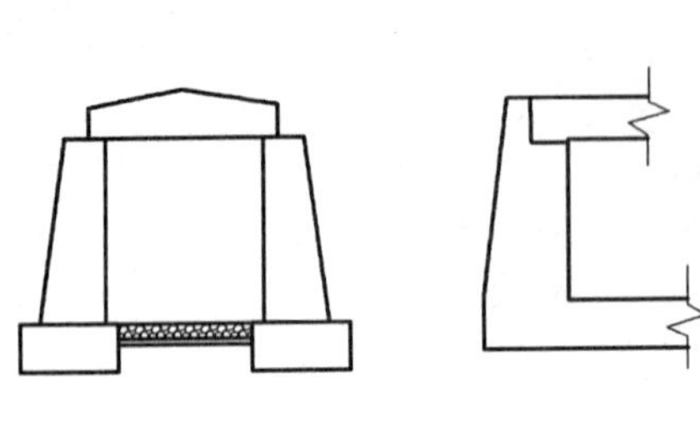

图 10-40 盖板涵横断面图

图 10-41 盖板涵有限元计算模型

2.填土高度对盖板涵结构受力影响

在相同的几何尺寸下，不同的填土高度必然对盖板涵的结构受力有不同影响，结构设计主要受跨中弯矩的控制，下面利用有限元分别对不同跨径下、不同填土高度的盖板涵进行计算，并分析比较涵顶弯矩值及变化情况，如图 10-42 所示。

从图 10-42 可以看出，相同跨径不同填土高度下盖板涵涵顶弯矩变化情况基本一致，盖板跨中位置处存在很大的正弯矩，其随填土高度的增大而增大，变化较为明显。此外，随着填土高度的增大，盖板跨中弯矩变化幅度比较大，分析原因是随着上覆填土垂直土压力的增大，盖板结构上层承受较大压应力，下层承受很大拉应力。这就要求盖板结构具有较好的抗弯能力，对于盖板结构可考虑布设钢筋。

假设盖板涵中盖板部分的跨中位置 A、板端 B 及 A、B 间任意一断面 C 为弯

矩的典型截面，如图 10-43 所示。

为了更清晰的反映结构受力，分别对不同填土高度下不同断面尺寸的盖板涵绘制弯矩图，弯矩绘在受拉侧，单位 kN・m，如图 10-44 所示。

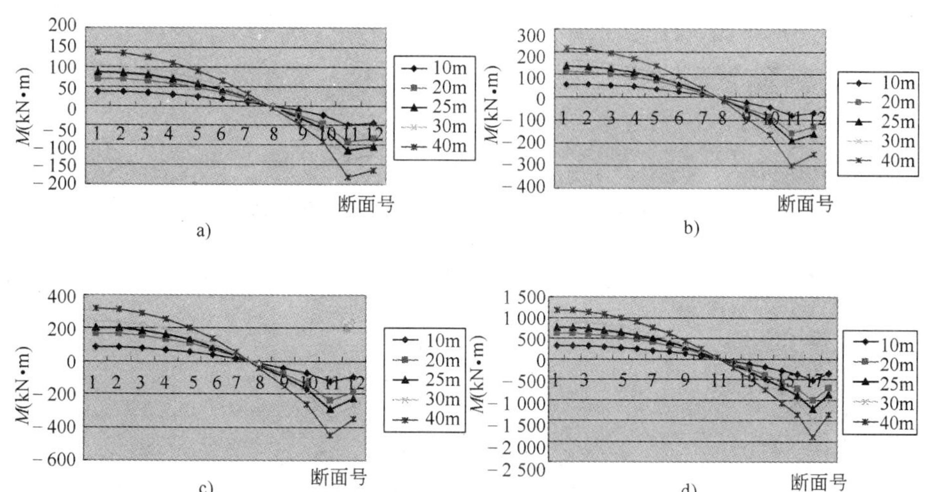

图 10-42　不同跨径盖板涵在不同填高下涵顶弯矩比较

a)跨径 1.5m；b)跨径 2m；c)跨径 2.5m；d)跨径 4m

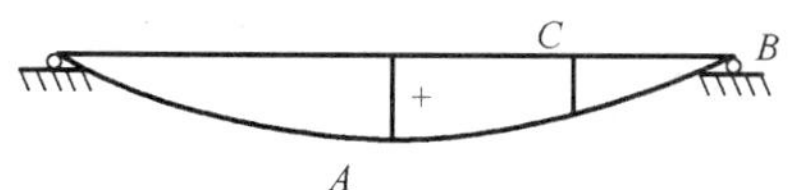

图 10-43　盖板断面分布图

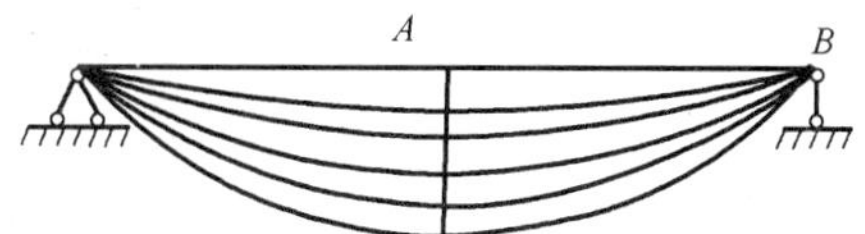

图 10-44　跨径 1.5m 不同填土高度盖板弯矩图

注：上图弯矩值自上而下依次为 37.27 kN・m、70.24 kN・m、86.82 kN・m、103.57 kN・m、136.41 kN・m

上图反映了跨径 1.5m 盖板涵盖板随填土高度变化的弯矩变化，其他几何尺寸的盖板涵弯矩图与该图近似，从图中可以清晰地看出跨中截面弯矩的变化。由此可知，相同几何尺寸下不同填土高度盖板涵盖板各断面弯矩值随填土高度的增大而增大。弯矩图呈一“瓢”状，即盖板跨中位置存在正弯矩最大值，根据马斯顿土压力理论，此处为土压力集中位置，因此相应应力值最大，盖板跨中外侧受压，内侧受拉。对于板端位置，由于上覆土荷载及板自重荷载较大，此处存在很大支座反力，呈现较大的剪力。因此，在设计中跨中位置 A 与板端 B 断面为危险断面，必须考虑混凝土材料特性并配置受拉钢筋。在板端必要时需设置箍筋和弯起钢筋。

3. 几何尺寸对盖板涵结构受力影响

盖板涵的承重结构构造简单，最宜设计为各种标准跨径的装配式结构，为了探讨各种高填土情况下不同跨径盖板涵的受力特性，本研究项目利用有限元对其进行了建模仿真计算。图 10-45 所示即为相同填土高度下不同标准跨径下盖板涵涵顶弯矩比较图。

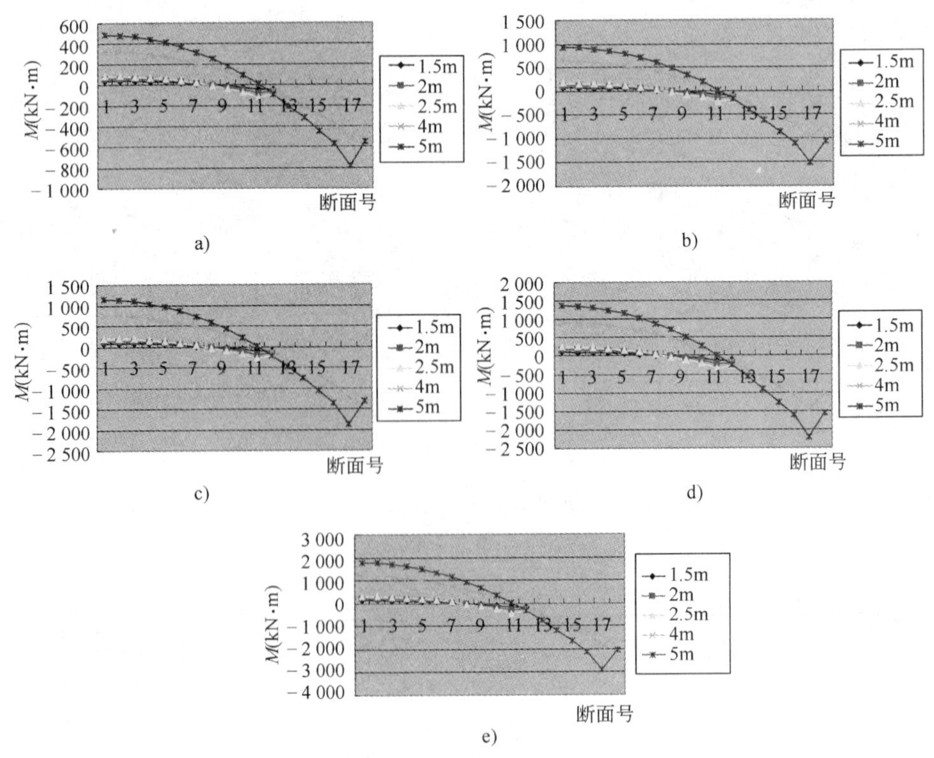

图 10-45　不同跨径盖板涵弯矩比较

a)填土高度 10m 下不同跨径盖板涵顶弯矩比较；b)填土高度 20m 下不同跨径盖板涵顶弯矩比较；c)填土高度 25m 下不同跨径盖板涵顶弯矩比较；d)填土高度 30m 下不同跨径盖板涵顶弯矩比较；e)填土高度 40m 下不同跨径盖板涵顶弯矩比较

由图可知，相同高填土情况下，不同跨径盖板涵受力情况基本一致，跨径越大，其盖板各截面所承受的弯矩也较大。跨径 $l_0<3$m 时，涵顶弯矩值较小，曲线较为平缓，而当 $l_0\geqslant3$m 时，涵顶弯矩急剧增大。这是因为盖板涵结构多采用石盖板或钢筋混凝土结构，由于材料强度不高而重度较大，当结构跨度增大时，其自重也相应增大，跨中活载和恒载弯矩将急剧增大，当恒载弯矩所占比例相当大时，结构承受活载的能力相应减少，即其承载能力多消耗于结构自重，因而其跨越能力受到限制。设计中一般在其受拉区布置承拉钢筋，以承担外荷载产生的拉应力。

10.2.3　小结

本章运用有限元对不同几何形式的拱涵、圆管涵、箱涵、盖板涵不同工况下的受力性状进行了深入细致的分析，其主要内容及结论如下：

对于拱涵，在填土垂直荷载作用下，拱圈拱顶上沿受压，下沿受拉。拱脚支撑处存在垂直反力和水平推力。由于水平推力的作用，在填土垂直荷载作用下，使得拱内弯矩大大减小。总之，拱底弯矩随填土高度增大而增大；随几何尺寸增大而增大。填土泊松比对拱涵受力影响较大，通常情况下，选用泊松比较小的填土。填土弹性模量对拱涵受力影响不大。

对于圆管涵，管顶受填土垂直荷载作用，管底受基础反力作用呈现较大应力集中，在此二位置管壁外圈受压，内圈受拉。管壁弯矩随填土高度增大而增大，随孔径增大而增大。此外，有刚性座垫的圆管涵受力性状远远优于平基敷管形式的圆管涵。

对于箱涵，顶底板跨中位置存在较大弯矩，角点处受较大剪力作用，弯矩和剪力随填土高度增大而增大，随箱涵孔径增大而增大。

对于盖板涵，能承受较大填土荷载，盖板跨中位置存在很大弯矩，在支点处受较大支反力，其大小随填土高度增大而增大，随跨径增大而增大，较小的跨径对盖板涵受力较为有利。

10.3　涵洞合理结构形式分析

涵洞形式的选取要涉及地形、地质、水文、水利条件、经济造价、材料选择和施工条件、养护维修和公路立体交叉情况等。通过上节对四种涵洞形式的有限元结构分析，可以看到涵洞随填土工况和跨径不同，涵洞结构受力情况也不尽相同。因此要进行合理结构形式的选取以便在进行涵洞工程设计时，充分达到优化效果，使所选涵洞类型体现经济造价、结构合理、施工方便、经久耐用、运营便捷。

根据有限元分析所得应力数据，可以对比分析四种涵洞形式随填土、结构断面跨度不同而引起的压应力变化情况，分析结果如下。

(1)管涵内力随跨度变化的敏感度不高，其在同一填土不同跨径情况下的压应力变化不大；且在高填土情况下，管顶(时钟 12:00 位置)的压应力反应值为其他三种涵洞形式最大，因此管涵不适合高填土工况设计。

(2)盖板涵内力随跨度变化的敏感度较高，其在同一填土不同跨径情况下的压应力变化幅度较大；且在高填土情况下，大跨径的盖板顶(时钟 12:00 位置)弯矩值较大，因此盖板涵不适宜于填土高于 20m 的工况设计。

(3)箱涵和拱涵内力随跨度变化的敏感度一般,其在同一填土不同跨径情况下的压应力变化幅度较均衡;且在同一填土高度情况下,相同跨径拱涵的内力变化幅度要低于箱涵,尤其是当填土高度高于30m以后,拱涵的受力优越性更为明显;另外,箱涵的底侧因为上部压应力的作用而产生了拉应力,一定程度上不利于结构的稳定受力,拱涵在这方面要明显优于箱涵。

第十一章 公路高填方涵洞设计与施工技术探讨

11.1 概述

涵洞设计的目的是根据拟定的涵洞的跨径(内径)、工作压力、埋置深度和地面荷载等,进行结构验算、经费概算、工艺编排,从而保证所采用的涵洞具有足够的强度来承受内压和外荷载,具有安全运营的保证。

高填路堤下涵洞结构的验算方法主要有两种:有限单元法和结构荷载法(传统的设计方法)。有限单元法可以针对实际的工程结构和实际的边界条件进行定量的分析计算。

传统的涵洞结构验算,要求设计者根据设计要求参考类似的工程设计通过判断提出设计方案,然后进行强度、稳定性等方面的验算。实际上这里的验算是对给定的方案做力学分析,验证方案技术上的可行性。

传统的涵洞设计方法设计出的涵洞"十涵九裂",说明按现行公路设计手册计算方法计算是偏不安全的,许多实际工程说明了这一点。这就说明需要对现有的设计方法加以改进。影响涵洞内力计算结果的因素很多,但主要因素是垂直土压力的计算方法和内力计算模型的选取两大因素。

11.2 涵洞的结构荷载法设计与计算软件

11.2.1 公路涵洞 CAD 设计软件概述

由于公路交通建设的飞速发展,公路勘察设计任务日益增多,尤其是公路桥涵设计不仅任务量大,而且设计过程复杂繁重。为了解决公路桥涵计算机辅助设计相对落后的问题,国内许多单位在多年桥涵设计经验的基础上,开发完成了《公路涵洞 CAD 系统》软件。是一个能够帮助设计人员在短时间内完成大批量涵洞设计任务问题的 CAD 软件。

软件依据《公路桥涵设计手册　涵洞》,《公路小桥涵手册》,《公路设计手册　路基》,《公路桥涵设计手册　基本资料》,《公路桥涵设计手册　拱桥》,《公路桥涵设计通用规范》(JTG D60—2004),《公路桥涵地基与基础设计规范》(JTG D63—2007),《公路路线设计规范》(JTG D20—2006)等开发。适用于高速公路、一、二、三、四级公路、城市道路钢筋混凝土盖板涵、石拱涵及钢筋混凝土拱涵、钢筋混凝土圆管涵、阶梯式盖板涵和阶梯式拱涵及钢筋混凝土箱涵的设计,具有专业化、功能全、效率高、更可靠、服务优等特点。

例如某系统采用面向对象的编程技术,软件开发环境采用 Visual C++6.0 版,代码庞大,仅源程序就有 10 万多行,界面为全中文 WINDOWS 图形界面,如图 11-1所示。采用工程项目管理方式,方便了整条线路的涵洞管理及设计,特别适合新线的设计。针对实际设计综合考虑十分详细,出入口及铺砌形式设计全面实用,能适应实际涵洞设计中的多种情况。加入了线路路基计算功能,能够自动计算线路平纵断面高程和路基加宽及超高,方便了新线设计。并能直接形成 AUTOCAD 的 DWG 图形文件,与 AUTOCAD14.0～2002 版接口,操作简便。对用户最大限度开放,标准图数据库采用 ASCII 文本方式,用户可根据已有的标准图来定制自己的标准图。

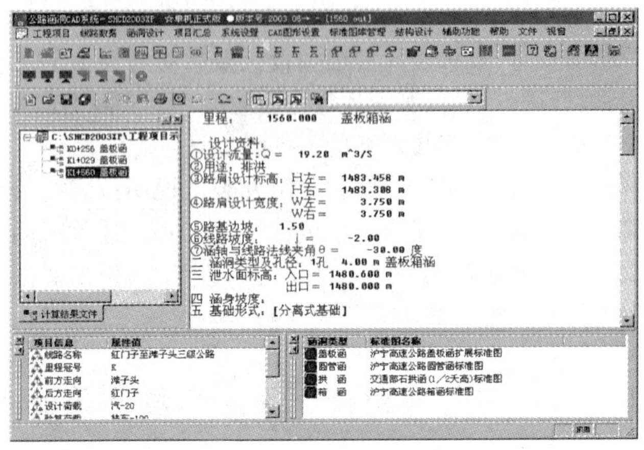

图 11-1　涵洞设计软件主要界面

一般情况下软件主要功能包括:利用公路涵洞标准图进行公路涵洞的计算机设计与绘图;公路钢筋混凝土盖板涵设计与绘图;公路石拱涵、混凝土拱涵设计与绘图;公路钢筋混凝土圆管涵设计与绘图;公路阶梯式盖板涵和阶梯式石拱涵设计与绘图;公路盖板明涵设计与绘图;公路框架箱涵设计与绘图;正斜交盖板结构受力检算、配筋设计与绘图;正斜交圆管节结构受力检算、配筋设计与绘图;各类涵洞工程数量汇总编辑与工程数量汇总表绘图;公路线路纵断面高程计算、路基平曲线超高加宽计算;钢筋混凝土构件配筋检算。

11.2.2 CAD 设计软件计算过程

公路涵洞 CAD 系统设计主要流程如图 11-2 所示。

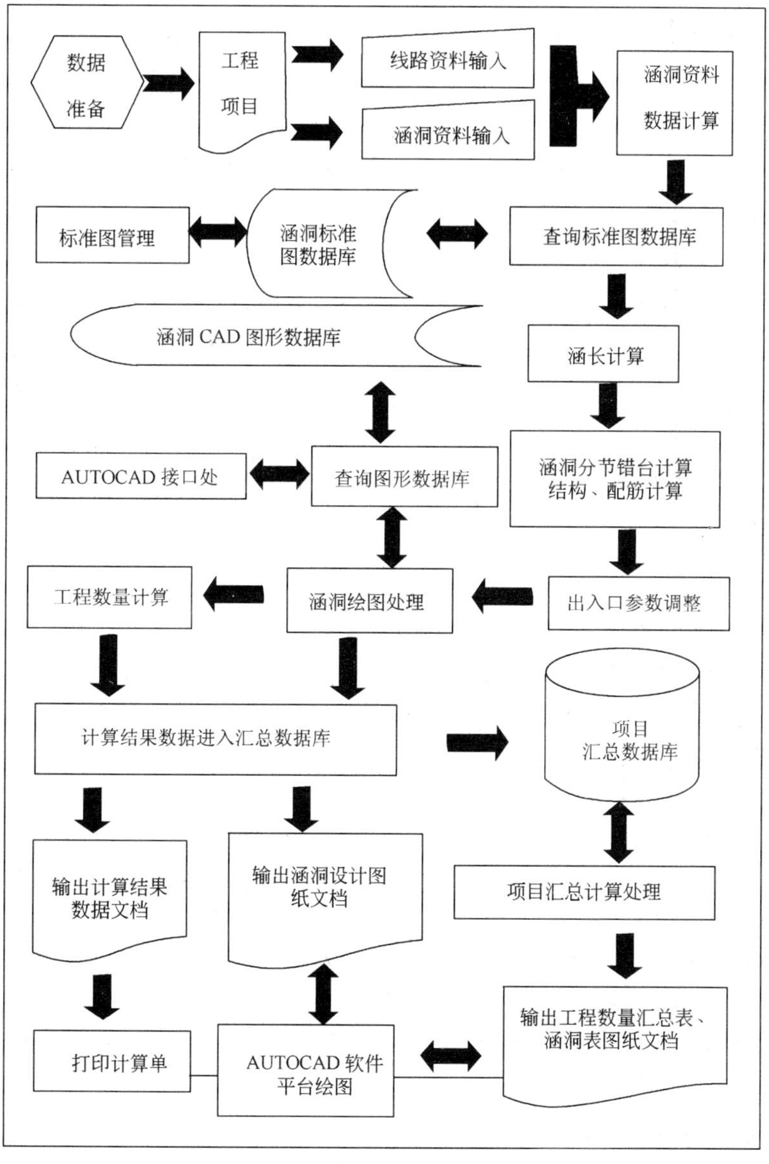

数据准备
工程项目
线路资料输入
涵洞资料输入
涵洞资料数据计算
标准图管理
涵洞标准图数据库
查询标准图数据库
涵洞 CAD 图形数据库
涵长计算
AUTOCAD 接口处
查询图形数据库
涵洞分节错台计算结构、配筋计算
工程数量计算
涵洞绘图处理
出入口参数调整
计算结果数据进入汇总数据库
项目汇总数据库
输出计算结果数据文档
输出涵洞设计图纸文档
项目汇总计算处理
打印计算单
AUTOCAD 软件平台绘图
输出工程数量汇总表、涵洞表图纸文档

图 11-2 涵洞设计软件的基本处理流程图

对于每一种形式的涵洞具体的设计计算包括：恒载计算，活载计算，荷载组合，截面配筋，裂缝宽度检算，支点处斜截面抗剪强度检算。

11.3 涵洞设计荷载的合理取值分析

尝试以涵顶处土层内外沉降差 δ 来表征作用在涵顶处的垂直土压力，影响涵顶处土层内外沉降差 δ 的因素即是影响涵洞荷载合理取值的主要因素。涵顶处土层内外沉降差 δ 的大小是由涵洞断面特性、填土特性及地基土特性共同决定的，因此，涵洞断面特性、填土特性和地基土特性即是影响涵洞荷载合理取值的最主要因素。

就涵洞断面几何特性而言，首要因素是涵洞高度，在涵顶填土高度不变的情况下，涵洞越高，其突出地面高度也就越大，则涵洞两侧填土的压缩土层就越厚，引起涵顶处填土土层内外沉降差 δ 的绝对值就越大，涵顶受到的垂直土压力相应增大；其次是涵洞的几何形状特性，拱涵和圆涵由于涵顶几何特性相近，涵顶中点处产生最小的沉降量，因此涵顶中点处的垂直土压力最大。而盖板涵涵顶中点处会产生一定的挠曲变形量，使得在涵顶范围内，中点处的垂直土压力值最小。

填土特性包括填土高度和填土土性。填土高度越大，涵洞两侧土体的压缩层厚度就越大，引起的涵顶处填土土层的内外沉降差 δ 的绝对值就越大，涵顶受到的垂直土压力相应增大。填土的变形模量越小，当土体压缩层厚度一定时，引起涵顶处填土土层内外沉降差 δ 的绝对值就越大，涵顶受到的垂直土压力也会相应增大。

对于涵洞地基，地基的变形模量越大，涵顶处土层内沉降值 S_n 会相应减小，而涵顶处土层外沉降值 S_w 主要是由涵洞外测一定厚度的填土由于自重固结沉降产生，因此地基的变形刚度对 S_w 影响很小。所以，地基刚度的增大，也会引起涵顶处填土土层内外沉降差 δ 的绝对值的增大，导致涵顶受力增大。

另外，涵洞的现场施工方式方法、填土速度、涵洞埋设地形、涵洞埋设段的地质情况等都会对涵洞的受力产生不同的影响，这也是使得涵洞荷载合理取值问题比较复杂的一个原因。

通过前述章节的讨论，对于涵洞设计荷载合理取值可得出以下结论：

1. 简化土压力计算公式(9-9)和式(9-11)与实测情况在一定程度上较为接近，同时也存在一些差异，实际工程设计中可结合经验计算、有限元计算，并考虑地形、施工等因素对涵洞受力予以确定。

2. 根据上述章节中有限元计算、公式计算结果，结合实测数据，提出以下涵顶处土压力集中系数 K_s 的计算表格(表 11-1、表 11-2)，可为实际工程提供借鉴。

(1)无沟谷地形影响涵顶土压力集中系数 K_s 计算公式

填土黏聚力影响　　表 11-1

填土的黏聚力 c(kPa)	黏聚力影响系数 J_c
10～30	0.96
31～50	1
51～70	1.05

填土内摩擦角影响　　表 11-2

填土的内摩擦角 φ	内摩擦角影响系数 J_φ	填土的内摩擦角 φ	内摩擦角影响系数 J_φ
5°～10°	0.82	25°～30°	1.05
10°～15°	0.91	30°～35°	1.08
15°～20°	0.96	35°～40°	1.11
20°～25°	1.00		

对于岩性地基或密实的砂砾土地基，涵顶的土压力集中系数 K_s

$$K_s = 1.1J_c \cdot J_\varphi \cdot K \tag{11-1}$$

对于一般的土性地基，涵顶的土压力集中系数 K_s

$$K_s = 1.0J_c \cdot J_\varphi \cdot K \tag{11-2}$$

式中 K 值由图 11-3 查得。图表中横坐标为 H/h 表示填土高度 H 与涵洞凸出原地面高度 h 比值。

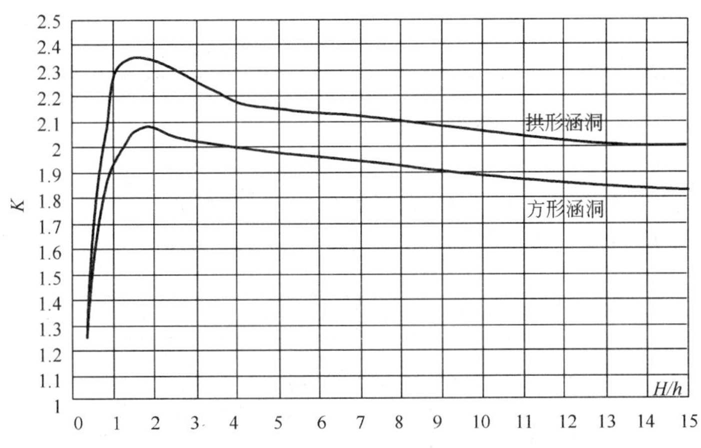

图 11-3　K—H/h

(2)沟谷地形下涵顶土压力集中系数 K_s 计算公式

涵洞布设在沟谷地形中，沟谷宽度为 B，沟坡坡角为 α，则其涵顶处的土压力集中系数 K_s 计算如下。沟坡宽度 B 及坡度 α 的影响见表 11-3、表 11-4。

沟坡宽度 B 的影响 J_b 表 11-3

沟坡宽度 B(m)	H/h=6.9	H/h=5.2	H/h=3.4	H/h=1.5
10～20	1	1	1	1
21～30	1.07	1.1	1.04	1
31～40	1.12	1.12	1.06	1
41～50	1.14	1.14	1.06	1
51～60	1.18	1.16	1.06	1
61～70	1.19	1.16	1.06	1
71～	1.19	1.16	1.06	1

沟坡坡度 α 的影响 J_α 表 11-4

沟坡坡度 α	H/h=6.9	H/h=5.2	H/h=3.4	H/h=1.5
5°～15°	1.21	1.18	1	1
16°～30°	1.15	1.17	1	1
31°～45°	1.1	1.1	1	1
46°～60°	1	1	1	1
61°～75°	0.91	0.96	0.91	0.93

则涵顶上的垂直土压力集中系数 K_s

$$K_s = J_b \cdot J_\alpha \cdot K \tag{11-3}$$

式中 K 值由图 11-4 查得。图表中横坐标为 H/h 表示填土高度 H 与涵洞凸出原地面高度 h 的比值。

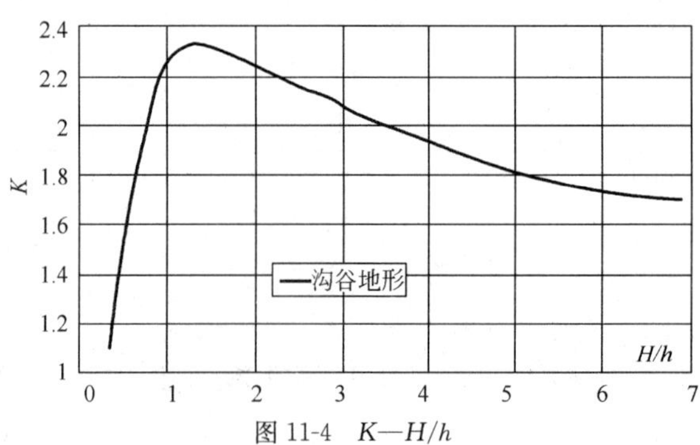

图 11-4 K—H/h

3. 根据现场测试以及有限元计算结果，建议涵洞减荷措施取用值如表 11-5 所示。表中 EPS 材料的取用中，密度较小者对应较大的厚度。

建议减荷措施表　　表 11-5

填土高度 H(m)	EPS 材料特性取用		K_s
	厚度(m)	密度(kN/m³)	
＜20	0.3～0.2	0.15～0.20	1
20～30	0.4～0.3	0.20～0.25	0.9
30～40	0.5～0.4	0.25～0.30	0.9

11.4　涵洞结构的典型断面形式

结构设计最终目的是给出合理的设计方案，在给定的荷载情况下，可得到技术上安全、经济上节约的设计，即结构优化设计。

结构优化的任务，通俗地说就是选择较好的设计方案，并进行设计。从广义上说，它应包括选择结构形式，外形尺寸，采用材料，截面形式和尺寸以及支座设计等。当然，考虑因素越多，就结构本身来说，经济效果越好。

涵洞典型断面形式是涵洞优化设计根本，结合有限元计算结果并综合比较规范设计方法和涵洞设计软件，可给出不同结构形式不同填土高度下的涵洞典型断面形式并给出了建议截面配筋形式，如表 11-6～表 11-9 所示，分别是拱涵、圆管涵、箱涵、盖板涵不同填土高度下的典型断面形式。

拱涵结构典型断面形式　　表 11-6

跨径 L_0 (cm)	填土高度 H (m)	控制内力 M_A (kN·m)	拱圈尺寸 (cm)	建议截面配筋				备　注
				受拉区面积 A_g(m²)	受压区面积 A'_g(m²)	建议受拉区配筋	配筋率 μ' (%)	
100	10	5.59	25～30	7.932	0	8Φ12	2.7418	
	20	12.23	25～30	13.85	0	9Φ14	2.6643	
	25	14.55	25～30	13.85	0	9Φ14	2.6643	
	30	18.08	25～30	13.85	0	9Φ14	2.6643	
	40	23.60	25～30	13.85	0	9Φ14	2.6643	
300	10	38.64	30～40	7.932	0	8Φ12	7.932	
	20	74.83	30～40	13.85	0	9Φ14	13.85	
	25	92.93	30～40	22.90	0	9Φ14	22.90	
	30	111.05	40～50	13.85	0	9Φ14	13.85	
	40	191.6	50～70	25.21	0	9Φ18	2.5940	

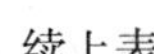
续上表

跨径 L_0 (cm)	填土高度 H (m)	控制内力 M_A (kN·m)	拱圈尺寸 (cm)	建议截面配筋				备注
				受拉区面积 A_g(m^2)	受压区面积 A'_g(m^2)	建议受拉区配筋	配筋率 μ' (%)	
400	10	68.95	30～40	12.35	0	9Φ12	1.2370	
	20	133.44	40～50	16.13	0	9Φ14	1.6302	
	25	165.65	50～70	22.90	0	9Φ16	2.0820	
	30	197.88	50～70	25.21	0	9Φ18	2.5940	
	40	291.4	50～70	34.21	0	9Φ20	3.1678	考虑减荷措施
500	10	109.65	40～50	12.35	0	9Φ12	1.2370	
	20	210.02	50～70	16.13	0	9Φ14	1.6302	
	25	260.21	50～70	22.90	0	9Φ16	2.0820	考虑减荷措施
	30	310.39	50～70	25.21	0	9Φ18	2.5940	考虑减荷措施
	40	555.0	60～80	34.21	0	9Φ20	3.1678	考虑减荷措施

圆管涵结构典型断面形式　　表 11-7

孔径 d_0 (cm)	填土高度 H (m)	控制内力 M_A (kN·m)	圆管尺寸 (cm)	建议截面配筋				备注
				受拉区面积 A_g(m^2)	受压区面积 A'_g(m^2)	建议受拉区配筋	配筋率 μ'(%)	
50	10	10.9	6	7.932	0	8Φ12	2.7418	
	20	21.4	8～12	7.869	0	11Φ10	1.5999	
	25	20.8	8～12	7.869	0	11Φ10	1.5999	
	30	32.2	8～12	9.074	0	9Φ12	1.9205	
	40	43.07	8～12	13.85	0	9Φ14	2.6643	
75	10	21.07	8～12	7.932	0	8Φ12	1.7071	
	20	38.64	8～12	13.85	0	9Φ14	2.6643	
	25	40.12	8～12	22.90	0	9Φ14	4.5804	
	30	57.19	12～16	13.85	0	9Φ14	1.9242	
	40	76.32	12～16	16.13	0	9Φ16	2.5487	
100	10	33.39	10～16	9.074	0	9Φ12	1.3944	
	20	60.57	10～16	13.85	0	9Φ14	1.9242	
	25	74.81	10～16	16.13	0	9Φ16	2.5487	
	30	89.18	10～16	22.90	0	9Φ18	3.2717	
	40	119.19	10～16	25.20	0	9Φ20	3.1769	

续上表

孔径 d_0 (cm)	填土高度 H (m)	控制内力 M_A (kN·m)	圆管尺寸 (cm)	建议截面配筋				备　注
				受拉区面积 A_g(m^2)	受压区面积 A'_g(m^2)	建议受拉区配筋	配筋率 μ'(%)	
125	10	49.12	10～16	10.18	0	9 ф 12	1.094 5	
	20	91.59	12～20	14.10	0	8 ф 16	1.767 6	
	25	109.12	12～20	20.42	0	9 ф 18	2.544 7	
	30	129.25	12～20	25.21	0	9 ф 20	3.176 9	
	40	171.36	12～20	34.21	0	9 ф 22	3.887 7	
150	10	66.98	14～20	12.35	0	9 ф 12	1.237 0	
	20	127.83	14～20	16.13	0	9 ф 14	1.630 2	
	25	156.01	14～20	22.90	0	9 ф 16	2.082 0	
	30	178.08	14～20	25.21	0	9 ф 18	2.594 0	
	40	234.66	14～20	34.21	0	9 ф 20	3.167 8	考虑减荷措施

箱涵结构典型断面形式　　表 11-8

孔径 d_0 (cm)	填土高度 H (m)	控制内力 M_A (M_B) (kN·m)	顶底板尺寸 (cm)	建议截面配筋				备注
				受拉区面积 A_g(m^2)	受压区面积 A'_g(m^2)	建议受拉区配筋	配筋率 μ'(%)	
150	10	99.03(−48.50)	14～18	25.13	0	3 ф 16	2.465 9	
	20	180.69(−90.25)	14～18	25.13	0	3 ф 16	2.465 9	
	25	229.52(−113.00)	14～18	25.13	0	3 ф 16	2.465 9	
	30	273.01(−135.72)	14～18	25.13	0	3 ф 16	2.465 9	
	40	369.92(−179.98)	14～18	25.13	0	3 ф 18	2.465 9	
200	10	98.36(−61.08)	18～24	25.13	0	3 ф 16	1.790 3	
	20	189.04(−117.56)	18～24	25.13	0	3 ф 16	1.790 3	
	25	233.44(−145.39)	18～24	25.13	0	3 ф 16	1.790 3	
	30	276.87(−172.79)	18～24	25.13	0	3 ф 18	1.790 3	
	40	360.74(−226.32)	18～24	25.13	0	3 ф 18	1.790 3	
300	10	459.59(−252.33)	20～28	25.13	0	3 ф 16	1.574 6	
	20	906.89(−494.23)	20～28	25.13	0	3 ф 16	1.574 6	
	25	1 097.38(−601.6)	20～28	25.13	0	3 ф 16	1.574 6	
	30	1 293.63(−711.35)	20～28	25.13	0	3 ф 18	1.574 6	
	40	1 674.62(−926.08)	20～28	25.13	0	3 ф 18	1.574 6	

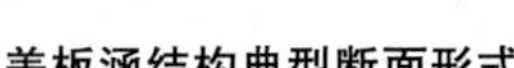

盖板涵结构典型断面形式 表 11-9

跨径 L_0 (m)	填土高度 H(m)	控制内力 M_A(kN·m) N_A(kN)	盖板尺寸 (cm)	建议截面配筋				备注
				受拉区面积 A_g(m²)	受压区面积 A'_g(m²)	建议受拉区配筋	配筋率 μ' (%)	
1.5	10	37.27(44.68)	16～20	20.146	0	11 ⌀ 16	1.755 3	
	20	70.24(87.48)	20～24	30.415	0	12 ⌀ 18	1.850 7	
	25	86.82(104.99)	26～30	34.558	0	11 ⌀ 20	1.542 7	
	30	103.57(125.29)	30～36	37.550	0	12 ⌀ 20	1.545 0	
	40	136.41(165.32)	40～18	45.435	0	12 ⌀ 22	1.256 6	
2	10	59.01(68.05)	16～20	34.558	0	11 ⌀ 20	2.786 9	
	20	112.76(130.52)	24～28	37.550	0	12 ⌀ 20	1.848 0	
	25	138.39(160.55)	30～36	45.435	0	12 ⌀ 22	1.734 4	
	30	162.23(188.62)	34～40	49.220	0	13 ⌀ 22	1.630 9	
	40	214.86(229.99)	36～40	58.671	0	12 ⌀ 25	1.832 2	①②
2.5	10	87.35(96.04)	20～28	41.815	0	11 ⌀ 22	2.565 3	
	20	169.79(186.89)	28～32	58.671	0	12 ⌀ 25	2.439 1	②
	25	204.94(226.33)	32～36	73.597	0	12 ⌀ 28	2.638 9	②
	30	244.74(270.26)	36～40	84.486	0	12 ⌀ 30	2.659 0	①②
	40	318.62(352.56)	44～48	96.127	0	12 ⌀ 32	2.424 9	①②
4	10	321.97(369.22)	32～36	73.597	0	12 ⌀ 28	2.638 9	②
	20	621.84(713.60)	44～48	105.832	0	11 ⌀ 35	2.669 2	②
	25	760.31(873.64)	60～68	138.230	0	11 ⌀ 40	2.495 1	①②
	30	912.40(1 047.7)	72～80	150.198	0	11 ⌀ 40	2.305 8	①②
	40	1 176.4(1 353.3)	80～82	162.258	0	12 ⌀ 40	2.248 9	①②
5	10	485.30(552.61)	42～48	89.647	0	12 ⌀ 40	2.658 7	①②
	20	932.24(1 062.3)	72～78	152.465	0	12 ⌀ 40	2.532 1	①②
	25	1 145.6(1 306.6)	74～80	163.364	0	12 ⌀ 40	2.447 3	①②
	30	1 368.1(1 559.7)	78～80	175.269	0	12 ⌀ 40	2.145 8	①②
	40	1 784.3(2 036.1)	—	不宜配筋				②③

注:①由于涵顶弯矩和板端剪力较大,建议采用减荷措施,如增加 EPS 板等。

②所配箍筋斜截面抗剪强度不够,需增加箍筋或设置弯起钢筋。

③必须采取减荷措施。

11.5　有限元计算结果与结构简化计算结果的比较分析

本书上一章运用大型商业有限元软件 MARC 对不同类型的涵洞形式进行了仿真计算并得出了不同工况下各种涵洞的受力性状，本节又从结构设计理论方面分析讨论了不同类型涵洞的内力简化计算方法。这里将对有限元计算结果与在等效荷载情况下运用结构简化计算方法所得计算结果进行比较，如表 11-10 所示。

拱涵结构计算比较(单位:kN・m)　　表 11-10

工况 ($f/l=0.3$) \ 断面			拱顶 A				拱脚 B					
			M_A(kN・m)		N_A		M_B(kN・m)		H_B		V_B	
			有限元	结构简化	有限元	结构简化	有限元	结构简化	有限元	结构简化	有限元	结构简化
$L_0=1$m $h=10$m	$E_s=0.2$	$\mu_s=0.25$	5.59	4.39	87.71	93.9	−0.7	−0.44	33.8	70.14	101	97.76
	$E_s=0.2$	$\mu_s=0.35$	12.77	—	10.27	—	−0.69	—	33.1	—	350.1	—
	$E_s=0.3$	$\mu_s=0.25$	4.42	—	74.19	—	−0.7	—	33.8	—	974.4	—
	$E_s=0.3$	$\mu_s=0.35$	13.51	—	7.43	—	−0.69	—	33.1	—	322.4	—
	$E_s=0.6$	$\mu_s=0.25$	4.75	—	63.75	—	−0.7	—	33.7	—	873.4	—
	$E_s=0.6$	$\mu_s=0.35$	15.10	—	1.38	—	−0.68	—	32.8	—	262.7	—
$L_0=1$m		$h=20$m	12.23	8.45	161.5	181.8	−1.4	−1.3	67.5	134.3	203.1	187.7
$L_0=1$m		$h=30$m	18.08	12.5	240.3	269.7	−2.1	−1.16	100	198.4	300.2	277.7
$L_0=1$m		$h=40$m	23.60	16.55	317.6	357.6	−2.78	−3.02	133	262.6	395.8	367.7
$L_0=3$m		$h=40$m	191.6	147.2	1 307	1 079	−8.66	−6.73	288	791.3	1 447	1 112
$L_0=4$m		$h=40$m	291.4	262.3	2 238	1 444	−22.5	−17.1	552	1 061	2 407	1 491
$L_0=5$m		$h=40$m	555.0	410.7	2 139	1 819	−29.5	−30.1	890	1 338	2 776	1 881

注：M_A、M_B单位为 kN・m；N_A、H_B、V_B单位为 kN；E_s单位为 MPa。

拱涵控制断面有拱顶 A、拱脚 B，拱顶 A 断面受拉，故比较该断面的弯矩值和轴向应力值。对于拱脚 B，由于该断面受力较为复杂，故比较弯矩值、横向压力产生的内力值和纵向压力产生的内力值，如表 11-10 所示。

圆管涵的结构由弯矩控制设计，控制断面主要有涵顶 A 和涵底 B，故比较此二断面的弯矩值，如表 11-11 所示。

箱涵为超静定结构，受力比较复杂。跨中位置和角点处应力集中，故控制断面主要有跨中截面 A 和杆端位置 B，分析比较该处的弯矩值，如表 11-12 所示。

圆管涵弯矩计算比较（单位：kN·m）　　表 11-11

工况	断面	涵顶 A		涵底 B	
		有限元计算结果	结构简化计算结果	有限元计算结果	结构简化计算结果
$d_0=50$cm	$h=10$m	10.9	2.01	10.4	2.05
	$h=20$m	21.4	4.24	22.7	4.30
	$h=25$m	20.8	5.30	23.2	5.36
	$h=30$m	32.2	6.36	28.1	6.42
	$h=40$m	43.07	8.48	35.5	8.54
$d_0=75$cm	$h=10$m	21.07	4.70	20.6	4.82
	$h=20$m	38.64	8.78	34.1	8.90
	$h=25$m	40.12	10.85	41.7	10.98
	$h=30$m	57.19	13.66	50.3	13.83
	$h=40$m	76.32	18.22	67.4	18.38
$d_0=100$cm	$h=10$m	33.39	8.38	31.2	8.66
	$h=20$m	60.57	15.50	53.4	15.78
	$h=25$m	74.81	19.17	65.6	19.45
	$h=30$m	89.18	22.88	78.5	23.16
	$h=40$m	119.19	31.63	104.2	31.98
$d_0=125$cm	$h=10$m	49.12	13.26	46.2	13.78
	$h=20$m	91.59	24.96	83.6	25.48
	$h=25$m	109.12	30.01	96.36	30.53
	$h=30$m	129.25	35.69	113.0	36.21
	$h=40$m	171.36	47.33	150.1	47.85
$d_0=150$cm	$h=10$m	66.98	19.09	62.5	19.96
	$h=20$m	127.83	36.52	118.0	37.39
	$h=25$m	156.01	44.72	142.8	45.59
	$h=30$m	178.08	51.71	157.1	52.57
	$h=40$m	234.66	68.20	206.1	69.07

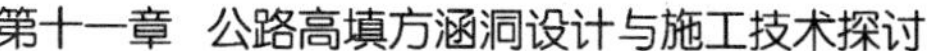

箱涵结构弯矩计算比较（单位：kN·m）　　表 11-12

工况＼断面		跨中 A		顶板端 B	
		有限元计算结果	结构简化计算结果	有限元计算结果	结构简化计算结果
$L_0=1.5$m	$h=10$m	99.03	25.84	−48.50	−24.77
	$h=20$m	180.69	52.20	−90.25	−49.04
	$h=25$m	229.52	65.38	−113.00	−61.17
	$h=30$m	273.01	78.56	−135.72	−73.31
	$h=40$m	369.92	104.91	−179.98	−97.58
$L_0=2$m	$h=10$m	98.36	45.64	−61.08	−44.35
	$h=20$m	189.04	92.49	−117.56	−87.50
	$h=25$m	233.44	115.93	−145.39	−109.06
	$h=30$m	276.87	140.86	−172.79	−129.13
	$h=40$m	360.74	178.88	−226.32	−181.11
$L_0=3$m	$h=10$m	459.59	70.86	−252.23	−69.76
	$h=20$m	906.89	144.93	−494.24	−136.31
	$h=25$m	1 097.38	173.65	−601.60	−177.91
	$h=30$m	1 293.63	217.28	−711.35	−204.58
	$h=40$m	1 674.62	290.96	−926.08	−271.53

盖板涵可简化为简支梁，其主要由跨中弯矩和支点处剪力控制设计，故选择此二断面作为盖板涵的典型断面分析比较，如表 11-13 所示。

盖板涵结构计算比较　　表 11-13

工况＼断面		跨中 A 断面弯矩 M(kN·m)		杆端 B 断面剪力 Q(kN)	
		有限元计算结果	结构简化计算结果	有限元计算结果	结构简化计算结果
$L_0=1.5$m	$h=10$m	37.27	36.51	44.68	101.20
	$h=20$m	70.24	77.10	87.48	200.75
	$h=25$m	86.82	105.54	104.99	251.07
	$h=30$m	103.57	134.01	125.29	300.85
	$h=40$m	136.41	205.31	165.32	401.50
$L_0=2$m	$h=10$m	59.01	55.97	68.05	128.80
	$h=20$m	112.76	123.04	130.52	256.20
	$h=25$m	138.39	165.27	160.55	320.25
	$h=30$m	162.23	207.57	188.62	383.95
	$h=40$m	214.86	282.26	229.99	510.30

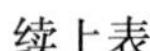
续上表

工况＼断面		跨中 A 断面弯矩 M(kN·m)		杆端 B 断面剪力 Q(kN)	
		有限元计算结果	结构简化计算结果	有限元计算结果	结构简化计算结果
L_0=2.5m	h=10m	87.35	101.98	96.04	175.75
	h=20m	169.79	218.01	186.89	348.65
	h=25m	204.94	282.15	226.33	435.10
	h=30m	244.74	350.50	270.26	521.55
	h=40m	318.62	500.33	352.56	694.45
L_0=4m	h=10m	321.97	325.20	369.22	319.60
	h=20m	621.84	652.09	713.60	627.30
	h=25m	760.31	830.30	873.64	782.00
	h=30m	912.40	1 036.87	1 047.71	936.70
	h=40m	1 176.48	1 391.71	1 353.30	1 244.40
L_0=5m	h=10m	485.30	553.22	552.61	419.10
	h=20m	932.24	1 098.31	1 062.30	818.40
	h=25m	1 145.66	1 381.23	1 306.69	1 020.80
	h=30m	1 368.13	1 665.69	1 559.77	1 221.00
	h=40m	1 784.36	2 226.98	2 036.09	1 619.20

从上述表中可以看出不同断面形式的涵洞不同工况下有限元计算的结果与结构简化计算结果较为接近，这充分说明了有限元建模的合理性及参数选取与计算的正确性。

由上述各表可知，有限元数值计算结果略大于结构简化计算结果，以跨径 1m 的拱涵不同填土高度下涵顶断面 A 的弯矩为例，比较两种方法计算的结果，如图 11-5 所示。有限元计算结果曲线位于结构简化计算结果曲线上方。

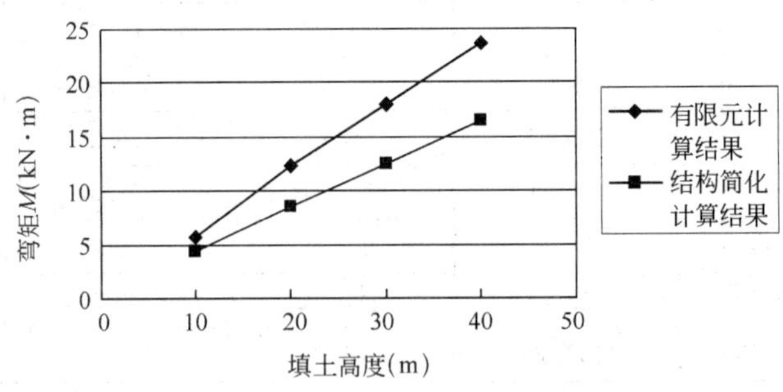

图 11-5　跨径 1m 拱涵不同填土高度下两种计算方法的比较

究其原因是因为公路设计手册及规范所使用的结构简化计算方法中的内力计算均忽略了涵洞各断面环向压力及径向剪力等因素，仅考虑弯矩的作用影响。在计算涵顶填土土压力时则未考虑土的其他参数对结果的影响而仅以 γh 作为上覆土荷载的大小，这样计算出来的结果往往比真实值小。有限元数值方法则能比较好的减小这些因素对结果的影响。上述表格中数值比较能很好地证实这一点。

11.6　公路涵洞施工技术探讨

11.6.1　施工技术对涵洞受力影响分析

1.施工期涵洞土压力随填土速度变化分析

(1)涵洞基底水稳层土压力随填土时间变化情况如图 11-6 所示。从图中可以看出在施工期第 20 天后，土压力增长的趋势较快，而实际工况中，此时施工填土的速度也在加快。

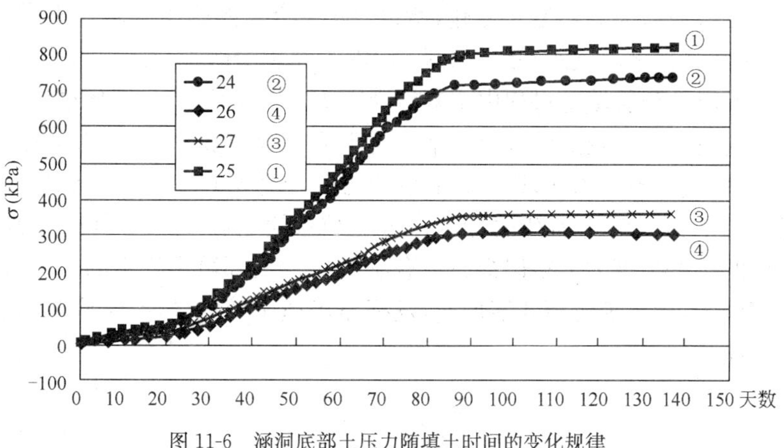

图 11-6　涵洞底部土压力随填土时间的变化规律

(2)涵洞顶部土压力随填土时间变化规律，如图 11-7 所示。由图中可以看出，涵顶施工期的土压力增长较涵洞底明显，说明施工速度直接影响涵洞结构的受力特性。

2.高填路堤分级加荷施工速度对涵洞结构受力影响的理论分析

现场填土为非饱和一般新黄土，在高填路堤填土土体内部各单元，空气封闭后不能流动，其有效应力可用下式表达：

$$\sigma' = \sigma - u_w$$

式中：σ——总应力；

u_w——孔隙压力；

σ'——有效应力。

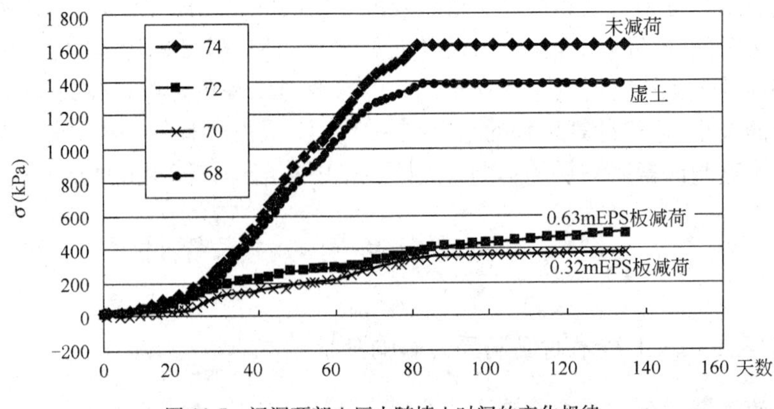

图 11-7　涵洞顶部土压力随填土时间的变化规律

当快速施工时，土中孔隙水和气来不及排出而有一增量 Δu，则有效应力路径如图 11-8ab 线所示，在地基承载力不发生破坏的情况下，b 点不会出现在强度包线 $\overline{mn}$ 上的。在一定的施工间隙期里，Δu 逐渐消散到零，这过程中有效应力逐渐增大直至等于 Δp，但剪应力不发生变化，所以 Δp 在合理的施工间隙期里通过填土排水固结，应力路径是一条水平线，如图 11-8bc。路堤分级加荷施工时填土的应力路径则是在不断的分层填土过程中重复出现图 11-8 所示的应力变化过程，其中的应力间隙期就是施工宏观上的填土速度。对于第一级荷载，有效应力路径如图 11-9 中的 $\overline{a1}$，此后填土不断增加，则将得到的应力路径为 a-1-1′-2-2′以此类推。应力路径明显表示了施工填土加荷的特点。这一结果说明在施工中留有足够的"间隙期"，土体的抗剪强度才能得以提高。涵洞结构在上部填土稳定的前提下，土体间抗剪强度较大，此时等沉面才能形成，发挥路堤填土整体效应，起到缓解涵顶直接受力的效能。

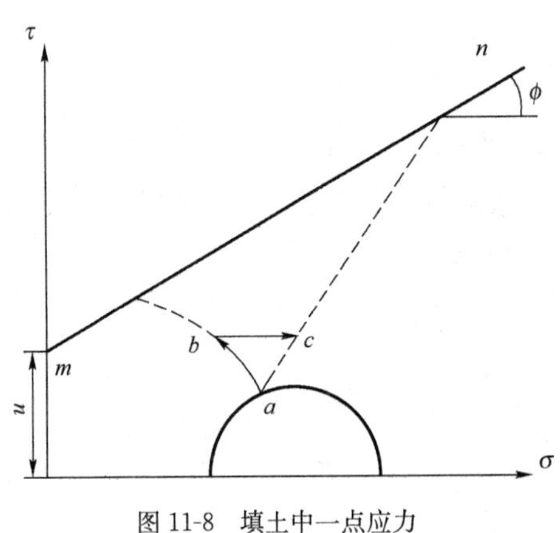

图 11-8　填土中一点应力

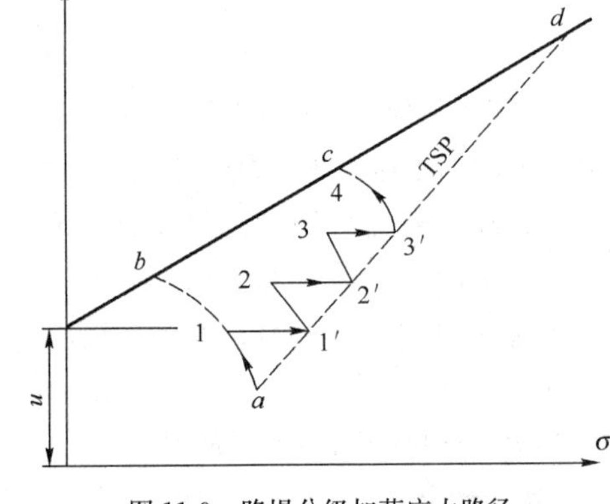

图 11-9　路堤分级加荷应力路径

综上所述，在涵洞体上部填土的施工过程中，除了要控制结构完成初期的机械碾压问题，还要重视后期的填土速度，过快的填土速度将会很快使上部不断增加的土体发生剪切破坏，进而将全部填土荷载迅速传递到底层涵洞结构体上，致使病害发生。

通过上述分析可见，涵洞施工技术关系到涵洞的质量和涵洞受力情况。

11.6.2　建议的涵洞施工技术要则

公路涵洞按施工方法可分为上埋式、沟埋式、人工创造条件的沟埋式、顶推式涵洞。按结构又可分为砌体涵、现浇涵、预制涵，不同的涵洞应有不同要求的施工方法。

1.一般应遵循的原则

(1)涵洞施工前应根据设计资料进行现场核对，应依施工图放样施工。

(2)涵洞的涵体与基础的沉降缝断面应竖直、平整，上下不得交错，填缝料应具有弹性和不透水性，沉降缝宽度应符合设计要求，设计无规定时可采用20～30mm，预制管涵的沉降缝应设在管节处。

(3)防水层的施工应按设计要求进行。

(4)涵体结构工程完工后，只有当砌体的砂浆或混凝土的强度达到设计强度的75％时方可进行填土体的碾压施工，钢筋混凝土拱涵只有在混凝土强度达到设计强度后方可进行填方土体的碾压施工。填土施工时，涵两侧应分层对称进行碾压，决不允许进行非对称填方施工。用重型机械碾压时，涵顶范围只有当涵顶铺土厚度超过0.5～1.0m时方能进行碾压和允许机械通过。

涵洞冬季施工时应按设计的冬季施工要求进行施工。

2.管涵的施工方法

(1)管节端面应平整并与其轴线垂直，斜交管涵进出水口管节的外端面，应按斜交角度进行处理。

(2)管节处必须注明适用的管顶填土高度以便应用。

(3)管节在运输、装卸过程中应按设计要求进行，以免造成损坏。

(4)当基础为混凝土或砌体对，基础上应设置混凝土管座，管座的弧面应与管身紧密结合，使管节受力均匀。

(5)当管身直接放置在地基土层上时，应按照设计要求将管底土做成与管身弧度相密贴的弧形管座并夯实。

(6)各管节应顺水流坡度平顺安放，当管壁厚度不一致时应调整管基高度使内壁齐平。

(7)对插口管，管接口应平直，环形间隙沿圆周应均匀，应在间隙中安装特制密封圈或用沥青、麻絮等防水材料。

(8)管节的接缝宽度不应大于10～20mm，严禁用加大接缝宽度来满足涵洞长度要求。

3.拱涵与盖板涵的施工要求

(1)钢筋混凝土、混凝土拱圈和盖板混凝土的现场浇筑施工时，要按各涵节连续施工，以免形成施工接缝。

(2)现场浇筑的拱涵和盖板涵，一般要采用组合模板，尽量不采用土胎，若只有采用土胎时，要注意：

①土胎表面应设保护层，保护层应具有一定的强度和适当的光滑度以易于脱模。

②土胎填土应在涵台砌筑砂浆或现浇混凝土的强度达到设计强度的75%以后进行，胎土要分层夯实，每层20～30cm。要控制压实度在90%以上。

③涵台内胎土的填筑一般情况下要与涵台外填土同步进行，若不同步进行时要进行涵台稳定性的验算。

④当用松散砂石料修筑土胎时，表面应有30cm厚的黏土保护层。

⑤胎土体应伸出涵体端头外0.5～1.0m，并应有1∶1.5的边坡以利稳定。

(3)预制钢筋混凝土拱圈和盖板施工方法：

①应在成品强度达到设计强度的70%后，方可进行搬运安装。

②安装前应检查成品的各项尺寸符合设计要求。

③安装完工后，成品结构物上的吊装孔用砂浆填塞，如系吊环应锯掉。

④拱座与拱圈，拱圈与拱圈的拼装接触面，应先拉毛或凿毛，安装前应先浇水湿润，再以M10水泥砂浆砌筑。

(4)拱圈砌筑砂浆或混凝土强度达到设计强度的75%后，方可拆除拱架，达到设计强度后方可进行填土施工。

(5)在拱架未拆除情况下，只有拱圈砌筑砂浆或混凝土强度达成设计强度的75%后，方可进行拱顶的填土施工，在强度达成100%后方可拆除拱架。

4.箱涵的施工方法

(1)现浇混凝土前，应对模板、钢筋、混凝土材料、配合比、混凝土接缝处理情况进行全面检查，合格后方可进行浇筑施工。

(2)只有在现浇混凝土的强度达到设计强度的75%后方可拆除模架，只有在现浇混凝土的强度达到设计值的100%后方可进行涵顶填土施工，在未拆除模架情况下只有现浇混凝土强度达设计值的75%后方可进行填土施工。

(3)箱形混凝土浇筑顺序应严格按设计要求进行。

(4)箱涵混凝土应在施工期应按混凝土施工规范进行养护，养护期要注意保温工作。

5. 上埋式涵洞“沟埋式施工”方法

(1)上埋式涵洞沟埋式施工方法适用于地基承载力较低的明涵工程。同时在施工期无泄水任务,或有临时排水设施的涵洞工程。或是通道用涵洞工程。填方料一般是细粒土的工程。

(2)施工的顺序:

①清场。

②在涵体部位按路堤填方方法与标准进行填方施工,若路堤不能大范围填方施工,也必须在涵体两边最少各 50m 范围内填方施工,一直填到涵顶高程以上为止。

③在已填好方的涵洞平面部位,按涵洞平面尺寸放涵洞工程线样,并在测绘手段控制下开挖已填好的路堤,开挖工具可用机械也可用人工。

④开挖的路堤边墙最好与涵洞边墙基本同尺寸,一般情况下不要大于涵洞外边墙宽度 20cm,且尽量是垂直坡。

⑤在开挖的基槽内进行涵洞结构的施工,对于现浇混凝土的涵体边墙,可用代用材料作涵洞外边墙的模板,利用基槽边墙作为边墙支撑。

⑥涵体结构施工完后,要用粗粒土料填充涵洞外墙与基槽边墙的缝隙,若缝隙不大,也可用强度等级较低的水泥砂浆等材料填充缝隙。

⑦待涵体结构物的强度等指标满足设计要求后(同一般涵洞施工条件)方可进行进一步的其他项目施工。

6. 人工马斯顿受力条件创建施工法

对细粒填料的路堤,马斯顿受力条件的人工创建施工方法如下:

(1)在涵洞外墙侧壁(圆管涵除外)贴一层厚 1cm 的 EPS 板或土工布后再填土、碾压,这样可减小涵侧土体因沉降传递给涵体的摩擦力。

(2)对于涵顶以上的填土,每压实一层土后,用切割的办法沿涵洞纵向的侧墙外壁对已压实的土切割缝隙,缝隙深度与该压实土同厚,宽度大于 1cm,开缝后可用 EPS 材料板或土工布或虚土回填缝隙,涵顶以上每层填土都这样处理,即可形成两条平行与涵洞外墙的土体剪切隔离带,从而消除或减小因涵体外侧土沉降传给涵顶的竖向土压力。

7. EPS 材料减荷技术的施工方法

(1)适用于高填方涵洞工程,最好是地基是基岩的工程。

(2)当涵洞结构工程已完成,在涵顶填土厚度达 1m 时,按设计的减荷材料平面尺寸及位置在涵顶填土中开挖基坑,开挖深度为 0.5m。

(3)在开挖好的基槽内按设计要求铺设 EPS 材料,再回填 80cm 厚的虚土(先不能进行碾压)。

(4)在EPS减荷材料平面施工范围外按正常标准施工方法填虚土，然后进行大面积的正常标准碾压(碾压范围含减荷工程区域)。

(5)若有条件，在后序的填方工程中，尽量放慢涵顶范围内填方工程的进度。

11.7 小　　结

通过上述分析，可以得出以下几点结论：

(1)公路涵洞CAD系统具有专业化、功能全、效率高、更可靠等特点，能够帮助科研人员、工程设计者进行准确有效的涵洞设计、计算。

(2)涵洞断面特性、填土特性和地基土特性即是影响涵洞荷载合理取值的最主要因素。另外，涵洞的现场施工方式方法、填土速度、涵洞埋设地形、涵洞埋设段的地质情况等都会对涵洞的受力产生不同的影响，这也是使得涵洞荷载合理取值问题比较复杂的一个原因。根据上述章节中有限元计算、公式计算结果，结合实测数据，提出以下涵顶处土压力集中系数K_s的计算表格(表11-1～表11-5)，为实际工程提供借鉴。

(3)结合有限元计算结果并综合比较规范设计方法和涵洞设计软件，给出不同结构形式不同填土高度下的涵洞典型断面形式并给出了拱涵、圆管涵、箱涵、盖板涵不同填土高度下的典型断面形式及截面配筋形式，可供设计时参考。

另外在涵洞的整体设计中，还应根据当地水文、地质、地形、涵洞用途等条件设计涵洞轴线位置、涵洞沟底高程及纵坡，合理选择路堤下涵洞断面形式；然后准确确定作用在涵洞上的填土垂直土压力和填土水平土压力，对涵洞进行结构内力计算。

(4)对于细粒土填料填埋式涵洞可采用先填压路堤，待填土高程略高于涵洞高程后，再开挖涵洞基坑，然后再进行涵洞结构的施工，以部分地人工创建马斯顿受力条件。山区涵洞每节的长度不应超过2m，平原地区的涵洞管节可适当长些。对于座在基岩或硬基上的高填方路堤涵洞可采用本项目所提的用EPS板减荷的方法进行减荷处理。

(5)在涵洞体上部填土的施工过程中，除了要控制结构完成初期的机械碾压问题，还要重视后期的填土速度，过快的填土速度将会很快使上部不断增加的土体发生剪切破坏，进而将全部填土荷载迅速传递到底层涵洞结构体上，致使病害发生。

(6)公路涵洞按施工方法可分为上埋式、沟埋式、人工创造条件的沟埋式、顶推式涵洞。按结构又可分为砌体涵、现浇涵、预制涵，不同的涵洞应有不同要求的施工方法。本书提出了管涵、拱涵与盖板涵、箱涵、上埋式涵洞“沟埋式施工”、人工马斯顿受力条件创建、EPS材料减荷技术的施工方法及技术要则。对科学研究和工程施工具有重要的参考价值。

11.8 对涵洞概念设计的建议

(1)因作用在涵顶上的土压力复杂多变,现有的土压力计算公式繁多且难以选用。根据设计工作要安全、经济、可行的三原则,建议对一般细粒料填土路堤,若采用了创建马斯顿受力条件,涵顶土压力就采用规范法确定;若没有人工创建马斯顿受力条件,涵顶土压力可采用顾安全公式或本书提出的简化公式确定;对于巨粒、粗粒填土路堤,为简化计算可采用铁路规范公式计算作用在涵顶的土压力。

(2)涵洞的地基及基础设计不能完全依据公路桥涵地基与基础设计规范,对于地基承载力和基底压力部分的设计应遵照本项目所提出的要求进行验算。

(3)涵洞病害的处治技术原则是先固后修:即先用注浆法固化破坏部位的土体,然后再对涵体进行修补或重筑。

(4)从经济、习惯上看,对一般地基上的涵洞,目前还不宜推广采用各种减荷技术;但对于座在硬基上的高填路堤涵洞,应推广采用各种减荷的技术。

(5)钢波纹管涵洞是一个非常有发展前途的涵洞形式,建议加强这方面的研究工作力度。

参考文献

[1] A.P莫泽.地下管计算.北京:机械工业出版社,2003.
[2] 顾克明.公路桥涵设计手册—涵洞.北京:人民交通出版社,1993.
[3] 管枫年,洪仁齐.涵洞.北京:水利电力出版社,1989.
[4] 车宏亚.上埋式管道垂直土压力的研究.北京:水利电力出版社,1958.
[5] 冯忠居.路基中涵洞结构物受土压力作用机理分析.内蒙古公路与运输,2000,63.
[6] 刘全林,杨敏.高填土涵洞的病害处理和加固技术.广西交通科技,1995,20(3).
[7] 赵立岩.混凝土圆涵洞的病害分析及预防.公路,2001,11.
[8] 魏红卫,王革力.圆涵裂缝的原因及控制对策.混凝土与水泥制品,2001,4.
[9] 李锁庄.艾辛庄枢纽涵洞裂缝原因探析.河北水利,2002,3.
[10] 高虔礼.高填土涵洞的病害处理和加固设计.广西交通科技,1995,20(3).
[11] 李凤奇.登封矿区铁路涵洞地基事故原因分析.土木基础,1998,12(2).
[12] 白冰.泡沫塑料在道路工程中的应用.公路,1993,4.
[13] 黄清猷.填埋式地下结构周边土压力的有限元解.土木工程学报,1982,15(3).
[14] 顾安全.上埋式管道垂直土压力的研究[硕士学位论文].西安:陕西工业大学硕士学位论文,1963.
[15] 折学森.对沟谷地形中埋设管道的研究[硕士学位论文].西安:西安公路学院,1986.
[16] 黄清猷.地下管道计算.武汉:湖北科学技术出版社,1987.
[17] 王晓谋.关于上埋式管道垂直土压力的减荷措施研究[硕士学位论文].西安:西安公路学院,1986.
[18] 魏红卫.加筋高陡路堤稳定性及其涵洞受力特性研究[博士学位论文].长沙:湖南大学,2004.
[19] 顾安全.上埋式管道及洞室垂直土压力的研究.岩土工程学报,1981,3(1).
[20] г. к. клейн.地下管计算.北京:中国建筑工业出版社,1957.
[21] 冯忠居,顾安全.大型沟埋式管道侧向土压力的研究.西安公路学院学报,1995,15(1).
[22] 冯忠居.大型沟埋式蛋型管道土压力的非线性有限元分析.西安公路交通大学学报,1996,16(4).

[23] 冯忠居，张新占. 涵洞土压力与填土沉降关系分析. 内蒙古公路与运输，2002，Total No. 73.

[24] 田文铎. 地下管垂直土压力计算探讨. 水利水电技术，1994，1.

[25] 王秉勇. 涵洞顶填土压力的讨论与计算. 铁道工程学报，2002，Total No. 74.

[26] 折学森，顾安全. 沟谷地形中埋设管道的土压力研究. 西安公路学院学报，1989，22(2).

[27] 张发祥. 拱型涵洞的受力分析和选型. 河海大学学报，1995，23(3).

[28] 肖勤学，岳红辉. 碎散体涵洞三维模型实验研究. 地下空间，1996，16(2).

[29] 张晋秋. 地下埋管设计方法存在问题探讨. 水电勘测设计，2002，2.

[30] 王晓谋，顾安全. 关于上埋式管道垂直土压力的减荷措施研究. 西安公路学院学报，1989，7(3).

[31] 杨成永，张弥. 铁路明洞结构的可靠设计方法. 岩石力学与工程学报，1981，18(1).

[32] 郭雪莽. 尾矿坝埋管土压力研究. 岩土工程学报，1995，17(4).

[33] 刘燕，燕金玉. 高填涵洞地基承载力影响因素初探. 山西交通科技，2000，6.

[34] 陈素君. 高填土涵洞的基础设计. 公路，1998，4.

[35] 王倩，张小洁. 圆管涵洞设计施工中的问题. 华东公路，1999，Total No. 121.

[36] 李瑞珍，范惠生. 暗渠涵洞优化设计. 山西水利科技，1995，Total No. 109.

[37] 李永刚，孙建生. 土坝下软基涵洞施工力学分析. 岩土力学，2001，4.

[38] Spangler. M. G, Underground Conduits-on Appraisal of Modern Research, Proceedings Am. Assoc. of Civil Eng. Vol. 74, 1948(5).

[39] Asphalt Institute 1978. Soil Manual for the Design of Asphalt Pavement Structures Manual Series No. 10 (MS-10). College Park, Md.

[40] Moser. A. P. Buried Pipes design, New York: McGraw-Hill, 1990.

[41] Gere, J. M. and W. weaver 1980, Analysis of Framed Structures, 2d ed. New York: Van No strand Reinhold Co.

[42] Marston, The Theory of Extends Loads on Closed Conduits in the Light of the Latest Experiments. Bulletin 96, Ames: Iowa Engineering Experiment Station, 1930.

[43] Autopipe Pipe Stress Analysis [soft ware manual], App. D. Walnut Greek, Calif.: Rebis, 1999.

[44] 林选清. 高填土下结构物的竖向土压力及结构设计计算方法. 岩土工程学报，1989，22(4).

[45] 金滨. 涵洞顶铺设柔性填料层的减荷效果试验研究[硕士学位论文]. 西安：长

安大学,2002.

[46] 白冰.高填土下刚性结构物竖向土压力减荷方法.岩土力学,1997,18,(1).

[47] 郝宪武,白青霞.填埋式管道土压力的弹粘塑性有限元分析.西北建筑工程学院学报,1994,3.

[48] 刘松涛,王伟霞.涵洞计算程序.黑龙江交通科技,1998,Total No.74.

[49] 刘静.高填土路堤下涵洞涵管垂直土压力和沉降变形的有限元计算.硕士学位论文.西安:西安公路交通大学,2000.

[50] 钱家欢,殷宗泽.土工原理与计算(第二版).北京:中国水利电力出版社,1996.

[51] 黄文熙.土的工程性质.北京:水利电力出版社,1983.

[52] 龚晓南.土塑性力学.杭州:浙江大学出版社,1990.

[53] 蒋彭年.土的本构关系.北京:科学出版社,1982.

[54] 李云鹏,王之银.固体力学有限单元法及程序设计.西安:西安地图出版社,1994.

[55] 殷有泉.固体力学非线性有限元引论.北京:北京大学出版社,1987.

[56] 洪毓康.土质学与土力学.北京:人民交通出版社,1990.

[57] 陈火红.MARC有限元实例分析教程.北京:机械工业出版社,2002.

[58] 蒋咏秋,穆霞英.塑性力学基础.北京:机械工业出版社,1981.

[59] 朱百里.计算土力学.上海:上海科技出版社,1990.

[60] 龚晓南.土工计算机分析.北京:中国建筑工业出版社,2000.

[61] 姚谦峰,陈平.土木工程结构试验.北京:中国建筑工业出版社,2001.

[62] 郑宏.关于岩土工程有限元分析中的若干问题.岩土力学,1995,9.

[63] Antaki, G. A. A Review of Methods for the Analysis of Buried Pressure Pipe, Welding Research Council Bulletin 425. New York, 1997.

[64] Gooding, E. C. Buried Piping-An Analysis Procedure Update. ASME PVP, 1983.

[65] Marston, Anson, and A. O. Anderson. The Theory of Loads on Pipe in Ditches and Tests of Cement and Clay Drain Tile and Sewer Pipe. Bulletin 31. Ames: Iowa Engineering Experiment Station, 1913.

[66] Schlick, W. J. Loads on Pipe in Wide Ditches. Bulletin 108. Iowa state Engineering Experiment Station, 1932.

[67] 康佐.特高填土路堤下涵洞受力与减荷性状研究.硕士学位论文.西安:长安大学,2004.

[68] 李永刚,孙建生.浍河涵洞非线性有限元优化分析.人民长江,2004,35,(3).

[69] 中华人民共和国行业标准. JTG D63—2007 公路桥涵地基与基础设计规范. 北京:人民交通出版社,2007.

[70] 中华人民共和国行业标准. JTG D61—2005 公路圬工桥涵设计规范. 北京:人民交通出版社,2005.

[71] 王世才. 关于高填方上埋式管涵设计的几个问题. 攀钢技术,1993,1.

[72] O'Rourke, M. J., and J. Liu. Seismic Loading Behavior of Buried Pipelines. ASME PVP,1998.

[73] Burns,J. Q. and R. M. Richard. Attenuation of Stresses for Buried Cylinders. In Proceedings of the Symposium on Soil Structure Interaction, pp. 378-392. Tucson:University of Arizona,1964.

[74] 张卫兵. 高填方涵洞 EPS 减荷特性试验研究. 硕士学位论文. 西安:长安大学,2004.

[75] 高艳英,董丽英. 蛋型结构在季节冻土区涵洞工程上的应用. 吉林水利,1998,11.

[76] 赵媛. 强夯处理软弱地基在高填土涵洞设计中的应用. 山西建筑,2003,29(5).

[77] 吴少海. 青藏铁路多年冻土区涵洞类型选择及基础埋置深度. 中国铁路,2002,12.

[78] 赵勇,薛飞. 半幅高等级公路建设中涵洞的沉降及处理办法. 河南交通科技,1994,2.

[79] 蒋太平,谢黎明. 半幅高等级公路建设中涵洞的沉降及处理办法. 中国地质灾害与防治学报,1999,10(4).

[80] 温智勇. 高填路基涵洞沉降的处理. 山西交通科技,2002,Total No. 137.

[81] 窦艳红,秦马付. 涵洞缺损的原因分析及加固处理. 广西交通科技,2002,29(10).

[82] 高恩岭. 浅谈东南公路高填土板涵的设计. 东北公路,2001.

[83] 胡宁. 浅谈高速公路中的涵洞设计. 公路交通科技,2002,9.

[84] 金世章. 软土地段矩形箱涵涵身沉降分析. 铁路标准设计,2003,2.

[85] 陈顺平. 深层软土地区桩基涵洞的沉降分析. 铁道勘测设计,2003,Total No. 127.

[86] 魏红卫,张起森. 考虑位移协调的上埋式圆管涵设计方法. 岩土工程学报,2003,25(6).

[87] 孙建生. 软基底板外伸式涵洞衬砌结构的有限元分析. 水利学报,2000,10.

[88] 李永刚,孙建生. 软基涵洞土压力分析. 土木工程学报,2003,36(6).

[89] 折学森.填埋式管道垂直土压力的计算.西北建筑工程学院学报,1993,1.
[90] 冯紫良.地下洞室应力分析中的荷载计算与初始地应力场.岩土工程学报,1991,13(3).
[91] 冯紫良,朱志伟.地下洞室的埋置深度和洞形设计优化.工程勘察,1998,3.
[92] 娄奕红,王秉勇.涵洞顶填土压力的计算分析.岩土力学,2003,24(3).
[93] 张崇文,张荣,张社荣.沟埋式大型钢筋混凝土管与土相互作用动力性能的研究.岩土工程学报,1991,13(4).
[94] 杨龙江,马建廷,汤豪发,杜连仲.涵洞开裂的原因分析与预防.煤炭工程,2004,10.
[95] 黄厚芝.高速公路中通道及涵洞施工的质量监理.公路,2001,6.
[96] 河北交通规划设计院.公路小桥涵手册.北京:人民交通出版社,2004.
[97] 刘静.高填路堤涵洞土压力理论及减荷技术研究.博士学位论文.西安:长安大学,2004.
[98] 中华人民共和国行业标准.JTJ 041—2000 公路桥涵施工技术规范.北京:人民交通出版社,2000.
[99] 中华人民共和国行业标准.JTG F80—2004 公路工程质量检验评定标准.北京:人民交通出版社,2004.
[100] 中华人民共和国行业标准.JTG H11—2004 公路桥涵养护规范.北京:人民交通出版社,2004.
[101] 中华人民共和国行业标准.JTG D60—2004 公路桥涵设计通用规范.北京:人民交通出版社,2004.
[102] 中华人民共和国行业标准.JTG D62—2004 公路钢筋混凝土及预应力混凝土桥涵设计规范.北京:人民交通出版社,2004.
[103] 李亚东.路基沉降对涵管破裂的影响分析.内蒙古公路与运输,2002,5.
[104] 肖勤学.碎散体高填方涵洞压力计算理论.地下空间,1996,9.
[105] 白冰,陆士强.聚苯乙烯泡沫塑料的测试及其在土工中的应用.岩土工程学报,1993,3.
[106] H.F.温特科恩,方晓阳.基础工程手册.北京:中国建筑工业出版社,1983.
[107] 交通部第一公路工程总公司.公路施工手册—桥涵.北京:人民交通出版社,2003.
[108] 李祝龙.公路波纹管涵洞设计与施工技术研究.长安大学博士学位论文.西安:长安大学,2005.
[109] 南京水利科学研究院土工研究所.土工试验技术手册.北京:人民交通出版社,2002.

[110] 周小文,濮家骝.隧洞结构受力及变形特征的离心模型试验研究.清华大学学报,2001,41(8).

[111] 张云,殷宗泽.埋管隧道竖向地层土压力的研究.岩土力学,2001,22(2).

[112] 白冰,周健.土工离心模型试验技术的一些发展.大坝观测与土工测试,2001,25(1).

[113] 张利民,胡定.用离心模型研究桩基承载特性.岩土工程学报,1994,13(3).

[114] 岳祖润.压实粘性填土挡土墙土压力离心模型试验.岩土工程学报,1992,14(6).

[115] 谢永利,潘秋远,曾国熙.应用离心模型试验研究软基变形性状.岩土工程学报,1995,17(4).

[116] 张建红,劳敏慈,胡黎明.非饱和土中水分迁移及污染物扩散的离心模拟.岩土工程学报,2002,24(5).

[117] 南京水利科学研究所土工研究室.土工离心模型试验报导.岩土工程学报,1983,5(2).

[118] 包承纲.我国离心模拟试验技术的现状和展望.岩土工程学报,1991,13(6).

[119] 濮家骝.土工离心模型试验及其应用的发展趋势.岩土工程学报,1996,18(5).

[120] 濮家骝,高汉棪.浅基础承载力离心模型试验研究.岩土工程学报,1988,10(6).

[121] 俞仲泉,李少清.土工织物加固堤基的离心模型试验.岩土工程学报,1989,11(1).

[122] 杨锡武,欧阳仲春.加筋高路堤陡边坡离心模型的研究.土木工程学报,2000,33(5).

[123] Hirohisa Kamata, Hideto Mashimo. Centrifuge model test of tunnel face reinforcement by bolting. Tunnelling and Underground Space Technology, 2003,18.

[124] R. N. Taylor. Geotechnical Centrifuge Technology. London:Se Edmundsburg Press.

[125] Craig, W. H. Edouard Philips and the idea of centrifuge modeling. Geotechnique,1989,39.

[126] Bucky,P. B. Use of models for the study of m in ing problems [J],Am. inst. Met. Eng. Tech. Pub,1931.

[127] William H. Craig, Centrifuge modeling for site specific prototypes. Centrifuge 88,1998.

[128] Rowe P. W. Embankments on soft alluvialground. Quart. J. Engineering Geology,1972,5.

[129] Mark. C. Gmperline, Hon Yim Ko. Centrifuge model tests for ultilimate bearing capacity of footings on step slopes in cohesionless soils. centrifuge 88,1988.

[130] Myoung M oKim, hom yim ko. centrifugal testing of soil slop models. Tran. Res. Rec. 872.

[131] S. Frydman, E. W. eisberg. A. Study of centrifuge modeling of swelling soil. Cenrifuge 91.

[132] R. J. M. itechell, Matrix. Suction and diffusive transport in centrifuge models. Can. Geotech. J,1994,31.

[133] A. O. hshima,N. Takada M. Mikasa. Strength anisotropy of clay in slope stability. Centrifuge 1991.

[134] James A. Cheney and Ali Mohamad Oskoorouchi ,Physicao modeling of clay slopeness in the drum centrifuge. Tran. Res. Rec,872.

[135] Deborah J. Goodings,David R. Gillette. Grain and model size effects in centrifuge models. Centrifuge 1991.

[136] T. Kimura et al. Failure of fills due to rain fall. Centrifuge 1991.

[137] The instability of slope in induced by dam reservoir filling and the mechanism of produced. Centrifuge 1994.

[138] Lim in,zhang,Ting,Hu. Centrifugal modeling of the pubugou high-prise rock fill dam. Centrifuge 1994.

[139] Lim in,Zhang,Ting,Hu, Development of a water control facility for centrifuge model tests. Centrifuge 1991.

[140] Philips,E. (1869)De l'equilire des solides elastiques senmblabes. C. R. Acad. Sci. ,Paris. 68.

[141] Bucky, P. B,Use of models for the study of mining problems. Am. Inst. min. Met. Eng. Tech. Pub. 425,1931.

[142] Pokrovskii,G. I. and Fiodorov,I. S. Studies of soil pressures and deformations by means of a centrifuge. Proc. 1st Int. conf. Soil Mech. Found. Eng. , Vol. 1,1936.

[143] Pokrovskii,G. I. and Fiodorov,I. S. Centrifugal model testing in the construction industry. Vols, I. II. English translation by Building Research Establishment Library Translation Service,1975.

[144] Avgherinos, P. J. and Schofield, A. N. Drawdown failures of centrifuged models, Proc. 7thInt. Conf. Soil Mech. Found. Eng., Vol. 2, 1969.

[145] Mikasa, M., Takada, N. and Yamada, K. Centrifuge model test of a rockfill dam. Proc. 7th Int. conf. Soil Mech. Found. Eng., Vol 2, 1969.

[146] Schofield, A. N. Cambridge geotechnical centrifuge operation. Geotechnique. Vol. 20, 1980.

[147] W. H. CCraig(ed), Application of Centrifuge Modelling to Geotechnical Design, Proc. Symp. On Application of Centrifuge Modelling to Geotechnical Design, Manchester. April, 1984, A. A. Balkema, Rotterdam, Boston.

[148] R. N. Taylor(ed), Geotechnical Centrifuge Technology, Blackie Academic and Professional, 1995.

[149] J. F. Core(ed), Centrifuge 88, Paris, Balkema, Rotterdam, 1988.

[150] H. Y. Ko, F. G. Mclean(eds), Centrifuge 91, Boulder, Colorado, Balkema, Rotterdam, 1991.

[151] Leung, Lee&Tan (eds), Centrifuge 94, Singapore, Balkema, Rotterdam, 1994.

[152] Kimura and Kusakabe(eds), Centrifuge 98, Tokyo, Balkema, Rotterdam, 1998.

[153] Philips, Guo&Popescu(eds), Physical Modelling in Geotechnics: ICPMG'02, St. John's, 2002.

[154] Whitman, R. V.: Experiments with earthquake ground motion simulation, Proc. Of Symp. on the Application of Cerntrifuge Modelling to Geotechnical Design, 1984.

[155] Arulanandan, K., Anandrajah, A. and Abghari, a.: Centrifuge Modeling of soil Liquefaction susceptbility, Proc. of ASCE, GE, vol. 109, No, 3, 1983.

[156] J. Garnier, Properties of soil samples used in centrifuge models, Physical Modelling in geotechnics: ICPMG'92, Philips, Guo&Popescu(eds), St, John's, 2002.

[157] Tani, K. and Craig, W. H.: Development of centrifuge cone penetration test to evaluate the undrained shear strength profile, Soils and Foundations, Vol, 35, No. 2, 1995.

[158] L. D. Fuglsang & N. Krebs Wvesen, The application of the theory of modeling to centrifuge studies, Centrifuges in Soil mechanics, Craig,

James& Schofiels (eds),1988.

[159] F. Saboya Jr. & P. P. Byrne, Prarmeters for stress and deformation analysis of rockfill dams,Canada Geotechnical Journal, Vol. 30, 1993.

[160] Ko, H. Y . Modeling seismic problems in centrifuges, Deynote Lecture, Centrifuge 94 On recent Adv. In Geotech. Earthquake Eng. And soil Dyn. St. Louis, Missouri,1994.

[161] Zeng, X. et al, Influence of viscous fluids on properties of sand. Geotech. Test Journal, March, 1998.